崔述學術考論

A Critical Study of Cui Shu's (1740-1816) Scholarship

◆◆◆

邵 東 方 著
SHAO Dongfang

airiti press

目錄

序[1]

劉家和

這是邵東方博士所著的《崔述與中國學術史研究》。顧名思義，這就是要論崔述的學術，而且是就中國學術史而論之。書中的內容正好包括了這兩個方面。

現在東方要我為他的這本書寫一篇序，我很快就想到的是，人們目前是否還認為有研究崔述學術的必要和可能的問題。也許有人會說，關於崔述，早在本世紀前期顧頡剛等先生已經研究過了，結論也早有了，現在還有什麼再研究的必要？又也許有人會換一個角度說，崔述當然還是可以再研究的，不過以前研究他的學者都是一些大師，現在我們是否還有取得新進展的可能？在這裡我願意談一些管見，請專家和讀者們指教。

首先談對於崔述是否有再研究的必要與可能的問題。

關於這個問題，其實含有兩層意思：一是崔述學術的本身是否還有再研究的價值，二是經過顧先生等的研究以後，是否還有再研究的必要。

關於第一層意思，比較簡單，因為崔述學術主張的核心是「無徵不信」，這對於歷史研究者來說實在是一個有永恆意義的命題，只要有用「六經注我」的方法研究歷史的現象存在，崔述的上述主張就總值得我們記取和思考。

關於第二層意思，顧頡剛等先生在幾十年前對於崔述的研究，無疑是非常有價值的，將使他們的學術晚輩永遠懷有敬意。為什麼呢？因為第一，顧先生等隨著時代和學術的進展，把崔述為了維護儒家經典的純潔性而進行的疑古辨偽，發展成了為維護歷史和文獻真實性的疑古辨偽。以儒家經典為基準的疑古辨偽固然也要求真，但它的是非定於一

[1] 本書1998年由人民出版社初版，名為「崔述與中國學術史研究」，本文是劉家和先生為初版所作的序，今仍用之。

尊，即儒家經典之一尊，所以其特點是封閉的；以歷史真實性為基準的疑古辨偽，則除了知識的限制以外，不存在任何其他限制，而知識的限制本身總是要在歷史的過程中被否定的，所以應該說顧先生等的學術特點是開放的。

第二，顧先生等在事實上也絕對沒有封閉對這一問題的研究，而恰恰是打開了新的思路，顧先生曾說：「我們如果善學崔東壁，就應當超過崔東壁。」[2]「善學」就要「超過」，這對於我們是多麼重要的啟發。不僅如此，顧先生他們在討論問題時，也是讓各種意見充分發表，顧先生編《古史辨》時是如此，編《崔東壁遺書》時也是如此。就以後者為例來說，顧先生請他的朋友錢穆先生為這部書寫序，而錢先生的見解實際上是與他不同的。[3] 甚至顧先生的老師，也就是促使他研究崔述的胡適之先生，同他的看法也是有同有異的。這裡不妨引用這兩位先生為此書寫的序中的話來作比較，顧先生說：

> 總之，他〔崔述〕根本的誤處，是信古史系統能從古書中建立起來，而不知古書中的材料只夠打破古史系統而不夠建立古史系統。這個問題，康有為已經抉摘出來了。[4]

他在此引用了康氏《孔子改制考》的第一卷《上古茫昧無稽考》，康氏在此中對崔述所採用的中國古史材料都取一概否定的態度，而顧先生頗以為然。這從當時破舊心切的角度來看，我們是能夠理解的。可是，胡先生在序中說：

> 總而言之，近幾十年的古史研究，大體說來，都已超過崔述的時代。一方面，他所疑為「後儒」妄作妄加的材料，至少有一部分（例如《檀弓》）是可以重新被估定，或者竟要被承認作可靠

[2] 顧頡剛：《崔東壁遺書序》，見顧頡剛編訂：《崔東壁遺書》，上海古籍出版社1983年版，頁65。以下引此書只注書名、篇名和頁數。
[3] 參見錢穆：《崔東壁遺書序》，《崔東壁遺書》，頁1046-1052。
[4] 顧頡剛：《崔東壁遺書序》，《崔東壁遺書》，頁64。

> 的材料的了。另一方面，古史材料的範圍是早已被古器物學者擴大到幾部「經」之外去了。其實不但考古學的發掘與考證擴大了古史料的來源，社會學的觀點也往往可以化腐朽為神奇，可以使舊日學者不敢信任的記載得著新鮮的意義。例如《檀弓》、《左傳》等書，前人所謂「誣」、「妄」的記載，若從社會學的眼光看去，往往都可以有歷史材料的價值。[5]

所以只要把顧、胡二位先生的上述說法一相對照，我們恐怕就不能再說這些學術前輩們已經徹底解決了問題、封閉了這一研究，相反地，倒應該說他們的確給我們留下了可以進一步研究的問題。

那麼自從「古史辨」學派出現到現在，古史研究的學術條件是否已經有了歷史性的變化呢？應該說變化還是很大的。一方面，考古發現和研究在近幾十年間有了空前的發展，取得了重大的成績，這是胡先生為《崔東壁遺書》寫序時難以預料到的；而這些成績足以使我們從過去往往疑為偽作的文獻裡看到很多真東西，例如《周禮》，過去幾乎被視為全無價值的偽書，而現在竟然從金文材料中得到了很多官名的印證。不斷出土的古文獻，使我們對過去多有懷疑的書不能不刮目相看。這些進展，其意義不僅在於對一兩本具體古書的真偽鑒定之上，而且在於使我們更加注意對古籍從多重角度加以慎重考察之上。

另一方面，近幾十年來在史學方法上也有了很多的進展。以前從事疑古辨偽的學者對於真偽史料的劃分是十分明確的，他們既對偽材料充滿懷疑，又對真材料充滿信心。崔述以為經書是可信的，非經書是不可信的，一信一疑，二者之間的界線極為清楚。十九世紀的德國史學家蘭克(Leopold von Ranke, 1795-1886)主張批判一切不可信的材料，而對於經過嚴格批判而被確認的第一手材料則充滿信心，所以他才能滿懷信心地說史學家能夠「如實」（wie es eigentlich gewessen，直譯當作「像其本身所是的那樣」）寫出歷史書來。在這一點上，顧頡剛等先生同他們的

[5] 胡適：《崔東壁遺書序》，《崔東壁遺書》，頁1044。

中國和外國前輩們基本上是一致的，他們疑古辨偽的目的就在於求真，而對所辨得的真，他們是充滿信心的。可是，物極必反，在西方，與蘭克學派的實證主義史學思想相對立的相對主義史學思想，在十九世紀後期至二十世紀前期也相應地產生了。好吧，你說你的史料是第一手的，他就問你，一個曾經親身經歷了一次戰爭的戰士甚至統帥所寫關於這次戰爭的作品算不算第一手材料？你如說是，他就會說，一個人不可能親歷一次戰爭的一切過程和一切方面。於是你的第一手材料就成了問題，至少要打一個七折八扣。你說你的材料齊全，他就說歷史上的事情有無限的方面和層次，歷史上的記錄從來就不可能完全，即使你做到了「竭澤而漁」，那也不能說你掌握的材料已經完全覆蓋了客觀歷史事實。你說你的態度是純客觀的，他就說，歷史學家著書，不僅在所用材料上有選擇，而且連寫什麼主題都有選擇，而這一切選擇都出於史學家的主觀的價值標準，你怎能說是純客觀的？例如，西方的哲學家狄爾泰(Wilhelm Dilthey, 1833-1911)、克羅齊(Benedetto Croce, 1866-1952)，歷史學家貝克(Carl Becker, 1873-1945)、俾爾德(Charles Beard, 1874-1948)等，就都從哲學的或史學的角度提出了這一類充滿相對主義史學思想的問題。當然，對於相對主義史學思想也出現了批評。我覺得美國學者曼德爾包姆(Maurice Mandelbaum, 1908-1987)所著《歷史知識問題》(*The Problem of Historical Knowledge*)[6] 對於相對主義史學思想的回答是相當精彩的，有興趣的朋友可以自己去看。我在這裡只想說明，相對主義史學思想，就其對於蘭克那樣的史學絕對客觀說的批判來說，不可否認有其積極的意義；但是就其把相對絕對化的情況而言，它就又重複了它的批評對象所犯的錯誤，於是歷史在他們那裡變成了思想史，成了純主觀的東西，其實這只是把前人的錯誤在轉了一百八十度的地方再來一次。不過，經過這一次錯誤的克服，作為研究歷史學的人，到了這個世紀之末，我們總可以有了一種新的認識。作為史學工作者，我們既要努力弄清歷史的客觀過程即求真，又不能不虛心地承認，我們所能求得之真總是有其一定

---

[6] *The Problem of Historical Knowledge: An Answer to Relativism* (New York: Harper & Row, 1970).

限度的。我們不同意相對主義的史學思想，而承認有限度的或相對的真在本質上仍然是真；同時，也不同意實證主義史學思想，不再天真而自負地去追尋絕對的或純客觀之真，而只能細心地從含有前人解釋或價值判斷的材料中去把握歷史之真。我們注定只能力求逐步地逼近歷史之真這一極限，而不幻想一步達到這個極限。諸如此類的認識，在二十世紀前期顧先生等從事古史辨活動的時候，大概還沒有提上中國史學界的思考日程。就連胡適之先生在談到新觀點「可以化腐朽為神奇」的時候，似乎也還沒有考慮過如何對待相對主義史學思想的問題。這就是說，幾十年來史學思想和方法的歷史條件已經有了相當大的發展。

既然有了以上兩方面的巨大發展，現在再來研究崔述就不能認為是多餘的，而確為必要的了。

至於現在的研究是否有可能取得比前輩更多的新進展，那就要看我們的努力如何了。那麼是否必須是大師才能從事這種研究呢？這倒未必。須知顧先生開始古史辨偽研究是在二十世紀二十年代之初，當時他年未滿三十，也還不是大師；顧先生成為大師是他多年研究後的成果證明的，不是先成大師而後才有成果。所以我認為，以十分嚴肅的態度從事某一課題的研究是必要的，至於研究者是不是大師，可以先不管它。如果必先為大師而研究，那麼人類就不會有大師了。

當然，必須承認在當前研究崔述決非一件易事。那麼難處在哪裡呢，這一本書又是從什麼地方努力的？這就是我要談的第二個問題。

我以為，研究崔述之難，難在兩個方面，更難在這兩個方面的結合上。哪兩個方面呢？一是既然要研究崔述，就不能不追蹤他所研究的內容，即中國古代經史之書及其所載之事。就此一點而言，這對當前的中青年學者來說，真是談何容易。可是，如果不鑽進去，只在崔述的一般學術主張上兜兜圈子，那麼這樣的研究恐怕倒真是不能有新進展了。真鑽下去，這在某種程度上差不多也可以說要有下地獄的決心。這是從微觀的角度說。可是，只有這一方面的努力是不夠的。如果不能考慮到當前研究方法上的發展，那麼，即使鑽的深度達到清朝漢學專家的程度，那同樣沒有多少價值；因為鑽進去了出不來，只不過多了一位次崔述而已（純粹跟從崔述，只能成為次一等的崔述。這個意思和顧先生說的學崔述就要超過崔述是一樣的），又有何益？或者換一種方法，把崔述不放在眼下，引用一些現在時髦的理論或方法，天花亂墜地縱論一通，新則新矣，可是又容易流為無根之談，恐怕也未必能有新進展。所以，這裡我們還必須說到第二種難處，那就是目前在西方盛行的哲學詮釋學(philosophical hermeneutics)等，對於研究崔述的確是很有參考價值的。可是，我們要認真地學習一下（而不是隨意的「掠奪性的開採」），那又談何容易。我們是研究史學的，要有一些自知之明，不幻想成為哲學家，但是既要試圖援用它，就不能不下點功夫認真讀一些。我們只能從中獲得某些啟發，來開拓史學研究的思路。這是從宏觀的角度上說。

記得從前有一位學術前輩說過，「上窮碧落下黃泉，動手動腳找材料」，這已經很不容易。而現在則是要「上窮碧落下黃泉，以求稍有新發現」，這就更是難上加難了。由此我想到了美國科學哲學家孔恩(Thomas Kuhn, 1922-1996)的一篇文章《必要的張力：科學研究中的傳統和創新》(The Essential Tension)。他說，科學的發現，既需要發散思維即對於傳統具有突破性的創新思維，又必須有向心思維(convergent thinking)即深入傳統的思維。這是因為，沒有前一種思維，就會限於傳統而失去創新的可能；沒有後一種思維，就不能深知傳統中的問題與病因所在，就不知到底為何需要突破，應該從何突破，即使突破也破不到點子上，何來創新？所以，他概括地說：「成功的科學家常常必須同時扮演傳統主義者和離經叛道者的角色。」[7] 孔恩講的是科學發展的要求，其實對於史學的發展來說，這幾乎是同樣適用的。這就是要「上窮碧落下黃泉」，要有微觀與宏觀、傳統與創新兩極之間的張力。要真正形成這樣的張力，這就更加談何容易。

現在我可以高興地說，東方在這本書裡是盡力朝這兩個方向努力

---

[7] Thomas Kuhn, "The Essential Tension: Tradition and Innovation in Scientific Research", in *The Third (1959) University of Utah Research Conference on the Identification of Creative Scientific Talent,* edited by Calvin W. Taylor (Salt Lake City: University of Utah Press, 1959), 162-74.

的。他對崔述學術的研究，不是先列崔氏自己所說的學術主張，然後再羅列事實，以說明崔氏是怎樣在學術實踐中貫徹自己的主張的，而是寧可從崔述所研究過的具體問題入手。這樣，他就必須重視在微觀問題上的努力。例如，他研究崔述對周公稱王問題的見解，不僅研究崔述所引用的材料，而且十分注意清代以至近代學者在這方面的研究成果，特別注意考古新發現的成果。這樣的工作自然不可能是太輕鬆的。又如，他對「今本」《竹書紀年》諸問題的考論，[8] 直接地說，他是在同陳力先生商榷，間接地說，他仍然是在探討崔述所曾探討過的問題，即繼續崔述對「今本」《竹書紀年》的工作。陳力先生的文章是否定崔述對於「今本」《竹書紀年》的辨偽結論的，而且寫得很博雅，東方不同意陳力先生的看法，就不能不與這一篇引證廣博的文章相辯論。這樣的工作，也是必須在微觀上下功夫的。

東方雖然從微觀方面著力研究崔述，但又不僅僅以此為滿足。他對於崔述具體文章和論點的研究，在某種意義上說，也是為了從更深的層次去瞭解崔述本身。例如，通過對崔述的周公不曾稱王說的分析與評論，他一方面是要辨別此一問題之是非，而另一方面則進一步瞭解崔述學術內部的深層矛盾：雖然崔述在主觀上力求擺脫成見，但是在客觀上並未能完全排除先入之見的作用。

瞭解或把握崔述學術的內在矛盾，似乎是他這一本書的各篇中都可以看到的話題。書中第一篇談崔述學術的幾個問題，實際上就是從四個方面探討了崔述學術的內在矛盾。說到這裡，有一點必須交代清楚，那就是，討論崔述學術的內在矛盾，決不意味著崔述的學術是充滿矛盾而不值一提的。相反地，我們從學術史的角度來看，幾乎歷史上一切有成就的大學者都不可避免地有其深層的內在矛盾。如果他的學術已經到了完滿無缺而無任何矛盾的程度，恐怕學術發展真的就要到他為止了。黑格爾(G. W. F. Hegel, 1770-1831)說：「凡有限之物都是自相矛盾的，並

[8] 本書再版未收此篇文字，此篇現收於邵東方：《竹書紀年研究論稿》（臺北：Airiti Press，2009）。

且由於自相矛盾而自己揚棄自己。」[9] 我們這裡所說的崔述學術的內在矛盾，就是從這個意義而言的。所以，東方努力把握崔述學術內在的深層矛盾，決非要對崔述作簡單的否定，而是力求從更深的層次來看清，崔述的學術是怎樣從其前輩學者轉化而來的，又是怎樣對以後學者發揮其影響的。力求看清崔述學術的內在矛盾，就是力求瞭解它是怎麼樣在中國學術史中運動的。

當然，以上的說法也許還嫌不夠具體，現在再舉一個例子來說明。崔述說：「人之情好以己度人，以今度古，以不肖度聖賢。」[10] 又說：「余生平不好有成見，于書則就書論之，于事則就事論之，于文則就文論之，皆無人之見存。」[11] 可是，就在崔述批評「以己度人、以今度古」一段文字之中，他列舉了兩個事例作為說明，一是關於一位行善的僧人的，一是關於他自己的。這些不都是以己度人、以今度古嗎？崔述自己甚至都沒有發現這樣的問題。胡適之先生顯然比崔述高明多了，他發現了崔述有「自壞其例」的地方。這真能發人之耳目，使人們的思維有所突破。胡先生還很厚道地說：「這都是時代風氣的限制，不足為崔述的罪狀。」[12] 這些話都說得很中肯。不過，到了哲學詮釋學已經在相當程度上影響到其他學科尤其是史學的今天，我們就不能只把話說到胡先生那種程度為止了。因為崔述要考證古史就不能不理解古史，如果不用他已有的知識或先有的判斷去看古史，他又如何能理解呢？所以，以己度人、以今度古本來就不是可以避免的，甚至還可以說，它也是認識賴以進行的一個主觀前提。那麼照這樣說，人們是否就可以任意地以己度人、以今度古呢？當然絕對不是，其間有一對於「先見」（prejudice或vorurteil）既須承認其必要性，又要明確其合理程度的問題。這樣的問題，又是胡適之先生當年所不及討論的，也屬於一個歷史限制的問題。而東方書中的《經義求真與古史考信——崔述經史考辨之詮釋學分析》

[9] 黑格爾著，賀麟譯：《小邏輯》，商務印書館1995年版，頁177。
[10] 崔述：《考信錄提要》，《崔東壁遺書》，頁4。
[11] 崔述：《考信錄提要》，《崔東壁遺書》，頁16。
[12] 胡適：《崔東壁遺書序》，《崔東壁遺書》，頁1044-1045。

一文就是試圖在這一點上作新解釋的。據我所知，似乎還沒有前人從這樣的角度論述過崔述學術中的內在張力(tension)。如果真的是這樣，東方的這一努力儘管只是一個開始，也應該說是有意義的。

因為這十餘年來和東方在學術上的往復討論較多，比較瞭解他的學術思路，所以謹作序言如上，尚祈有關專家及讀者有以教之。

1997年10月於北京師範大學補拙未暇書室

第一篇　關於崔述學術的幾個問題

崔述(1740-1816)，字武承，號東壁，直隸大名府魏縣（今河北大名）人。作為清代乾嘉時期的學者，崔述畢生致力於上古史的研究，採以經證史的原則，對所見古書古事進行較為系統的辨偽考信。崔述的全部著作以及後人研究崔氏的主要論著均已收入顧頡剛(1893-1980)編訂的《崔東壁遺書》。[1] 由於種種原因，崔述的考據學不為清儒所重視，故在清代學術界沒有發生很大影響。然而，在二十世紀二十年代，隨著「古史辨」運動的興起，崔述的疑古思想卻為胡適(1891-1962)、顧頡剛等人所看重，引起推動新史學發展的意外效果。胡適稱崔述的《考信錄》「在清代要算一大奇書」，[2] 並把崔氏譽為「科學的古史家」。[3] 同樣地，顧頡剛也說：「我們今日講疑古辨偽，大部分只是承受和改進他〔崔述〕的研究。」[4] 經他們的鼓吹，崔述學術復昌，其著作大有造於當時興盛一時的疑古辨偽潮流，誠如錢穆(1895-1990)所云：「迄於近代，盛推清儒考據，而東壁遺書幾於一時人手一編。」[5] 然而前輩學者在肯定崔述的同時，有意或無意地流露出一種偏見，即他們對崔述之學，多擇精語詳，津津樂道，推重其成就，而對其中之不足，則往往一帶而過，不求全責備於前賢。本文遵照不為賢者諱的古訓，擬於崔述學術中的幾個問題略申己見，以冀補前賢所說未備於萬一。

一、疑古與尊經

自五四新文化運動以來，不少前輩學者高度評價崔述的疑古精神，

---

[1] 顧頡剛編：《崔東壁遺書》（以下簡稱《遺書》），上海古籍出版社1983年版（以下版本同）。本書各篇文字，包括引文，涉及人物的生卒年，均為筆者所加。

[2] 胡適：《自述古史觀書》，《古史辨》第1冊上編，上海古籍出版社1982年重印本（以下版本同），頁22。

[3] 胡適：《科學的古史家崔述》，《遺書》，頁952。

[4] 顧頡剛：《崔東壁遺書序》，《遺書》，頁60。

[5] 錢穆：《讀崔述洙泗考信錄》，《綜合月刊》1974年第11期（下同），頁124。

如錢玄同(1887-1939)對胡適說：「你說崔述是『二千年來的一個了不得的疑古大家』，我也是這樣的意思。」[6] 可是他們儘管備論崔氏之疑古辨偽的成就，卻對其疑古思想的來源和傳承關係未加以申論。舉例而言，崔述對各種有關三皇五帝傳說的否定，一向被認為是很勇敢地打亂了傳統的古史系統。崔述嘗云：「羲、農以前未有書契，所謂三皇、十紀帝王之名號，後人何由知之？」[7] 又云，「古者本無皇稱，而帝亦不以五限」，[8] 批評後人曲合其數從而導致各種說法互相矛盾。他還論證「古帝王之興以五德相終始」之說不足信，指出此說並不見於戰國之前的古書，而是始於鄒衍，再由劉歆（約西元前50-23）等人出於政治需要而加以系統化。[9] 這些說法都被「古史辨」派推崇為崔述獨特的創見。實際上，崔述之疑「三皇五帝」說並非其獨到之見，而是與宋儒的懷疑精神一脈相承。宋代學術疑古風盛，北宋歐陽修(1007-1072)的《新唐書》、劉恕(1032-1078)的《資治通鑒外紀》及南宋魏了翁(1178-1237)的《古今考·高帝紀》等都對三皇五帝的傳統說法表示了懷疑。[10] 如劉恕曾云：

> 《六經》……皆不稱三皇五帝三王，《易·下繫》曰：「古者包犧氏之王天下也，包犧氏沒，神農氏作；神農氏沒，黃帝、堯、舜氏作。」繼世更王而無三五之數，或以包犧至舜，是為五帝，然孔子未嘗道，學者不可附會臆說也。[11]

崔述亦謂：

> 《周官》：「外史掌三皇、五帝之書。」《偽孔安國尚書序》

[6] 錢玄同：《玄同先生與適之先生書》，《古史辨》第1冊上編，頁27。
[7] 崔述：《補上古考信錄》，《遺書》，頁28。
[8] 崔述：《補上古考信錄》，《遺書》，頁27。
[9] 崔述：《補上古考信錄》，《遺書》，頁49-50。
[10] 參見劉起釪：《幾次組合紛紜錯雜的「三皇五帝」》，《古史續辨》，中國社會科學出版社1991年版，頁116-117。
[11] 劉恕：《資治通鑒外紀》卷1。

云：「伏羲、神農、黄帝之書，謂之《三墳》，言大道也。少昊、顓頊、高辛、唐、虞之書，謂之《五典》，言常道也。孔子覩史籍之煩文，懼覽者之不一，討論《墳》、《典》，斷自唐、虞以下。」後之儒者皆尊其說；余獨以為不然。夫古帝王之書果傳於後，孔子得之，當何如而表章之，其肯無故而刪之乎！[12]

崔述之說顯然與宋人的看法一脈相傳，甚至可說派生於劉恕之言。

就疑古思想而言，崔述與宋儒既有其同，也有其異：所同者，崔述疑古多承宋人之餘緒，並無特殊發明；所不同者，宋代學術空氣較為自由，故宋人敢於疑經，而崔述所疑多為傳記所載，並且又是作為古史來疑。當然，無論宋儒還是崔述，他們的疑古都未超出維護聖道的範圍。儒家經典的一個特點就是重視「先王」，孔子、孟子都未曾言及三皇五帝，崔述懷疑三皇五帝正是繼承了儒家的這一傳統。崔述說：「孔子祖述堯、舜，孟子敘道統亦始於堯、舜」，[13] 並注意到「經傳述上古皆無三皇之號」，[14] 可見他是為了維護儒家的道統才懷疑起三皇五帝說。而且從歷史上來看，宋元以降，歷代朝廷對三皇五帝的祭祀逐漸廢弛，三皇五帝的權威在經學家眼中雖未完全消失，但卻毫無疑問地日漸式微了。崔述只是懷疑以三皇五帝為中心的古史系統，而對儒家經典則奉為金科玉律，沒有予以懷疑和批判，這顯然不能看作一種衝破傳統的舉動。呂思勉(1884-1957)曾云：「《崔東壁遺書》，近人盛稱其有疑古之功，此特門徑偶然相合。」[15] 這是很公允的。從今天的眼光看，三皇五帝的傳說已不再是虛無縹緲的神話故事，它們已成為史學家研究中國史前社會的重要資料，因為這些傳說反映了這一時期社會演進的各個不同

[12] 崔述：《考信錄提要》，《遺書》，頁17。
[13] 崔述：《考信錄提要》，《遺書》，頁18。
[14] 崔述：《補上古考信錄》，《遺書》，頁26。
[15] 呂思勉：《讀崔東壁遺書》，《論學集林》，上海教育出版社1987年版（以下版本同），頁177。

階段的性質。[16]

從《考信錄》裡，我們得知崔述的疑古思想還受到唐代史學家劉知幾(661-721)的啟發和影響。劉知幾曾在《史通》中斥責劉向（西元前77-前6）和嵇康(224-263)將戰國寓言認作歷史實事之誤，並以《左傳》為據來駁秦漢之書。崔述由此得知，秦漢之書所載古史多有不可靠處，而原因就在於「戰國之時，邪說並起，寓言實多，漢儒誤信而誤載之」。[17] 於是他說道：

> 故今為《考信錄》，於殷、周以前事但以《詩》、《書》為據，而不敢以秦、漢之書遂為實錄，亦推廣《史通》之意也。[18]

不過，崔述與劉知幾在疑古方面還是有所區別的。劉知幾對文獻中的各種異說參會疏通，目的是使學者知古書之妄及古說之虛，故他考辨古史、訓說古經，主要是懷疑古史記載的真實性，而非辨別古籍的真偽。劉知幾有謂：

> 加以古文載事，其詞簡約，推者難詳，缺漏無補。遂令後來學者莫究其源，蒙然靡察，有如聾瞽。今故訐其疑事，以著於篇。[19]

崔述在疑古史記載不實的方面比劉知幾更進了一步，因為他直接懷疑古書本身之真偽，這顯然是受了宋人辨偽思潮的影響。可是從另一方面來看，劉知幾在《史通》的《疑古》和《惑經》篇中大膽懷疑古代聖人，對經傳記事荒誕不實處提出質疑，如《疑古》開篇所列十條就是揭示《尚書》對古代聖人的虛美誇張，從而說明經書不可盡信；而崔述的疑古則是為了維護聖賢之道而純化經典，因此在他看來，聖人是不能被

[16] 參看李衡眉：《三皇五帝傳說及其在中國史前史中的定位》，《中國社會科學》1997年第2期，頁179-190。
[17] 崔述：《考信錄提要》，《遺書》，頁7。
[18] 崔述：《考信錄提要》，《遺書》，頁6。
[19] 劉知幾撰，浦起龍釋：《史通通釋》，上海古籍出版社1978年版，頁381。

懷疑的。在這一點上，崔述的懷疑精神較之劉知幾大為遜色。當然，劉知幾之所以敢於懷疑，與其所處時代背景不無關係，唐代朝廷的思想控制遠不如清代之嚴厲，所以我們看到劉知幾思想中的異端色彩較濃厚。就此而言，崔述的疑古思想一方面是受到了前代學者的啟發，另一方面又在不少地方未能超出前人的認識水準。

以懷疑古書的程度而言，崔述不但沒有超過劉知幾，而且也比不上清初辨偽考據學家閻若璩(1636-1704)。閻若璩在對《古文尚書》進行辨偽時，有人對他說：「子於《尚書》之學信漢而疑晉疑唐，猶之可也；乃信史傳而疑經，其可乎哉？」閻若璩的答覆如下：

> 何經，何史，何傳，亦唯其真者而已。經真而史傳偽，則據經以正史傳可也。史傳真而經偽，猶不可據史傳以正經乎？[20]

由此可見，閻若璩不僅疑史傳，還敢於疑經。在這方面，崔述無法與閻若璩比肩，因為他雖敢破傳，卻不敢破經。呂思勉說：「崔氏所疑，雖若精審，然皆以議後世之書則是，以議先秦之書則非。」[21] 這說明崔述的疑古範圍只限於以聖人之書疑後代之書，而這樣的懷疑並沒有超出傳統辨偽學的範疇。當然閻若璩之所以敢懷疑經書，一方面是因為閻氏本人在學術上頗為自負，另一方面則是因為他生活的年代較早，其著述活動完成於清廷大興文字獄之前。

在評論清代學術人物及學術著作時，梁啟超稱讚崔述及其《考信錄》道：

> 此書雖非為辨偽而作，但他對於先秦的書，除《詩》、《書》《易》、《論語》外，幾乎都懷疑，連《論語》也有一部分不相

---

[20] 閻若璩：《尚書古文疏證》，《皇清經解續編》卷29，藝文印書館1986年版，頁25。

[21] 呂思勉：《讀崔東壁遺書》，《論學集林》，頁177。

信。他的勇氣真可佩服。[22]

但是我們必須知道，崔述是在尊經的基礎上懷疑古書古事的，他主張考信古史「但取信於經」。[23] 他作《唐虞考信錄》的自訂原則是：「《尚書》以經之，傳記為緯之，其傳而失實者則據《經》、《傳》正之。」[24] 可見他是以某種權威性的東西即《五經》為標準去懷疑古書古史。所以胡適說：

他〔崔述〕著書的最初動機並不是要考證古史，不過是要推翻傳說，回到古經，以存理想中的「聖人之真」。[25]

此說當然無可非議，但從更深一層看，崔述以經書作為疑古考辨的準繩有兩個理由：

首先，從史學的角度來說，經書中包含大量的史學內容，是研究上古史最基本的材料。崔述指出：「三代以上，經史不分，經即其史，史即今所謂經者也。」[26] 他的這一主張有其合理內核，那就是，與所記史事大體同時代或時間接近的材料，由於各種原因而造成的訛誤較少，故其可據性就相對地高，可以歸入原始材料的範圍。誠如顧頡剛所言：

他〔崔述〕的「載籍極博，猶考信於《六藝》」這個標準，在考古學沒有發達的時候，實在不失為一種有效的方法，尤其是在戰國、秦、漢間百家異說雜然並起的時候，因為《六藝》中的史料比較還算純粹，著作時代也是比較的早呵。[27]

所以，崔述「不以傳注雜於經，不以諸子百家雜於經傳」的主張，

---

[22] 梁啟超：《中國近三百年學術史》，東方出版社1996年版，頁314。
[23] 崔述：《考信錄提要》，《遺書》，頁4。
[24] 崔述：《補上古考信錄》，《遺書》，頁51。
[25] 胡適：《科學的古史家崔述》，《遺書》，頁989。
[26] 崔述：《考信錄提要》，《遺書》，頁20。
[27] 顧頡剛：《崔東壁遺書序》，《遺書》，頁26。

[28] 可以理解為他重視史料的可靠性。

其次，從道德的角度來說，經書體現了聖人之道。崔述說：「聖人之道，在《六經》而已矣。……《六經》以外，別無所謂道也。」[29] 因此他著《考信錄》是「以經為主，傳注之與經合者則著之，不合者則辨之」。[30] 由於《六經》被視為聖人製作的典籍，又經孔子所刪定，長期以來《六經》載道之說支配著傳統的儒學研究，成為牢不可破的天經地義。在崔述心目中，「聖人之心如天地日月」，[31] 無論就道德還是智力而言，聖人都遠遠超過一般人，因而聖人製作的經書也就最為可信。以經書為準繩考信古史的做法，固然因其時代限制而隱含著一種尊經崇聖的權威主義傾向，但是我們從崔述的上述看法中，仍然可以析出啟發我們思考的合理因素，那便是，人們在鑒別史料的價值時，除了要考慮其形成的時代，還要注意其作者的可靠性。這就是說，即便是當時或當場的人所記之事，其可信程度也會因記事人的價值取向或能力水準的不同而產生很大的差別。

然而，以經書作為選擇史料和解釋歷史的唯一標準，存在著極大的局限性。顧頡剛曾批評崔述「考信於六藝」的原則說：

> 只有司馬遷和崔述，他們考信于《六藝》；凡《六藝》所沒有的，他們都付之不聞不問。這確是一個簡便的對付方法。但《六藝》以外的東西並不曾因他們的不聞不問而失其存在，既經有了這些東西，難道研究歷史的人可以閉了眼睛不看嗎？況且就是《六藝》裡的材料也何嘗都是信史，它哪裡可以做一個審查史料的精密的標準呢？[32]

從《考信錄》一書中可以看出，崔述十分相信經書，尤以《詩經》、

---

[28] 崔述：《考信錄自序》，《遺書》，頁921。
[29] 崔述：《考信錄提要》，《遺書》，頁2。
[30] 崔述：《考信錄自序》，《遺書》，頁921。
[31] 崔述：《考信錄自序》，《遺書》，頁921。
[32] 顧頡剛：《中國上古史研究講義・自序一》，中華書局1988年版，頁1。

《尚書》兩書為最，如他聲稱：「居今日而欲考唐、虞、三代之事，是非必折衷於孔、孟而真偽必取信於《詩》、《書》。」[33] 正因受此限制，他就不易對經書內容作出正確的判斷。在《夏考信錄》裡，他錯誤地認定《尚書》中的《堯典》、《禹貢》兩篇是夏代的原始文獻，而不加分析地使用。然而現在學術界已確定《虞夏書》的這幾篇都是成書於戰國時期的作品，其中所體現的大一統國家的觀念，當是戰國後期人的思想，而且其文字平易順暢，不類先秦文字，顯係後代人追述之作。[34]

依照古史學家徐旭生(1888-1976)的觀點，古史研究的史料具有所謂等次性，即應將未經系統化的材料和經過系統化的綜合材料加以分等。[35] 這種分類法有其合理性，因為區分原始材料和第二手材料是近代歷史研究方法的基礎。[36] 可以說，早期經書是未經系統化的材料，可視為第一手材料(original sources)，而戰國和秦漢的著作是經過系統化的材料，可看作第二手材料(secondary sources)。從現代史學的觀點來看，兩者雖有輕重之別，但都是研究古史必不可少的。[37] 重視原始記載固然重要，可是對研究上古史者來說，真正的第一手材料在數量上極為有限，故不得不退而求其次，利用後世的追記。而崔述出於尊經的信念，輕忽第二手材料的作用和價值。例如，在周公是否曾攝政稱王的問題上，他認為，既然五經之一的《尚書．金滕篇》中未提到周公曾攝政稱王，那麼作為第二手材料的《小戴禮記》中不管有多少關於周公攝政稱王的記載，也是沒有史料價值的。[38] 因為在他看來：

> 故考三代之事，雖一名一物之微皆當取信於經，其次則參考

[33] 崔述：《考信錄自序》，《遺書》，頁921。
[34] 參見蔣善國：《尚書綜述》，上海古籍出版社1988年版，頁173-199。
[35] 參見徐旭生：《中國古史的傳說時代》，文物出版社1985年版，頁33。
[36] 參見A. D. Momigliano, *Studies in Historiography* (London: Weidenfeld & Nicholson, 1966), 23.
[37] 關於史料分類的問題，還可參見Henry J. Steffens & Mary Jane Dickerson, *Writer's Guide: History* (Lexington: D. C. Heath and Company, 1987), 70-90.
[38] 崔述：《豐鎬考信錄》，《遺書》，頁201-202。

> 於傳；不得但據《戴記》之言，遂信以為實也。[39]

而同是一部《左傳》，在《豐鎬考信錄》中只作為第二手資料，在《洙泗考信錄》中卻成為主要的第一手資料，這是典型的「自毀其例」的作法。其實無論「自遵其例」抑或「自毀其例」，最終目的不過是替孔子洗刷「污名」。所以在通過考辨經史維護聖人的名譽地位這一點上，崔述與其他清代儒學家並無二致。

由於崔述尊信《五經》，他對儒家經典之外的諸子百家尤其是戰國、秦漢人的著述，都採取懷疑和排斥的態度。崔述說：「大抵戰國、秦、漢之書皆難征信，而其所記上古之事尤多荒謬。」[40] 他又云：

> 漢儒習聞其說〔東方按：指諸子百家之說〕而不加察，遂以為其事固然，而載之傳記。若《尚書大傳》、《韓詩外傳》、《史記》、《戴記》、《說苑》、《新序》之屬，率皆旁采巵言，真偽相淆。[41]

從這段話可以看出，崔述因崇奉經書而輕易否定漢人的著作，甚至連《史記》這樣的重要史書都不例外。而事實上，在古史研究中，只要採取慎重的態度，第二手材料仍然具有很高的史料價值。司馬遷（西元前145-約前86）就在《史記》中採用了大量的第二手材料，兩千年後的王國維(1877-1927)以殷墟甲骨文卜辭考史，證實《史記・殷本紀》所載商王世系確為實錄，可為一例。即使崔述本人在古史研究中有時也無法避免使用第二手材料。譬如，他為了證明周武王死時成王並不年幼，曾引「唐叔歸禾」的故事為證。[42] 這個故事僅見於《書序》和《史記・周本紀》，按照崔述考史的凡例，這兩種書都是被列為「備覽」的第二手材料，可是他仍然照用不誤。

---

[39] 崔述：《豐鎬考信別錄》，《遺書》，頁354。
[40] 崔述：《考信錄提要》，《遺書》，頁5。
[41] 崔述：《考信錄提要》，《遺書》，頁3。
[42] 崔述：《豐鎬考信錄》，《遺書》，頁201。

錢穆在1935年底為《崔東壁遺書》撰序時寫道：「崔氏之於古史，有信之太深者，亦有疑之太勇者。」[43] 崔述的信之太深或疑之太勇，都與他以聖人偶像和《五經》為判斷古史是非的標準分不開的。除了上面提到的因拘信經書而導致曲解的情形之外，崔述的古史考證也多有失之輕率者。比如關於孔子的名字，《史記・孔子世家》載：「禱於尼丘得孔子。魯襄公二十二年而孔子生。生而首上圩頂，故因名曰丘云。字仲尼，姓孔氏。」崔述卻認為司馬遷所記不足憑信，他說：「此說似因孔子之名字而附會之者，不足信。且既謂之因於禱，又謂之因於首，司馬氏已自無定見矣。今不錄。」[44] 由於《史記》的這段記載不見於經傳，崔述遂將司馬遷之說當作傳聞而不予重視。但崔述的這一考證是否就可靠呢？錢穆對此曾有切中事理的評論：

> 司馬遷博采前說而兩存之，其果兩有可信否？抑一可信而一不可信乎？不可無證而輕斷。崔氏疑古太勇，將使讀古書者以輕心掉之，而又輕於下斷，病不在前人之書，特在治考證者之輕心，此又不可不知也。[45]

追根溯源，傳統儒家學者之疑古所本，乃荀子（西元前313-前238）所言：「信信，信也；疑疑，亦信也。」[46] 即據所信以致其疑，疑當疑而堅其信，終歸於信。崔述也不出其右。他以疑古為手段，目的是通過釐清史事以明道統之原，恢復聖人之本真。在清代學者當中，崔述應該說是懷疑精神極強，凡可疑者均疑之。《考信錄》所辨古史古書甚多，當時就有學者說他「讀書能致疑」。[47] 有時他出於衛道的需要，甚至對儒家的個別經典如《古文尚書》和《論語》的後五篇發生懷疑。對此，王健文有以下中肯之論：

---

43 錢穆：《崔東壁遺書序》，《遺書》，頁1048。
44 崔述：《洙泗考信錄》，《遺書》，頁266-267。
45 錢穆：《讀崔述洙泗考信錄》，頁125。
46 《荀子・非十二子》，見王先謙：《荀子集解》，中華書局1988年版，頁97。
47 戚學標：《再與崔東壁論經界書》，《遺書》，頁1054。

> 但凡六經不合於「聖人之意」（崔述心中先驗的價值）時，則即是六經亦當懷疑。這一點是崔述最為突破當世者，故謝庭蘭、劉鴻翱(1779-1849)、張澍(1781-1847)等人視之如洪水猛獸，敢並聖經而疑之。[48]

所以，崔述的疑古雖有破(negative)的傾向，但他的懷疑始終是以某種信（以代表聖人之道的《五經》為真）作為出發點，這就使他的否定傾向最終轉變成對經典的肯定(positive)了。由於崔述只限於根據經傳的記載來懷疑戰國、秦漢古書中的古史，而對整個儒家思想體系則是信而不疑，這就使他的疑古辨偽工作陷入了合理性(reasonable)與非合理性(reasonless)的矛盾之中。崔述的古史研究正如錢穆所說的「主於尊經而為之考信」，[49] 這自然會對他的疑古辨偽發生限制作用，因此正如顧頡剛所說，他的《考信錄》「只是儒者的辨古史，不是史家的辨古史」，[50] 故不能視為對傳統價值觀念的挑戰。

二、辨偽與考信

崔述著書題名曰「考信錄」，而他考信古史的基礎在於辨偽。在史學研究中，辨偽和考信二者雖聯繫密切，但卻屬於不同的範疇。從學術方法的角度來看，辨偽主要依靠揭露古書內部的矛盾，如記載的矛盾、邏輯的矛盾、記載與常識和常理的矛盾等，考信則要依靠羅列證據，即具有權威性的證據、經過辨偽或分析而被證實的證據等。從學術內容的角度來看，辨偽的目的是把偽書偽事揭露出來，使之不能亂真，考信則是弄清歷史演變的客觀過程之真相。西方史學界在討論歷史話語時，一般都把事實的意義層和闡釋的意義層區分開來，而歷史話語則是這兩個

---

48 王健文：《一個寂寞的史學家——典範變遷中的崔述》，《歷史學報》第18號（1992年），頁163。

49 錢穆：《崔東壁遺書序》，《遺書》，頁1047。

50 顧頡剛：《與錢玄同先生論古史書》，《古史辨》第1冊上編，頁59。

意義層的結合體。[51] 大致說來，中國傳統學術中所說的辨偽頗類「事實的意義層」，而考信則近於「闡釋的意義層」。

近代西方學者通常把判斷文獻證據的可靠性(the authenticity of evidence)當作「外考證」(external criticism)的物件，而將考核這些證據的可信性(the credibility of evidence)視為「內考證」(internal criticism)的物件。[52] 崔述在外考證（即判斷史料的真偽）方面作出了一定的成績，對《古文尚書》、「今本」《竹書紀年》的辨偽是他這方面工作的主要貢獻。在他看來，如果不能辨別文獻的真偽，則所謂古史考信將失去根本依據。崔述在辨偽過程中注意從著述源流、文體形式、語言風格等方面進行觀察，如他指出，導致偽書形成的主觀因素大致有以下三種：一是「有心偽造者之能惑世也」；二是「莫知誰何之書，而妄推奉之，以為古之聖賢所作者」；三是「旁采他文，以入古人之書者」。[53] 這已經觸及歷史知識論的問題，應該說是對傳統辨偽學的一個新發展，而且對後來五四時期的「整理國故」活動也造成重要的影響。

不過還應注意到，崔述是憑藉所謂非真即偽的原則來判定某書的可靠性的，因而他對於偽書（如「今本」《竹書紀年》）採取的是一種絕對否定的態度。實際上，一部古書即使是偽書，也未必盡非，仍會有一定的史料價值，因為編造偽書必須有歷史素材，而不能完全憑空捏造，偽書中的某些內容可以成為研究偽書之成書年代的歷史資料。在古希臘，有題名為色諾芬(Xenophon)的《雅典政制》(*Atheniensium Respublica*)，現在西方學術界已從語言及內容等方面證明此書出自他人之手，很可能在色諾芬年幼之時即已存在。[54] 因此，如果說此書為色諾芬所作，它便是一本偽書；但就其成書年代與內容來說，此書則是一種很重

[51] 參看Hayden White, "Historicism, History, and Figurative Imagination," *Tropics of Discourse* (Baltimore: The John Hopkins University Press, 1985), 107.

[52] 參見Robert Jones Shafer, *A Guide to Historical Method* (Homewood: The Dorsey Press, 1974), Chapters 5 & 6.

[53] 崔述：《考信錄提要》，《遺書》，頁11。

[54] 參見Hartvig Frisch, *The Constitution of the Athenians* (New York: Arno Press, 1976), 89-105.

要的史料。我們只要不以《雅典政制》來說明色諾芬的思想，而是用以說明古希臘史上的其他問題，此書仍不失為一部具有史料價值的古書。這個例子對於辨偽工作頗有啟示，它告訴我們不應一筆抹煞所謂「偽書」的作用，可惜崔述辨偽時似乎並沒有這樣的意識。

隨著近年來考古新發現的不斷湧現，李學勤總結出古書產生和流傳過程中值得注意的十種情況，即佚失無存、名存實亡、為今本一部、後人增廣、後人修改、經過重編、合編成卷、篇章單行、異本並存、改換文字，在在反映出古書流傳的真實情形。[55] 因此他說：「對古書形成和傳統的新認識使我們知道，大多數我國古代典籍是很難用『真』『偽』二字來判斷的。」[56] 可是崔述在考辨古書時，習慣以靜止和機械的眼光看待古書的真偽問題，而沒有意識到古書的流傳是一個相當複雜的過程。以《孔子家語》一書為例，崔述不但判定此書為偽，還斷言說：「即今所傳《家語》亦〔王〕肅之徒所偽撰。」[57] 可是李學勤根據近人的研究指出：「從新發現看，《家語》還是有淵源的，只是多經增廣補輯而已。」[58] 此說比較符合該書流傳的實際情況，限於篇幅有限在此不能詳論。不過由此我們可以看出，若是輕易斷定某部古書為偽書，將會浪費大量有價值的史料。

崔述將學術研究的重點放在辨偽上自有其精到的一面，因不去偽就難以存真。王元化先生對此點有很好的解釋：「以懷疑精神探究古史本無可非議，但以辨偽範圍古史，則未免過於簡單。」[59] 辨偽只是文獻研究的初級階段，還需要通過分析文獻的內容來解釋歷史上的問題，這就是文獻研究的內考證階段。[60] 從事內考證，需要具備足夠的歷史知識和對人性的洞察。若要考辨某一文獻的可信度，一個不可缺少的前提是全

---

[55] 李學勤：《對古書的反思》，《李學勤集》，黑龍江教育出版社1989年版（以下版本同），頁42-45。
[56] 李學勤：《對古書的反思》，《李學勤集》，頁46。
[57] 崔述：《古文尚書辨偽》，《遺書》，頁593。
[58] 李學勤：《對古書的反思》，《李學勤集》，頁43。
[59] 王元化：《致邵東方君書》，《讀書》1992年第7期，頁73。
[60] John Tosh, *The Pursuit of History* (London: Longman Company, 1984), 53-54.

面地瞭解該文獻作者，譬如其價值取向、智力水準、所處環境、寫作能力，以及為人作風等等。崔述雖勇於疑古，並善於發現古書中的問題，但如前所述，他對經書的作者或聖人的認識卻沒有超過同時代人的看法。正是由於這一原因，崔述在考辨《尚書》諸篇的作者時就產生了偏差。由於迷信聖人，他不願相信《大誥》、《康誥》為周公稱王時所作。其實，只要認真研讀《尚書·周書》諸誥，即可看出這兩篇確實出於周公之手，因為《大誥》、《康誥》所體現的思想乃至語言的表述，與其餘各誥是相當一致的，既然較後的諸篇是周公所作，它們自然也應該出於周公之手。崔述雖自稱「生平不好有成見」，[61] 可是在《洙泗考信錄》中，他處處維護孔子的聖人形象，如他認為，公山弗擾召孔子事不確，孔子無誅少正卯事，孔子見南子的記載可疑，等等。他動輒就言「聖人必不如是」、「聖人之言，後人皆當尊信不疑」、「聖人誠非小人之所能污」等等。近代學者如張昌圻(1903-？)等對崔述的這些主觀的憑空臆測多有駁辨，此不贅言。[62] 崔述考辨古史，處處受到先入為主的道德判斷所制約，呂思勉說他考古史「雖能多發古書之誤，實未能見古事之真」，[63] 誠為允當之論。

崔述在對古史問題進行考信的時候，究竟是根據情理常識(common sense)還是依靠專門知識(specialized knowledge)？我們發現他的考證有偏重前者的傾向。固然因為史料的匱乏，致使歷史上的某些問題在適當條件下，可以依靠情理常識來分析和解決；不過這樣做時，必須考慮兩個方面的因素：其一是古今情況基本未變的因素。如古希臘的亞里士多德(Aristotle)曾說，埃伊納(Aegina)島曾有奴隸四十七萬，近代西方學者對此說提出質疑，理由是該島面積不足四十平方英里，現代人口僅有八千八百左右，尚有研究者估計該島在古代充其量只能容納一萬三千至兩萬左右的人口。[64] 由於該島的面積和資源等情況古今並無差別，因此古

[61] 崔述：《考信錄提要》，《遺書》，頁16。
[62] 參看張昌圻：《洙泗考信錄辨誤》，商務印書館1931年版。
[63] 呂思勉：《讀崔東壁遺書》，《論學集林》，頁177。
[64] *Der Kleine Pauly. Lexikon der Antike* (Stuttgart, 1964), 160.

代有四十七萬奴隸之說是十分可疑的。[65] 這樣的懷疑雖是根據常識，卻很合乎常理。其二是古今情況已發生變化的因素。如某些古代的禮制（像《儀禮》所記載的古禮），其內容在今天看來是極不合情理的，但在當時的社會卻是很正常的現象。

崔述在考辨古史時未能夠把握這樣的區分，常以今人的標準作為推理的根據，結果造成了考證上的失誤。崔述否定周公稱王之說便是一個較典型的例子。在討論這個問題時，崔述首先以不合「情理」來推論大小《戴記》所記之悖謬與不實，繼而證明傳統的成王年幼說之不可信。[66] 他說：「武王老而始崩，成王不容尚幼，而世乃以為成王年止十三，周公代之踐阼。」[67] 崔述根據正常人的婚姻與生育年齡這一基本不變的因素，認為在武王去世時，成王不可能年幼，這一判斷是有說服力的。然而，是否能以成王並不年幼這一推斷來否定周公曾經攝政稱王的事實呢？問題並非如此簡單，因為還涉及其他一些更加複雜的因素。事實上，周初立國未穩與當時嚴重的政治危機使周公稱王成為必然。[68] 可是崔述一看到關於周公曾經「踐天子之位」或「踐阼而治」的記載，就認為是事關聖人大節的嚴重問題。非但如此，他還聲稱：「周公不但無南面之事，並所稱成王幼而攝政者亦妄也。」[69] 崔述實際上是根據自己所處時代的常識否定周公曾經攝政稱王的事實，因為在他生活的時代，如果臣子竟然「踐位」、「踐阼」，那就是大逆不道，實屬十惡不赦之列。對此，王國維根據對殷代與周先公時期「兄終弟及」制度的專門知識，作出了以下判斷：

> 周公之繼武王而攝政稱王也，自殷制言之，皆正也。舍弟傳子之法，實自周始。當武王之崩，天下未定，國賴長君。周公既

---

[65] Gustave Glotz, *An Ancient Greece at Work* (New York: Alfred A. Knopf, 1926), 199-200.

[66] 崔述：《豐鎬考信錄》，《遺書》，頁200-201。

[67] 崔述：《考信錄提要》，《遺書》，頁7。

[68] 參見顧頡剛：《周公執政稱王：周公東征史事考證之二》，《文史》第23輯，頁1-9。

[69] 崔述：《豐鎬考信錄》，《遺書》，頁200。

> 相武王克殷勝紂，勳勞最高，以德以長，以歷代之制，則繼武王而自立，固其所矣。[70]

由此可見，古今政治制度截然不同，若以後代人的常識去判斷古代的周公攝政問題，肯定是無法得出正確結論的。

崔述在《考信錄》中還經常採用故事比喻的方式來說明如何考辨古書和古史。不過，從史學研究的角度來看，古代故事中所載大都非指真人真事，不足為歷史證據。崔述曾以煙草商楊氏賣字號的故事，來說明古人託名作偽書的動機。他寫道：

> 州中鬻煙草者，楊氏最著名，價視他肆昂甚，貿易者常盈肆外。肆中物不能給，則取他肆之物，印以楊氏之號而畀之。人咸以為美；雖出重價，不惜也。[71]

顯而易見，崔述的這一比喻存在著邏輯上的問題，因為楊氏賣字號和古書辨偽非屬類比(analogy)。《墨子・經下》說：「異類不比〔東方按：原作吡〕。」[72] 而崔述的異類相比恰恰是邏輯學上所說的無類比附(disanalogy)。正是由於不能瞭解到這一點，崔述總是利用故事或寓言比喻來說明古史辨偽和古史考信中的問題。故事和寓言含有大量虛構成分，屬於文學作品的範圍。而歷史學家的工作與文學家的工作有著本質上的區別，前者所處理的是「真實」(real)，而後者所涉及的是「想像」(imagined)。當然，傳統學者中有這種傾向的人並不少見，崔述難免於此亦不使人感到意外。

總的說來，崔述在判斷文獻的可靠性（考辨古書文本的真偽，即「辨偽」）方面的成績較為突出，而在判斷文獻的可信性（確定古書記載事實的真實與否，即「考信」）方面則存在比較明顯的問題。具體地說，崔述學術的精到之處在於他能夠尋找和發現古書中的矛盾，客觀上有助

---

[70] 王國維：《殷周制度論》，《觀堂集林》卷10，中華書局1959年版，頁455-456。
[71] 崔述：《考信錄提要》，《遺書》，頁10。
[72] 孫詒讓：《墨子間詁》，中華書局1954年版，頁202。

於破除傳統的古史體系。可是在建設古史方面，他既不重視，似乎也缺乏興趣。例如，崔述的《經傳禘祀通考》是他論禮著作中較為精闢的一篇。在此篇中，他把前人對禘祀解釋中的矛盾之處逐一揭示出來，然後總結道：

> 自王肅始合《大傳》、《祭法》及諸經傳之禘為一，以為周人禘嚳即禘其祖之所自出；趙匡從而演之；其後朱子《集注》及宋、元、明諸儒之說皆本於此。[73]

顧頡剛稱讚崔述此文極有發展觀點並富於科學精神。[74] 然而禘祀本身究竟是怎麼一回事，其源流應如何說明，崔述卻未能進一步闡述清楚，只是在此篇結論中說：「然則學者於禘，從經、傳而置後儒之說焉，可也；即不然，從其多而置其少焉，可也。」[75] 這種見解似乎與崔述本人以為考辨的任務僅是破而非立的思想動機有關。可是在「古史辨」運動時期，顧頡剛卻認為：「他〔崔述〕根本的誤處，是信古史系統能從古書中建立起來，而不知古書中的材料只夠打破古史系統而不夠建立古史系統。」[76] 古書中的材料除了可以用來打破古聖賢王的古史系統以外，是否也有助於建立正確的古史系統呢？依我個人之淺見，答案應當是肯定的。不可否認，從今天的觀點看，離開新出土的考古資料與銘文材料便不可能建立完整的古史系統，但這並不表明傳統文獻資料的重要性就有所降低，以上所引顧頡剛的話對這一點亦有所忽略。顧頡剛本人後來就長期研究《尚書》並作出了重大貢獻，這證明他並未放棄發掘古書中有價值的史料來建立新的古史系統的努力。顧頡剛研治古史的方法是辨偽與考信並取，而崔述則僅偏重於前者。上古史的材料本來就很少，而經過崔述辨偽後所能保留下來的更是寥寥無幾。用胡適的話來說：

---

[73] 崔述：《經傳禘祀通考》，《遺書》，頁509。

[74] 參看顧頡剛：《顧頡剛讀書筆記》第2卷，聯經出版事業公司1990年版（以下版本同），頁917。

[75] 崔述：《經傳禘祀通考》，《遺書》，頁511。

[76] 顧頡剛：《崔東壁遺書序》，《遺書》，頁64。

> 我們現在讀他的古史諸錄，總不免覺得，古史經過他的大刀闊斧的刪削之後，僅僅剩下幾十條最枯燥的經文了！[77]

即此一端就可說明崔述在使用史料方面存在著不少空白點，因此在客觀上他根本不可能考出一部系統的信史來。雖然崔述主觀上在古史考辨上用力甚勤，但是《考信錄》的價值終因對古書疑之過勇的內在限制，而在正面建樹（即重建一部上古信史）方面貢獻甚微。許冠三是這樣評論崔述的辨偽工作的：

> 辨偽學者並不一定是史學家。儘管辨偽的結果必然有利於史學，但他們的主要目的不是為過去的重建。他們並未把所辨的古書當作文字遺跡或供證看待。崔東壁的《考信錄》對我國古代史的研究雖然幫助極大，但他的動機乃是「衛道」，而不是明史。[78]

許氏之言頗能說明崔述古史研究的特徵，即破有績而立不足。究其原因，在於崔述從事考辨是為了破除百家言古史之謬誤，而使帝王聖賢之事燦然大明於世。用現代學術的觀點衡量，崔述的經史研究可以分為兩個層次：首先是對儒家聖賢和經典的無條件信仰，其次才是歷史事實的真偽考辨。所以對他而言，作為信仰層次的尊經明道，自然要超過屬於歷史事實層次的古史重建。

三、學非漢宋

清代經學研究中所謂漢學和宋學之分，本是清代漢學家的提法，意在自別於宋學。[79] 清人所說的宋學主要是指講究心性的理學，江藩(1761-1831)《國朝宋學淵源記》中所載，都是以理學著稱的宋學家。清

77 胡適：《崔東壁遺書序》，《遺書》，頁1045。
78 許冠三：《史學與史學方法》，自由出版社1958年版，頁218-219。
79 參看余英時：《從宋明儒學的發展論清代思想史》，《歷史與思想》，聯經出版事業公司1976年版，頁89。

代的統治者雖未有意偏袒漢學或宋學中的任何一方，但清廷主持編纂《四庫全書》卻為漢學家大顯身手提供了機會和條件。[80] 清代漢學的各種專門學問，如目錄學、版本學、校勘學和考據學等都在編書過程中發揮了作用，這也是漢學能在乾嘉時期的學術界「定於一尊」的原因之一。

儘管在清代漢、宋二學對立，可是宋代學術卻在很多方面開了清代漢學之先河。宋儒一方面將漢儒的章句之學變成心性之學，另一方面又大規模地進行疑古辨偽。歐陽修和朱熹(1130-1200)的著作對清代的疑古辨偽就有很大影響。就朱熹的學說而言，其中的義理部分成為明代學術的主流，而其考辨懷疑的精神則在清初顧炎武(1613-1682)的身上體現出來，並逐漸成為清代學術的主流。姚永概(1866-1944)嘗有言曰：

> 與吳〔汝綸〕先生(1840-1903)談國朝諸家所治之業，號曰漢學；自今思之，一一皆原於宋人，不過就其遺緒發皇張大之耳。即謂之宋學，亦無不可也。[81]

陳澧(1810-1882)更明確指出：「讀朱子書，以為國朝考據之學源出於朱子。」[82] 清代漢學家自稱與宋代學術分道揚鑣，甚至否認他們繼承了宋儒治學的方法。事實上，以上所引都說明清代漢學上承宋代儒學「知識主義」(intellectualism)的傳統。

就崔述的成學過程而言，他主要也是受到了宋代學者疑經辨偽思想的影響。崔述出身宋學世家，幼承庭訓，深受尊崇朱學的父親崔元森(1709-1771)的濡染。在讀書方法上，其父指導他重視體會本文而不是從前人注疏入手。崔述自敘為學經過時說：「先君課述兄弟讀書，務令極熟，每舉前人『讀書千徧，其義自見』之語以勗之。」[83] 他又謂，先君

---

[80] 參見R. Kent Guy, *The Emperor's Four Treasuries: Scholars and the State in the Late Ch'ien-lung Era* (Cambridge, Mass.: The Council on East Asian Studies, Harvard University, 1987), 124-140.

[81] 姚永概：《慎宜軒筆記》卷10，轉引自顧頡剛：《顧頡剛讀書筆記》第6卷，頁4161。

[82] 陳澧：《東塾讀書記・自述》，商務印書館1936年版，頁1。

[83] 崔述：《先君教述讀書法》，《遺書》，頁470。

「教人治經，不使先觀傳注，必使取經文熟讀潛玩，以求聖人之意。」[84] 其實崔元森的這些方法都是襲自宋儒，特別是朱熹的讀書法。朱熹說：

> 學者觀書，先須讀得正文，記得注解，成誦精熟。注中訓釋文意、事物、名義，發明經指，相穿紐處，一一認得，如自己做出來底一般，方能玩味反復，向上有透處。[85]

由於崔氏父子在讀書方法上一脈相承，胡適遂認為，崔元森的學問是「宋學中的朱學，他的兒子崔述也是宋學中的朱學」，[86] 目前學術界（包括一些西方學者）大體上傾向於胡適的這一看法。[87] 這種說法雖然大致不錯，但稍嫌籠統而又無論證，在此我願意就這一問題再作一點補充。

如果我們仔細觀察崔氏父子的治學宗旨，便不難發現他們雖同為尊朱，但在具體路向上還是有所區別的。一般說來，朱熹的學問包含義理和考據兩個方面，而崔元森只是信從朱子學說中的義理部分，這一點可以從他尊崇講求性理之學的陸隴其(1630-1692)看出。崔述說，他父親對「陸稼書先生之《大全困勉錄》、《松陽講義》尤所愛玩」。[88] 保定蓮花書院院長汪師韓(1707-1774)為崔元森撰寫的墓誌銘也寫道：「君獨恪遵紫陽，而尤愛玩當湖陸清獻公之書，躬行以求心得。」[89] 陸隴其是極力尊朱黜王的，於此也可見崔元森為學的傾向。

崔述早年因受父親的教誨和影響而篤信理學，可是在成年以後，宋學中的義理之學逐漸不再是他的學術興趣所在，他開始將學問的宗旨建立在宋人，特別是朱熹的考據學之上，「乃反而求之《六經》，以考古

---

[84] 崔述：《考信錄自序》，《遺書》，頁920。
[85] 黎靖德編：《朱子語類》卷11，中華書局1986年版（以下版本同），頁191。
[86] 胡適：《科學的古史家崔述》，《遺書》，頁955。
[87] Laurence Schneider, *Ku Chieh-kang and China's New History* (Berkeley: University of California Press, 1971), 94.
[88] 崔述：《先君教述讀書法》，《遺書》，頁470。
[89] 汪師韓：《闇齋先生墓誌銘》，《遺書》，頁468-469。

帝王聖賢行事之實」。[90] 在《考信錄提要》中談到這一轉變的原因時，崔述自謂：

> 余年三十，始知究心《六經》，覺傳記所載與注疏所釋往往與經互異。……顧前人罕有言及之者；屢欲茹之而不能茹，不得已乃為此錄以辨明之。[91]

這樣的轉變對他後來的學術發展有著決定性的影響。崔述之所以在宋代理學家中獨尊朱子，絕不是因為朱子集理學之大成，而是因為他繼承和發揚了歐陽修以來對經史懷疑考證的傳統。從崔述的著作裡，我們發現他從不談心性義理。對崔述而言，「至於世儒所談心性之學，其言皆若甚高，而求之於用殊無所當」。[92] 崔述是這樣解釋自己所從事的古史考辨的：

> 不敢言上達之事，惟期盡下學之功，故於古帝王聖賢之事，嘗殫精力以分別其是非真偽，而從無一言及於心性者。[93]

他所謂「下學」是指研究人事，他的學術重點是放在文獻的辨偽和史實的考證之上，而沒有陷入宋儒盛談心性的形而上學。從以上的分析來看，崔述與其父元森相比，在為學上確有所變異。以近代哲學的術語說，崔元森崇尚的是道德的思辨，而崔述重視的卻是知識的實證。

在顧炎武不滿晚明心學流入純任主觀的看法影響下，崔述對於陸王之學持強烈的批判態度。他說：「若宋張九成、陸九淵，明陳獻章、王守仁，皆以高才絕學，甘為異教，別立宗門，簧鼓世人。」[94] 非但如此，崔述還對宋儒列《四書》於《五經》之上深不以為然，尤其對朱熹重《四書》輕《五經》的做法進行了批評：

---

[90] 陳履和：《崔東壁先生行略》，《遺書》，頁940。
[91] 崔述：《考信錄提要》，《遺書》，頁2。
[92] 崔述：《考信錄提要》，《遺書》，頁16。
[93] 崔述：《考信錄提要》，《遺書》，頁16。
[94] 崔述：《書歐陽文忠公〈廖氏文集序〉後》，《遺書》，頁849。

> 〔朱熹〕乃亦以《大學》、《中庸》躋於《論》、《孟》，號為《四書》。其後學者亦遂以此二篇加於《詩》、《書》、《春秋》諸經之上。然則君子之於著述，其亦不可不慎也夫！[95]

崔述批評明清學人只重《四書》的學風，認為這種做法會造成「學者多束書不讀，自舉業外茫無所知」[96] 的局面。崔述的這些看法基本上與清代漢學家的看法相同，卻與清代宋學中程朱正統派迥異，這表明他的治學僅偏重於宋學的考據方面而未涉理學的領域。因此，我們不能簡單地將崔述劃歸到理學家的行列。如果一定要堅持說崔述是宋學家的話，那至少也得承認他是別具一格的宋學家：他不但與宋代的理學家不同，而且與清代絕大多數的宋學家也相去甚遠。

崔述治學與以考證學為特徵的清代漢學家又有何異同呢？清代考證學的內容包括訓詁、校勘、辨偽、版本、目錄和輯佚之學，而訓詁（包括文字學和音韻學）是其中最主要的內容。清代漢學家主張「讀書先識字」，如惠棟(1697-1758)謂：「經之義存乎訓，識字審音，乃知其義。」[97] 清末張之洞(1837-1909)在《書目答問》所附《姓名略》小序中也說：「由小學入經學者，其經學可信；由經學入史學者，其史學可信。」[98] 與漢學家相比較，崔述重視由經學入史學，而對由小學入經學則不甚經意。嚴格地說，崔述並非依靠文字訓詁來進行考證，而是採取以經書與其他古籍互證的方法來印證古史的正誤。所以梁啟超說：「他〔崔述〕把春秋以後諸子百家傳說的古事，一件一件的審查，辨別那是真的，那是假的。」[99] 足見崔述是把主要精力放在史事的考證上，這也可以說是經學在清代史學化的一個具體體現。

清代漢學家大多謹守漢儒家法，尤其尊崇鄭玄(127-200)之說。廖平

[95] 崔述：《考信錄提要》，《遺書》，頁13。
[96] 崔述：《考信錄提要》，《遺書》，頁7。
[97] 惠棟：《九經古義述首》，《皇清經解》卷359，復興書局1961年影印本，頁3803。
[98] 范希曾編：《書目答問補正》，中華書局1963年版（以下版本同），頁221。
[99] 梁啟超：《古書真偽及其年代》，中華書局1962年版，頁43。

(1852-1932)說：「鄭君之學，主意在混合今、古。」[100] 因此，鄭玄在解經時，凡遇到矛盾的地方，總喜歡巧加彌縫，以調和古今的方法將矛盾遮掩過去。受鄭玄的影響，清代漢學家治經也有類似的傾向，崔述批評他們的這種做法：「至於先儒之說與經傳相齟齬者，咸莫敢議其失，往往反取經傳之文曲為之解，以斡旋而兩全之。是以其說愈巧，其真愈失。」[101] 可見漢學家考證時雖不信唐宋之說，但卻迷信漢人的解說。崔述比他們更有進者，連漢儒之說也不相信，他說：「故今《考信錄》中，凡其說出於戰國以後者，必詳為之考其所本，而不敢以見於漢人之書者遂真以為三代之事也。」[102] 不過，清代漢學家著書慎重，治學嚴謹。他們在使用歸納法時，力求遍搜例證以歸納出結論；在使用演繹法時，則力圖根據已被證明的定論進行演繹推論。對照之下，崔述的考據受宋人影響較深，在考辨古史時主觀推斷的因素較多。比如，胡適所舉崔述否認佛肸召孔子的例子，[103] 錢穆所舉崔述否認殷周之間曾有君臣關係的例子，[104] 都說明了崔述在學風上主觀武斷的一面。

崔述雖然認識到古書之不可靠和古史之不可信，但是他的考據能力與同時代的漢學家相比，還是有相當差距的。在這一方面，他對《古文尚書》辨偽的例子最具代表性。作為一個晚輩學者，崔述辨《古文尚書》時既未讀過閻若璩、惠棟二人之書，更未能把前人對《尚書》解釋中的錯誤或未能理解之處指出來。不少學者認為，儘管崔述不知道閻若璩、惠棟、段玉裁(1735-1815)等人對《古文尚書》的考辨工作，可是他的考證與這些漢學家的結論卻有暗合之處，甚至「更有發前人所未發者」，[105] 如顧頡剛說：

---

[100] 廖平：《今古學考》卷下，《廖平學術論著選集》（一），巴蜀書社1989年版，頁89。

[101] 崔述：《三代經界通考》，《遺書》，頁513。

[102] 崔述：《考信錄提要》，《遺書》，頁5。

[103] 胡適：《崔東壁遺書序》，《遺書》，頁1044。

[104] 錢穆：《崔東壁遺書序》，《遺書》，頁1048-1049。

[105] 陳履和：《古文尚書辨偽跋》，《遺書》，頁608。

> 清代學者的書，他〔崔述〕見得很少，但竟能暗合，如辨《古文尚書》則合於閻若璩，辨《孔子家語》則合於孫志祖(1737-1801)，辨《竹書紀年》則合於朱右曾。[106]

美國學者艾爾曼(Benjamin A. Elman)也持類似的看法：

> 十七世紀的閻若璩，十八世紀中葉的惠棟，十八世紀晚期的崔述，彼此獨立地在《古文尚書》的問題上取得了相同的結論。他們每一個人都採用考證方法證明自己的觀點。儘管他們的證據不是同時出現的，但對於一個具有悠久歷史的文化傳統來說，這一點並不重要。學術研究中的同時性(simultaneity)只有在現代科學興起之後，才在歐洲受到重視。[107]

事實上，崔述對《古文尚書》的辨偽不僅在年代上晚於閻、惠二人，在內容上也不能與之相提並論。與閻若璩的《古文尚書疏證》和惠棟的《古文尚書考》相對照，我們立刻可以發現，崔述證明《古文尚書》為偽書的六條證據，[108] 在內容上多已在閻若璩的《古文尚書疏證》裡出現過了。這六條證據中前三條的內容已見於閻書的第一條考證，第四條的考證在閻書的第二十四條證據裡已論及，第五條也在閻書的第五條中涉及，第六條的考證則分別見於閻書的第十四、十五、十六、十八等條。固然閻若璩《古文尚書疏證》的考證比較繁瑣，條理不甚清晰，但是辨偽內容卻比崔述的《古文尚書辨偽》精密豐富得多。蘇慶彬在比較崔述和閻若璩對《古文尚書》的辨偽時指出：「審辨古書之偽，閻氏治學至精。」[109] 這是十分確切的評價。崔述辨偽「今本」《竹書紀年》之作

[106] 顧頡剛：《崔東壁遺書序》，《遺書》，頁63。
[107] Benjamin A. Elman, *From Philosophy to Philology: Intellectual and Social Aspects of Change in Late Imperial China* (Cambridge, Mass.: Council on East Asian Studies, Harvard University, 1984), 223.
[108] 崔述：《古文尚書辨偽》，《遺書》，頁583-587。
[109] 蘇慶彬：《閻若璩胡渭崔述三家辨偽方法之研究》，《新亞書院學術年刊》第3期（1961年9月），頁61。

（1804年寫成）竟沒有參考和利用《四庫全書總目提要》（此提要成書於1793年，1795年在浙江翻刻之後，始在全國流傳）中專辨「今本」《竹書紀年》之偽的詳贍條目。崔述在《竹書紀年辨偽》裡舉出十條證據以證明「今本」《竹書紀年》之偽，[110] 其中除第一、三、十條未見於《四庫提要》外，其餘七條都已在《四庫提要》裡或有專門的討論，或有所涉及，而《四庫提要》所列「今本」《竹書紀年》為偽的十四條證據中卻有多條為崔述所不知。[111] 我之所以在此特別提出這一問題，是為了說明崔述在辨偽方面有很多的遺漏。但我並不認為崔述之作有抄襲前人成果之嫌，這是因為一般說來，抄襲者因已見過前人的著作，故不願自己的表現比前人低劣，所以必然會抄襲前人有成績之處，甚至加以改進。可是崔述著作中的暗合之處非但沒有超過，甚至不如前人之作，這自然不能視為抄襲。上面所引艾爾曼稱在中國傳統學術研究中沒有「同時性」即學術發明權的觀念之言，似乎不符合清代儒學研究的實際情形。清代乾嘉漢學大師在著述中，每述一義或每引一說，都必稱舉其人，指明源流，絕不攘人之善而據為已有；一旦發現與他人雷同之處，必將已稿刪汰。顧炎武博極群書，其作《日知錄》，自云「古人先我而有者，則遂削之」。[112] 錢大昕(1728-1804)對其讀史所得，「間與前人暗合者，削而去之。或得於同學啟示，亦必標其姓名。郭象、何法盛之事，蓋深恥之也」。[113] 上舉二例足以說明清代學術界不僅重視發前人之所未發，而且盡可能避免重複(duplication)之考或剽竊(plagiarism)之嫌。崔述的研究既然未能參考前人的成就，又不能有所超越，那麼他通過個人獨自研究所得出的與其他學者相同的結論，也只是停留在對以往學術成果進行重複論證的層面上。所以，清末理學大師唐鑒說：

> 先生學主見聞，勇於自信。雖有考證，而從橫軒輊任意而為

[110] 崔述：《竹書紀年辨偽》，《遺書》，頁460-463。

[111] 永瑢等撰：《四庫全書總目》卷47，中華書局1965年版，頁1022-1024。

[112] 顧炎武著，黃汝成集釋：《日知錄集釋》，岳麓書社1994年版，頁1。

[113] 錢大昕：《廿二史考異・序》，商務印書館1937年版，頁1。

者亦復不少，況其間得者又強半為昔賢所已言乎！[114]

另一方面，在經學研究中應如何對待漢儒經注的問題上，崔述的態度也與當時的漢學家迥然相異。崔述指責清代漢學家「但以為漢儒近古，其言必有所傳，非妄撰者」，[115] 又說他們「但據後人之訓詁，遂不復考前人之記載」。[116] 對崔述而言，漢儒雖近古，但其說與聖人之意若不相類，故並不可靠。因此他認為，取證於經書無須通過漢人的注疏。胡適注意到了這一點，他說：「漢學運動想假道於漢儒以至六經，而崔述要推翻秦、漢百家言以直接回到六經。」[117] 學術史上所謂「回歸原典」(return to sources)的主張似乎可以作為我們討論崔述「考信於六經」之說的參考，然而「回歸原典」不單純地理解為僅注重原文(original texts)，其中應包含兩層內容，即原典本身的可靠性以及對原典解釋的正確性，而漢人著作的重要性恰好在於後者。崔述說：「彼漢人之說經，有確據者幾何，亦但自以其意度之耳。」[118] 齊思和(1907-1980)認為，崔述「他這見解真高出當時篤信漢儒的經學家之上」。[119] 毋庸置疑，崔述的「反而求之六經」包含了某些合理的成分，比如他主張，人們不能完全憑戰國以後的文獻去說明上古的歷史，因為這些文獻成書較晚，說法矛盾，其中必然羼入了後人對古史的理解或曲解。然而這些合理的成分在一定程度上又被崔述極端化，甚至轉化為治史之弊。從學術的觀點看，歷史文獻時代的先後並不是決定史料之可靠性的唯一因素，如漢代今文學家的一些說法就保留了反映古代歷史的重要資料。

漢儒的遍注群經應該說是中國學術史上對先秦文獻的第一次系統性整理。對研治上古史的人來說，漢人的記載既是一種界限，又是一種聯繫。按照現代詮釋學的觀點，對於以往的歷史文獻所作的每一種解

---

114 唐鑒：《大名崔先生學案》，《遺書》，頁1064。
115 崔述：《考信錄提要》，《遺書》，頁3。
116 崔述：《考古續說》，《遺書》，頁446。
117 胡適：《科學的古史家崔述》，《遺書》，頁968。
118 崔述：《考信錄提要》，《遺書》，頁10。
119 齊思和：《晚清史學的發展》，《中國史探研》，中華書局1981年版，頁344。

釋，都是以語言作為仲介而進行的新的反思。在這個意義上，漢人的傳注雖然使後人與儒家經書產生了某種程度的疏遠和間隔，但它卻是人們與這些經典發生聯繫的不可缺少的中介因素。正如劉師家和先生所指出的：

> **如果只有經書而無經解，那麼隨著時世遷移和語言變化，經書也就越來越讀不通，當然經學最終就會失去其存在理由。**[120]

劉先生的說法非常富於啟示性。在研究古代文獻時，注釋(commentaries)對於文本(texts)是不可缺少的。注疏學的傳統不僅存在於中國，也存在於世界其他文明的學術傳統中，所以有的西方學者稱之為「注釋型思維」(commentarial modes of thinking)。[121] 注釋的任務是在已成為過去的歷史性和仍然存在的現實性之間的鴻溝上架起一座橋樑。[122] 因此，傳注對經書向來就有兩種作用：一方面可能是正確的解釋；另一方面又可能是歪曲的理解。漢儒對於古文獻的解詁中固然包含了他們的曲解，不過一旦離開他們對先秦文獻的解詁，如《說文解字》、《爾雅》等，後人就將失去理解甲骨文、金文的津梁。崔述注意到「秦、漢以來傳注之言往往與經牴牾，不足深信」，[123] 這固然看到了問題的一面。然而正是由於對先秦諸子和漢人著述的片面態度，他的古史考信顯得淺薄而籠統。客觀的歷史存在於連續的進程中，人們對於古史的理解也只有在連續的理解進程中才能實現。所以，對於戰國、秦漢人所注釋和解說的古書古史，我們只能採取揚棄(Aufheben)的態度，而不是簡單拋棄的態度。唯有如此，歷史與當代、本文和解釋才能構成一個有機的整體。

在漢學家眼裡，崔述之學乃是外道，不屬於正宗的經學。因此崔述也從不為清代學術主流所重視。當時代表正統漢學的《皇清經解》和《皇

---

[120] 劉家和：《史學和經學》，《古代中國與世界》，武漢出版社1995年版，頁221。

[121] John B. Henderson, *Scripture, Canon, and Commentary* (Princeton: Princeton University Press, 1991), 3.

[122] Richard E. Palmer, *Hermeneutics* (Evanston: Northwestern University Press, 1969), 251-252.

[123] 崔述：《與董公常書》，《遺書》，頁705。

清經解續編》均未收錄崔氏的《考信錄》，有的漢學家如張澍甚至斥責崔述是「陋儒無知」。[124] 崔述還因治經路數不合正統的程朱之學而受到清代理學家的攻擊，例如劉鴻翱說：「甚矣《考信錄》之誕且妄也！」[125] 謝庭蘭更是指責崔述：「然務別創異解，則不可為訓也。」[126] 他們對崔述批評之偏苛，正反映了理學家在思想上所受崔氏論點震撼之劇烈。從下面這段話我們還可以看出崔述對清代儒學內部漢宋之爭所持的態度，他說：

> 今世之士，醇謹者多恪遵宋儒，高明者多推漢儒以與宋儒角；此不過因幼時讀宋儒注日久，故厭常喜新耳。其實宋儒之說多不始於宋儒；宋儒果非，漢儒安得盡是。理但論是非耳，不必胸中存漢、宋之見也。[127]

他批評宋儒「殫精於心性之空談，而不復考古帝、王之行事」，[128] 同時指斥清代漢學家治經「竭才於章句之末務」。[129] 崔述一方面公開承認自己是宋學家，另一方面又積極地從事考據之學，因此他的學術屬性往往難以確定。正因如此，略晚於崔述的汪廷珍(1757-1827)曾說他：「見其考據詳明如漢儒，而未嘗墨守舊文而不求夫心之安也；辨析精微如宋儒，而未嘗空執虛理而不核夫事之實也。」[130] 道光年間的楊道生認為，崔述之學是「學無漢、宋惟其是」。[131] 張之洞在《書目答問．姓名略》裡也把崔述列為漢宋兼采的經學家，[132] 民國初年成書的《清史稿》也沿襲了這一說法。[133] 受清人的影響，近代的學者也多認為崔

---

[124] 張澍：《辟崔氏說》，《遺書》，頁1073。
[125] 劉鴻翱：《帝王考信錄辨》，《遺書》，頁1066。
[126] 謝庭蘭：《書崔東壁〈考信錄〉後》，《遺書》，頁1075。
[127] 崔述：《豐鎬考信別錄》，《遺書》，頁362。
[128] 崔述：《考信錄提要》，《遺書》，頁20。
[129] 崔述：《考信錄提要》，《遺書》，頁20。
[130] 汪廷珍：《考信錄序》，《遺書》，頁923。
[131] 楊道生：《崔東壁先生遺書題詞》，《遺書》，頁924。
[132] 范希曾編：《書目答問補正》，頁223。
[133] 參閱趙爾巽等撰：《清史稿》卷482，中華書局1977年版，第43冊，頁13271。

述打破了經學的門戶之見。近年來更有人據此而稱讚崔述治學是超越了儒學家派的藩籬，博採眾長自成一體，成為超家派解經法。[134] 實際上，這些說法都有商榷的餘地，其中很重要的原因就是這些人未能理解崔述沒有門戶之見的原因所在。從表面上看，崔述似乎超越了漢宋之爭，其實則不然。崔述同時批評宋學、漢學在很大程度上是因為他對心性之學和訓詁之學都心存不滿，而並非要破除漢宋的門戶之見。因此，顧頡剛論崔述道：「他决不成一宋學家……然而他也决不成一漢學家。」[135] 換言之，崔述既不甘心當宋學家，又無意走上漢學家的道路。在漢宋之爭中，崔述之所以極少受到波動，是因為他既不入宋學之末流，又與漢學無淵源關係。

崔述寂寞勤苦，獨學無友，這在乾嘉時期的學者中可說是個例外，因此，他對儒家各派的觀點不可能充分表達出來。從學術源流上看，崔述只不過繼承了宋儒的考據方法和懷疑精神，在潛意識中，他從未自覺地試圖超越經學家派的限制。所以我以為還是呂思勉所言較為切實：「崔氏考證，雖若深密，然其宗旨實與宋人同。」[136] 客觀地說，崔述研治經史雖無明顯的宗派意識，但也沒有打通儒學內部的各種門戶，更未能達到超越(transcend)經學家派的境界。[137]

四、博與精

治學應該有志於「博」還是有志於「精」？這一問題在儒家學者中存在著不同的看法。有重「博」輕「精」者，亦有主張兩者不可偏廢者。在這個問題上，崔述贊同「貴精不貴多」的觀點。[138] 他向弟子陳履和

[134] 路新生：《論崔述的超家派治學解經法》，《江淮論壇》1987年第4期，頁93-100。
[135] 顧頡剛：《崔東壁遺書序》，《遺書》，頁63。
[136] 呂思勉：《讀崔東壁遺書》，《論學集林》，頁177。
[137] "Transcend"一詞，來自拉丁文transcendo (trans+scando)，"trans"的意思是超過、經過，"scando"的意思是攀登、升起。從拉丁文字源來看，「超越」本身就有升高、攀登的意思。從學術史的觀點看，真正的「超越」必須有對前賢的學術典範(paradigm)和水準的突破(breakthrough)，因為只有出現「突破」，才能實現「超越」。
[138] 崔述：《考信錄提要》，《遺書》，頁11。

(1860-1725)傳授治學經驗時說：「學以專而精，知以少而當。」[139] 他的古書古史考辨大多是以精讀而非博覽取勝。所以劉師培說：「述書之功在於範圍嚴謹，而不在於逞奇炫博。」[140] 在崔述的思想裡，雜與博時常發生混淆。他舉「買菜求益」的成語，以說明治學應寧缺勿濫，否則將是貪而無益。[141] 他甚至主張在學術上與其博而無定，不如少而無失，其言曰：

> 若徒逞其博而不知所擇，則雖盡讀五車，徧閱四庫，反不如孤陋寡聞者之尚無大失也。[142]

崔述錯誤地以為，「古人多貴精，後人多尚博」。[143] 在他看來，後人著述不必求勝於古人，因此學貴於精，讀書不必多。崔述本人確實讀書不多，他曾說：「鄙陋少文，學問不廣。」[144] 我們從《考信錄》引書有限的這一點，便可以看出崔述根本不知道許多與他的研究領域相關的學術著作。這在很大程度上與當時北方學者藏書不富又無精刻本的落後學術環境有關。相比之下，同時代的漢學大師博涉多通，把學問建立在通博的基礎之上。他們涉獵群籍，以不知一物為恥。不過一些前輩學者卻極力為崔述的這一缺陷開脫，如顧頡剛說：「他〔崔述〕以一生貧困，沒有買書的力量，故讀書並不甚多。」[145] 顧頡剛的這種同情自然與他對崔氏的偏愛有關，由於對崔述已有先入之見，其下語遂不免失當。一個人讀書多少，其實和生活狀況及有錢購書與否並無直接關係。清代知名學者中有不少人是以布衣通經學的，如江聲(1721-1799)、余蕭客(1729-1777)。揚州學派的汪中(1744-1794)的家境比崔述更為窮困，據孫星衍云：

---

[139] 崔述：《贈陳履和序》，《遺書》，頁477。
[140] 劉師培：《崔述傳》，《遺書》，頁949。
[141] 崔述：《考信錄提要》，《遺書》，頁11。
[142] 崔述：《考信錄提要》，《遺書》，頁3。
[143] 崔述：《考信錄提要》，《遺書》，頁13。
[144] 崔述：《考信錄自序》，《遺書》，頁922。
[145] 顧頡剛：《崔東壁遺書序》，《遺書》，頁63。

〔汪中〕少孤貧，力不能就傅，因鬻書詣人家學舍中。……遊書肆，與書賈交，借閱經史百家，博究古籍，能別白是非真偽。[146]

正因為讀書廣博，刻苦自礪，汪中治經吳、皖並重，兼及諸子之學，成為當時少有的著名學者之一。淹通經史的漢學大師戴震亦復如此，他與崔述同年（乾隆二十七年，1762）考中舉人，而且也曾在科場上屢遭挫折。戴震的家境比崔述還貧寒，可是他知道如何找書並積極設法借書，因此學識不斷增長；而崔述既不善於找書，也不注意擴大知識面，以致他的學術水準遠遠比不上戴震。由此可見讀書多少主要取決於個人的主觀因素，絕不能過分強調客觀條件。

考證之學是離不開博學多聞的，這需要具有目錄學、版本學和校勘學等多方面的知識，這些都是崔述所不具備的，他的考證也因此而受到影響。例如，與清代漢學家研究禮制的成績相較，崔述的《五服異同匯考》是一部頗為一般的論禮之作，可是他在《小引》中說：

此書創於乾隆辛丑，至戊申而書成。嘉慶辛酉，在羅源署稍有暇日，復自檢閱訂正，錄而藏之。然久未敢以示人者。唐之改制詳載於《開元禮》，明之改制詳載於《孝慈錄》，而二書余皆未之見，但據《唐書》、《明史》所述而已。[147]

他曾多次向人打聽這兩種書，但都未得到答覆。崔述於嘉慶七年(1802)從福建卸官回鄉，路經蘇州，遍覓書肆而不獲。直到既老且病，找書無望，才不得已將這部書稿付梓。其實，崔述尋找幾十年而未獲的《大唐開元禮》就收在《四庫全書》中（見《全書》之史部政書類，凡一百五十卷）。建成於乾隆四十五年(1780)的鎮江文宗閣、揚州文匯閣，以及建成於乾隆四十七年(1782)的杭州文瀾閣中均藏有《四庫全書》，

146　孫星衍：《汪中傳》，《孫淵如先生全集》，商務印書館1935年版，頁236。
147　崔述：《五服異同匯考小引》，《遺書》，頁623。

在當時是允許士子赴閣鈔閱的。[148] 不少清代學者在學術上都得益於到閣讀書，並引為平生快事。崔述北歸時曾經路過這三個地方，他本來可以到這三閣中的任何一閣去查書或托人抄書，可是他卻偏偏到蘇州的書肆去尋找，此皆因他不熟悉《四庫全書》目錄之故。此外，《通典》中所引《大唐開元禮》雖非全本，但也可資參考，何況《通典》是常見之書，照理說在當時並不難找到。崔述尋書未果的真正原因，在於他缺乏作為博之基礎的目錄學知識。王鳴盛(1722-1798)嘗於《十七史商榷》中云：

> 目錄之學，學中第一要緊事，必從此問塗，方能得其門而入；然此事非苦學精究，質之良師，未易明也。[149]

而崔述不會按目錄學方法去查書，因此他找書和買書時往往帶有相當的盲目性。

崔述學術的固陋之處頗引人發噱，而其精到之處又咄咄逼人；他以自己的精到之處傲視他人，而他的固陋與主觀又使其他飽學之士不屑與他往來。於是，他在需要參考書籍時，不知從何找起，而在需要交換學術意見時，又沒有師友可以一同商討。崔述自己曾感歎道：

> 若述者，其學固無足取，而亦絕無人相問難者。……讀書雖有所得，而環顧四壁茫然無可語者。[150]

總括地說，造成崔述學術淺陋的一個重要原因在於，他既無師友之教，又不知治學之門徑。清代學術的重要特點就是在江南地區形成了一個學術交流網路，學者們通過協作、書信和會晤，相互交換資料、提供資訊，以促進學術的發展。[151] 可是崔述卻在北方直隸鄉間閉門造車，

---

[148] 陳垣：《編纂四庫全書始末》，《陳垣學術論文集》第2集，中華書局1982年版，頁12-23。

[149] 王鳴盛：《十七史商榷》，商務印書館1937年版，頁1。

[150] 崔述：《與董公常書》，《遺書》，頁705。

[151] 詳見Benjamin A. Elman, *From Philosophy to Philology*, 199-200.

在學術研究上「奮其私智」。結果，他不僅在治學路向上與當時的學術主流相背，而且也不瞭解與自己相異的論點，這就註定了他的學問要走偏鋒。嚴格地說，崔述的「精」主要表現在他善於發現古書中的問題和尋找文獻記載裡的矛盾，其實他對古書的解釋並不見得精。儒學史上的著名學者都是通博與專精互濟，如崔述所崇敬的顧炎武、朱熹都是「賴博以成精」。《朱子語類》嘗記朱熹之語曰：「近日學者多喜從約，而不於博求之。不知不求於博，何以考驗其約。」[152] 朱熹可以稱得上是儒家「道問學」的典範，而崔述的「精」至多只能算是半個「道問學」，與宋人主「尊德性」者的「少而精」也有性質上的不同。究其原因，在於崔述始終未能認識學術研究中「博」與「精」的辯證統一。所謂「精」，就是要儘量詳盡無遺地分析一個專題內部的複雜矛盾，例如要精通一部古書，就必須全面瞭解和掌握與此書有關的各方面知識，包括天文、地理等，而沒有博是達不到這種精的。所謂「博」，就是既要掌握多方面的知識，又要善於看出其間的相互關係，非此便是雜而非博；同樣的，沒有精也是達不到這種博的。這也就是章學誠(1738-1801)所說的：「學貴博而能約，未有不博而能約者也；……然亦未有不約而能博者也；……」[153] 正是由於崔述對博與精的認識帶有嚴重的片面性，他的經史考證就不可避免地會受到較大的限制。

孤學無友為清代學人所戒，乾嘉時期的漢學家多能交相師友，交流學術，因為這是實現通博的有利條件。然而崔述卻與並時的漢學大家幾無往來，極少受到漢學學風的感染。他僅是在早年赴京應會試時，曾與孔廣森(1752-1786)相識。數十年後，崔述讀到孔氏《〈大戴記〉補注序錄》後，曾有感而發：

> 余昔會試時，曾與檢討〔東方按：指孔廣森〕相識，年甚少

[152] 黎靖德編：《朱子語類》卷11，頁188。
[153] 章學誠：《文史通義・博約中》，古籍出版社1956年版，頁49。

也。數十年不相見，不意其學刻苦如是。[154]

孔廣森三十四歲即去世，崔述讀到孔氏之書時竟不知道他早已去世，可見他與當時的學術主流是相當隔絕的。崔述只是在晚年與一位不甚有名的漢學家戚學標(1742-1825)（因戚氏時在臨近的涉縣任知府）有過書信往來，討論三代經界的問題。崔述的學問基本上是自得之學，加上缺少學術交往，遂造成他在學術上的孤陋寡聞。

崔述之獨學無友和少於交遊不能簡單地歸因於地理環境的閉塞。雖然他生活在遠離江南漢學中心的直隸，但當時南北學者之間往來甚多，並未因籍貫而互相隔閡。清代著名學者紀昀(1724-1805)也是直隸人，可是他「總持四庫，萬卷提綱，一手編著」，[155] 與錢大昕並稱為「南錢〔大昕〕北紀〔昀〕」。由紀昀總其成的《四庫全書總目提要》顯示了他的淵博知識，時稱「大手筆」。崔述在當時孤學無友也非因官職卑微（他曾任福建羅源、上杭的知縣）所致。在並世的知名學者中，段玉裁也僅官至知縣，汪中則終身未仕。在清代學術界，多數學者所注重的是學術造詣，而不計較官位高低。例如，戴震官職不過翰林院庶起士，卻執當時的漢學界之牛耳。

崔述之所以獨學無友似乎與他個人的性格因素也不無關係。崔述頗為自信，視他人的學問為雜，而自詡為精，故對學術交流不感興趣。他還認為同時代的漢學家眼光不敏銳，不能從古書中發現問題。他說：「今世之士，矜奇者多尊漢儒而攻朱子，而不知朱子之誤沿於漢人者正不少也。」[156] 崔述因此而傲視漢學家，從不主動和他們來往。當他途經蘇、揚一帶時，從不主動去拜訪並世的經學大師。同時代的學者（主要是漢學家）或不知崔述其人，或認為他學識淺薄而不與他往來。章學誠在乾隆四十六年(1781)應大名知縣張維祺之邀到大名講學近一年，胡適在《崔述的年譜》中寫道：

---

154 崔述：《洙泗考信餘錄》，《遺書》，頁408。

155 朱珪：《祭同年紀文達公文》，《知足齋文集》卷6，《畿輔叢書》本。

156 崔述：《考信錄提要》，《遺書》，頁13。

> 此時這兩位南北大史家，崔述與章學誠，同在大名縣，不知曾否相見，曾否會談。他們的文集中，彼此都不曾提起姓名，令人悶煞！[157]

他們兩人的性格都內向而近乎怪僻，難於與他人交往，又在學術上自視甚高，這或許是二人均未主動探訪對方的原因。

崔述嘗感歎道：「余為《考信錄》，罕有人過而問焉者。」[158] 他的妻子成靜蘭(1740-1814)在詩中是這樣描寫崔述的：「半生辛苦文幾篇，才高可惜無人識。」[159] 正因為崔述孤標傲世，所以只有別人對他心悅誠服地崇拜，他才願意與之往來。在崔述的一生中，惟有陳履和向他投師問學。陳履和來自偏遠的滇南石屏地區，他自稱「見聞寡少，知識譾陋」，[160] 在性格上又頗為內向，「負性硜硜，不與人妄通一刺」。[161] 陳履和之所以對崔述一見傾倒，是因為他在經歷和心理上與崔述有相似之處。引人注意的是，他們的師生之誼在當時鮮為人所知，以致陳履和的朋友劉大紳(1747-1828)提出疑問：「將毋海樓〔東方按：陳履和之字〕私其師而不欲公之於世耶？」[162] 這一點也可以透露出崔述自乾嘉至清末為何默默無聞的一些消息。

從歷史上看，任何一個學者都難以避免其學術的內在限制。凡有成就者皆難免有所蔽，而其蔽往往又因其成就所造成。崔述也是如此，他學術中的問題，皆有思想與學術方法上的原因，如不加以分析，就有可能引起另一方面的影響，即會使人們誤以為疑古與辨偽乃輕而易舉之事，從而在無根據或根據不足的情況下懷疑古書與古史。迷信或輕疑古書古史，從形式上看起來是截然相反的兩種態度，但最終的結果卻完全相同：兩者都會把古代的信史化為烏有。應當特別指出的是，儘管本文

---

[157] 胡適：《崔述的年譜》，《遺書》，頁980。
[158] 崔述：《附陳履和刻書始末》，《遺書》，頁481。
[159] 成靜蘭：《贈君子》，《遺書》，頁784。
[160] 陳履和：《客京師時致書》，《遺書》，頁481。
[161] 陳履和：《崔東壁先生行略》，《遺書》，頁941。
[162] 劉大紳：《崔東壁先生行略跋》，《遺書》，頁945。

著重討論了崔述學術中存在的一些問題，但絕無全盤否定崔述學術成就之意。作為後輩學人，筆者在此套用崔述的話，「非敢自謂繼武先儒，聊以效愚者千慮之一得云爾」。[163] 對於前人學術的正確態度應該是，一方面繼武前修，另一方面發其蔽而糾其失。惟有如此，學術事業才能一代代地有所進步。

163 崔述：《考信錄提要》，《遺書》，頁2。

第二篇　崔述的疑古考信和史學研究

—與王元化先生論學書

（1992年5月25日）

承蒙先生對有關崔述研究諸問題惠予賜覆，受益匪淺。先生信中提到的《東方雜誌》蛤笑論崔述之文已見到，《東方雜誌》光緒三十一年（1905年）第七期上還有一篇署名蘿照的《崔東壁學術發微》文章。這一現象表明，儘管崔述著述受到推崇是以近代東瀛學人那珂通世為開端，但到了本世紀初他也逐漸為中國本土的學者所重視。先生來教謂：「日本學者三宅米吉的評論成為「五四」後胡適、顧頡剛出版《崔東壁遺書》之誘因。」[1] 此言極是。從《古史辨》第一冊看，胡適當時確實知道已有那珂通世點校的《崔東壁遺書》流行，不過後來他只找到了《畿輔叢書》本的崔氏遺書。至於那珂通世對崔述感興趣的原因，岡崎文夫的看法值得重視。他認為，這與崔氏學風同當時日本學術界重知識（精專）而輕博識的傾向相近有關。[2] 去年我在日本作研究時，曾讀到日本青年學者藤井良雄研究崔述文學思想的一篇文章，其中對這一問題仍持同樣的看法。[3] 不過值得注意的是，現在日本學者當中卻很少有人注意

---

[1] 王元化《清園論學集》（上海古籍出版社1994年版，頁631-632）：「日記中有關崔述的記述，可補與友人〔邵東方〕書中之未備：一九九四年四月十八日，『陰。崔述是先在東瀛受到注意的。明治三十六年（一九零三），那珂通世校訂《東壁遺書》，三宅米吉撰文，以崔述比配日本闡明古典的木居宣長，謂其所著《古世記傳》一書，排中古佛儒之僻見，而崔氏《考信錄》亦斥古來百家之異說曲解。三宅謂崔氏發揮古傳之真面目，議論精確，超絕古今儒家者流，而清代學者不知重崔述之學，可知清代學術界不及日本國學興隆，其頹弊已久矣云云。日本推重崔述，可能給胡適及古史辨派一定影響。早在胡適以前，光緒戊申年（一九零八）《東方雜誌》第六期載蛤笑《史學芻論》一文即稱：『天下學問之途，皆始以懷疑，而繼以證實。』這可以說是『大膽的假設，小心的求證』之先聲』。」

[2] 岡崎文夫著，周一良譯：《崔述對於禪讓之見解》，《崔東壁遺書》（以下簡稱《遺書》），上海古籍出版社1983年版（以下版本同），頁1078。

[3] 藤井良雄：《崔述の文学思想について》，《中国文学論集》第7號（1978年），頁39-54。

那珂通世，更談不上評論他對崔述的研究。我在日本各主要圖書館查過，發現除在《東洋學系譜》上有那珂通世的小傳之外，未見有人專門寫過研究他的文章。相比之下，與他的學術地位不相上下的同時期日本漢學家，如內藤湖南、白鳥庫吉，身後都比他有名。先生指出：崔述本籍籍無名，清時影響不大。然而自從那珂通世印書，光緒末年的學者（如劉師培等）介紹，以至「五四」時期胡適、顧頡剛倡揚，崔學大張。我想，崔述的重新發現可以說是反映了當時對正統經學觀念的「反動」和「疑古」思潮高漲的趨勢。近人對崔述學術的評價褒貶不一，胡適稱他為「科學的古史家」，[4] 顧頡剛說「他所著的《考信錄》，真是清代史學研究上的一部奇書」，[5] 這大概就是先生所批評的「過於推重」；而呂思勉則認為「其實崔氏考據之學，並無足稱」，[6] 這又似乎對崔述缺乏一定的重視。以上的看法反映了對崔述學術評價的兩種極端態度，抑揚都不免失當。我研究崔述並不是因為我個人對他有特殊的偏愛，而是想重新估定他在清代儒學史以至近代學術思想史中的地位。

從過去幾十年研究崔述的論著看，總的傾向是絕大多數研究崔述者都十分強調崔述之學的「開新」意義。對此，我有不同看法。學術史上的「開新」似應理解為對前賢的學術境界和水準有重大的突破，並發揮了具體的示範作用，即所謂「典範」(paradigm)的意義。崔述顯然沒有這樣的貢獻。就以崔述著名的「回歸六經原典」的原則而言，在思想史上，回歸原典表現為兩種可能：其一，這種回歸只是一種復舊而無創新；其二，這種回歸是藉古以開新（如歐洲的文藝復興運動）。崔述提倡回歸原典，目的在於明經典之本義，這顯然是屬於第一種情形。「開新」不能只著眼於對後來的影響。例如，《周易・革卦》云：「湯武革命，順乎天而應乎人。」「革命」一詞在作此書的時代恐怕不能算是有什麼「開新」的意義，可是孫中山先生卻用「革命」來說明他反對滿清王朝

---

[4] 胡適：《科學的古史家崔述》，《遺書》，頁952。
[5] 顧頡剛：《當代中國史學》，龍門書店1964年版（以下版本同），頁126。
[6] 呂思勉：《讀〈崔東壁遺書〉》，《論學集林》，上海教育出版社1987年版，頁177。

的鬥爭。孫中山先生的事業自然是開新的，但我們不能因此就說《周易》裡的「革命」一詞在古代具有開新的意義。同樣，顧頡剛先生的「古史辨」運動是開新的，他和胡適先生借助崔述思想中的某些觀念從事疑古辨偽，並且很推重崔述之學，但崔述的學術思想是否真的具有「開新」的意義，是不能根據胡適、顧頡剛等先生在「五四」時期對他的推崇來論定的，而必須根據崔述本人的實際來決定。我們對崔述作學術定位，所考察的問題應有兩個方面：一是宏觀方面的學術觀點；二是微觀方面的學術功力或造詣。在第一個方面，崔述尊經衛道，不能說有何思想突破；在第二個方面，崔述有其獨到精當之處，但也有孤陋寡聞的地方。通觀崔述之學，我們不難發現他在這兩方面都未能做到「超邁群倫」，皆未見有特別「開新」之處，因此也就不能說崔述在清代學術思想史上有突破性的新發展。

那麼應當如何在清代儒學史上為崔述定位呢？從哲學詮釋學來說，「定位」(positioning)有兩重標準，一是學者本人或原著在當時的現狀，即某人或某書原本是怎樣的；二是指其對後來的影響，或後人對其思想學術的開拓和發揮。我個人的看法是，對崔述的定位應限於第一重標準的意義上，即通過崔述與前代和同時代的學者比較，來確定他在清代儒學史中的地位。之所以這樣說，是因為第一重標準包含了兩層意思：第一：時間座標，這就是歷時性地(diachronically)比較，從歷史上以崔述與其前人（後人一般總會超過前人，所以通常不在比較的範圍）相比較。第二，空間座標，這就是共時性地(synchronically)作比較，將崔述與其同時代的學者作比較。只有如此，崔述之學的主流（尊經明道、捍衛聖人）才不會被其支流（疑古辨偽）而掩沒。所以我十分同意先生所說的，錢穆先生對崔述學術的評價是持平之說。[7]

崔述所處時代的學術主流是「信而好古」，也就是說，信古是清代漢學的一個重要特點。除了這股學術主流外，仍有少數儒家學者以各自的方式從事經學研究，崔述便是當時在北方獨立進行古史考辨的學者。

[7] 見錢穆：《崔東壁遺書序》，《遺書》，頁1046-1052。

在我看來，崔述的學術在清代學術史上是頗具特色的：作為經學家，他既不同於治文字音韻訓詁及考名物制度的古文學家，也不同於專講微言大義的今文學家；而作為史學家，他既與趙翼、王鳴盛、錢大昕不同（這三位學者考正史，崔述只考上古史），也與章學誠不同（章氏兼及史意、史法）。可以說，崔述是清代唯一對上古歷史進行了一番系統清理的學者。崔述治學以「疑古」聞名，他由疑古書而疑及古事。所以其所疑之「古」既包括古史（上古至東周的歷史），也包括古書（先秦、兩漢的古籍），崔述想透過對古書古事的「考」，以求達到古史的「信」的層次。所謂「考」，其本意是叩擊，引申義為稽問。[8] 就歷史研究而言，「考」就是認識和瞭解客觀對象的過程。從史學的角度說，「信」字有三層意思：第一層是關於文獻文本的可靠性(authenticity)，屬於外考證(external criticism)的領域；第二層是關於文獻內容的可信性(reliability)，屬於內考證(internal criticism)的範圍；第三層是在前兩者的基礎上，進一步求得歷史性(historicity)，即歷史事實之真相(historical truth)。崔述雖未自覺地分清這三層的區別與聯繫，但是他的《考信錄》在不自覺之中，把這三方面都照顧到了：他考上古史時不採用戰國以下的文獻，便是注意到了文獻的可靠性；他深信《五經》，是因為他相信其作者的可信性；同時他又力圖弄清古事的來龍去脈，以求得古史之真相。

在傳統經學框框（漢學之家法）的束縛下，從事考據的清代漢學家雖能通過音韻訓詁的考證，對許多具體文字和名物都得出正確或接近正確的解釋，可是他們卻不善於從歷史的發展變化和古史的宏觀背景去考察經書所反映的歷史問題。他們主張「讀書先識字」，治經從小學入手，並認為只有通曉天文、地理才能弄懂經書，由此造成他們的學術負擔較重，出學術成果較慢。清代漢學家考史大多是編排材料，羅列各種記載之異同，卻鮮作評論或下判斷。故梁啟超認為：「凡此皆經學考證之法，

[8] 參閱劉家和：《趙光賢先生的古史研究與求真》，《北京師範大學學報》1990年第2期，頁37。

移以治史，只能謂之考證學，殆不可謂之史學。」[9] 崔述基本上是站在史學的立場從事經學研究，他善於從經書中所涉及的古史問題入手，來確定古事的可信度。依照崔述的說法，「辨古事之是非，古書之真偽」。[10] 可以理解為辨偽包括辨別古事和古書之真偽這兩個方面。崔述不僅懷疑古史古書，列出其中的矛盾說法，而且在考辨古事上還時有新見。崔述的史學見解固然是他個人精思自得的結果，但也與他在學術上框框較少有關。齊思和曾評論崔述說：「他對於經書的看法，也和乾、嘉時期的漢學家不同，漢學家是尊崇漢儒家法的，崔述卻不受他們的束縛。」[11] 正因如此，崔述才能夠在很大程度上採用迥異於漢學家支離破碎的考證方法，較系統地考辨古史中的一些重要問題。在一般漢學家看來，崔述所研究的問題過於龐大，而他們從不願意接觸這樣的題目。

如果我們將梁玉繩的《史記志疑》與崔述的《考信錄》並而觀之，就能更清楚地看出漢學家和崔述在考證上的區別。錢大昕對梁玉繩《史記志疑》的評論是：「據經、傳以駁乖違，參班、荀以糾同異，凡文字之傳譌，注釋之附會，一一析而辯之。」[12] 梁玉繩和崔述雖都精於考史，但梁氏專門考校一書之得失，而崔述則考辨多種古籍。梁氏的考證相當精細，正如他自己所說的：「采裴、張、司馬之舊言，搜今昔名儒之高論，兼下愚管，聊比取芻。」[13] 崔述的考證雖然時有舛誤，卻要比梁玉繩有見地。他們兩人在考證的方法上不盡相同，崔述以為微觀的方法（具體的文字訓詁和名物制度考釋）不能解決古史中的問題，因此自覺或不自覺地轉向從宏觀方面考慮歷史上的問題。崔述的考史還有一個長處，即他能夠注意到一種制度或學說自身的變化。他認為，歷史上的任何一種制度都不是突然出現的，也不是出現後就不再發生變化的；所以他在考辨古史時，很留意每一種制度的前後關係和演變過程。在這方面，他

---

[9] 梁啟超：《清代學術概論》，《梁啟超論清學二種》，復旦大學出版社1985年版（以下版本同），頁45。

[10] 崔述：《考古續說》，《遺書》，頁440。

[11] 齊思和：《晚清史學的發展》，《中國史探研》，中華書局1981年版，頁344。

[12] 錢大昕：《史記志疑・跋》，中華書局1981年版（以下版本同），頁1。

[13] 梁玉繩：《史記志疑・自序》，頁2。

的《經傳禘祀通考》是一篇相當成功的考證文章。關於禘祀，歷代學者說法不一，如鄭玄解釋為祭天神，王肅則說是祭始祖（當然，根據現代學者的研究，古人的祭祀是神與祖先不分的）。在這篇考證文字的一開始，崔述就採用與一般清代漢學家不同的方法，將經傳記注中有關禘祀的主要說法一一列出，然後通過排列證據來辨明問題。在對禘祀的考證上，崔述比漢學家提出了更多的問題。如他指出：「禘為祭其始祖所自出，亦緣緯書之文而遞變其說者。……始祖之前復別有一祖在，豈非因緯書而誤乎？」[14] 在這一問題上，清代漢學家就未能提出類似的見解。

雖然崔述比其他清儒更重視對古書之不可靠和古史之不可信的考證，但是我們也應看到，他解決古書疑難問題的能力卻不逮同時代的漢學大師。以辨偽而言，如果比較一下閻若璩《古文尚書疏證》、惠棟《古文尚書考》和崔述《古文尚書辨偽》，便可看出閻若璩、惠棟的成就遠非崔述所能企及。崔述的考證學只是長於尋找古書中的問題，卻似乎缺乏解決疑難的能力。就以《尚書・盤庚》三篇而言，惠棟曾有精深的考釋，較之崔述《商考信錄》造詣深厚。儘管《盤庚》篇內有很多寶貴的歷史材料，但崔述卻不知道加以利用。[15] 從這點上說，《考信錄》在重建一部上古信史方面的貢獻是有限度的。當然，我們不否認《考信錄》在破除對古代偽書的迷信方面是相當出色的。崔述對三代先王的懷疑，基本上打亂了傳統的三皇五帝系統；在揭示五德與五帝之間的關係方面，崔述也有首創之功。這些都是「五四」時期胡適、顧頡剛等先生之所以推崇崔述之學的重要原因。簡言之，崔述對古史研究的貢獻主要在於「破」而不在於「立」。

值得注意的是，崔述的疑古雖曾受到劉知幾的影響（他主要是從《史通》以《左傳》駁後世之說這一點得到啟發），可是他在疑古的程度上卻不及劉氏激烈。《史通》的《疑古》和《惑經》篇大膽地懷疑古代聖人，其中疑古之十條，主要是針對《尚書》、《論語》中對「聖人」的

---

[14] 崔述：《考信錄提要》，《遺書》，頁5。
[15] 參閱崔述：《商考信錄》，《遺書》，頁148-149。

誇張。在劉知幾看來，聖人也是普通人，故其身上也存在缺點。然而在崔述眼中，聖人是完美無瑕的。造成他們兩人思想上這種差距的原因，大概是唐代的思想控制不及清代嚴厲，故劉知幾的異端色彩較重（當然還不能說劉氏是儒家異端分子）。此外，崔述在討論古書辨偽時，還引宋人洪邁考唐宋一些著作之不可信處為證，但是他並沒有涉及洪氏疑經之文。可見崔述並未認真研究過《容齋隨筆》，至少是未能將洪氏之書作為自己疑古辨偽的思想淵源。這一事實也說明崔述在治學上頗為主觀，非常相信自己的判斷，以為單從別的學者那裡得到啟發就足以成學了。還需要指出的是，崔述對古書、古史的懷疑並非嚴格意義上的理性懷疑，因為它不是建立在嚴密的邏輯推理之上，而是依靠通過實際觀察得出的經驗。用現代哲學的術語說，在崔述的知識論中，他所注重的是經驗的推斷，而不是邏輯的分析。所以，他主張通過觀察各種事實以及根據經驗來解決古史的問題。然而歷史學的研究恰恰不能單靠直觀的經驗，它應當體現為史家對史料的認知和對史實的解釋。崔述這種具有經驗性特徵的考據學雖有懷疑傾向，但懷疑的並不是主體（人的本身）的認識能力，而是認識的對象（史料）。我們可以說，在中國傳統中，除了個別道家人物（即便是道家，他們所懷疑的也是具體是非、彼此分別的可能性）之外，幾乎沒有人能夠從認識論(epistemology)的角度去懷疑人的自身認識能力，這或許是中西思想的一個差別吧！

近來我有一個不成熟的看法：研究清代學術思想的一些前輩學者或可高估了清代學者的辨偽在思想史上的意義。例如，對閻若璩《古文尚書疏證》一書的影響，顧頡剛先生曾高度評價說：

> 《古文尚書》是封建統治階級所謂修身、齊家、治國、平天下的教科書，尤其是「人心惟危，道心惟微，惟精惟一，允執厥中」十六個字是所謂「堯、舜、禹相授之心法」，成為宋、元、明理學的最神聖的信條的，竟給閻氏摧陷廓清，實在不能不說是

學術界中最突出的一件事。[16]

余英時先生也有類似看法，其論曰：

這十六字心傳是陸、王心學的一個重要據點，但對程、朱的理學而言，卻最多衹有邊緣的價值。……而〔閻〕百詩也的確有意識地藉辨偽的方式來推翻陸、王心學的經典根據。[17]

清儒對《古文尚書》的辨偽固然在某些方面超出了純學術的範圍，具有一定的思想史意義，如揭出「人心道心」之說出於偽《古文尚書．大禹謨》，使得陸王心學失去了經典依據。然而從政治方面來說，這種學術活動並未對清統治者的思想和統治政策產生破壞作用。嚴格地說，閻若璩、惠棟以及崔述對偽《古文尚書》的辨偽工作，與其說是尋找作偽的材料來源，毋寧說是在力圖證明偽《古文尚書》的材料也是從真經書裡抄來的。換言之，他們雖考證出《古文尚書》是偽書，但並沒有否定偽《古文尚書》的思想內容。因此，他們的學術成就自然不會引起強烈的政治震動。事實上，清代的科舉考試一直沿用今古文相雜的《尚書》，在多次會試中，仍然引用上述「人心道心」段為題，而不論及此文的真偽問題。許多明知其偽的人（包括清廷在內）不肯公開宣佈廢棄《古文尚書》作為考試的內容，甚至乾清宮御寶座後面的銘文也多引自《古文尚書》，這是因為在清代統治者以及多數儒家學者（特別是宋學家）看來，辨別偽書的工作並不影響宣揚聖人之道，如清儒李紱就認為，《古文尚書》雖綴輯佚書而成，但其中的思想卻無悖於理。他說：

然則《古文尚書》果可廢乎？曰：廢固未可輕言。其所搜集固《尚書》之正文也。聖人之書，寸金碎玉，皆可寶貴。安可以造作之贗本，棄採集之正文。惟知其為贗者，而嘉謨入告等語，

[16] 顧頡剛：《古籍考辨叢刊》第1集，中華書局1955年版，頁5。
[17] 余英時：《清代思想史的一個新解釋》，《歷史與思想》，聯經出版事業公司1976年版，頁148。

實有害於治道者，則存而不論可耳。[18]

因此，以清代的實際情形來說，顧頡剛、余英時等先生對閻若璩《古文尚書疏證》辨偽工作的思想史意義的看法，也許有補充的必要。

司馬遷說：「學者載籍極博，猶考信於六藝。」崔述繼承司馬遷的這一原則，將「考信於六藝」作為文獻辨偽和古史考信的唯一準繩。從《考信錄》中，我們可以看到，崔述基本上採取以經證史的方法。這種辦法固然有其長處，但也使他的考據有些拘迂。譬如，他對《詩經》、《尚書》十分迷信，缺乏分析的觀念。崔述雖受宋儒和閻若璩的影響而敢於懷疑偽《古文尚書》，把它棄而不用，可是他卻沒能對被認為是真書的《今文尚書》作具體的成書年代及可信性程度的辨別。在《唐虞考信錄》和《夏考信錄》裡，《堯典》、《皋陶謨》、《禹貢》等篇就是被當作第一手的可信材料來運用的。其實崔述不明白二十八篇（在《十三經注疏》本中析為三十三篇）的《今文尚書》也並非全部可靠。先秦的真《尚書》可以分為兩大類，第一類為原始文獻，如難讀的《周書》各篇；第二類為戰國時改編過的書，如《虞夏書》中的大多數篇。當然，崔述把《五經》作為考信的標準有兩個理由：其一，從史學的角度說，經書在時代上近古；其二，從道德的層次來說，經書代表了聖人之意，這是崔述取《五經》為考證古史準繩的根本原因，所以梁啟超說：

……春秋前史跡之部分，崔東壁所用方法，自優勝於馬宛斯。雖然，猶有進。蓋「考信於六藝」，固視輕信「不雅馴之百家」為較有根據。[19]

日本語言史學家太田辰夫將文獻分為「同時資料」和「後時資料」，前者是說某種資料的內容和它的外形（即文字）是同一時期產生的，後

18　李紱：《書〈古文尚書冤詞〉後》，《穆堂初稿》卷45，見《續修四庫全書》第1422冊，上海古籍出版社2002年版，頁119。

19　梁啟超：《中國近三百年學術史》，《梁啟超論清學二種》，頁417。

者則是指外形的出現晚於內容的產生。[20] 一般而言，《五經》接近於所謂「同時資料」，故為研究工作提供了可靠的文獻基礎。在長時期的歷史疏遠化過程中，儒家經典本身及其種種經說的內容發生了極其複雜的變異，其中最重要的就是經典原文和不同時期注疏之間的差異，崔述敏銳地注意到了這種差異。崔述不僅發現了經傳之間的矛盾，並且採取了一種批判態度，這是他高於清代漢學家調和經傳態度的地方。但從另一個角度看，崔述這種重視《五經》的態度並不是建立在認識的理性基礎之上，它實質上是一種獨斷論的表現，即以經書的權威來判斷古代文獻和歷史的真偽是非。不過問題是，他所謂的權威是否完全可信？崔述在《考信錄》裡多次以《五經》之文否定《史記》和《尚書大傳》的記載，因為他認為經文是考辨古史真偽的不可動搖的歷史根據。可是崔述絲毫沒有考慮到，司馬遷作《史記》時利用了大量先秦和並世的載籍，用他自己的話說，就是「厥協六經異傳，整齊百家雜語」；而且西漢初年司馬遷所見到的早期經文，與崔述所見本已有所不同。清代漢學家在校勘方面的長處就在於，他們善於從其他古籍中尋找比傳世本《五經》更加可靠的先秦文獻。實際上，現存的《五經》存在不少的問題，例如，歷來學者對《尚書・堯典》篇內容的真實性頗為懷疑，而崔述卻相信此篇所載全都是上古史實。崔述認為儒家經典最為可靠，因此他不僅不相信戰國諸子之書，更不重視漢儒的著述。他說：「蓋自《詩》、《書》以外，凡戰國、秦、漢之間言商、周事者皆出於揣度，是以互相矛盾。」[21] 這種輕易否定古書的態度必然導致對戰國、秦漢文獻中有關古史材料的忽略。

崔述清理古代史料是從遠古的神話傳說開始的，他的疑古突出表現在他對神話傳說的否定，所以顧頡剛說：「遠在清代中葉，大膽的崔述已經本其宋學的『衛道』精神和漢學的考據方法，把一部分荒誕不經的

[20] 太田辰夫著，蔣紹愚、徐昌華譯：《中國語歷史文法》，北京大學出版社1987年版，頁382。

[21] 崔述：《豐鎬考信錄》，《遺書》，頁168。

古史傳說一筆削去。」[22] 崔述認為古代的傳說都不可靠，因而棄之不用。可是這樣做的結果，往往是把其中有用的材料也丟棄了。在「古史辨」運動中，顧頡剛也有類似的傾向。徐旭生所撰《中國古史的傳說時代》一書，其中的許多論點就是針對「古史辨」派的這種做法而發的。事實上，無論神話還是傳說，大都具有某種真實性，或多或少反映了人類早期的認識體系，而且神話和傳說還可以成為研究其付諸文字時代之社會文化的有用材料。

胡適認為崔述不同於其他漢學家之處在於，他考辨古史時，推翻了秦漢百家之言以直接回到《五經》。在他看來，崔述著書的基本方法，「一是『反而求之六經』，另一是『先儒箋注，必求其語所本，而細核之』」。[23] 崔述直接返回《五經》的做法實質上是受到宋儒的影響。宋代學者講究直接閱讀古書而不重漢唐注疏，例如朱子就不相信《詩序》，而主張直接讀《詩經》。誠然，古代的文獻材料是必須重新加以審查的，因為傳世之文本(received texts)已在不同程度上發生了變化。古書之所以在流傳中一次又一次地被曲解，其肇因於每一時代的人都以自己的一定認識接受知識，再根據自己的認識水準和價值觀念來傳授知識。所以我們現在所看到的古代文獻中，既保留了原始的內容，又有被後人曲解的成分。但是從詮釋學的觀點來看，直接回到《五經》在理解過程上是不可能實現的，因為如果沒有後儒的傳注，《五經》是很難讀通和正確理解的。因此，所謂「回歸原典」實際上是要做兩種工作：一是證明原典本身的可靠性；二是證明後代對原典解釋的正確性和可靠性。而漢人著述的重要性即在後者，漢儒近古，在正常情況下，他們要比後代人更清楚地瞭解古代。所以，他們對古代的解說為後人瞭解古代提供了一個不可缺少的環節。可以說，如何對待漢儒的解釋成為經學研究的一個重要問題。章太炎曾云：

> 余弟子黃侃嘗校注疏四五周，亦言清儒說經雖精博，其根柢

[22] 顧頡剛：《當代中國史學》，頁125-126。

[23] 胡適：《科學的古史家崔述》，《遺書》，頁968。

> 皆在注疏，故無清人經說無害也。無注疏，即群經皆不可讀。……謂其根柢皆在注疏，是亦十得六七，未足以盡之也。[24]

黄侃以為無清人經說，依靠漢唐注疏也能讀懂經書。其實，清人在解經方面比《十三經注疏》大有進步。章太炎在這裡明確指出，「無注疏，即群經皆不可讀」是經學研究的通則。傳注對經書而言，一向就有兩種作用，一是正確解釋，二是曲解文義。從這一層意義上說，漢人的經說既是人們理解經書的通道，又使後人對經典原文的理解出現了某種程度的偏差。崔述只注意到了後一點，故認為欲得對經書的正確理解，只能求之於《五經》原典。

不過，若像崔述那樣不信漢儒的解釋，那麼要理解先秦古書又要以何為基礎呢？一般說來，解釋對象和解釋者之間必須有一個仲介，埃及象形文字(Egyptian hieroglyphs)的釋讀(decipher)工作就是一個很好的例子。如果沒有羅塞達碑(Rosetta Stone)上的另外兩種不同時代的文字（俗體文字和古希臘文）作為中介，十九世紀法國著名古埃及學家商博良(Jean-Francois Champollion)是不可能釋讀古代埃及的象形文字的；又如，東漢許慎的《說文解字》實質上也是我們識讀甲骨文、金文的中介。而崔述卻沒有認識到這一點，他對漢學家「漢世近古，漢儒之言必非無據而云然者」的觀點不以為然，而強調：「不敢以載於戰國、秦、漢之書者悉信以為實事，不敢以東漢、魏、晉諸儒之所注釋者悉信以為實言。」[25] 因此，他對漢代的材料採取懷疑甚至排斥的立場，如他在《考信錄》中把《史記》列為第二手資料（即備覽之書），與《新序》這類古書等同視之。當然，我們在利用中介時，也應該看到其局限性，如鄭玄解釋三禮時，就是用漢代的制度解釋古代制度的，這雖為我們進行研究提供了方便，但也帶來了不少困難。只有在充分認識到中介的局限之後，鄭玄的注釋才有可能對我們研究漢代的制度發揮作用。皮錫瑞在談到經學發展的流變時曾有云：

---

24 章太炎：《漢學論》，《章太炎全集》第5冊，上海人民出版社1985年版，頁22。
25 崔述：《考信錄提要》，《遺書》，頁8。

> 前漢重師法，後漢重家法。先有師法，而後能成一家之言。師法者，溯其源；家法者，衍其流也。……然師法別出家法，而家法又各分顓家；如幹既分枝，枝又分枝，枝葉繁滋，浸失其本；又如子既生孫，孫又生孫，雲礽曠遠，漸忘其祖。是末師而非往古，用後說而舍先傳；微言大義之乖，即自源遠末分始矣。……蓋凡學皆貴求新，惟經學必專守舊。[26]

皮氏在這裡說的是，經學如同其他學術一樣，在發展過程中必有支派分出，支派又分支派。這樣，一方面看起來是枝繁葉滋了；另一方面，末師和初祖之間的區別也就很大了。他能用生物學上遺傳與變異的關係來解說歷史上前後經學之不同，頗具卓見，但崔述對經學的演變似乎還沒有這樣的認識。皮氏接著說，各種學問都是求新的，只有經學應是守舊的。這樣的看法從史學的角度來說，是有其特定意義的，這與崔述從史料學的觀念出發，要求保存和恢復經的本來面目的看法非常相似。

清代經學有漢學與宋學之分。在清代，宋學是官學，漢學亦不駁義理。從經學的傳統來說，漢學講究師承，對傳統比較尊重。清代漢宋兩派的爭論不只在方法上存異，而且也有思想上的對立。余英時先生說：

> 但漢宋之爭祗是表象，實質上則是考證與義理之爭；而考證與義理之爭仍未盡其底蘊，其究極之義則當於儒學內部「道問學」與「尊德性」兩個傳統的互相爭持中求之。[27]

崔述不僅從不言及心性義理，而且對陸王之學大張撻伐。儘管他是服膺朱子的，但卻不能說他是宋學家或理學家。在如何看待與宋學的繼承關係問題上，崔述與江南的漢學家截然異趣。崔述坦言自己是繼承朱子之學的，自云其古史考辨是「拾韓〔愈〕、朱〔熹〕之遺」；[28] 而漢學家卻自以為已與宋學決裂，不肯承認和宋學有繼承關係，如江藩撰《漢

---

[26] 皮錫瑞：《經學歷史》，中華書局1959年版（以下版本同），頁136-139。
[27] 余英時：《論戴震與章學誠》，龍門書店1976年版（以下版本同），頁137。
[28] 崔述：《考信錄自序》，《遺書》，頁922。

學師承記》和《宋學師承記》，就是在樹立漢學與宋學之間對立的名目。崔述出身於一個崇尚理學的家庭，自幼受到父親崔元森的教育，在崔氏父子眼裡，治經的方法在於「讀書百遍，其義自現」，這顯然是宋儒治學的路數。從經學研究的角度看，宋儒的長處是熟讀經書，反復琢磨，體會其中大意；短處是不通訓詁之學，故治經往往以意推測。[29] 宋儒在反復閱讀玩味中產生聯想和比較，即以經書與其他材料相比，由此對經書產生懷疑。譬如歐陽修撰《易童子問》，就是通過揭示易傳文字間的矛盾，來說明《繫辭》非聖人之作。崔述的疑古深受宋儒疑經辨偽思潮的啟發和影響，這一點可從《考信錄》中清楚地看到。白壽彝先生曾有一段話論及清代漢學與宋代學術的關係，可供研究崔述參考。他說：

> 向來有一種說法，認為學問有漢學和宋學之分，認為宋學是講義理的，不講究史料的考訂、文獻的研究，而認為清人的考據是漢學。這種看法不一定對。清人所謂漢學，實際是從宋人的歷史文獻學發展而來的。宋人固然是以義理出名，但是他們在歷史學上是有成就的，在歷史文獻學上也是有成就的。清人的漢學，在一些領域裡都是宋人所創造的。[30]

明白了這一層關係，我們便不難看出，崔述一方面排斥宋人的心性義理之說，另一方面也繼承了宋人的疑古辨偽之學。當然，在懷疑精神上，宋人與崔述還是有區別的：宋代學術空氣較自由，故宋人敢疑經，崔述卻只疑傳，而且是為了考辨聖人事蹟而疑傳。儘管崔述對宋儒的義理學說不感興趣，但他和宋儒在經學研究的根本問題上有一種共識，即把主觀上所持的批判標準——儒家的「聖道」奉為圭臬而不復置疑。所以，崔述的疑古辨偽並未逸出尊經崇聖之範圍，這也說明他在倫理上所恪守的仍是程朱的思想原則。就學術淵源言，崔述主要繼承了宋代學術中的文獻考證傳統。

---

[29] 參看章太炎：《國學概論》，創墾出版社1953年版，頁41。
[30] 白壽彝：《歷史教學與史學遺產》，河南人民出版社1983年版，頁101。

在《考信錄提要》中，崔述歸納出種種辨偽的規則，其中很多是承襲了宋人尤其是朱熹的辨偽方法。崔述以其所考辨的古史問題為綱，將有關歷史文獻有系統地類輯排比。他發現傳注所言百家所記與經書相悖，「於是歷考其事，匯而編之，以經為主，傳注之與經合者則著之，不合者則辨之，而異端小說不經之言咸闢其謬而刪削之，題之曰《考信錄》」。[31] 他以經文和傳記為主，其他古籍中合於經傳的材料與之並列，不合者則另列「備覽」（可疑書中可信的資料）、「存疑」（可信書中的可疑資料）、「附錄」（其事不可疑，但其時不可詳者）、「附論」（雖非記實之文，但其理合於史實者）、「備考」和「存考」（雖屬後世記事與後世記言而足證古史者，「備之以俟考，存之以相參」）。崔述能夠區分不同層次的史料，反映出他在學術研究上已有方法論的意識，這一點則是大多數漢學家從未達到的高度。劉師培《崔述傳》認為崔述未與漢學家相接，「而著述義例，則殊途同歸」。[32] 這是說崔述的古史考信與漢學家「實事求是」的治學方法頗有異曲同工之處。所不同的是，清代漢學家主張理解文義必須依靠文字訓詁，他們研究名物典章制度多由此入手；而崔述則注重文獻的真實性和事實的合理性，強調史學的求知或求真。有的學者認為，崔述考證古史時也注意運用古音的方法，並以《豐鎬考信錄》中對「宣王有志」條的解釋為證。證之以文獻，崔述對此句的解釋明顯有誤。《左傳・昭公二十六年》記：「諸侯釋位，以間王政。宣王有志，而後效官。」崔述釋「間王政」為「待王政之間也」，並謂：

> 諸侯為王卿大夫者，因厲王在外，故解官而歸其國，以待王室之定；宣王有志振作，而後來效王官之職。[33]

崔述的這一說法是增字解經，又恰恰把意思說反了。實際上，當時

---

[31] 崔述：《考信錄自序》，《遺書》，頁921。
[32] 劉師培：《崔述傳》，《遺書》，頁949。
[33] 崔述：《豐鎬考信錄》，《遺書》，頁238。

只有少數諸侯能夠擔任王卿（周、召二公為內服官），所以《左傳》指的是外部諸侯（外服）來干涉王政。崔述在這裡顯露出宋人「悍」的毛病。王引之《經義述聞》「以閒先王」條案云：「閒之言，干也，謂干犯先王之命也。」[34] 因兩字為雙聲疊韻，王氏訓「閒」〔間〕為「干」，予以疏通，當為確解。由此可見，崔述雖在《考信錄》中偶爾運用訓詁的方法來解釋經典，卻不及漢學家在這方面的功力深厚。當然，崔述與漢學家的經學研究大致上有一個共同之處，即他們治經沒有跳出傳統儒家思想的格局，這使得他們的考證始終受到道德判斷的制約。例如，崔述從儒家正統的理學立場出發，否認周公曾經攝政稱王。[35] 據此一例即可見崔述維護儒家聖人的心理是多麼的強烈！誠如錢穆先生所批評的：「厥後清儒崔述為豐鎬考信錄，尊經傳，力斥史書，却於孔子稱泰伯以至德者，強作辨解。」[36] 因此，崔述的經學研究始終處於一種矛盾的狀態：一方面，他看出傳統古史中的許多問題；另一方面，他在思想觀念上卻又受到「道統」的束縛。

如何區分今古文是清代經學的一大關鍵。今古文學之分在起源上相當複雜，過去的學者如皮錫瑞、梁啟超等皆未能窮其究竟。大體說來，漢代的今古文之區別表現在以下三個方面：第一，有經典本身不同的區別，如《周禮》本身是古文經，《左傳》亦如此，而《公羊傳》則是今文經學的著作；第二，有經同而文本不同的區別，如齊、魯、韓《三家詩》（即今文學《詩》）與《毛詩》，不少地方字句不同是因為文本不同的緣故，不同文本中可能有今、古文字之不同，在這方面，《尚書》最為明顯，可疑點也最多；第三，有讀法與理解之不同，這一特點在《春秋》三傳中就十分明顯。總的說來，漢代今、古文之爭有學術和政治兩方面的原因。在學術上，由於今文經學搞得過於神化，因此古文經學便作為一種學術上之反動（或曰反應）而產生；在政治上，劉歆企圖利用

[34] 王引之：《經義述聞》第十九，見《皇清經解》卷1198，復興書局1961年影印本，頁12933。
[35] 崔述：《豐鎬考信錄》，《遺書》，頁200-201。
[36] 錢穆：《朱子新學案》第5冊，三民書局1989年版，頁319。

古文經學為新莽服務。到了清末，今古文門戶之見仍與上述兩方面的原因有關，故皮錫瑞說，古今文「非惟文字不同，而說解亦異矣」。[37] 例如，《周禮》是古文經，而《禮記・王制》是今文經，兩者所敘述的古代制度有明顯的不同，鄭玄注則採用時代不同的說法來調和矛盾。但分析起來，作為今文經的《禮記・王制》與《孟子》的記載相同，自然是可靠的文獻，而作為古文經的《周禮》雖從總體上說體現了某種理想，但也保存了一些真實材料，並非全不可信。

崔述經學研究的一個弱點是他不重今古文說之分，這主要是與他所處的時代有關係。從清代經學史來看，注意到經書中今古文說和文字的區分是有一個過程的。清代早期學者中，只有臧琳注意到了《尚書》的今古文說和文字的問題，但他的著述不多。清代學者真正開始重視今古文說和文字的區分與今文經學的興起有關，而在崔述的時代，今古文經說之分剛剛開始受到經學家的注意。崔述不重今古文經說之別對其學術產生了兩種效果：正面的效果是，他沒有經學的門戶之見，治經時不受今古文家法的局限，因而勇於疑古；反面的作用是，他完全脫離了漢儒的注疏，這使得他的經學研究因受到限制而相對淺薄。與崔述同時而稍年長的段玉裁對區分《尚書》今古文的文字問題注意較多；比崔述年幼十多歲的孫星衍亦能區分《尚書》今古文說，只是他誤將兩者弄顛倒了，如他在《尚書今古文注疏》中以為司馬遷《史記》全採古文。稍後的陳壽祺、陳喬樅父子則對《詩》、《書》的今文說更有明確的說明。直到清末的皮錫瑞才能自覺地區分出今古文說和文字，他在《經學通論》裡指出，孫星衍關於《史記》所引《尚書》為古文的說法是錯誤的。皮氏曰：

> 孫星衍《尚書今古文注疏》，於今古說搜羅略備，分析亦明，但誤執《史記》皆古文，致今古文家法大亂，如《論衡》明引《金縢》古文說，孫以其與《史記》不合，乃曰：「王氏充以為古者，

---

[37] 皮錫瑞：《經學歷史》，頁88。

> 今文亦古說也。」豈非遁詞？[38]

皮氏在經學研究中不僅能區分出《詩經》中的今古文，而且對《詩序》的解說大體上也是公允的。可見清代經學由不重今古文說和文字的區分到自覺地加以分別的演變，從本質上說是對經書認識的一種「深化」過程，顯然，崔述始終未能達到這種深度。

最後需要指出的是，崔述一向孤學無友，以閉門自修為主，因此他始終處於乾嘉漢宋學術的氣氛範圍之外。其中原因之一，乃因他生活在北方偏僻地區，缺少學術交遊的環境，而他所能接觸到的書籍也極為有限。崔述自謂：

> 若述者，其學固無可取，而亦絕無人相問難者；……讀書雖有所得，而環顧四壁茫然無可語者。[39]

他承認自己「居僻書少，檢閱為難」。[40] 當時《皇清經解》雖尚未出版，但《通志堂經解》業已流行，而崔述卻無緣閱讀，因此對元明以來的經學注疏一無所知。這樣的環境自然使得他的學問受到很大的限制，也成為他不受當時學術界重視的原因之一。崔述之獨學無友對其學術所造成的負面影響是顯而易見的。比如，斷定《尚書・禹貢》篇並非作於夏代是清儒的貢獻之一，崔述對此竟然毫無所聞，仍視《禹貢》為夏代的著作。這充分表明他對當時漢學家的研究成果所知甚少，因而他的考信辨偽甚至有重複他人工作的情形。

在我看來，崔述之獨學無友還有另外一個因素，即他本人相當自負。崔述認為同時代的漢學家眼光不敏銳，不善於發現古史中的問題。而漢學家也沒有把崔述放在眼裡，可能是因為覺得他不夠淵博，宋人習氣過濃，所以對其著述不加理會。從崔述詩文的字裡行間，我們常常能感受到他內心所掩藏的不滿情緒。或許我們可以借用余英時先生對章學

---

[38] 皮錫瑞：《經學通論・書經》，中華書局1954年版，頁103。
[39] 崔述：《與董公常書》，《遺書》，頁705。
[40] 崔述：《〈考信錄〉自序》，《遺書》，頁921。

誠學術心理狀態的分析，來說明崔述的類似心態：「我相信實齋所表現出來的被迫害感，其最深、最後的根源便在於他的學問成就始終未能獲得當時學術界的承認。」[41] 崔述和外部學術界幾乎完全隔絕，他不僅與並世的漢學大家沒有往來，和其他學者的接觸也是極為有限，因此其學術也就成了游離於清代漢宋學派之外的一種特殊形態，即「非漢非宋」（既無漢學家的訓詁考據功夫，又無宋學家的義理發揮）。值得注意的是，由於崔述始終未能進入當時的學術主流，其學術在當時得不到積極的反響，反而使他能夠在很大程度上不受經學門戶之見的約束。正如那珂通世所云：「崔氏處於群迷之中，獨能建樹己說。」[42] 正因如此，崔述才有可能在一些古史問題（如貢徹助為三代圻內之制、殷周之間並無君臣關係，以及禘祀的異同變化問題等）上提出自己獨到的見解，同時也形成了個人的獨特學術風格。

先生在信中提出，若從西方詮釋學(hermeneutics)的角度，將兩千年來前人對經書的注釋加以總結，對今後傳統文化的研究一定會有極大的幫助。我完全同意這一看法。根據哲學解釋學的觀點，研究古代的文本，不僅是為了恢復古書的原意，即瞭解古人思考的出發點和內容，更重要的是要注重解釋者的活動，即讓讀者有可能與他所要理解的文本對話，以此來實現所謂「效應歷史」(effective history)。從某種意義上說，中國傳統經學的解經與西方早期的詮釋學頗有類似之處。當然，也有人不同意這種看法，認為古代儒家學者對於經典文本意義的探究在理論上從未超出實用或準實用的階段。這種看法並不盡然。就以崔述而言，他在經史考證過程中涉及大量詮釋學問題，形成了一套獨特的解釋理論和方法，其中有許多與西方經典考證學相似的主張，這些都非常值得我們總結和研究。事實上，傳統經學的注疏實際上就是一種詮釋學理論，因此西方詮釋學完全可以在一定範圍內和中國經學注疏傳統互相溝通。如果我們嘗試對兩者進行比較研究，將會有助於我們認識中西學術思想的異

---

[41] 余英時：《論戴震與章學誠》，頁134。

[42] 那珂通世：《〈考信錄〉解題》，《遺書》，頁929。

同與得失。如何將哲學詮釋學的理論與崔述之學乃至整個清代經學的研究結合起來，確實是中國學術史研究的一個很有意義的課題。

王元化致邵東方書（1991 年 8 月 10 日）

東方先生

七月二十七日手書奉悉。寄出的陳垣書信集收到否？念念。九月初，您將離檀島出訪，趕寫此信，以便行前達覽。

崔述遺書，上海古籍於八三年出版，十六開本，精裝成巨帙，千餘頁，洋裝革履，雖捧讀唯艱，但查閱甚便。書前有王煦華協助顧頡剛所寫長序，洋洋灑灑，約數萬言。此序為顧氏晚年最重要論文，述其學術思想甚詳。崔著本籍籍無名，清時影響不大，觀遺書尾附錄清時諸儒之評騭可知。「五四」後，由於胡適倡導，顧氏以十年心血整理出版。錢穆序亦可見其委婉之微諷。疑古派盛行於二三十年代。戰後文物發掘，大量出土甲骨金文，於徵訂古史古籍方面，厥功甚偉。即以《周官》一書而言，自宋歐陽修、洪邁，清方苞、廖平、康有為以來，均斥為偽書。宋時夾有黨爭偏見（即意識形態化），清時今文家則更趨極端，均稱其以劉歆助王莽而造。徐復觀先生更別出心裁，直謂《周官》乃王莽所作（余英時先生於金春峰書序中駁之已詳）。但根據近二十年出土青銅器銘文考訂，（僅西周早、中、晚三期）其中冊命職官（名稱、職務、級別）與《周官》合者，不下五十餘種（參見中華出版之《西周金文官制研究》及臺灣出版的《西周冊命金文所見官制研究》）。此乃鐵證，不可駁也。前人論先秦之典章制度，僅尊詩書，而不取三周，以為不可據信，此乃前人之影響未除。東壁遺書之學術價值，胡適及疑古派似過於推重，清時王崧等評其所偏，未嘗不得其要。近人如錢穆，稍晚如楊寬等所論定，亦可稱為持平之說。

宋儒以意逆志，六經注我（海外詮釋學興後，華裔學者多從之），注疏典籍，其不求證據，興到亂說之處甚夥。近閱四書，曾覓得前人注疏較多，余深不以宋人之法（多數）為然，近已草就《論語》柬釋數篇（已發一篇，多未發將發）列舉之。魯迅曾引前人言：「宋人法古書而古書亡，明人刻古書而古書亡」，雖似太過，然亦應引為警惕。如近有海外學人交我牟復禮（F. Mote）一文，其中援引史華茲、Legge等諸著名漢學家對《論語》中「達巷黨人」一章的解釋，徑將黨與達巷拆開，誤為鄉黨，並釋鄉黨為「無知鄉下人」；又史華茲釋孔子「吾執御乎，執射乎」為孔子不喜歡軍事技藝。諸如此類望文生解之訓釋，焉能服人，怎可默然應之？又讀傅偉勳先生惠我其所撰之《創造性詮釋學》一書（係我回國後，傅先生由美寄贈者），書中稱詮釋為五個層次，後兩層為「應謂」（即原作者應該說而未說者）、「必謂」（即原作者必須說而未說者）。傅先生以老學名家，而其書中竟未明老莊並稱始於魏晉，在此以前只有黃老之學，故只知就己之好惡，以莊解老，謂此才是真老，而隻字未提老氏為何與黃學兼綜，而成法家之先河。以海外先進理論詮釋古書，我不僅不反對，且深為贊同，但不可流為比附，強古人以從己意也。余雖被目為所謂「反傳統」者，但深為在此種風氣下，傳統將成絕學懼。我已年逾古稀，精力日衰，枯坐荒江老屋中，聽風聽雨，為時事憂，老朽矣，無能為矣。先生年方壯，英氣沛然，望能真正切實探索傳統，而無徒空言（如今之談宏觀大話者）。又，金春峰書，萬祈勿在美採購，再郵至上海，此舉廢錢廢力，亦無必要。僅告在何處出版，當囑親友從港購買，豈不兩便。千萬千萬！信中提及未負責將杯子拖鞋轉交之某先生，誠屬荀書所謂「輾薄少年」一類。如此人品，焉能求好學問？此間亦不乏此類。社會風氣日壞，只知利己，以鄰為壑之風，於行路時可見，於公共場所可見，於宿舍間亦可見。烏托邦固然不好，理想主義固空洞，但這種風氣是什麼？

絮絮叨叨，將盡三紙，字小而劣，乞諒。

匆匆不盡一一。杜維明先生如在中心，乞代問好。先生出訪時見到熟人，亦乞一一叱名問候。

祝好

王元化　八月十日

又：蔣善國先生於其所撰述之《尚書綜述》出版前（八六或八七）

已故，大約在吉林，余不識，僅聞其名。綜述亦未續，經您提起，暇時頗欲一觀。又及。

又：黃濬（此人歷史上有污點）《花隨人聖盦摭憶》一書記清末史實，多人所不知者，您如要，速告，我可即將書寄港交陳方正轉。

王元化致邵東方書（1991 年 12 月 4 日）

東方先生

大札奉悉。複製件（一箋一文）均收到，甚感。前日寄奉《花隨人聖盦摭憶》一本，望收到即告之，以免懸念。估計時間恐在明年也。我寄的書，所費有限，請勿囑家中匯錢給我，客氣反使我不安。千萬千萬。上月此間舉行了秦漢思想與華夏文化研討會，我被拉去與會，又被拉出發言。目前海內外對秦漢思想史都較輕視，談儒必宋明，不是程朱理學，即是陸王心學，而視兩漢如既陳芻狗，輕之若敝屣。正如兒童之偏食，殊不知年日必將營養不良也。漢儒固嫌簡陋，但其注疏經書，豈可廢也。近翻閱《論語》，蒐得《論語》注疏若干種，讀後頗有所感。宋人雖多新解，但穿鑿者亦眾，似反而不及漢人之穩重。儒家思想固然至宋明而大盛，被稱為新儒學（或如杜維明所稱儒學復興時期）。但兩漢定儒於一尊，儒學基礎奠定於茲，當時儒家如董仲舒，豈可棄之不顧？否則，何以理解儒學之流變發展？《春秋繁露》如此重要典籍，其思想衣被後人達千餘年，海外尚有漢學家（瑞典馬悅然）專攻《春秋繁露》，而國內竟無人問津。近十年來，研究兩漢思想史專著，僅出版金春峰、祝瑞開所著兩種，我未細讀，閱翻一過，似不及呂思勉於戰前所出之《秦漢史》。秦漢思想文化，很少為人涉及，《呂氏春秋》僅僅成為查考先秦思想遺跡之資料庫，至於此書所反映之時代精神與文化思潮，迄未有人勾勒出一個大概輪廓。《淮南鴻烈》、《論衡》等的研究亦很不夠。自然漢代學術自有其嚴重缺陷，如漢《易》專重象數，洎至魏晉，王弼以玄學本體論解《易》，其說一出，漢《易》寖微。唐定五經，取王《易》而廢鄭《易》，非無故也。宋儒思想較通豁，兼收各家之長。新儒學實乃貫通釋老，故長於思辨，長於義理，而漢人墨守師說家法，捨大道守章句，誠有不及宋儒處。但目前尊宋廢漢，陷於一偏，毋乃過甚？清人之學兼融漢宋之長，較持平，故我較為服膺。

一周後我將去珠海避寒，為期三月，估計明年三月底或四月初可返。來信仍可寄家中，當會轉我。倘要快些，可寄廣東珠海斗門縣白藤湖農民度假村華僑新邨黃運基先生轉（電話〔〇七五六〕五二二四八八－三九六）。

今年《21世紀》，明年《中國文化》（不知見到此刊否），各有我一文，便中看到，希正。

匆匆

祝好

王元化　十二月四日

王元化致邵東方書（1992年5月7日）

東方先生

去歲十二月上旬攜老伴和保姆去珠海白藤湖（地處特區外的偏僻鄉村，空氣清潔，風光明媚）度冬，過了三個月的離群索居的生活，雖孤寂，但可潛心讀寫。回到上海已是三月中旬了。其間，在白藤湖曾得轉來一札，回滬後，又先後收到三月十六函，四月二十六函並附件二。我回上海後，為諸事困擾（檢查身體、校閱書稿、為亡友黎澍遺著整理出版、處理離家後積壓諸事、接待來訪……），一直未及時作覆，甚歉。來函囑寄詮釋學伽達默爾等中譯本，當託人代辦，購得即寄尊岳轉奉。二十一世紀所刊大作，已拜讀。兄近日似專攻世界史，以填補國內研究者不大關注之空白，甚佩。這是有意義的。我去南方後所得第一封大札，承詢對於東壁遺書的看法。自然，崔氏著作影響了一代史學研究（二、三十年代的古史辨派），不能說毫無價值或一無可取之處。它的時代意義，它的疑古精神（破除兩漢以來裝飾經籍上的神聖光圈），都是應予充分肯定的。我大概在過去信中，多偏重於抉其弊端，所以使人容易產生誤會。其實我對矯枉過正的全好全壞的偏執觀點是極為反感的。（例如海外眾口勝傳的所謂全盤反傳統，除可加之於大陸某些非學術的過激青年外，對學者來說這是一個子虛烏有的不實之詞，和事實是對不上號的）。最近《讀書》昌文同志來滬組稿，我將（請兄複製還我的）那封談崔述的書簡，刪去一些私人瑣事，並對原信略加補充，交其發表，據說將刊在近期刊物上。此事未於事前徵求同意，諒可蒙俯允。受東壁遺書影響的古史辨派，在二、三十年代成為古史研究的主導學派。時至今日，其歷史使命已經完成。我覺得我國學者，倘從詮釋學角度，總結自漢儒以來（中經宋儒、清儒），直至古史辨派的注疏工作，實事求是地理出其優點何在、缺點何在、何者當繼承，何者當發展，何者當揚棄，如此不僅功在前人，亦可垂範後世。繼古史辨學派後，在古史研究領域中開新風氣，新境界，新方向，這是我們當前亟應集中人力去做的一項重要工作。可惜學人很少注意。故今日古史辨之研究方式仍在海內外延續不絕。明知其誤，而不知更新，此實令人為之嘆息。

早在胡適倡導，頡剛從而光揚之前，光緒後期即已開始對崔氏「始以懷疑，繼以征實」之學加以推重。（見光緒戊申《東方雜誌》載蛤笑《史學雜論》）。記得當時北師大（？）亦有學刊談崔氏之學。一時未能查到出處備考。（北師大是否在民國前即已成立？）據我推測，此風來自日本。日人那珂通世於明治三十五年(1903)即已校訂東壁遺書，認為崔氏一掃千年來之曲解偏見，揭示古傳之真面目，可以說是推崇備至。其時另一日本學者三宅米吉文亦有同樣讚美之詞。值得注意的是三宅文中有這樣幾句話：「但（《考信錄》）當時不廣傳於學者間，祗得少數人之景仰，以之比較日本國學之隆興，可知清代學界之頹弊已久矣！」我以為這幾句帶有刺激性的話，可能成了五四後胡、顧等整理出版東壁遺書的一個誘因。（自然自清末開始形成、越演越烈的疑古空氣實為開其先河的主要原因。）我說古史辨學派已完成歷史任務，即指其在古史研究中引進一種無徵不信的科學精神，對前人諸說，一概不當做既定真理輕於接受。顧氏曾以辨偽與造偽概括古史研究之要論，用意雖好，但病亦在是。其結果往往在否定前人之偽的同時，而自己構造了比前人之訛更　之史。如魯迅所諷的大禹是條蟲之類。此種辨偽而成偽之風，崔氏實開其端。遺書中曾言「楊朱之說皆老子之言」即為一例。如此輕率判斷，雖顧氏亦以為妄。我以為治學者斷案，當為老吏斷獄，主觀臆測固屬不當，僅憑推理作判斷，亦會形成冤獄。過去四十多年，運動不斷，我根據自身經驗來說，不知吃了多少這種「推理」的苦頭。表面看來，推理是合乎邏輯的、理性的。無奈事實往往不一定按照推理的邏輯軌道發展。一旦舍事實的考查，而用推理去代替，其結果往往與臆斷同。如昔日學者稱周官為陰謀書（今則稱倿人所造烏托邦）（余先生亦未完全擺脫此說影響），即是由推理所形成的錯誤。

匆匆已盡三紙恐過重，就此打住。

祝好

王元化　（一九九二）五、七

王元化附識（1992 年 7 月 12 日）

一九九一年二月，我應夏威夷東西方中心文化與傳播研究所之邀，赴美國參加中國文化研討會，得識邵東方君。當時他在夏威夷大學攻讀博士學位，並是美國東西方中心文化與傳播研究所的研究學員。留學美國之前，他畢業於北京師範大學，獲歷史學碩士學位。他的研究方向為中外古史比較，去美國留學則攻西方史學，已發表有關西方史學的論文和書評多篇。邵君在學習西方史學之餘暇，究心於我國近現代思想史的研究，在時間極為緊張的情況下，攻讀不輟。我們通信已有一年多，信中所談悉關清代學術。為古史辨派所稱道的崔述，我們曾往復筆談多次。我有一封致邵東方君的信，在《讀書》今年第七期上披載。這裡發表的邵君給我的信，長達二萬餘言，他以電腦打字成十幾頁惠寄給我。我覺得其中所談崔述與古史辨諸問題，是近幾年最為詳贍而有不少創見的。但信太長，經我加以刪削並略作修訂，仍達萬餘言。由於來不及交邵君覆按，刪削修改倘有不當，應由我負責。發表這封信是為了引起對古史辨的成敗得失加以檢討。這一學派自三十年代開始直至今日，曾成為我國古史研究領域的主導力量，流風所被，遠播海外，其影響迄今未歇。不過，由於這些年古史研究的長足進展，使這一學派也逐漸露出令人質疑並應重新估價、以圖改進的不少問題。所以邵君的信，不可以只關一家一派的興衰去加以範圍。我們的通信討論是微觀問題、宏觀背景，即藉此以探索我國古史研究的今後途徑。

王元化　1992年7月12日記於清園

附一：王元化致邵東方書（1991年8月10日）手稿（頁76-78）

附二：王元化致邵東方書（1991年12月4日）手稿（頁79-80）

附二：王元化致邵東方書（1992年5月7日）手稿（頁81-83）

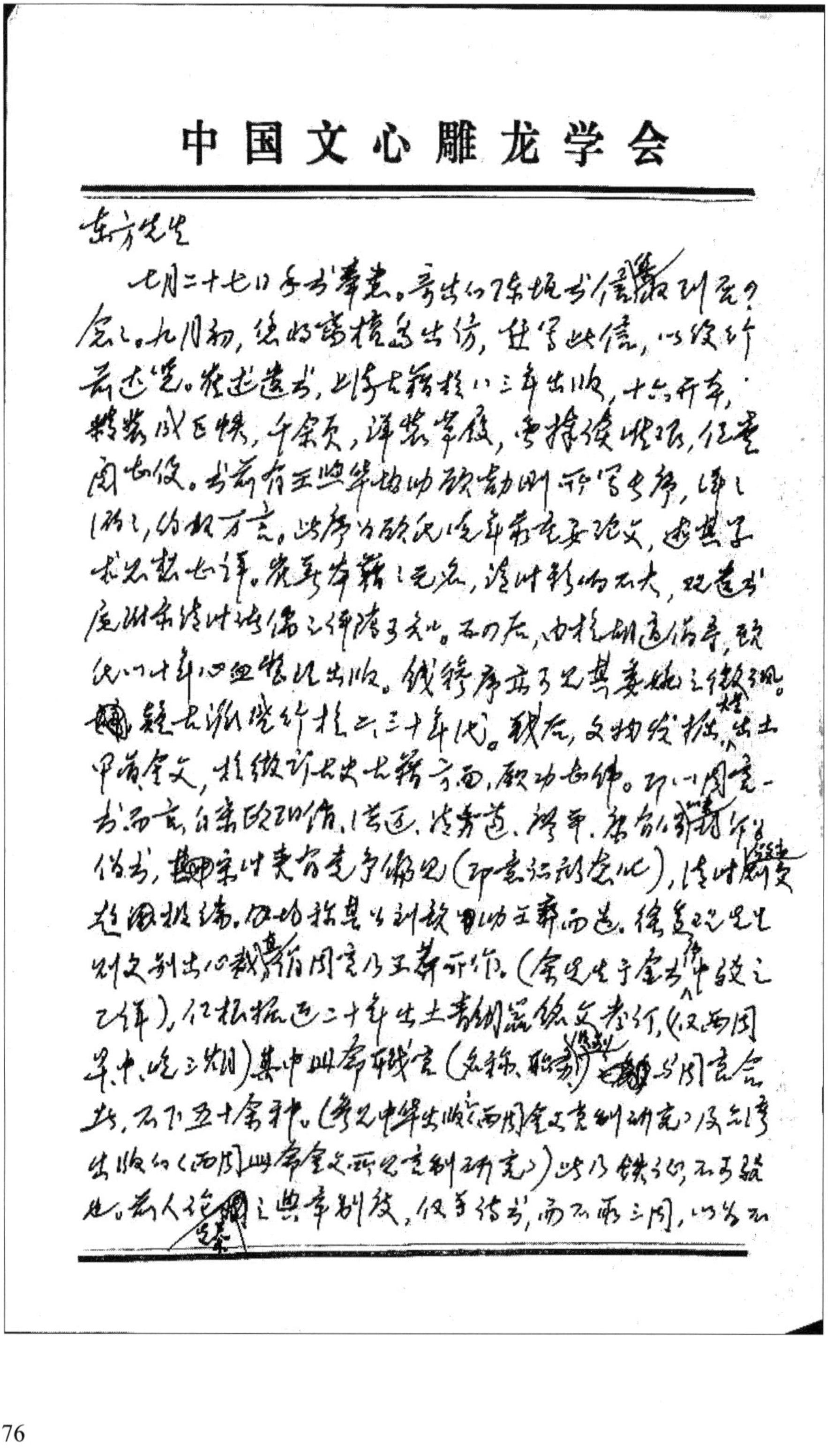

中国文心雕龙学会

東方先生

七月二十七日手书奉悉。弟出行[illegible]书信[illegible]到,念念。九月初,俟将书稿交出后,始写此信,以致[illegible]。崔述遗书,上海古籍于八三年出版,十六开本,精装成巨帙,千余页,[illegible],任意阅也便。书前有王煦华为顾颉刚所写长序,洋洋洒洒,约数万言。此序为顾氏晚年最重要论文,述其学术思想也详。[illegible],故遗书应附录[illegible]之评语可知。五四后,由于胡适倡导,顾氏以十年心血整理出版。钱穆序亦可见其[illegible]。疑古派盛行于二三十年代。解放后,文物发掘,出土甲骨金文,于[illegible]古史古籍方面,厥功甚伟。即以周金一书而言,自宋欧阳修、[illegible]、[illegible]、[illegible]著作诸书,[illegible](印书馆[illegible]),[illegible]。[illegible]二十年出土青铜器铭文考订,(以西周早、中、晚三期)其中四[illegible](名称、职[illegible])[illegible]与周官合者,不下五十余种。(参见中华出版《西周金文官制研究》及台湾出版的《西周册命金文所见官制研究》)此乃铁证,不可駮也。前人论[illegible]之典章制度,仅[illegible]书,而不[illegible]三周,以为[illegible]

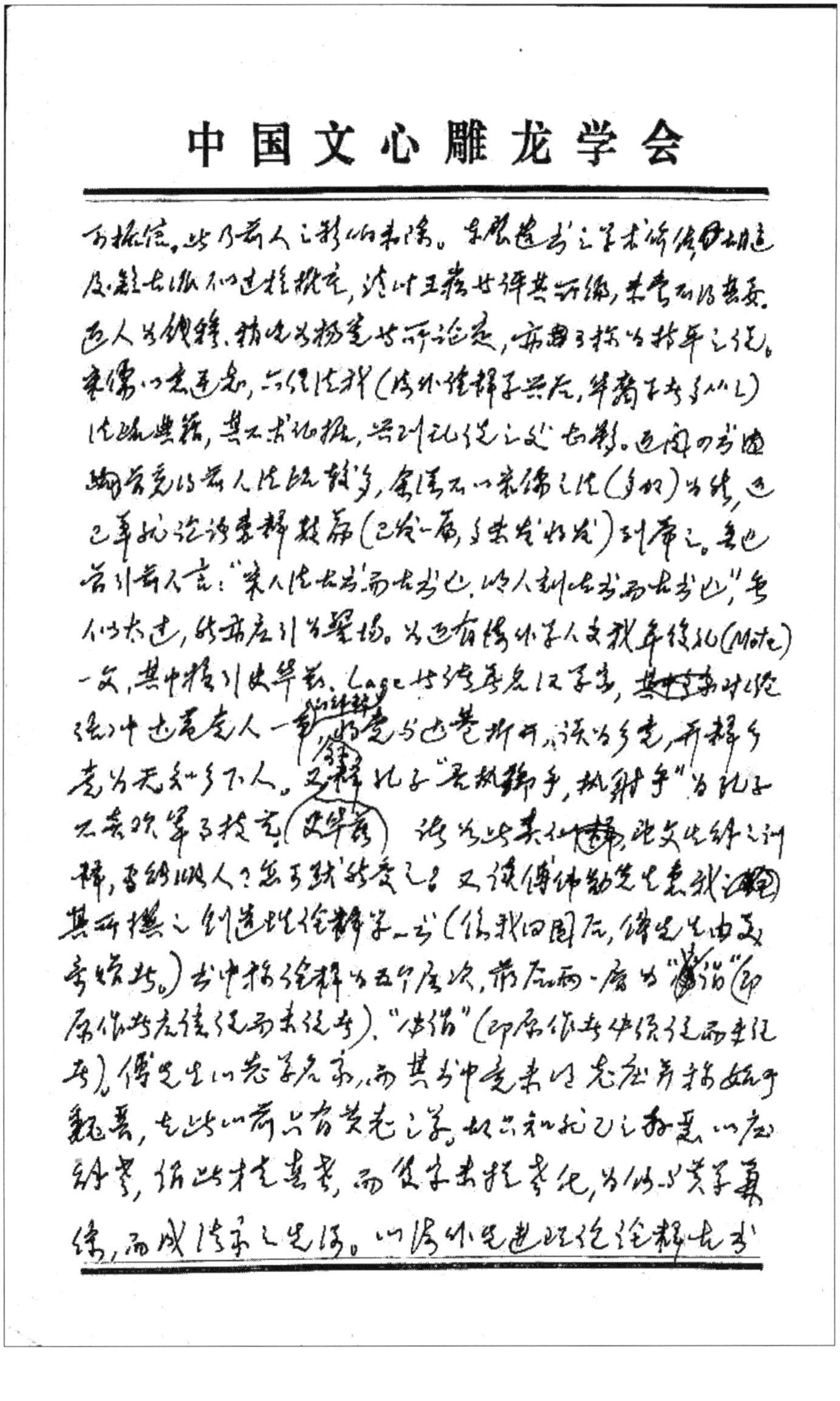

中国文心雕龙学会

可據信。此乃前人之所未涉。來函述尊書之學術淵源，胡適

及錢穆似均過於推崇，清代王鳴盛評其所論，未為公允甚妥。

近人如錢穆、胡適如楊寬等所論述，亦曾予按照抑揚之說。

東傳以來近代，亦信此說（清代經師學者，舉崔子考信以之）

批評典籍，其不求依據，而以己說之變古者。近閱四書

輯有崔氏前人批評輯多，余所以崔氏之說（多所）為然，近

已草就論詩崔釋數篇（已發一篇，多出崔東壁）討論之。崔氏

曾引前人言："宋人以古書而古書亡，明人刻古書而古書亡"，余

似太過，然亦應引為鑒戒。前述有德國學人文我年(Mote)

一文，其中指引史學家 Lage 所論東名氏學家，其對比於

論語中述老者人一事（作解釋），將其與述卷斯所為，從為多見，而釋多

意為無知之下人。又釋孔子"吾執御乎，執射乎"為孔子

不喜欢军事技术（史學家）。諸如此類，此文作者之詞

釋，豈能以我人之意而強加之乎？又讀傅偉勳先生來訪

其所撰之創造性詮釋學一書（係我回國后，傅先生由美

寄贈者。）書中指詮釋分五個層次，前面兩層為"實謂"（即

原作者原意實謂而未說者），"意謂"（即原作者企圖說而未說

者）。傅先生以為學者，而其書中竟未提及老莊等，指始于

觀音，惟此以前只有黃老之學。故亦知我己之新意，以應

讀者，惟此才是真意，而使古書轉為今化，為作多笑學真

傳，而成讀者之生活。以傅先生進路詮釋古書

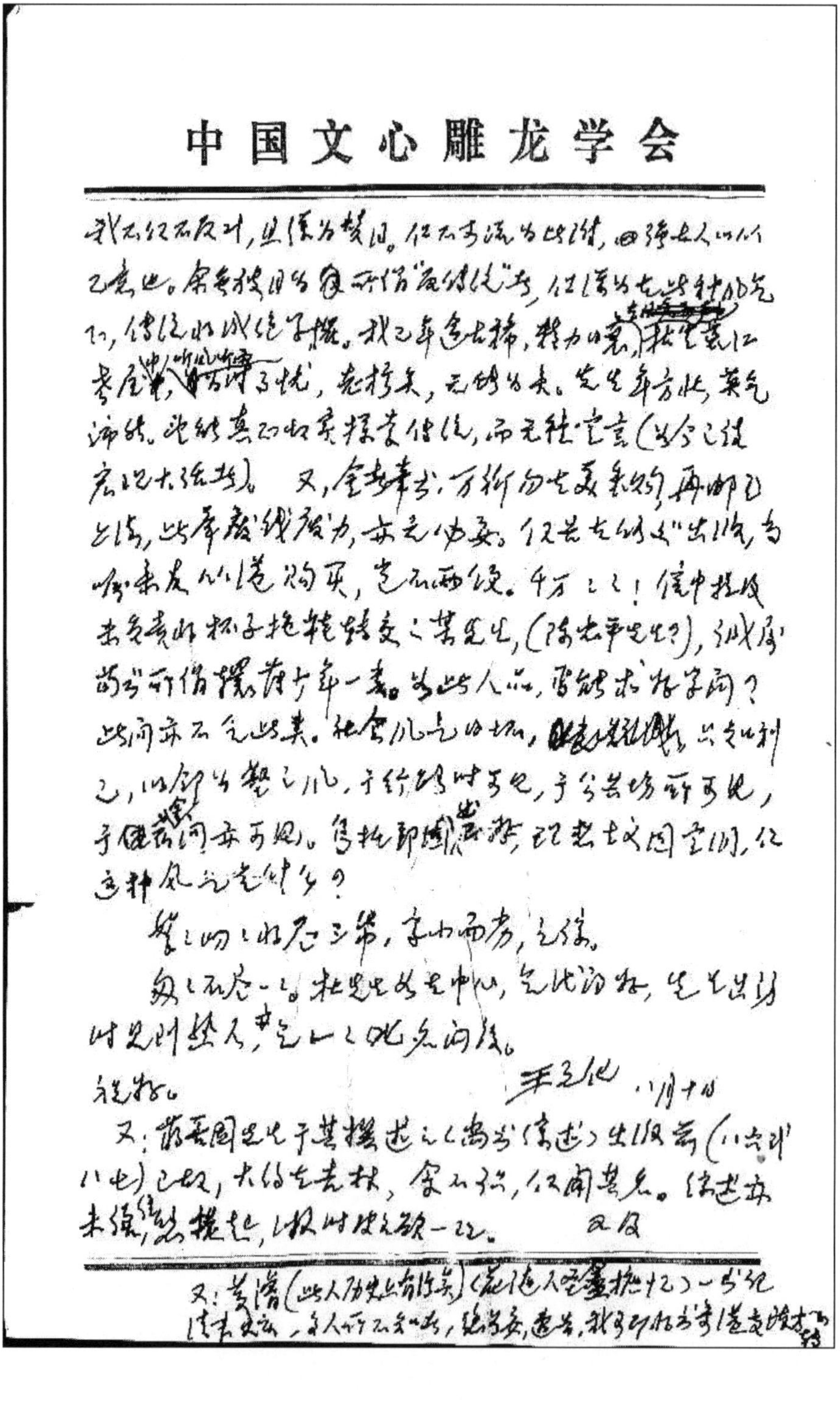
中国文心雕龙学会

王元化 11月10日

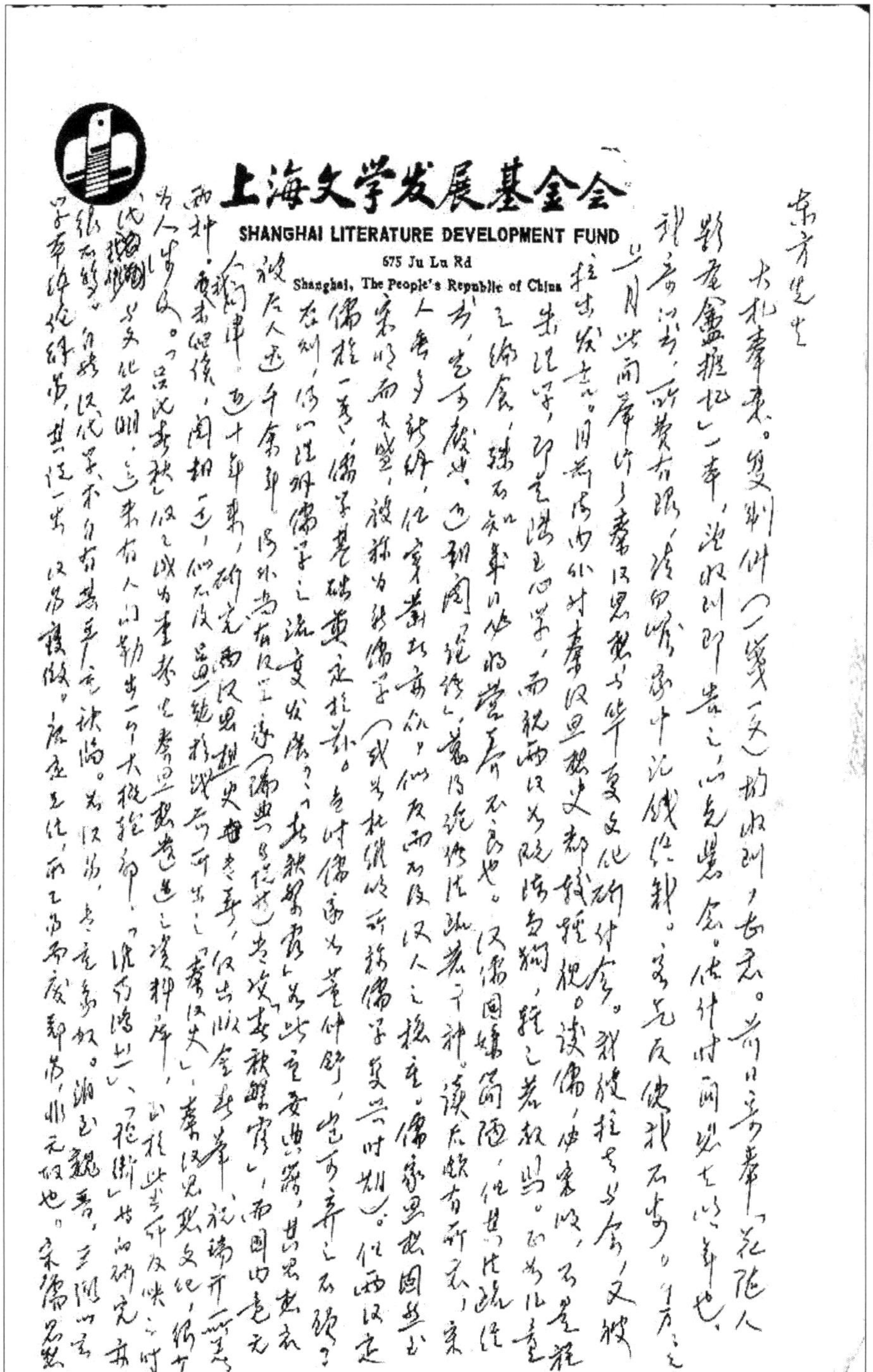
上海文学发展基金会
SHANGHAI LITERATURE DEVELOPMENT FUND
675 Ju Lu Rd
Shanghai, The People's Republic of China

東方先生：
大札奉悉。復印件（一篇文）均收到，甚感。前日又奉「花隨人
影在盦雜記」一本，泣收到即告之，以免懸念。估計時間必在以前也，
拜讀以後，所費太巨，請勿將家中記錢作對。或先使我不安。方之
上月此間舉行了秦漢思想與華夏文化研討會，我被指定為會文，被
拉出發言。因為國內外對秦漢思想史都較輕視。讀儒，佛書後，不是程
朱理學，即是陸王心學，而視兩漢為陰陽家附，棄之若敝屣。我以為此
之論，殊不知秦漢的學者所不及也。漢儒固嫌簡陋，但其注疏經
書，是可發明，以新聞「詮釋」，蓋乃詮釋注疏若干種，讀後頗有所感，宋
人無多新解，但宋儒對於哲理，似反而不及漢人之稱重。儒家思想固然出
宋明而大盛，被稱為新儒學（我以為應稱新儒學變異時期）。但兩漢定
儒於一尊，儒學基礎奠定於斯。當時儒家為董仲舒，豈可棄之不顧？
否則，何以理解儒學之流變發展？「春秋繁露」為此重要典籍，其思想亦

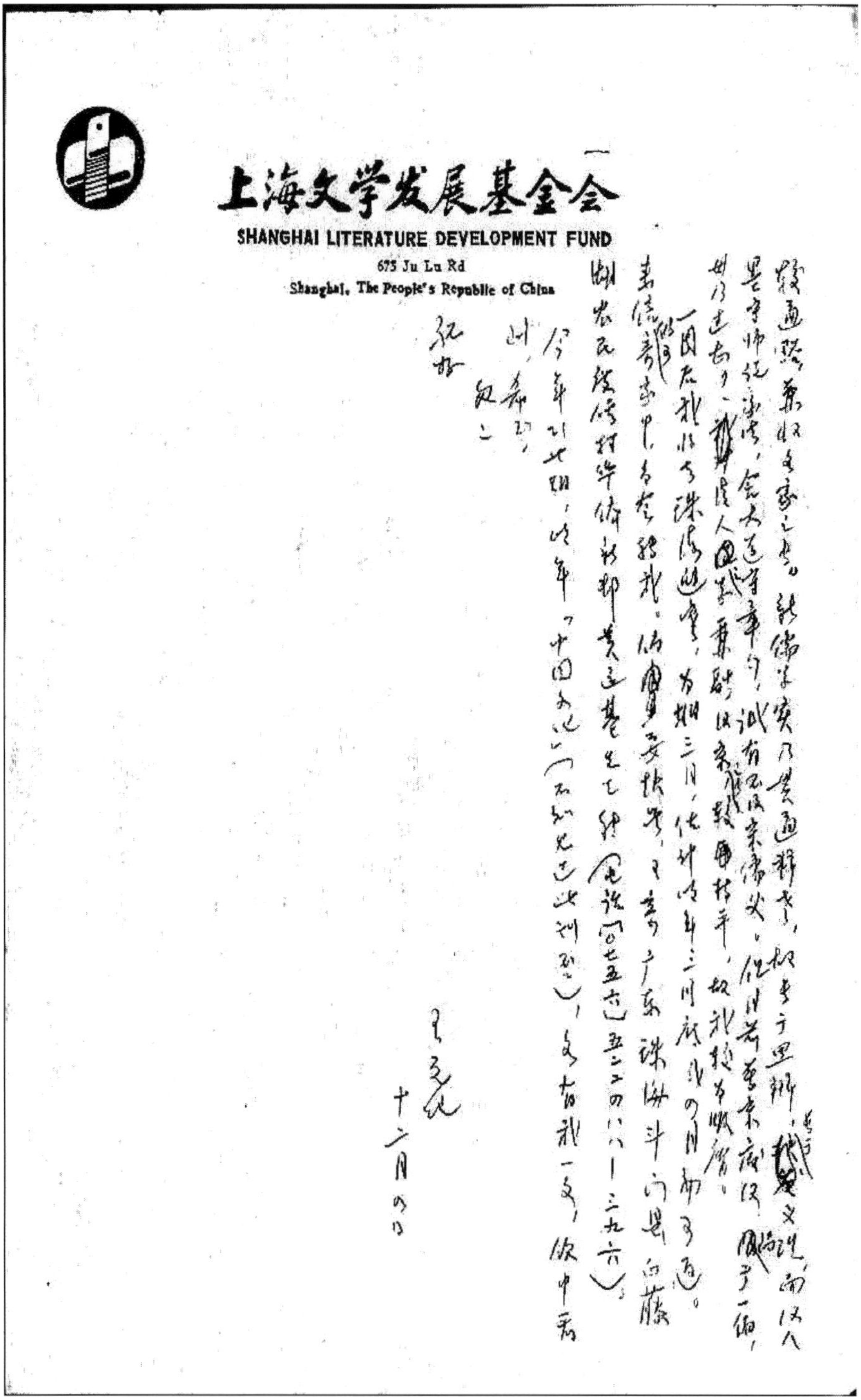
上海文学发展基金会
SHANGHAI LITERATURE DEVELOPMENT FUND
675 Ju Lu Rd
Shanghai, The People's Republic of China

王元化
十二月四日

东方先生

去岁十二月上旬携老伴和保姆去珠海白藤湖（地处特区郊外的偏僻乡村，空气清洁，风光旖旎）度岁，过了三个月的离群索居的宁静生活，无纷扰，但可潜心读写）。回到上海已是三月中旬了。其间，在白藤湖曾得来书一札，回沪后，又先后收到三月十六日、四月二十六日来函并附件二。我回上海后，为俗务困扰（检点旧作、校阅书稿、为友人写序、讨论著作出版、处理离家后积压信件、接待来访……）一直未及时作复，甚歉。来函所寄论释子的论说默存书中肯綮，言他人所未办，尤为可贵辟章。二十一世纪所刊大作，已拜读。先生目前专攻世界史，以填补国内研究者不大关注之空白，甚佩。这是有意义的。我去南方前所收第一封大札，谈到对于崔述遗书的看法。固然，崔氏著作影响了一代史学研究（二、三十年代的古史辨派），不能说毫无价值或一无可取之处。它的时代意义，它的疑古精神（破除两汉以来蒙蔽经籍上的神圣光圈），都是应予充分肯定的。我大概在过去信中，多偏重于揭其弊端，所以使人容易产生误会。其实我我对疑古过头的全盘否定的偏执观点是极为反感的。（例如文化界以后的所谓全盘反传统，除了加之于大陆某些非学术的过激青年外，对学者来说这是一个不屑多有的之

20×25=500　　上海人民出版社　　第　页

实之间，补了突兀时之一节的）。前述《读书》昌文同志来约见稿，我以（这也时刻记在我心）中对于崔述的书简，此是一些私人读了，若对原信写加补充，定其发表，想能得到古史期刊的上。此为若干事前后征求同意，作了答复。

受崔述遗书影响的古史辨派，在二、三十年代成为古史研究的主导学派。（其历史史命，时至今日，）已经完成。我觉得我国学者，经过诠释学角度，总结自汉儒以来（中经宋儒、清儒）直至古史辨派的注疏之作，实事求是地找出其优点何在，缺点何在，何者当继承，何者当发展，何者当扬弃，这些不仅对古人，亦可垂范后世，使古史辨学派继后，在古史研究放开新风气，新境界，新方向，这是我们当前便应集中人力去做的一项重要工作。了错学人纷纷论述。极今日古史辨之研究方式仍在海内外延续不绝。但知其误，而不知更新，此实有人为之叹息。

早在胡适倡导、颉刚诸人而先移之前，先后在期即已开始对崔氏学说“始以怀疑，继以征实”之学加以推崇。（见先结成中《东方杂志》载崔氏《史学与论》）我批判，此风来自日本。（明治三十五年（1903））那珂通世即已校订崔壁遗书，认为崔氏一扫千年来前人之曲解误见，揭示古代之真面目。可以说是推崇备至。其时另一日本学者三宅米

记得当时北师大（？）出有学刊说崔氏之书，一时未能查到出处，告我（此即是否那门书已以之？）

告文亦有同样赞美之词。他的论崔氏三书文中有这样几句话：

"他（《考信录》）当时不能传于学者间，仅得少数人之赏仰，以之比较日本国学之隆盛，可知清代学者之鄙陋已久矣！"

我以为这几句带有刺激性的话，可能成了五四后胡适钱玄同整理出版东壁遗书的一个原因。（但将自读者开始形成的超汉越唐的疑古之风发挥得其（以上是否删掉））我认为古史辨学派已完成其历史任务，即指其在古史研究中引进一种无征不信的科学精神，对前人传说，一概不（直接）既定真理轻于接收。钱氏曾以辨伪与造伪为总括古史研究之要途。用意良好，但其弊亦甚大。其流弊在于否定前人之伪的同时，而自己构造了比前人之伪更伪之史。又如鲁迅所讥的大禹是条虫之类。因袭此种辨伪而成伪之风，在今犹行其端。崔书中曾言"杨朱之徒皆墨子之言"就为一例。又以轻率判断，无确凭亦以为妄。我以为治学考断案，当为考史断狱，主观臆测固属不当，仅凭推理作判断，亦会形成冤狱。过去四十多年，运动不断，我根据自身经验来说，不知吃了多少这种推理的苦头。事理有着，推理是合乎逻辑的、理性的。无奈事实往往不一定按照推理的逻辑轨道发展。一旦离了实证考查，而用推理去代替其结论，流弊就会出现问题。[illegible]（今天[illegible]人所造[illegible]）（崔述生前未完全摆脱此种影响）。

20×25=500　　第　　页

以上由于推理所形成的错误，[illegible]，就此打住。

敬礼

王元化

五.七

第三篇　崔述的古史考證與周公攝政稱王問題

大名崔述，字武成，自屬其號東壁，是清代中葉的儒家學者。崔述之學以辨偽和考信古史著稱，遺文皆收入《崔東壁遺書》。[1] 崔述生前雖不為清儒所重，然其疑古辨偽之旨卻深為五四時代學者所取。崔氏之書大有造於上世紀二十年代開始的疑古辨偽之潮流，頗受胡適、顧頡剛、錢玄同等先生的稱賞。然而，這些前輩學者在推許崔述的學術成就時，往往對其考辨失誤之處一帶而過。今日看來，會出現這種現象絕不僅僅是因為他們宅心忠厚，主要是因為他們以為通過表彰崔述，可以有助於改變迷信古書的傳統和不分真偽地亂引古籍的現象。不過，若不對崔述的考信與辨偽中的失誤，找出學術與思想上的原因，可能會產生某種消極的影響，即讓人們誤以為，可以在無根據或根據不足的情況下懷疑古書與古史。崔述否定周公稱王之說，乃其古史考證若干失誤中一個比較典型的事例，本文將就此問題試加以分析與探討。

一、崔述對周公攝政稱王說的駁論

周武王（發）去世後，其子誦（成王）並未馬上即位掌管政權，其間有一段時期由其叔父周公（旦）攝政，這段史實是先秦兩漢各家學派一致的說法。至於周公在攝政期間是以「真王」還是「假王」的身分代表成王來發號施令，古人已有不同的說法。不過，這並不影響周公曾經攝政的歷史事實。而崔述對這一問題考辨的特點在於，他一反前代學者的看法，不僅否認周公稱王，甚至否定周公曾經攝政的事實。以下根據崔述在其《豐鎬考信錄》中辨周公攝政之說條，[2] 列舉他的論點與立論的依據。

---

[1] 本文所引崔述文字均據顧頡剛編訂的《崔東壁遺書》（以下簡稱《遺書》），上海古籍出版社1983年版。

[2] 崔述：《豐鎬考信錄·周公相成王》，《遺書》，頁200-201。以下凡引自此篇，不再注篇名及書名。

第一，崔述認為，周公攝政說缺乏具有權威性(authoritative)的文獻作為依據。他說：

> 《金縢》一篇並無周公攝政之文，唯《戴記文王世子篇》云：「成王幼，不能涖阼；周公相，踐阼而治。」《明堂位》云：「武王崩，成王幼弱，周公踐天子之位以治天下。六年，朝諸侯於明堂，制禮作樂，頒度量而天下大服。七年，致政於成王。」由是《史記》、《漢書》及諸說《尚書》、《禮記》者并謂周公居天子位，南面以朝諸侯，而以《洛誥》之「復子明辟」為復政成王之據。

在崔述看來，《尚書·金縢》中沒有周公攝政的記載，而《小戴禮記》中卻有周公攝政稱王（踐阼、踐天子之位）之說，故兩者之間有矛盾。如何解決這種文獻記載上的矛盾呢？依照崔述自定的辨別文獻的標準，只有《五經》是可信的，而注釋《五經》的傳記則多可疑者。他說：「傳雖美，不可合於經；記雖美，不可齊於經，純雜之辨然也。」[3] 因此他認為，既然作為《五經》之一的《尚書》中隻字未提周公曾攝政稱王，那麼成書於漢代的《小戴禮記》中，不論有多少關於周公攝政稱王的記載，也是沒有價值的。[4] 在崔述看來，他已經從文獻學意義上摧毀了周公攝政稱王說的基礎。然而實際上，《金縢》中沒有周公攝政的記載，只能說是一種「默證」(argument from silence)。按照邏輯學，只有《金縢》中明確記載「周公不曾稱王」，才能與《禮記》中的說法構成矛盾的命題(contradictory proposition)。

第二，崔述認為，不但周公稱王之說不可信，而且周公因成王年幼而攝政的說法也是不可信的。他說：

[3] 崔述：《考信錄提要》，《遺書》，頁12。

[4] 崔述認為，《五經》中的《禮經》應為《儀禮》，而非後世所指的《禮記》，因為在漢代，作為《五經》之一的「禮」是指《儀禮》。唐初所修《五經正義》以《禮記》為禮經，這個傳統一直沿襲至明代。清代則以《周禮》、《儀禮》和《禮記》並列為禮經。

> 蔡氏《書傳》駁之〔東方按：指以《洛誥》之「復子明辟」為復政成王之據〕云：「有失然後有復。武王崩，成王立，未嘗一日不居君位，何復之有！〔○○〕王莽居攝，幾傾漢鼎，皆儒者有以啟之，是不可以不辨。」〔東方按：○○處，蔡沈還有這樣幾句話：「《蔡仲之命》言：『周公位冢宰，正百工。』則周公以冢宰總百官而已，豈不彰彰明甚矣？」[5] 崔述視《古文尚書》為偽書因而有意略去。〕石梁王氏亦云：「周公為冢宰時，成王年已十四，非攝位，但攝政，豈可以天子為周公！」二子之言誠足以糾先儒之失，絕後世之惑矣。

崔述又對自己的看法作了進一步的闡述：

> 然以余考之，周公不但無南面之事，並所稱成王幼而攝政者亦妄也。古者男子不踰三十而娶，況君之世子乎？邑姜者，武王之元妃；成王者，邑姜之長子，而唐叔其母弟也。武王之娶邑姜，邑姜之生成王，皆當在少壯時明甚。而今《文王世子》篇乃云「文王九十七而終，武王九十三而終；成王幼，不能涖阼」，則是武王年八十餘而始生成王，六十餘而始娶邑姜也，此豈近於情理哉！均之父子也，且均之聖賢也，王季之愛文王與文王之愛武王當無以異。乃作《記》者言文王則云「十二而生伯邑考，十五而生武王。」言武王則八十餘而始生成王之嫡長子。王季之為文王婚何其太早，文王之為武王婚何其太遲乎？由是言之，凡《記》所載武王、成王之年皆不足信。況周公之東也，唐叔實往歸禾，則成王之不幼明矣。

崔述受蔡、王二氏啟發，以為武王去世時成王不幼，並認為「成王未嘗一日不居君位」。他由此進一步將周公攝政的事實也否定了。

[5] 蔡沈：《書經集傳》卷5。

在這裡，崔述以「情理」推論《大小戴記》所記之悖謬與不實，[6] 的確有其合理之處，從而證明了成王年幼說的不可信。但他為了證明這一點，又引用了「唐叔歸禾」的故事。在崔述看來，如果成王年幼是周公攝政的原因，那麼既已證明成王不幼，周公攝政之說自然失去了理由，於是周公不曾攝政似乎也就不證自明了。不過，「唐叔歸禾」的記載僅見於《書序》和《史記・周本紀》，按照崔述的凡例，這兩種書因非《五經》，而只具有「備覽」或「備考」的作用。可見，他用來直接證實成王不幼的文獻材料並非第一手材料(primary source)。

第三，崔述認為，周公攝政說雖不可信，但總有其來源，而這個來源也被他發現了。他說：

> 蓋古者君薨，百官總己以聽於冢宰三年。子張曰：「《書》云：『高宗諒陰，三年不言。』何謂也？」孔子曰：「何必高宗，古之人皆然。」然則武王崩時，周公蓋以冢宰攝政；不幸群叔流言，周公東辟，遂不得終其攝。及成王崩，召公鑒前之禍，遽奉子釗以朝諸侯，由是此禮遂廢。後之人但聞有周公攝政之事，而不知有冢宰總己之禮，遂誤以成王為幼；又見《洛誥》之末有「周公誕保文、武受命惟七年」之文，遂誤以為攝政之年數耳。

嚴格地說，這一見解並非崔述的創見，而是他從宋代學者蔡沈那裡襲用而來的。前面已經指出，蔡沈曾說：「《蔡仲之命》言：『周公位冢宰，正百工。』則周公以冢宰總百官而已，豈不彰彰明甚矣。」蔡沈為什麼會以為「周公以冢宰總百官而已」呢？他所根據的乃是偽《古文尚書・蔡仲之命》。蔡沈在他的時代（南宋）尚不能確知《古文尚書》是偽書，所以公開將其引為自己立論的根據，這是不足為怪的。可是崔述明知此書為偽書（他本人曾作《古文尚書辨偽》），卻在引蔡沈的話

---

[6] 此處所謂「情理」實指在古今變化不大的因素，即人類正常的結婚與生育年齡，若借用法國史學家費爾南・布羅代爾(Fernand Braudel)的術語，可以說屬於長時段內(longue durée)的歷時性(diachrony)事物。

時把這一段的來源刪去了。這樣的做法很難說是一種嚴肅的學術態度。尤有甚者，經他如此一刪，也就把蔡沈從偽古文《蔡仲之命》中獲得的「周公以冢宰總百官而已」（所謂「而已」就是說「僅限於此，此外再沒有周公攝政之事了」）的靈感變成他個人的「創見」，也許崔述本人並沒有意識到這一點。當然，我們在這裡也只是指明崔述見解的真實來源而已。在崔述看來，既然他已把周公攝政由何而來的「原因」查出來了，應該說把問題解決得很徹底了。

第四，崔述認為，《洛誥》之末「周公誕保文、武受命惟七年」一句還埋藏著為周公攝政稱王說翻案的隱憂，所以他又進一步對「七年說」作了分析。他說：

> 不思周公居東二年，東征三年，七年之中，周公之在外者四五年，此時何人踐阼，何人聽政？成王之自臨朝視政明矣。何故能踐阼聽政於四五年，而獨此二三年中必待周公之攝之也?

令人奇怪的是，崔述沒有對「周公誕保文、武受命惟七年」一句的文意作任何解釋，卻對這七年編排了一個周公在外的時間表，以此證明周公攝政說是不可信的。其實，這個時間表也是有問題的，此點以下再作申述。崔述以為，由於他列出了這樣一份時間表，周公攝政七年說自然也就難以成立了。

從以上四點來看，崔述頗有一種鍥而不捨的精神，他對問題環環緊追，力圖達到徹底解決的目的。然而這只是他主觀上的一廂情願，從學術研究的角度來看，崔述對周公是否攝政稱王並未提出合理的解釋，他的論證不僅存在著不少謬誤，而且基本上是不能成立的。由於這個問題是瞭解西周初年歷史的一個重要環節，必須對此加以澄清。以下就崔述之駁論再進一步辯駁。

二、對崔述駁論之駁論

第一，崔述認為，周公攝政稱王說在文獻上沒有確實的根據。

在崔述看來，只要《金縢》篇中無周公攝政之說，便可證明無周公攝政之事。事實上，他的論證不僅是一種默證，而且在《尚書・周書》中，《金縢》也是問題比較多的一篇。[7] 我們可以從《尚書》更具有權威性的其他篇中找到周公曾經稱王的證據。

例證一：《大誥》。

《大誥》是以王的身分發表的文告，所以史官在篇首加了「王若曰」三字。那麼，《大誥》作者是何人？《書序》云：「武王崩，三監及淮夷叛。周公相成王，將黜殷，作《大誥》。」[8] 崔述在《豐鎬考信錄》卷四《周公相成王上》中引了《大誥》中的幾小段，並引了這段《書序》作備覽。他意在說明：《大誥》為周公所作，不過周公只是作為成王的相，代表成王宣佈誥命，而非以自己的名義說話。

《大誥》篇首先說明當時形勢嚴重，王不能不嚴肅對待，然後又說得了吉卜，准其率領諸侯和部下出征，可是諸侯和部下們覺得很困難，勸王「違卜」。在這一情況下，王曰：

> 義爾邦君，越爾多士、尹氏、御事，綏予曰：「無毖於恤，不可不成乃寧考圖功。」已！予惟小子，不敢替上帝命。天休於寧王，[9] 興我小邦周，寧王惟卜用，克綏受茲命。今天其相民，矧亦惟卜用。

王這一段話的意思是：「你們諸侯、大臣們曾經安慰我說：『不勞過於憂慮，也不能不完成你父親文王的事業。』我小子的確不敢廢棄天

---

[7] 《金縢》篇中有明顯錯簡，「秋大熟」句前後文辭不貫，係由不同篇湊成者；《金縢》中記事之文多於記言，顯非原始文獻，而當為史官所記；《金縢》文字在《周書》中最易解，成篇必晚。始辨者為清代學者孫星衍，見其著《尚書今古文注疏》，中華書局1986年版，頁323-341。

[8] 《毛詩譜》，《毛詩注疏》，見《景印文淵閣四庫全書》第69冊，臺灣商務印書館1986年版，頁54。

[9] 「寧王」即前文之「寧考」，本段三個「寧」字均為「文」字之誤，已有金文證實，參看裘錫圭：《談談清末學者利用金文校勘〈尚書〉的一個重要發現》，《古代文史研究新探》，江蘇古籍出版社1992年版，頁73-80。

命。上天降福於文王，興我周邦，文王也用了占卜才受得天命；現在天又照顧我們，我們也不能違卜。」從這段文字可知，文王是發佈《大誥》的王之父親。所以，這裡所指的王不可能是成王（因為文王是成王的祖父），卻可以斷定是周公。

例證二：《康誥》。

《康誥》在一開始就記道：「王若曰：『孟侯，朕其弟，小子封。』」康叔封是成王的叔父，所以這樣稱呼康叔的王絕不可能是成王。

《書序》作者認為《康誥》是成王所作，而鄭玄則以為是周公代成王而作。由於《康誥》中有稱康叔為「弟」而自稱「寡兄」的內證(internal evidence)，宋儒朱熹、蔡沈遂斷其為武王所作。[10] 崔述也說：「《經》文明稱『王若曰，朕其弟』，其為武王誥之無疑。《蔡傳》之說是也。」[11] 其實，證實《康誥》為周公所作並不困難，以下舉例為證。

崔述在《周室封建匯考》中引《左傳》凡四段：其一，昭公二十八年記晉大夫成鱄之說，謂：「昔武王克商，光有天下，其兄弟之國者十有五人，姬姓之國者四十人。」其二，僖公二十四年記周大夫富辰之說，謂：「昔周公吊二叔之不咸，故封建親戚以蕃屏周。」其三，定公四年記衛大夫祝佗之言，謂：「昔武王克商，成王定之，選建明德，以蕃屏周。故周公相王室，以尹天下，於周為睦。」以下說到封魯、衛、晉等國。其四，昭公二十六年記周王子朝之言，謂：「昔武王克殷，成王靖四方，康王息民，並建母弟，以蕃屏周。」崔述認為各王皆封母弟，封建不止一次，康叔即以同母弟受封於武王。可是，武王克殷後，在殷故地立國者只有武庚、管叔和蔡叔。只有在周公東征以後，才可能把康叔封到這裡建立衛國。《康誥》的內容主要是教導康叔怎樣統治殷民。若無周公東征去消滅武庚、管叔和蔡叔，又何以能把康叔封到那裡去統治殷移民呢？因此，可以順理成章地得出結論，《康誥》只能為周公所作。

《荀子・儒效》篇云：

---

[10] 分別見《朱子語類》卷79之「康誥」條和《書經集傳・康誥》篇名下注。

[11] 崔述：《周室封建匯考》，《豐鎬考信別錄》，《遺書》，頁342。

> 大儒之效：武王崩，成王幼，周公屏成王而及武王以屬天下，惡天下之倍〔背〕周也。履天子之籍，聽天下之斷，偃然如固有之，而天下不稱貪焉。殺管叔，虛殷國，而天下不稱戾焉。兼制天下，立七十一國，姬姓獨居五十三人，而天下不稱偏焉。

荀子的這段話，既證明了在《大誥》和《康誥》中周公被稱為王是無可懷疑的，也證實周公的確是主管天下大政並主持封建諸侯的人，那麼顯然地，封康叔和作《康誥》的人也只能就是周公了。由於周公攝政七年後歸政成王，他實質上只是在這一段不長的時間裡代理周王的作用，所以周代的君主世系表中就沒有列他，而把他攝政稱王的七年算作「相成王」時期。這一點還可以得證於金文材料：在《史牆盤》銘文裡，王子朝追述周代歷史，就反映了上述這種情況。更重要的是，周公將王位交還成王意味著周朝王位嫡長繼承制的正式確立，後人把周公攝政時的建樹誤歸功於成王，原因也即在於此。

第二，崔述以為，只要他否定了武王死時成王年幼的說法，周公攝政的理由便不復存在，從而周公攝政的說法也就不可信了。然而，歷史事實並非如此簡單。

先秦兩漢的各種古書均記載武王死時成王尚年幼，但成王當時年紀究竟有多大，則說法各異。有些記載甚至說，當時成王尚在襁褓之中。這些說法證據薄弱，疑點甚多，因而崔述自然很有理由懷疑。事實上，成王是武王的嫡長子，故武王死時成王的年齡大體可以從武王享年推估出來。《路史．發揮》卷四引「古本」《竹書紀年》云：「武王年五十四。」而《逸周書．度邑解》記周克殷後武王與周公的對話中有謂：「王曰：嗚呼！旦，維天不享于殷，發之未生，至于今六十年。」[12] 這也說明，當時武王的年齡在六十歲以下。周克殷後二年，武王去世，所以「古本」《竹書紀年》中所云：「武王年五十四。」與《逸周書》中的記載是大體相符的。「古本」《竹書紀年》所錄基本上為先秦文獻，《逸周

[12] 《逸周書．度邑解》卷5。

書・度邑解》的上引文字亦曾為《史記・周本紀》所引用，故顯然也是先秦文獻。因此，現代史學家認為「武王年五十四」的說法遠比傳統的「武王年九十三」的說法可信。[13] 如果武王死時是五十多歲的話，那麼按照古人的正常婚育年齡推算，作為嫡長子的成王當時應當是二十餘歲至三十歲之間（這一估計比前人估計成王的當時年齡為高）。從人的生理年齡看，成王其時不在幼年而正值青壯年時期。所以，在尚未發現強有力的反證之前，崔述的成王不幼說是相當可信的。

但是問題並沒有到此為止，根據柯靈烏(R. G. Collingwood)的說法，歷史學家在研究歷史事件(event)時，應具備理解事件的外在面(the outside)和內在面(the inside)的兩重認識。前者表現為某一事件中一切可用形體及其運動來加以說明的部分；後者則為該事件中只能用思想來加以說明的部分。一個歷史學家的任務就是將自已置身於事件之中去思想。[14] 因此，武王去世後，周公是否有攝政稱王的必要，應從事件內在性的角度來觀察。換言之，就是要視當時兩個主要政治人物的實際思想狀況而定。具體地說，成王將政權交由周公執掌，並非是根據成王生理年齡的長幼決定的，而是根據他政治年齡的長幼，即政治上的成熟程度決定的。人類生理年齡的長幼是有絕對標準的，在若干歲以內為某一年齡段（如幼年、少年、青年、中年、老年），這在古今基本上是相對固定的，表現為一種或然性(probability)，即亞里斯多德(Aristotle)所說的「在絕大多數情況下所發生的事物」，這是無須與他人作比較而定的。至於人們的政治年齡，情況就不同了，這是一個相對的標準。這種相對性表現於兩個方面：一則，相對於客觀的形勢而定，如果一個人已經能夠在政治上克服當時形勢的困難，就表明他在政治上已經成熟，否則就是年幼；二則，相對於同時並存的政治家而定，如果一個人在政治上比其他政治家更為成熟，那麼他在政治上就不年幼了，否則就是年幼。必須指出的是，對於武王死時成王年幼說，只能從成王的政治年齡而非生理年齡的

[13] 參見顧頡剛：《武王的死及其年歲和紀元》，《文史》第18輯，頁5-10。

[14] R. G. Collingwood, *The Idea of History* (Oxford: Oxford University Press, 1956), 213.

角度去考慮，兩者不可混為一談。這是因為，是否需要周公攝政，這本來就是政治問題。所以，從成王政治上是否成熟這一思想因素來看問題，用成王的政治年齡這把鑰匙開啟周初政治形勢的那把鎖，是完全合乎歷史和邏輯一致性的原則的。

從武王去世後周邦所面臨的政治形勢來看，成王在政治上顯然還不夠成熟。殷商原來是一個強大的國家，並處於諸侯共主的地位，而周則是一個小國。周人克殷以後也未否認這一歷史事實，所以周代文獻中稱殷為「大邦殷」[15]、「天邑商」[16]，而自稱為「我小國」[17]、「我小邦周」[18]。周文王在位五十年間，逐漸發展自己的勢力，蠶食殷商的與國，為翦商作了長期的準備。[19] 殷紂王帝辛在征伐東夷時消耗了大量實力，[20] 武王趁此一舉打敗紂王，戰勝了殷。但是這一勝利遠遠不足以完全消滅殷的勢力，所以武王不得不讓已故紂王的兒子武庚仍在故地立國，只派了自己的兩個弟弟管叔和蔡叔在武庚附近立國，以便監督。武王清楚地知道，這次勝利並不鞏固，甚至因憂慮而不能安寢。[21] 克殷後的第二年，武王一病不起，這時，潛在的政治問題便全面爆發了。當時的問題包括兩個方面：一是武庚和殷在東方的與國一齊起來反周；二是周人內部發生矛盾，甚至原來監視武庚的管、蔡二叔竟然也和武庚勾結了起來，另外，西方的周邦本土也有親管、蔡的勢力。周公在《大誥》中說得很清楚：「有大艱于西土，西土人亦不靜，越茲蠢。」面對這種外患與內憂交織的複雜而嚴重的局勢，成王即使已成年，又能有何作為？當他的祖父文王、父親武王與殷進行艱苦複雜的長期鬥爭時，成王因尚未出生或尚年幼而未能親與其事，所以不可能從中獲得必要的政治經驗並形成一股以自己為核心的政治力量。因而，成王無力應付當時嚴重形勢

15 《尚書・康王之誥》。
16 《尚書・多士》。
17 《尚書・多士》。
18 《尚書・大誥》。
19 見《尚書・無逸》和《尚書・西伯戡黎》。
20 見《左傳》昭公二十四年「紂克東夷而隕其身。」
21 見《逸周書・度邑解》和《史記・周本紀》。

的事實是顯而易見的。應該說，周公攝政實際上是因成王在政治上尚不成熟而產生的迫切需要。

倘若再以成王與周公相比，兩者政治成熟程度的差別就更為懸殊了。在周文王與殷商長期複雜的較量中，周公非常認真而虛心地向父親學習，《淮南子・氾論訓》記：

> 周公事文王也，行無專制，事無由己；身若不勝衣，言若不出口。有奉持於父王，洞洞屬屬，而將不能，恐失之。可謂能子矣。[22]

《史記・管蔡世家》云：「武王同母兄弟十人。……唯發、旦賢，左右輔文王。」《史記・魯周公世家》又記：「及武王即位，旦常輔翼武王，用事居多。」在伐紂戰爭中，周公擔任周武王的左右手。克殷以後，武王因憂慮不能入睡，而和周公討論如何「定天保」的大事，甚至提出「乃今我兄弟相後」的建議，[23] 足見武王深知可把國家大事託付予周公。武王死後，國家發生了嚴重的內憂外患。在這種情況下，在父兄當政時既已經過考驗而且表現出色的周公，自然是最有能力保住周王權的關鍵人物。成王在經驗、才能及威望等方面都遠不及周公，所以即使他正值青壯年，迫於當時的政治形勢，周朝也必須由周公攝政，以挽狂瀾於既倒，這是無可爭辯的事實。

第三，崔述以為，周公攝政之說是武王死後，由周公以冢宰攝政引申並誇大而來的。但是他的這一推測頗多疑點，均與歷史事實不合。

崔述用推測的語氣說：「然則武王崩時，周公蓋以冢宰攝政。」然而，周公為冢宰的根據何在？如果有根據，那就是偽《古文尚書》中的《蔡仲之命》。崔述知道《蔡仲之命》是偽書，所以在引蔡沈《書傳》時，有意把其中所引的一段《蔡仲之命》的文字刪去（此點前文已經指出）。經此一刪，雖然掩蓋了蔡傳引偽書的錯誤，但同時也把自己說周

---

[22] 劉安著，劉文典撰：《淮南鴻烈集解・氾論訓》，中華書局1989年版，頁427-428。
[23] 見《逸周書・度邑解》。

公為冢宰的根據刪去了。那麼，一向以辨偽求真自詡的崔述為何不思量，他所謂周公為冢宰的根據究竟是什麼呢？在這裡，崔述再次表現出不慎重的學術態度。其實，崔述的前輩學者惠棟在其《古文尚書考》的「蔡仲之命」條中已經指出，偽《古文尚書》中「惟周公位冢宰，正百工」，這一句的來源是：「《左傳》祝佗曰：『周公為大宰。』《汲郡古文》曰：『成王元年，命冢宰周公總百官。』」[24] 崔氏未曾讀過惠氏這部書，自然不知惠氏這一說法。不過，惠棟的說法也有問題：一則，《左傳》定公四年記祝佗云：「武王之母弟八人，周公為大宰，康叔為司寇，聃季為司空。」然而，這是什麼時候的事情呢？《史記．管蔡世家》記，康叔、聃季的官位都是周公在成王當政時舉薦的，而周公與康叔、聃季同時為官，因此他也應是在成王時任太宰或冢宰。但這並不意味著武王去世時周公正擔任著冢宰的職務，至少目前尚無史料能夠證實這一點。所以對此應該存疑，而不能認為祝佗的話就足以成為偽古文《蔡仲之命》中「周公位冢宰」一句的根據。二則，惠棟所引《汲郡古文》，實際上是「今本」《竹書紀年》中「命冢宰周文公總百官」一句話的節寫，而現存「古本」《竹書紀年》輯佚文中並無此條，所以也不足以成為《古文尚書．蔡仲之命》「周公位冢宰」一句的根據。關於武王去世時，周公是否正在冢宰職位上，目前我們仍無以道其詳，尚有待於新史料的發現來證實。

如果說武王去世時周公是否為冢宰已是一個疑問，那麼，武王死後，是否還有冢宰攝政的制度就更值得懷疑。崔述說，君死冢宰攝政三年的制度是在成王死後，由召公廢除的。我們可以再上溯一代：文王死後，武王直接即位，沒有出現三年諒陰和冢宰攝政的情況的原因何在？有商一代，除了「高宗諒陰」一例以外，並未見其他例證，可謂「孤證不為定說」。更何況根據郭沫若的研究可以證明，殷代並無三年之喪制，而高宗三年不言，乃是患了一種「不言症」(Aphasie)。[25] 崔述自謂善疑，

---

[24] 惠棟：《古文尚書考》，《皇清經解》卷352，復興書局1961年影印本，頁3728。
[25] 郭沫若：《駁〈說儒〉》，《青銅時代》，人民出版社1954年版，頁132-134。

於此卻當疑不疑，毋乃過慎乎？

那麼，崔述為何把「君死冢宰攝政」作為周公攝政說的根據呢？究其原因，就在於他沒有意識到，周公攝政原本是周初立國未穩，以及政治危機形勢的必然結果。崔述忽略當時的嚴重形勢，因此以為成王不幼且可親政。[26] 他認為，周公攝政只能以君死冢宰攝政三年來解釋。

第四，崔述認為，他只需指出武王死後，周公曾有四、五年在外，便足以破周公攝政七年之說，但他卻無法進一步證實這一點。

《尚書・洛誥》末段記：「惟周公誕保文武受命，惟七年。」《尚書大傳》云：

> **周公攝政，一年救亂，二年克殷，三年踐奄，四年建侯衛，五年營成周，六年制禮作樂，七年致政成王。**[27]

暫且不論周公每年做一件事的說法是否可靠，但這段話起碼說明漢代今文學家是主周公攝政七年說的。陸德明《經典釋文》卷四《尚書音義下・洛誥第十五》記：

> **誕保文武受命**（絕句，馬同），**惟七年**（攝政七年，天下太平。馬同。鄭云：文王、武王受命及周公居攝，皆七年。）。[28]

又姑不論鄭玄關於文王、武王、周公各執政七年之說是否可靠，可是這一節引文卻表明，馬融、鄭玄等漢代古文家也是持周公攝政七年說的。不獨漢儒如此，《韓非子・難二》亦有「周公旦假為天子七年」之說，更可證實《尚書大傳》之文為有據。事實上，自先秦至唐代，一般都採信周公攝政之說，並無人對此說提出異議。

---

[26] 劉起釪對這一問題有詳細論述，見其著《古史續辨》，中國社會科學出版社1991年版，頁356-357。

[27] 此處據清人陳壽祺《尚書大傳輯校》本。

[28] 案：以上括弧內小號字為陸德明的釋文，見《經典釋文》，中華書局1983年版（以下版本同），頁48。

可是到了宋代，由於理學大力強調君臣名分的儒家倫理，一些儒家學者開始在周公攝政稱王問題上作翻案文章，蔡沈《書經集傳》注解《洛誥》末句云：

> 吳〔棫〕氏曰：「周公自留洛之後，凡七年而薨也。」成王之留公也，言「誕保文武受民」；公之復成王也，亦言「承保乃文祖受民，越乃光烈考武王」。故史臣於其終計其年曰：「惟周公誕保文武受命，惟七年。」蓋始終公之辭云。[29]

前人把這七年解釋為至作《洛誥》時（周公歸政成王時）周公已攝政的時間，史臣在作冊的末尾附記了這段已經過去的年數。按吳棫的說法，那就是作了《洛誥》以後，周公留洛七年而死，史臣在周公死後又把這七年追記到《洛誥》的末尾。[30] 蔡氏《書傳》是明清士人應付科舉必讀之書，崔述曾熟讀之，自然也受到了蔡氏觀點的影響。近代學者也有類似的情況發生。譬如，王國維在所著《洛誥解》篇末云：「自後人不知誕保文武受命指留雒邑監東土之事，……遂生周公攝政七年之說。」[31] 其弟子楊筠如遂據此否認有周公攝政之事。[32] 其實王國維還曾在《殷周制度論》中說過：「周公之繼武王而攝政稱王也，自殷制言之，皆正也。」[33] 王國維在這裡明確承認周公攝政的事實，並指出這是由於周初王位繼承受殷制影響，故父死子繼的制度並不嚴格。這一說法並不表明王氏本人前後矛盾，因他僅懷疑周公攝政「七年」的時間，而並不懷疑

---

[29] 蔡沈：《書經集傳》，卷5。

[30] 吳棫的這一推測有以下幾個問題：一則，史臣作冊，不記作冊時的年代，反而要等周公死後追記年代（周公尚在時，是不可能預先知道周公在洛只能活七年的），這不合於一般的記年規則；二則，周公留洛七年而死，毫無史料根據，純係吳棫推測之辭；三則，吳棫引《洛誥》之文作為內證來推測「周公誕保文武受命」就是「誕保文武受民」，似乎縝密，但「受民」與「受命」兩個概念的外延並不相同，周公留洛可以保護洛所受的殷頑民，卻不能保文王、武王所受的「天命」（周王權）。「周公誕保文武受命」是保住了周王權，而這恰恰是他攝政的結果。

[31] 王國維：《觀堂集林》卷1，中華書局1959年版（以下版本同），頁40。

[32] 楊筠如：《尚書覈詁》卷3，陝西人民出版社1959年版，頁210。

[33] 王國維：《觀堂集林》卷10，頁455-456。

他攝政一事本身的真實性。可惜楊氏未能細讀師書，遂有所失。自宋儒到崔述，以至近代的楊筠如，均不承認周公攝政稱王。究其原因，是由於他們在當時不可能意識到探究歷史必須避免時代錯位(anachronism)的謬誤。[34]

按照崔述的學術風格，他不在前人說法之上加一些新見解是不肯甘休的。所以，他在接受吳棫說的同時，又進一步指出，周公居東二年，東征三年，七年中在外五年，這五年「何人踐阼，何人聽政？」如此看來，執政者自然是成王了。然而崔述的說法裡存在著兩個問題：

其一，周公東征以前是否曾有過「居東」二年的事？《尚書·金縢》云：

> 武王既喪，管叔及其群弟乃流言於國，曰：「公將不利於孺子。」周公乃告二公曰：「我之弗辟，我無以告我先王。」周公居東二年，則罪人斯得。[35]

《史記· 魯周公世家》也記：

> 周公恐天下聞武王崩而畔，周公乃踐阼代成王攝行政當國。管叔及其群弟流言於國曰：「周公將不利於成王。」周公乃告太公望、召公奭曰：「我之所以弗辟而攝行政者，恐天下畔周，無以告我先王太王、王季、文王。」……管、蔡、武庚等果率淮夷而反，周公乃奉成王命，興師東伐，作《大誥》。……二年而畢定。[36]

這兩段記載說明，武王去世後，周公立即攝政，管、蔡、武庚等隨之發動叛亂，於是周公東征，用了兩年的時間平定了東方的叛亂。居東二年與東征當是同一件事，這是今文學家對《金縢》篇的解釋。而陸德

---

[34] 參看David Hackett Fischer, *Historians' Fallacies* (New York: Harper Torchbooks, 1970), 132-35.

[35] 《尚書正義》卷12，《十三經注疏》，中華書局1980年影印本，頁188。

[36] 《史記·魯周公世家》卷33，中華書局1959年版，頁1518。

明《經典釋文》卷四《尚書音義下・金縢第八》云：「辟，馬、鄭音避，謂避居東都。」[37] 這句話的意思是說，周公東征前先有兩年避居東都，這是古文學家的解釋，而崔述接受了這個說法。但是武王去世後，武庚急於叛國復殷，管叔、蔡叔也想爭奪周王朝的政權。在這樣的情況下，如果周公避居外地，那正是他們動手的最佳時機，他們豈肯坐等兩年，在周公西歸以後再行動？呂思勉就曾持這樣的看法：

> 當武王既崩，成王初立，主少國疑之際，管、蔡、武庚不以此時叛，顧待諸喪畢之後；而周公塊然，辟居東都，管、蔡、武庚亦不以此時進攻，顧待其再奠鎬京，養成氣力；有是理乎？[38]

據此不難看出，所謂周公在外五年的說法是不能成立的。

其二，如果真像崔述想像的那樣，周公在外就不能踐阼聽政，那麼武王伐紂在外時又是何人在踐阼聽政？事實上，在東方的叛亂嚴重威脅周王權的時候，率師東征就是最大的國政，東征的統帥必然是周王朝的最高執政者。[39] 可惜崔述沒有意識到這一點。從世界古代史來看，早期國家王制形式的一個重要特點是，領軍出征的統帥往往是由王來擔任。[40] 因此我們可以斷定，當時周公是以王的身分率軍東征。

以上所陳四點，只不過是對於崔述否定周公攝政說的駁論，而非對周公確曾攝政稱王這一史實的全面論證。儘管近代以來還有一些學者繼

---

[37] 《經典釋文》，頁46。

[38] 呂思勉：《先秦史》，上海古籍出版社1982年版，頁135-136。

[39] 近年來有學者主張周代初年存在著類似西方古代史上的兩頭制（如羅馬的兩名執政官），周公和成王實際是並稱「王」的。參見劉起釪：《古史續辨》，頁357。然而從中國古代歷史來看，儘管在周初尚未形成君主專制的思想，但殷周政制並不存在兩頭制，各邦內只有一個君主。而羅馬共和國兩執政官(Two Consuls)形式的出現，是羅馬廢除王政(Tarquin kings)後為限制王權過分集中而設立的，兩頭的權位均等，彼此有否決權。古代君主制的特點就是一人的統治（參見Aristotle, *Politics*, Vol. 11, 1313a, Note 2.），所以兩頭制可以說是西方古代個別國家在特殊情況下產生的一種例外王權形式。可參看Pavel Oliva, *Sparta and Her Social Problems* (Amsterdam: Adolf M. Hakkert, 1971), 27。這顯然不可與周公代成王攝政之事混為一談。

[40] 參見Aristotle, *Politics*, Vol. 3, 1285a.

續否定周公曾攝政稱王，但是顧頡剛在晚年所寫的一篇長文《周公執政稱王》中，引用豐富的文獻和考古資料進行反復考證，對周公攝政稱王說作了肯定的結論。[41] 所以周公稱王之說已成定讞，而無須再「買菜求益」了。除非今後發現驚人的新材料，否則對這一問題是很難再作翻案文章的。

三、對崔述古史考證的反思

崔述在否定周公攝政稱王說後，自以為完成了一項古史考證，但卻不曾想到自己的辨偽是否存在什麼問題，也缺乏對自己的學術研究更深層次的反省，這對處在乾嘉時代的崔述來說是可以理解的，因此我們不能厚責於前人。但這並不意味著我們不必對崔述辨偽上的局限性作歷史的反思。以上所列四條，只是說明崔述在考辨周公攝政稱王問題上的具體失誤，還只是涉及現象問題，我們還更需要對崔述考證失誤的思想原因和性質認真地加以反省。惟有如此，我們才能在汲取崔述古史考證經驗的同時，也接受他所留下的教訓。

崔述著書題名曰「考信錄」，他考信的方法即在辨偽，但辨偽不能無所依據，沒有準繩，在這一點上，崔述的確深具卓見。他辨偽的步驟是，首先求得一個可信的根據，以此為準繩來辨偽。他自述治學經歷時說：

> 余少年讀書，見古帝王聖賢之事往往有可疑者，初未嘗分別觀之也。壯歲以後，抄錄其事，記其所本，則向所疑者皆出於傳記，而經文皆可信，然後知《六經》之精粹也。[42]

可見他的辨偽考信是以《五經》為準繩。從崔述《考信錄提要・釋例》來看，他這樣做有以下兩個方面的原因：

---

[41] 顧頡剛：《周公執政稱王》，《文史》第23輯，頁1-30。
[42] 崔述：《考信錄提要》，《遺書》，頁16。

其一，崔述從劉知幾在《史通》以《左傳》駁秦漢之書得到啟發，知道秦漢之書講古史多有不可靠處。他說：「秦、漢之書其不可據以為實者多矣，特此未有如知幾者肯詳考而精辨之耳。」[43] 因此崔述說：「故今為《考信錄》，於殷、周以前事但以《詩》、《書》為據，而不敢以秦、漢之書遂為實錄，亦推廣《史通》之意也。」[44] 儘管不少現代學者以此批評崔述過分迷信經書的權威性，但我們也應該看到以《五經》作為考辨古史之準繩的合理內核(rational kernel)，那就是《五經》的內容大體上與所記史事同時或接近，因各種原因而造成的錯誤較少，所以其可據性(authenticity)相對較高。崔述為了純化儒家經典，主張求之於《五經》，從史料學的角度看，這一點是他勝過其他經學家的地方。不過，我們在認識《五經》的史料價值的同時，還必須注意到《五經》作為先秦史料的某種限度，因為除《五經》之外，先秦時代還有子書、史書，更不必提甲骨文和金文的材料。司馬遷作《史記・十二諸侯年表》就是依靠了其他史書，如《春秋曆譜諜》等，若是單憑《五經》中的資料，他是作不出此表的。其他先秦史料的內容涉及面極廣，絕非《五經》所能代替。何況《五經》本身由於傳世已久，其中有許多問題尚未解決，所以在使用《五經》時，需要加以分析評判，而不能一味迷信。

其二，崔述說：「聖人之經猶日月也，其貴重猶金玉也，偽作者豈能襲取其萬一。」[45] 作為傳統的儒家學者，崔述必然以為儒家聖人道德高尚、智力超群，他們所編著的經書自然也最可信，不少現代學者據此批評崔述的聖人成見是有道理的。其實何止崔述一人如此，絕大多數儒家學者囿於道統，都存在崇信聖人的傾向，又何況從今天的角度看，經書並非都是出自聖人之手。儘管如此，崔述上述的說法仍有其合理的因素，即他注重作者的可信性(reliability)。由於歷史記載的真實性必然會因記事人的價值取向、立場及能力水準等而受到影響和制約，資訊提供

[43] 崔述：《考信錄提要》，《遺書》，頁6。
[44] 崔述：《考信錄提要》，《遺書》，頁6。
[45] 崔述：《考信錄提要》，《遺書》，頁10。

者的可信性對於確定文獻的可考程度是至關重要的。[46]

一般說來，崔述在判斷文獻可據性方面的成績比較顯著，但在判斷文獻的可信性方面則存在著較多的問題。要辨別文獻的可信性，就需要一個不可缺少的前提，即對文獻作者各個方面的正確瞭解，包括其價值取向、智力水準、所處環境、寫作能力以及為人作風等等。作為一位勇於疑古並精於發現古書中問題的學者，崔述在研究古史時確有老吏決獄的氣概。相比之下，其同時代的許多漢學家們只能作些零星瑣碎的考證。可是在認識經書的作者（聖人）的問題上，崔述卻沒有超過其同時代漢學家的水準，他基本上是堅持尊經衛道的「儒學返本論」(Confucian fundamentalism)立場。這可以說是他作為史學家和經學家的矛盾之處。作為史學家，他究心史實；而作為經學家，他卻崇聖衛道。柯靈烏曾批評過所謂常識性理論(common sense theory)，其特點之一就是，史學家相信權威的陳述(statements of authorities)乃歷史真實的客觀反映，並力圖使自己的認識與這種權威的陳述吻合一致。[47] 柯靈烏此言雖是針對當時歐洲史學的問題而發，卻也適用於對崔述治學特徵的分析，他在考辨周公是否攝政稱王時，就是把《五經》所載和聖人所言當作「權威的陳述」。一旦價值判斷和事實判斷發生衝突，崔述便對前者深信不疑。但他不明白，正確的價值判斷只有以正確的事實判斷為基礎才可能是有效的。

正由於這一矛盾，崔述在考辨周公是否攝政稱王時出了偏差。在這個問題上，崔述寧可不加分析地輕信《金滕》中沒有記載周公稱王的默證，而不肯相信《大誥》和《康誥》中周公被稱為王的明證。囿於儒家正統倫理觀念，崔述以為取代成王而自行稱王這種事情，如非大逆，亦為不道，作為儒家聖人的周公絕對不會這樣做。清代漢學家研究周公時都很慎重，這主要是因為他們害怕評論歷史人物，尤其是周公這樣的儒家聖人。而崔述之所以敢於大膽地討論周公，顯然是因為他用正統的忠君思想來否定周公攝政稱王一事。傳統儒家反對周公稱王說的政治意

---

[46] 參看〔波蘭〕托波爾斯基(Jerzy Topolski)著，張家哲等譯：《歷史學方法論》，華夏出版社1990年版，頁438-446。

[47] R. G. Collingwood, *The Idea of History*, 235.

義，也正是在於防止亂臣賊子借此竊取天子之位。因此，崔述可以對這一問題無所顧忌地大發議論。崔述不僅以自己的聖人標準去考證古代文獻的作者，而且還以此標準去解釋古代文獻的內容，例如對《金滕》的「周公居東二年，則罪人斯得」一句，崔述不敢相信那是說周公前去東征，而只認為是周公避居東方，這是因為他相信朱熹所說的：「三叔方流言，周公處骨肉之間，豈應以片言半語遽然興師以征之，聖人氣象大不如此。」[48] 如果照此理解《金滕》，那麼作為聖人的周公就只能有兩個特點：一是忠心耿耿，當武王病重時，他只會祈禱鬼神，要求自己替代武王去死；二是守身如玉，當管蔡散佈流言、煽動叛亂時，他只有引退避嫌。然而，這究竟是周公的特點，還是後世腐儒的特點呢？在此，崔述不免以己之心度周公之腹，犯了他自己所反對的「以己度人」的錯誤。按照哲學詮釋學的說法，這是一種盲目的或產生誤解的假成見(die falsche Vorurteile)，它將妨礙人們的正確理解。其實前面所引的《荀子·儒效》在一開頭就指出：武王死後，存在著天下背周的危險，周公就毅然置成王於一旁，自己登上王位，掌握大權；他處決了親兄管叔，摧毀了武庚的國家，平定封建諸侯（其中大多數是姬姓的）以鞏固周王權，敢做敢為；等到天下已定，成王也成熟了，他又果斷地把王位讓還給成王。凡此種種，套用荀子的話說：「非聖人莫之能為，夫是之謂大儒之效。」荀子所理解的周公有大仁（及時讓位歸政）、大智（及時攝政稱王）、大勇（及時東征克敵），非傑出的政治家不能為，荀子所言確近周初的政治實際和周公本人的個性。如果我們按荀子理解的周公形象去讀《尚書》，就會毫不猶豫地相信周公曾經攝政稱王。

歸納起來說，崔述古史考證的一個重要特徵就是主觀推斷加默證法。崔述的原則是，如果經書上沒有記載某一歷史事件，而其時代本身又不合他的推理，那麼這一事件在歷史上就不存在。即使有其他文獻記載此事，那也是無效的。然而，在進行史學研究時是不能過分依賴默證法的。毋庸置疑，由於古史材料的匱乏，史學家有時必須使用默證法，

---

[48] 見《周公相成王上》引朱子覆蔡沈書說。

即依據史料中沒有提到的東西來立論。然而，只有在史料比較完備的條件下，默證法才可以在歷史研究中發揮作用；但若過度使用默證法，一部古代史就會變成一部猜測或推論之史。同時，把默證法運用於史學也有相當的危險性，因為其錯誤的概率為百分之五十。默證只能提供懷疑和推測，而不能提供正面的證據，所以在運用默證法時須十分謹慎。[49] 從邏輯學的角度來說，默證法也是相當不可靠的。對於任何歷史人物或事件，我們若是沒有材料來證明其存在或真實性，那只能說明我們目前對這一人物或事件的無知，而這並不表明此人此事之不存在或不具真實性（因為將來可能會出現新材料加以證明）。如果使用默證法，對這些無知或尚不能下結論的歷史問題作出否定的結論，那麼就違反了邏輯學上的充足理由律，也可以說在邏輯上犯了混淆概念的錯誤，即把人們主觀上不知的事物（這只能存疑，但不能判定）當作客觀上不存在的事物。

對於秦漢書中所保存的古史材料，崔述通常是根據《五經》判別其真偽，合於《五經》者即為真(authentic)的，不合於《五經》者便是假(forged)的，如他不相信《小戴禮記》中關於周公稱王的記載，是因為他認為：「彼漢人之說經，有確據者幾何？亦但自以其意度之耳。」[50] 毋庸諱言，漢儒無論是對先秦文獻的解詁，還是對古史的解說，都包含了他們的成見。然而從哲學詮釋學的角度來說，一切理解者都是特定時代的理解者，因此他們的認識就不可避免地帶有歷史性(Geschichtlichkeit)，也就必然會帶有「成見」(Vorurteil)。人們的理解必須從某種已有的成見出發，抱有這種成見並非人們自己所能選擇的，而是個人存在的歷史實在使然。人們只有在「合理的成見」引導下，方有可能達到對文本的正確認識，[51] 正如伽達默爾(Hans-Georg Gadamer)所指出的：

> 任何時代都必須以自己的方式來理解歷史流傳下來的文

---

[49] 參看Gilbert J. Garraghan, *A Guide to Historical Method* (New York: Fordham University Press, 1957), 162-66.

[50] 崔述：《考信錄提要》，《遺書》，頁10。

[51] 參見Hans-Gorge Gadamer, *Truth and Method,* trans. Joel Weinsheimer and Donald G. Marshall (New York: The Continuum Publishing Company, 1993), 270-71.

> 本，因為這個文本屬於整個傳統。而每一特定時代亦對整個傳統的內容具有興趣，並試圖在此傳統中理解自身。[52]

正是由於不同時代的學術都帶有不同的「成見」，人們對古書與古史的理解才會呈現出更為豐富的內容，並使這樣的理解活動不斷地進行下去。我們絕不能把戰國、秦漢人對古史記載的「成見」看作理解古史的消極因素，而應視之為後人理解古史或形成對古史的新認識的前提條件。儘管崔述不自覺地意識到戰國以降學者所言古史中包含著他們的成見，可是他卻把它們一律看成妨礙理解的「盲目的成見」，因而也就無法意識到漢儒的解說亦可以構成理解古史的創造性條件。

崔述把古史考信的重點放在文獻辨偽和史實考證上，自有其精到的一面，因為如果不進行辨偽，則古書、古史真偽不分，歷史表象就難以顯現出來。然而研究古史，只重辨偽和考證顯然是不夠的，它們還只是停留在史學研究的表面層次，古史的考信還需要瞭解古人思考問題的出發點和目的，掌握他們思想行為的歷史背景，從而揭示歷史表象後面更為複雜和深刻的內容。崔述的古史研究大多偏重於前一層次，從而造成了他積極的主觀努力和有限的學術成就之間的一種不平衡現象。就周公是否攝政稱王的問題來說，崔述破成王年幼說確實甚精，可是他恪守儒家正統觀念，即所謂「君臣名分」和「天澤之分」，這樣的道德判斷和感情偏向，使他不敢相信《大誥》、《康誥》為周公稱王時所作，更談不上觸及周公稱王的政治思想背景。因此，他未能充分研究具有很高史料價值的《尚書・周書》各篇。以上曾引其他材料論證《大誥》、《康誥》為周公所作，其實只要認真閱讀《周書》諸誥，就可以從內容上得出這個結論，因為各誥中的重要思想乃至語言表述都是一致的。既然較後諸篇都是出於周公，那麼《大誥》、《康誥》也出於周公便是不言而明的事實。現舉主要者臚列於下：《大誥》云：「天棐忱辭，其考我民。」「越天棐忱，爾時罔敢易法。」[53]《康誥》云：「天畏棐忱，民情大可

---

[52] Hans-Gorge Gadamer, *Truth and Method,* 296.
[53] 「法」即指文王之法。

見。」「王應保殷民，亦惟助王宅天命，作新民。」《酒誥》云：「天非虐，惟民自速辜。」「古人有言曰：『人無於水監，當於民監。』」《梓材》云：「王啟監，厥亂為民。」[54] 《召誥》云：「皇天上帝，改厥元子。茲大國殷之命，惟王受命，無疆惟休，亦無疆惟恤。」「我不可不監於有夏，亦不可不監於有殷。」[55] 《多士》一篇要旨說明，夏失德無道，天就命令成湯革夏命；後來殷後王失德無道，所以周又受天命取代殷。《無逸》一篇說明保民的重要性，保民就能受天命，否則就會失天命；此篇的最後一句「周公曰：『嗚呼，嗣王其監於茲。』」即告誡成王。《君奭》云：「周公若曰：『君奭，弗弔，天降喪于殷，殷既墜厥命，我有周既受。我不敢知曰，厥基永孚于休。若天棐忱，我亦不敢知曰，其終出于不祥。』」「又曰：『天不可信，我道惟寧（文）王德延。』」《多方》一篇再次講夏失德殷革夏命、殷失德周革殷命的道理。以上所引《尚書》各篇中，都貫穿了周公最重要的政治思想：天命無常，王朝興亡不定；有德者得天命而興，失德者失天命而亡；天命雖難知，民情卻可見，天命即在民心之中；必須兢兢業業地敬天保民。從這種思想的連貫性(consistency)來看，我們可以斷定《大誥》、《康誥》為周公所作，更何況還有以上所述的其他旁證。

以上這一實例也說明，崔述從古書中尋找矛盾牴牾以求考辨真偽的做法，固然可以發現偽書和偽說，但同時也往往把有價值的真材料也拋棄了。事實上，經他辨偽後而考出的史事，不僅難成系統，有時甚至不足信。試看他的《豐鎬考信錄》中的《周公相成王》上、中、下三篇及《周公事蹟附考》，在這幾篇考證文字中，崔述一心想把周公考得更像聖人，但結果卻適得其反。如果周公的形象真如崔述所描述的那樣，孔子、孟子和荀子是絕不會把他尊崇為聖人的，周公的政治思想也不會成

[54] 意為「王肇監厥治於民」，參見劉家和：《〈書・梓材〉人歷、人宥試釋》，《古代中國與世界》，武漢出版社1995年版，頁169。

[55] 傳統說法以為《召誥》乃召公所作。于省吾先生列出八條理由以證明《召誥》乃周公所作（見《雙劍誃尚書新證》卷3，北平1934年版）。其說甚是，故此處從于先生說。

為先秦儒家思想的重要淵源。崔述的古史考辨過程中不時出現一種矛盾，這種矛盾表現為崔述的歷史意識與他的衛道精神之間的衝突。在他看來，湯、武可以伐桀、紂；文王可以稱王，因為前者與後者並無君臣關係，湯、武、文王這樣做，不能算作失德；反之，周公稱王則是大逆不道，他必須像秦、漢、唐、宋以後的忠臣一樣，才能成為聖人。其實周文王、武王稱王與周公稱王，在當時的歷史條件下並無本質上的區別，因為在周初，君臣之間的名分關係遠不如秦漢以後專制主義條件下那樣涇渭分明，而且父死子繼的制度也不十分嚴格。崔述古史研究中的這種矛盾，實際是先秦的價值觀念與秦漢以後的價值觀念之差異所致。柯靈烏曾強調，歷史學家必須在自己的心靈中重演過去(re-enact the past in his own mind)，從而理解和分析以往的歷史事件和人物。[56] 崔述在周公是否攝政稱王這一問題的考證中，偏偏讓同時代的周文王、武王和周公變成不同時代類型的人物，結果犯了古今不分的錯誤。在這一點上，他與戴震、章學誠等清代學者如出一轍。由此可見，特定的歷史環境和思想意識等因素，必然會影響和制約學者對古書記載的理解，人們不能僅以自己時代的認識去任意解釋具有特定時代內容的古代事件和文獻。

本文試就周公攝政稱王問題發崔述之所蔽，思有以糾其所失，目的是使我們在繼承崔述學術遺產時保持清醒的頭腦。在今天重評崔述對周公攝政稱王的考證時，我們要瞭解到崔述是如何拘執於古代文獻的表層涵義，從而認識到他的古史考證在思想上的內在限制。崔述無法擺脫其儒家正統信念，不能批判自己固有的偏見，自然也就很難「重演」(re-enact)周公攝政稱王的歷史。余英時先生在批評心存成見的考據時說得好：「成見梗於胸臆，則一切材料勢皆成為曲解曲說之資據，不徒自誤，抑且轉以誤人焉。」[57] 如果我們能使崔述的古史考辨得失互見，便可以從正反兩個方面都受到啟發。用哲學詮釋學的套語來說，我們對周公是否攝政稱王的理解，既不限於先秦、兩漢文獻中的「原意」，也不再是崔述解

---

[56] R. G. Collingwood, *The Idea of History*, 282.

[57] 余英時：《方以智晚節考》，允晨文化事業股份有限公司1986年增訂擴大版，頁136。

釋中的「成見」，而是這兩者「視域」之間的「融合」(Horizontverschmelzung)。

第四篇　崔述在清代儒學定位之重新考察

自清末以來，學者們逐漸重視崔述(1740-1816)的學術。崔氏的《考信錄》更是備受「五四」時期新史學家之推崇，有人甚至將崔述與章學誠(1738-1801)相提並論，如近代史學家齊思和(1907-1980)在評論章氏的史學時說：

> 並且他的議論，初看驚人，實甚膚淺，除了方志外，對於修史也並沒有發生什麼影響。與崔述的潛沉篤實，真是迥乎不同了。[1]

儘管崔述不是清代學術史的中心人物，但也並非可以忽視的儒家學者。崔述與清代儒學的各個主要派別究竟有何關係，這種關係又屬何種性質？這些都涉及崔述在清代儒學史上如何定位的問題。[2] 雖然一些學術論著對此曾有所探討，但仍非無可商榷之處。以下試就崔述學術中與上述問題有關的幾個主要方面，作進一步的考察分析，聊供研究清代學術史的專家參考。

一、崔述貶抑心學與推重史學之傾向

儒學演變至宋代，理學[3] 逐漸成為其主流。按照一般的說法，理學

---

[1] 齊思和：《晚清史學的發展》，《中國史探研》，中華書局1981年版，頁344-345。

[2] 「定位」(positioning)是指以一套學術標準來論述一個學者或一部著作的發展實況、性質和成就。從哲學詮釋學角度來說，「定位」有兩重意思：一是學者本人或原著在當時的現狀，即某人或某書原本是怎樣的；二是指他（它）對後世的影響，或後人對他（它）的開拓和發揮。在許多情形下，強調後者的作用可以說是一種新的定位，因為以現代詮釋學的觀點來看，這種新的定位已超出了原有的歷史視域，其中有創造性的理解，也有曲解和誤解。本文的討論只限於「定位」的前一重意義，即通過將崔述與前代及同時代的學者比較，來確定其在清代儒學史中的地位。

[3] 關於理學的名稱和內涵的討論，見馮友蘭：《通論道學》，《中國社會科學》1986

內部分化為朱熹(1130-1200)和陸九淵(1139-1193)兩系，這兩大宗派在學術上的特徵分別表現為義理化和心學化。兩派對「理」與「心」觀念的見解殊異，門戶冰炭。朱熹強調「性即理」，陸九淵則認為「心即理」。到了明代中後期，王陽明(1472-1529)成為當時最有影響的儒學家。由於王陽明承襲和發展了陸九淵的心性哲學，他們二人所持的哲學一般被稱為「陸王心學」。王陽明將陸氏觀念加以系統化和明確化，簡潔明瞭地表述為「致良知」，這將原有的心性論發揮到登峰造極的境地。[4] 與此同時，王學也產生了助長反智論的傾向，充分暴露出心學與儒家知識傳統脫節的弊端。[5] 理學與心學的分歧主要體現在哲學上的重點和視界之不同。

下逮清初，儒學一改晚明尊崇陸九淵、王陽明心學的風氣，清朝統治者大力提倡性理學，強調程朱學說的正統性。由於陸王之學被清廷視為非正統思想，心學在學術領域的地位也就隨之退居其末。生在乾嘉時代的崔述不免追隨時潮，不遺餘力地批評陸王之學。他認為，朱熹發展並完善了儒學，而王陽明卻使儒學陷於分裂狀態。崔述說：「古之異端在儒之外，後世之異端則在儒之內：在外者距之排之而

年第3期，頁55-64。本文中的理學是廣義的理學，包含性理之學和心學兩大學派，大致相當於西方學術界所說的新儒學(Neo-Confucianism)，參看Wm Theodore de Bary, “Introduction,” *The Unfolding of Neo-Confucianism* (New York: Columbia University Press, 1975), 11-13.

[4] 關於王陽明「致良知」的討論，可參看成中英：《論致中和與致良知》，《中國哲學與中國文化》，三民書局1974年版，頁137-172。

[5] 參見余英時：《從宋明儒學的發展論清代思想史》，《歷史與思想》，聯經出版事業公司1976年版，頁92-93。對於余英時「反智論」或「反知識主義」的概念，近年來學術界有人提出質疑，參見劉述先：《有關理學的幾個重要問題的再反思》，黃俊傑：《劉述先〈有關理學的幾個重要問題的再反思〉評論》，鍾彩鈞主編：《國際朱子學會議論文集》，中央研究院中國文哲研究所籌備處1993年版，頁261-294。余英時先生云，他使用「反智論」一詞不是指一種學派或一套思想，而是旨在揭示儒家思想傳統中的一種態度和傾向(orientation)。我同意這一解釋，因為中國思想史上的「知識主義」並非一定要與西方學術史中的intellectualism在意義上完全吻合，這種將原有概念賦予新意或借用原有觀念說明新問題的現象在現代學術史上是十分常見的。

已，在內者非疏而剔之不可。」[6] 在他的心目中，佛教和道教即使在顛峰時期也未能取代儒學在國家和社會中的主導地位，但陸王心學卻因與原始儒教貌似吻合，反較佛、道二教更易欺世惑眾。因此，陸王心學要比佛教和道教對儒學具有更大的威脅性。崔述深斥王陽明引釋亂儒，以致儒學真義盡失。他說：

> 自宋以來，儒者輩出，往往能辨古書之真偽，剖理之是非，道少明於世。然儒者多，而敢為異說以亂真偽、淆是非者其人亦益眾。若宋張九成、陸九淵、明陳獻章、王守仁，皆以高才絕學，甘為異教，別立宗門，簧鼓世人。[7]

崔述這種排斥陸王的態度是如何產生的呢？追源溯始，可以說他是受到清初顧炎武(1613-1682)、陸隴其(1630-1692)的影響。崔述一向宗仰顧炎武和陸隴其，在其著述中十分推崇二人之學。從歷史的背景著眼，我們不難看出，顧、陸二人對心學的批判震盪了崔述的心靈。明朝傾覆的慘痛教訓給顧炎武留下了深刻的印象，他將此歸咎於宋明心學，且曾憤慨地批評清談：

> 以明心見性之空言，代修己治人之實學。股肱惰而萬事荒，爪牙亡而四國亂，神州蕩覆，宗社丘墟。[8]

這段話說明，顧氏因不滿心學家流於心性空談和不重實事實行，故而力倡經史實學。他提倡學以致用，目的在於革除明儒忽視民生國事的流弊。顧氏還批評了陸王舍《五經》襲語錄的做法，主張回歸原始儒學的道體。

陸隴其更是深信道統觀念，篤守程朱之學，貶黜陸王心學。他特

---

[6] 崔述：《考信錄自序》，《崔東壁遺書》（以下簡稱《遺書》），上海古籍出版社1983年版（以下版本同），頁921。

[7] 崔述：《書歐陽文忠公〈廖氏文集序〉後》，《遺書》，頁849。

[8] 顧炎武著，黃汝成集釋：《日知錄集釋》卷7，岳麓書社1994年版，頁240。

別對王陽明提出了尖銳的批評：「今之學者，必尊朱子而黜陽明，然後是非明而學術一。人心可正，風俗可淳。陽明之學不熄，則朱子之學不尊。」[9] 陸氏還極力指斥王陽明之學乃名儒實禪，他說：「自陽明王氏倡為良知之說，以禪之實而託儒之名，……而古先聖賢下學上達之遺法，滅裂無餘，學術壞而風俗隨之，其弊也。」[10] 由此足見他對陸王心學是深惡痛絕的。

崔述深受顧、陸二人思想的感染，也認為明朝覆滅與王陽明「心學」之空疏不無關係。他屢次以「象山、陽明之害」與西晉末年的陸沉之禍以及北宋末年的靖康之禍相比。[11] 他還攻擊陸、王說：

> 象山開其源，陽明揚其波，舉天下聰明豪傑之才咸以禪理為宗門，頓悟為心法，至於明季而遂不可收拾。[12]

接下來的這段話，更是明白說明了陸王心學對儒學造成的危害：

> 及陸、王之學興，并所謂知者亦歸之渺茫空虛之際，而正心誠意遂轉而為明心見性之學矣。[13]

崔述追隨陸隴其抨擊王陽明「以禪之實而託於儒，其流害不可勝言」的論調，力詆陸王學術之短。他反對陸王學派「求心性於空虛」的觀點就是直接從陸隴其那裡引申來的，只是語氣更為偏頗。他說：

> 聖門之學莫要於求仁，聖門之人莫賢於顏子，乃孔子告顏子之問仁以此，則是天下之理更無有高於此遠於此者也。後儒不求之此，乃好言心性，尤好求心性於虛空微渺之間，是以其

---

[9] 陸隴其：《上湯潛庵先生書》，《三魚堂文集》卷5，見《景印文淵閣四庫全書》第1325冊，台灣商務印書館1986年影印本（以下版本同）。

[10] 陸隴其：《學術辨》（上），《三魚堂文集》卷2，見《景印文淵閣四庫全書》第1325冊。

[11] 崔述：《考信錄提要》，《遺書》，頁11、16。

[12] 崔述：《洙泗考信餘錄》，《遺書》，頁370。

論益精而其於行事益無所當，馴致良知頓悟之說因緣以起，而吾道之不流為禪學者幾希矣。[14]

從以上所引可以看出，崔述集矢於陸王，儘管言辭激烈，但仍限於儒學內部理學與心學之爭的範圍或層面，沒有超出顧炎武、陸隴其的基調。

崔述抑黜陸王之學的思想根基還可以追溯到其家學淵源。他的父親崔元森(1709-1771)是一位主張尊朱抑王的理學家。當崔述尚在襁褓之中，其父就深寄期望：「願兒他日為理學。」[15] 崔述在《先府君行述》中說他父親辨「儒、禪、朱、陸之所以異，尤闢陽明所論良知之失，謂為學必由致知力行博文約禮而入」。[16] 這是一種恰如其分的刻畫，足證崔元森為學的基本態度悉本理學之說。崔元森對崔述早年的思想具有支配性的影響，這是一般研究崔述的人所公認的。崔述回憶其父時說：

開講後，則教以儒、禪之所以分，朱、陸之所以異，凡諸衛道之書必詳為之講說，神異巫覡不經之事皆為指析其謬。[17]

崔述對陸王的激烈評論與崔元森的教導頗有一脈相通之處。他說：

至於世儒所談心性之學，其言皆若甚高，而求之於用殊無所當。正如五色綵紙，為衣可以美觀，如用之以禦寒蔽體，則無益也。[18]

---

13 崔述：《考信錄提要》，《遺書》，頁16。
14 崔述：《洙泗考信餘錄》，《遺書》，頁366。
15 崔述：《先府君行述》，《遺書》，頁716。
16 崔述：《先府君行述》，《遺書》，頁716。
17 崔述：《先君教述讀書法》，《遺書》，頁470。
18 崔述：《考信錄提要》，《遺書》，頁16。

在這裡我們不難看出，崔述是因不滿陸王心性之學流於主觀空想，而提倡講究事理實用、注重聞見之知的。

不過，崔述也非籠統地反對心性之學，而是站在一種史學的立場來排斥陸王。從崔述對陸王心學的批評裡，我們可以觀察到他的思想中蘊含著一種重實事輕玄想的傾向。他說：

> 逮宋以後，諸儒始多求之心性，詳於談理而略於論事，雖係探本窮源之意，然亦開後世棄實徵虛之門。[19]

他對空談心性、舍《五經》而襲語錄的做法深不以為然。在崔述看來，不通過瞭解上古之事而欲得聖人之道，那是不切實際的空想。他指責明清以來的儒家學者，未能對堯、舜、周公、孔子的行事加以辨析。他說：

> 乃近世諸儒類多摭拾陳言，盛談心性，以為道學，而於唐、虞、三代之事罕所究心。亦有參以禪學，自謂明心見性，反以經傳為膚末者。[20]

崔述認為，由於學者們「竭才於章句之末務，殫精於心性之空談，而不復考古帝、王之行事」，[21] 故而造成古代聖賢之事真偽相雜，致使人們無所適從。崔述的道統觀念甚強，他相信宋儒所鼓吹的「傳道正統」，即二帝（堯、舜）、三王（禹、湯、文武）之道。他之所以重視唐、虞、三代的歷史，就在於欲「明道統之原」。[22] 他還力駁這樣的看法，即「敘道統自孔子為始，若孔子自為一道者」。[23] 崔述特別強調二帝三王之道備於孔子之身，所以他著書的最初動機就是要撰寫一部可靠的孔子傳。正因如此，他才決心「歷考孔子終身之事而次第釐正之，

---

[19] 崔述：《考信錄提要》，《遺書》，頁16。
[20] 崔述：《考信錄提要》，《遺書》，頁2。
[21] 崔述：《考信錄提要》，《遺書》，頁20。
[22] 崔述：《唐虞考信錄》，《遺書》，頁51。

附之以辨，以自附於『不賢識小』之義。後世有知孔子者出，庶幾有所採擇云爾」。[24] 而崔述之所以立志作《洙泗考信錄》，是因為他深信道統雖始於堯、舜，但是經孔子發揚光大。他說：

> 學者日讀孔子之書而不知其為人，不能考其先後，辨其真偽，偽學亂經而不知，邪說誣聖而不覺，是亦聖道之一憾也。[25]

無怪乎胡適(1891-1962)對崔述《考信錄》批評道：「他的出發點是衛道，衛聖，衛經。」[26]

崔述一反宋儒好高之論，潛心於古史研究，目的就是從古帝王聖賢之行事中，找出一種對「世道人心」比較可靠的歷史說明。[27] 對他來說，陸王心學已無法保持儒家知識的有效性。所以，崔述自謂：「於古帝王聖賢之事，嘗殫精力以分別其是非真偽，而從無一言及於心性者。」[28] 對於崔述而言，使古帝王聖賢之事燦然大明於世，不僅是為歷史求真，更是為聖道求善。這正是一種史學的立場。崔述主張「道即事」的看法和章學誠頗相接近。[29] 這種以歷史的方式(historical means)來說明經書，或曰因經學而致力於史學的態度，在當時是別開生面的，也顯示出心學和理學面臨非變不可的情勢。在一定的意義上，崔述的這種觀點充實了清代經史研究的內涵。

中國傳統史學的一個特點就是重視人事(human affairs)，即把人物活動看作歷史的中心部分。[30] 在這種人文精神的影響之下，崔述特別

---

23 崔述：《考信錄提要》，《遺書》，頁20。
24 崔述：《洙泗考信錄》，《遺書》，頁326。
25 崔述：《洙泗考信錄》，《遺書》，頁261。
26 胡適：《崔述的年譜》，《遺書》，頁988。
27 崔述：《考信錄提要》，《遺書》，頁18。
28 崔述：《考信錄提要》，《遺書》，頁16。
29 關於章學誠史學思想中經史關係的討論，可參看島田虔次著，朴紅心譯：《六經皆史說》，見劉俊文主編：《日本學者研究中國史論著選譯》第7卷，中華書局1993年版，頁190-194。
30 有關中國史學傳統中的人文精神的述論，詳見余英時：《論戴震與章學誠》，龍門書店1976年版，頁229。

提出，若要明瞭古代聖人的思想，就必須瞭解其生平事蹟和生活環境。他在談寫《洙泗考信錄》的宗旨時說：

> 余每怪先儒高談性命，竟未有考辨孔子之事蹟者，以至沿訛踵謬，而人不復知有聖人之真。[31]

崔述主張通過瞭解聖人之「行事」(deeds)來消除陸王心學偏重本體而不求事功的弊病。從史學的角度出發，他不安於抽象的道德說教，而是把儒學放在歷史的環境中，以期取得具體的知識理解。他說：「蓋凡天下之理皆寓於事，而事非聞見閱歷不能知；聞、見、閱歷，所謂學也。」[32] 如果我們採用傳統的「形而上」和「形而下」的劃分，那麼可以說，崔述重視的是儒學「形而下」的領域。[33] 在崔述的心目中，道不僅存在於《五經》和先王行事之中，亦體現於當代人倫日常生活之中。用現代的術語說，即聖人之道的普遍性永遠離不開聖人的特殊歷史經驗。崔述自云：

> 述自讀諸經《孟子》以來，見其言皆平實切於日用，用之修身治國，無一不效，如布帛菽粟，可飽可煖，皆人所不能須臾離者。[34]

這說明他很講究性理學內容的實踐，認為儒家學說的本質是要求實踐，而非僅停留在思辨玄想的層面。按照現代哲學的說法，陸王心學走的是超越歷史和人文的路線；崔述則相反，走的是一條歷史和人文的路線。這種重歷史實事而輕玄想體驗的傾向，可以說是崔述抑黜陸王心學的思想根源之一。

在乾嘉時代，包括崔述在內的所有經學家都把《六經》載道之說奉

---

31 崔述：《洙泗考信錄》，《遺書》，頁326。
32 崔述：《論語餘說》，《遺書》，頁609。
33 關於儒學「形而上」和「形而下」的區分，可參見余英時：《現代儒學論》，八方文化企業公司1995年版，頁VIII。

為圭臬。所不同的是，崔述認為經學之途並不僅限於訓詁一端，從史事方面求索也未嘗不能達到通於「道」的目的。所以他批評後人以經所載為道之體、以史所載為道之用的觀點。[35] 從一定意義上說，崔述是以史學的方法與占主流地位的漢學家之訓詁方法相抗衡。在這一點上，崔述與以陸王傳人自居的章學誠頗有可比觀之處。章學誠有謂：「六經皆史也。古人不著書，古人未嘗離事而言理，六經皆先王之政典也。」[36] 崔述在討論經史關係時也有類似的說法，他說：

> 是以三代以上經史不分，經即其史，史即今所謂經者也。後世學者不知聖人之道體用同原，窮達一致，由是經史始分。[37]

崔述還指出：

> 夫經史者，自漢以後分別而言之耳，三代以上所謂經者，即當日之史也。《尚書》，史也，《春秋》，史也，經與史恐未可分也。[38]

這就是說，三代以上經史一致，漢代以後經史分開，這是從學術發展史的角度而言——學術由簡到繁，由一支分為多支。崔述是從三代體用同原與後代體用分開的角度，來說明經與史之合與分。這些看法可以與章學誠所言「六經皆史」相呼應。就強調史學的觀念而言，崔述的說法與章氏若合符節。他們兩人皆反對心學脫離實際、脫離歷史而談天說道，認為只有通過「事」，即通過歷史，方有可能真正地瞭解「道」。近人皆言「六經皆史」可以推衍為「道即事」，並對此觀念深加稱許。這一新觀念的出現絕非偶然，可以說是歷史意識(historical consciousness)在清代高度發展的結果。他們之前的學者當然不是完全

---

[34] 崔述：《考信錄提要》，《遺書》，頁16。
[35] 崔述：《洙泗考信錄自序》，《遺書》，頁261-262。
[36] 章學誠著，葉瑛校注：《文史通義校注》卷1，中華書局1994年版，頁1。
[37] 崔述：《洙泗考信錄自序》，《遺書》，頁262。

沒有這一觀念，但比較起來並不明顯，至少還沒有提高到崔述、章學誠那樣的自覺層次。[39]

崔述和章學誠兩人歷史思想最突出的共同點，用余英時的話來說，便是在經學籠罩的環境下對「史學自主」(autonomy of history)的強烈要求。[40] 二人在「史學自主」方面還是各有側重的：崔述之所以主張「經史不分」，是由於他認為經書不僅代表了真理，而且蘊藏在史之中。在他看來，二帝、三王、孔子都是體用一致，並由此指出德、禮、學產生的歷史背景。換言之，聖人之道本身（體）直接體現在聖人的政教之事（用）之中，即所謂經（藏聖人之道者）即史（載聖人之事者），例如《尚書》、《春秋》等都既是經又是史，故經史不分。這可以說是一種相對的史學自主(relative autonomy of history)。而章學誠主張「六經皆史」的理由有二：一、古時學術由政府掌管，三代的「政典」（《六經》）皆出自史官之手，所以從學術源流而言，《六經》是屬於史的；二、古代的學術與史事是不相分離的，如孔子講解《六經》，都是以先王的事蹟為例講明道理。章學誠之所以強調《六經》為先王之正典，目的在於說明，經書本身乃歷史之遺跡，它既不是道，也不載道。[41] 這可以說是一種通過歷史透視的史學自主(autonomy of historical perspective)。由此可見，章氏的歷史意識主要表現在對史學的認識上。章氏兼有史家的四種修養（才、學、識、德），他考察史學源流甚詳，治史學兼及史法、史意，並探討了史之撰述問題。在這些方面，崔述是不能望其項背的。崔述的史學研究的重點並不在理論方面，他特別注重的是考文獻之真偽、史實之是非，而這又是章學誠難以與之比肩的。誠如錢穆(1895-1990)所言：「實齋提倡史學，實於史學無深

---

38 崔述：《洙泗考信餘錄》，《遺書》，頁395。

39 參看錢鍾書：《談藝錄》，中華書局1984年增訂版，頁263-266。

40 余英時：《章實齋與柯靈烏的歷史思想》，《歷史與思想》，聯經出版事業公司1976年版，頁200。

41 參看余英時：《清代學術思想史重要觀念通釋》，《中國思想傳統的現代詮釋》，聯經出版事業公司1987年版（以下版本同），頁472。

入，無多貢獻可言。」[42] 客觀地說，兩人在學術思想上各有優勢，各具特點，可以互相參證。不過以現代的學術標準而言，無論崔述還是章學誠，雖傾一生主要精力於史學，然其論旨都是以具體歷史經驗為根據，而沒有提升為一套整體的歷史觀。

最後需要指出的是，崔述專治上古史也與清朝皇權專制加強的政治環境有關聯。清廷實行文化專制主義，對士人控制實嚴，而「文字獄」的鋒芒所向首先是史學。在這種情形下，當時的學者畏於記載時事（當代之史），更以記述前明歷史為戒。許多知識份子的抗拒精神逐漸蛻化為政治上的冷淡和學術上的考據，崔述亦莫能外。他生值「文字獄」高潮的時代，耳聞目睹許多漢族文士慘遭迫害的情形，所以論史從不涉及當世之事功，更不敢借史論抒發自己對時事的看法以及憂國憂民的情懷，這是他不得已的苦衷。當時的大環境不容許知識份子議論政事，誠如章太炎(1869-1936)所云：「家有智慧，大湊于說經，亦以紓死，而其術近工眇踔善矣。」[43] 崔述對這一現實不能不有所顧慮，因此只好埋首儒家經典，僅就古史古事發表議論，以減少因文字獄而罹禍的風險。這也可說是儒家學者在清代專制政治高壓下明哲保身的一條出路。

二、崔述與朱熹學術的關係

自康熙朝開始，朱學成為朝廷提倡的正學，康熙帝(1654-1722)將朱熹升入十哲之一，並曾御試《理學真偽論》，編修《性理精義》，鼓勵大臣和名儒都成為理學家，以弘揚程朱理學的倫理綱常觀念。由於清代思想學術的主流轉向對程朱正統的推崇，當時的宋學家大都致力於義理之說，雖在學術上殊少創新，卻產生了不少理學名臣，如陸隴

[42] 錢穆：《錢賓四先生論學書簡》，見余英時：《錢穆與中國文化》，上海遠東出版社1994年版，頁236。

[43] 章太炎：《檢論・清儒》，《章太炎全集》第3冊，上海人民出版社1984年版，頁473。

其、李光地(1642-1718)等。

從崔述的自述中，我們得知他在治學上深受朱熹的影響。[44] 崔述盛讚朱熹為自漢以後儒家學者中功績最大者，聖賢道統至朱熹而大明。[45] 而他之所以服膺朱熹之學，最初是受到家教的薰染。[46] 崔述之父崔元森在治學上自認是遵從朱熹之理學的，他主張不根據前代注疏，而直接依靠閱讀本文和朱熹之注來理解儒家經典。崔述在晚年曾回憶說：「先君教述兄弟，從不令閱時下講章，惟即本文朱注細為剖析。」[47] 又云：「先君課述兄弟讀書，務令極熟，每舉前人『讀書千遍，其義自見』之語以勖之。」[48] 這種教學法從學術淵源來看，無疑是承襲朱熹的讀書法而來的。朱熹注重讀書的做法在宋儒之中可稱為典型，他說：「學者觀書，先須讀得正文，記得注解，成誦精熟。」[49] 由此，胡適便認為崔述之學必肖其父：

> 崔元森的學派的性質，是很值得注意的。他屬於朱熹的一派，而不滿意於王守仁的良知說。他主張，學問不是從良知來的，是從「致知力行，博文約禮」進來的，他雖是北方人，卻不很贊成當日盛行北方的孫奇逢一派；他信服的人倒是那南方代表朱學的陸隴其。他是宋學中的朱學；他的兒子崔述也是宋學

[44] 崔述從事古書辨偽時，曾引宋人洪邁(1123-1203)《容齋隨筆》考唐宋一些著作之不可信處為證。這說明他曾受洪氏的啟發。不過，他並未涉及洪氏疑經之文。由此可見，崔述並未認真研究過《容齋隨筆》，至少未能將洪氏之書作為自己疑古辨偽的思想淵源。此外，崔述還援引宋人歐陽修(1007-1072)、黃伯思(1079-1118)、葉大慶和清人顧炎武等的考辨之作，從中受到一定的啟發。然而，與朱熹相比，這些學者對於崔述學術的形成只起到了邊緣性的作用。

[45] 崔述：《考信錄提要》，《遺書》，頁11。

[46] 今人關於崔述早年教育的討論，可參看桀溺(Jean-Pierre Dieny)著，施康強譯：《崔述的立志歲月》，《法國漢學》第1輯，清華大學出版社1996年版，頁131-142。

[47] 崔述：《先君教述讀書法》，《遺書》，頁470。

[48] 崔述：《先君教述讀書法》，《遺書》，頁470。

[49] 黎靖德編：《朱子語類》卷11，中華書局1986年版（以下版本同），頁191。

中的朱學。[50]

大概由於崔氏父子對陸王學派均無好感，胡適遂斷定崔述與其父一脈相承，均信奉朱熹學說。胡適之說固然不是全無所見，但似乎缺乏更為細緻的分析。若要解決這個問題，就必須瞭解朱熹學說之內涵。從思想史的角度著眼，朱熹學說執於知識（考據）與道德（義理）兩端，即所謂「尊德性」與「道問學」，這意味著義理和考據在朱熹學問中是並重的。可是崔元森卻唯重義理原則，對考據之學毫無興趣。從他對清初程朱正統派提倡者陸隴其的認同傾向，便可清楚地看出這一點。崔述說道其父，「若陸稼書先生之《大全困勉錄》、《松陽講義》，尤所愛玩，不時為述講授者」。[51] 崔元森曾對崔述說：「異日若居官，當以稼書陸先生為法。」[52] 我們不難想像，在崔元森的心目中，陸隴其乃朱熹性理學說的權威傳人，他期望崔述像陸氏那樣以理學成名。不過從儒學史的角度看，陸氏嚴守朱子性理學之門戶，並未能在儒學上有所創新。[53] 在這方面，崔元森與陸氏大體相似，保定蓮池書院院長汪師韓(1707-1774)為崔元森撰墓誌銘，有云：「君獨恪遵紫陽，而尤愛玩當湖陸清獻公之書，躬行以求心得。」[54] 我們可以說崔元森是一個出入程朱、以理學為宗的宋學家。

崔述雖幼承庭訓，聆聽其父講授朱熹《四書集注》和陸隴其《大全困勉錄》、《松陽講義》等理學著作，但他終覺心有未安，感到理學之書並無真實內容可言。逐漸地，他的治學興趣轉向對古書古事的懷疑。崔述曾談及他懷疑古書思想的形成過程：

> 余年十三，初讀《尚書》，亦但沿舊說，不覺其有異也。讀

---

[50] 胡適：《科學的古史家崔述》，《遺書》，頁955。
[51] 崔述：《先君教述讀書法》，《遺書》，頁470。
[52] 崔述：《先君教述讀書法》，《遺書》，頁470。
[53] 參看錢穆：《陸稼書學述》，《中國學術思想史論叢》第8冊，東大圖書公司1980年版，頁124-125。
[54] 汪師韓：《闇齋先生墓誌銘》，《遺書》，頁468。

之數年，始覺《禹謨》、《湯誥》等篇文義平淺，殊與三十三篇不類；然猶未敢遽疑之也。又數年，漸覺其意理亦多剌謬。又數年，復漸覺其事實亦多與他經傳不符，於是始大駭怪：均為帝王遺書，何獨懸殊若此？[55]

他還說：

余少時讀書，見傳記之文多有可疑者，經文中亦有不相類者，然前人言及之者甚少，心竊怪之。[56]

不過此時他學力未充，故於學雖有所疑，卻不敢輕言之。久而久之，崔述領悟到朱熹主知思想的內涵，開始對考證之學產生了濃厚的興趣。他論《論語》道：「及宋朱子為作《集注》，聖人之旨益顯，學者賴之，得以稍窺聖賢之蘊。」[57] 崔述致力於古史考證，首先志在藉此深入釐清古帝王聖賢之行事。他在《考信錄提要》裡的這段話值得重視：

唐、宋以來，諸儒林立，其高明者攘斥佛、老以伸正學，其沉潛者居敬主靜以自治其身心，休矣盛哉！然於帝王之事皆若不甚經意，附和實多，糾駁絕少。[58]

這種觀點已與崔元森以義理為中心的治學趨向大不相同。從江藩所撰《國朝漢學師承記》中可以看出，在乾嘉時代，以實證研究為特徵的考據學在整個經學研究中佔據著主導的地位。處於北方落後學術環境中的崔述雖未進入當時學術的主流，但程朱的性理之學顯然已無法滿足他那種認真懷疑而又注重實事的學術風格。面對這種情況，崔述作出了自己的抉擇。劉師培(1884-1919)在《崔述傳》中寫道：

---

55 崔述：《古文尚書辨偽》，《遺書》，頁582。
56 崔述：《考古續說》，《遺書》，頁448。
57 崔述：《讀風偶識》，《遺書》，頁524。

先是述覽群書，篤信宋學；繼覺百家言多可疑，乃反而求之《六經》，以考古帝王聖賢行事之實。[59]

我們從這段敘述中可以看出，崔氏在中歲以後，學術思想發生了很大的轉變。他發現古人著述中頗多可疑之處，但又感到義理之說無法解決這些疑問。在經過了一段徘徊猶豫之後，他便轉向《五經》原典尋求解答。崔述在《與董公常書》中說：

往述幼時喜涉覽，山經地志權謀術數之書常雜陳於几前。既汎濫無所歸，又性善忘，過時即都不復省憶，近三十歲始漸自悔，專求之於《六經》，不敢他有所及。日積月累，似若有得，乃知秦、漢以來傳注之言往往與經牴牾，不足深信。[60]

崔述又在《考信錄提要》中寫道：

余年三十，始知究心《六經》，覺傳記所載與注疏所釋往往與經互異。然猶未敢決其是非，乃取經傳之文類而輯之，比而察之，久之而後曉然知傳記注疏之失。[61]

這無疑受到了宋儒，特別是朱熹的撇開傳注、直求經義做法的影響。[62] 正如胡適所說：「這個方法是崔述一生最得力的方法。這個法子實在是從朱熹得來的。」[63] 崔述的這種轉變，可以說是他對以前所持的治學解經觀念產生了根本的懷疑，並加以反省的必然結果，或說是他治學取徑的自然發展。這充分表明，崔述在成年以後已完全失去了對性理之學的興趣，堅信返求於《五經》以考古帝王聖賢行事對於闡明「聖

---

[58] 崔述：《考信錄提要》，《遺書》，頁18。
[59] 劉師培：《崔述傳》，《遺書》，頁946。
[60] 崔述：《與董公常書》，《遺書》，頁705。
[61] 崔述：《考信錄提要》，《遺書》，頁2。
[62] 參見顧頡剛：《崔東壁遺書序》，《遺書》，頁46-47。
[63] 胡適：《崔述的年譜》，《遺書》，頁957。

道」更為重要。從此，他完全脫離了其父所希望的義理之途而轉向經典考據，奠定了他的治史規模。

對於理學家來說，他們基於道德立場，以為自我修養較之考辨史事更為緊要。崔述則相反，他從不高談窮理致知，認為那些理學家「但知宗孔子而不知述堯、舜，但知談理而多略於論事，以致唐、虞、三代之事多失其真」。[64] 崔述的學術重點是以《五經》為中心的古史考證，義理之學始終不占任何地位。在他的心目中，「辯論古史真偽是非，即格物窮理之大端也」。[65] 也就是說，儒家之道只有通過對聖賢歷史事蹟的探索方能體現。崔述有謂：

> 余竊謂聖人之道大而難窺，聖賢之事則顯而易見，與其求所難窺，不若考所易見。……述賦性愚鈍，不敢言上達之事，惟期盡下學之功。[66]

「上達」一詞最先見於《論語》：「子曰：『不怨天，不尤人。下學而上達。知我者其天乎！』」[67] 對於「上達」、「下學」，古今學人各有解釋，朱熹引程子云：「蓋凡下學人事，便是上達天理。」[68] 崔述對此句的理解是依據朱熹的注解。他所理解的「下學」，即一定經驗的事實證明和外部的考察推展，[69] 這是歷史性的。崔述自審「不敢言上達之事」，故不走儒學義理心性的道路，可見他所注重的是研究人事而非天理心性。對崔述來說，理學家那套內省的體驗方法不足以明道，惟有經驗性的事理考察才是尊經明道的正途。他說：

---

[64] 崔述：《考古續說》，《遺書》，頁440。

[65] 成詢：《讀〈補上古考信錄〉》，《遺書》，頁478。

[66] 崔述：《考信錄提要》，《遺書》，頁16。

[67] 《論語・憲問》，見朱熹：《四書章句集注》，中華書局1983年版（以下版本同），頁157。

[68] 朱熹：《四書章句集注》，頁158。

[69] 關於「上學下達」和「下學上達」的哲學分疏，可參看成中英：《現代新儒學建立的基礎：「仁學」與「人學」合一之道》，《知識與價值》，中國廣播電視出版社1996年版，頁330-331。

> 今夫儒者之盛莫過於宋，而人才之不振亦莫過於宋。周、程、張、朱諸儒皆於天德為近，而王道不足焉。[70]

就此而論，崔氏與理學家在「內聖外王」這一問題上的認識是大相徑庭的。

崔述思想的轉變過程大致可以分為三個階段：在早期，他在學術上尚無自得，除涉覽群書外，主要是接受其父所傳授的義理之學；成年之後，他不滿於理學的疏闊，接受了朱熹「道問學」的學術進路，開始轉為古書辨偽，潛心於文獻考證；及至後來，隨著對經書的認識逐漸深化，他為了尋求明道的新途徑而獨闢史學蹊徑，最終專注於古史之考信。[71]

據此我們可以斷定，崔述之所以轉為研治儒學文獻是受到了朱熹之學中知識主義傾向的驅使。朱熹一再強調對儒家經典進行實證研究，下博學的工夫。崔述曾為朱熹的考據學辯護道：

> 況自近世以來，才俊之士喜尚新奇，多據前人注疏，強詞奪理以駁朱子，是朱子亦尚有待後人之羽翼者。[72]

他批評漢學家據漢人之注以駁朱熹，這段話可以看作崔述認同朱熹經典考據之學的明確表示。可以說，崔述之所以在宋代理學家中獨尊朱熹，絕非因為朱氏集理學之大成，而是因為他代表並發展了儒家知識主義的傳統。

由於崔述之學深契於朱熹的知識主義傳統，他的經史考證本身就因涵攝了朱熹的考據方法和疑辨精神而臻於成熟。相反地，崔述對於朱熹的性理之學不僅毫無興趣，甚至有所指摘。最顯著的例子表現在他對待《四書》與《五經》的態度上。朱熹注《四書》以取代《五經》在宋明理學的發展史上有著特殊的地位。南宋紹熙年間，朱熹將《大

---

70 崔述：《書方正學〈龐統論〉後》，《遺書》，頁851。
71 崔述：《書考信錄後》，《遺書》，頁487。

學》、《中庸》、《論語》與《孟子》合編在一起，稱之為《四書》。在朱熹看來，儒家的高深學問與自我修養之精要盡在《四書》之中。朱熹從理學著眼，特別推重《四書》，力主先讀《四書》，後讀《五經》，聲稱：「《四子》，《六經》之階梯。」[73] 他認為《四書》乃入學修身之門徑，《大學》所教乃「窮理、正心、修已、治人之道」，並欲以《中庸》弘揚內聖外王之道。誠如錢穆所言：

> 其他〔朱子〕語類各卷涉及四書，亦遠勝其涉及五經。亦可謂宋代理學，本重四書過於五經，及朱子而為之發揮盡致。[74]

由此可見，對於朱熹而言，「《語》、《孟》工夫少，得效多；《六經》工夫多，得效少」。[75] 朱熹還按《四書》各部之重要程度來排列講習的順序：

> 學問須以《大學》為先，次《論語》，次《孟子》，次《中庸》。《中庸》工夫密，規模大。
>
> 讀書，且從易曉易解處去讀。如《大學》《中庸》《語》《孟》四書，道理燦然。[76]

為什麼朱熹極力推崇《四書》並將之置於《五經》之上呢？根據余英時的研究，大致有以下三點原因：第一，依靠《禮經》維繫的唐代門閥貴族，入宋以後已不復存在，故禮學失去了社會的基礎；第二，從《五經》到《四書》的發展代表著儒學內涵由「治人」向「修己」的變化；第三，以「語錄」式的《四書》取代長篇章句的《五經》，是受禪

---

[72] 崔述：《考信錄提要》，《遺書》，頁17。

[73] 黎靖德編：《朱子語類》卷105，頁2629。

[74] 錢穆：《朱子之四書學》，《朱子新學案》第四冊，三民書局1989年版（以下版本同），頁180-181。

[75] 黎靖德編：《朱子語類》卷19，頁428。

[76] 黎靖德編：《朱子語類》卷14，頁249。

宗「不立文字、只用語錄」精神的直接挑戰而出現的。[77] 值得注意的是，陸王心性之學對《四書》、《五經》兩者關係的看法與程朱一派是一致的，他們也以《四書》為理論根據，奉之為初學入德之門。由於他們特別重視所謂傳授心法，遂奉《中庸》為孔門的傳授心法，並以之為儒家道統的真傳。程朱與陸王兩派在學術上宗旨雖異，但他們對《四書》的看法卻有相通之處，這是因為無論理學還是心學，都代表著一種內在超越的精神，他們所注重的是開拓出儒家經書的時代價值，而非這些原典的本義。

對照之下，崔述對待《四書》的態度與朱熹則截然相反。崔述對於科舉考試以《四書》為標準的做法極為不滿，即是一顯例。我們知道，明朝永樂年間頒布《四書大全》，以朱熹之注為儒學之正宗。到了乾嘉時期，程朱理學雖有衰退之跡，也無代表人物，但仍然是朝廷取士的功令。儘管中榜希望渺茫，仍有無數應試者將全部精力集中在《四書集注》上，用功苦讀，希冀由科第入仕途。針對這一現象，崔述批評道：

> 至明，以三場取士，久之而二三場皆為具文，止重《四書》文三篇，因而學者多束書不讀，自舉業外茫無所知。[78]

直到清代中期，情況依然未變，所以他說：「今人讀書惟重舉業，自《四書》講章時文外，他書悉所不問。」[79] 針對此種風氣，崔述堅決主張《五經》的地位應居《四書》之上，並指責當時的學人把《五經》當作「藜藿」，卻將諸子、秦漢之書視為「熊掌雉膏」。[80] 他注意到，儘管自宋代以來就有人懷疑《古文尚書》之偽，「但世之學者咸篤志於舉業，不深考耳」。[81] 在崔述看來：

---

[77] 余英時：《再論意識形態與學術思想》，《中國思想傳統的現代詮釋》，頁99-100。

[78] 崔述：《考信錄提要》，《遺書》，頁7。

[79] 崔述：《先君教述讀書法》，《遺書》，頁470。

[80] 崔述：《考信錄提要》，《遺書》，頁7。

[81] 崔述：《古文尚書辨偽》，《遺書》，頁595。

> 但學者皆為舉業計，不考之古，非惟不知孰為《古文》，孰為《今文》，甚至竝不知有《古文》、《今文》之名者。[82]

他認為純為應付科舉而習「八股」，絲毫無助於理解經書的意蘊。依他之見，明清以來的學人已陷入迷亂：

> 近世以來，學者惟務舉業，看講章，讀墨卷，自講章墨卷外諸書皆不寓目，《春秋》、《孟子》、《史》、《漢》原委亦都不復理會。[83]

顯然，以《四書》為主要內容的科舉考試，對整個儒學的發展產生了消極的影響，所以崔述說：「甚矣，科第之能變人心而晦聖道也！」[84] 他因此對朱熹重《四書》輕《五經》的做法頗有微辭，並曾直截了當地說：

> 朱子之學最為精純，乃亦以《大學》、《中庸》躋於《論》、《孟》，號為《四書》。其後學者亦遂以此二篇加於《詩》、《書》、《春秋》諸經之上。然則君子之於著述，其亦不可不慎也夫！[85]

在崔述看來，《四書》不足以體現聖人之行事，唯有復歸於《五經》，悉心鑽研，古聖先賢之事方可大顯於世。這也是他後來不能見容於清代宋學家的一個重要原因。從崔述與朱熹對待《四書》、《五經》兩者孰輕孰重問題的不同態度，可以看出崔述所重視的是朱熹的文獻考據之學而非其理學思想。

崔述本人雖曾在二十四歲時中式舉人，但其厭惡科舉制度之流弊，從他不重視《四書》這點即可見一斑。作為一個從事經史考據的學者，崔述蔑視那些只為應付科舉而讀書的人。他說：

---

[82] 崔述：《古文尚書辨偽》，《遺書》，頁599。

[83] 崔述：《考古續說》，《遺書》，頁448。

[84] 崔述：《考古續說》，《遺書》，頁445。

> 顧學者習於時俗所尚，咸務取科第，莫肯沉心殫力以探其〔東方按：指經文〕奧者。惟述兄弟日侍膝下，頗略得其梗概。[86]

所以崔述的弟子陳履和在其師的行略裡寫道：「老未登第，官又不達，且其持論實不利於場屋科舉，以故人鮮信之。」[87] 就此而論，崔述是不落時俗的。清代漢學家大都重視讀書研究，不逐潮流，有人甚至放棄科舉考試而專注於考證學。[88] 譬如梁玉繩(1745-1819)雖家世顯赫，卻淡於功名，年未及壯即盡棄舉業，遂後絕意仕進，潛心學術，考辨《史》、《漢》，卓有成績。這一事實也表明，崔述與清代許多漢學家在輕視專做八股的科甲和不趨科考時尚的態度上似無二致。

崔述為何重《五經》而輕《四書》呢？我以為有以下三層原因：首先，他視《五經》為原典，強調《五經》之外無所謂道。他說：「聖人之道，在《六經》而已矣。……《六經》之外，別無所謂道也。」[89] 崔述提倡回歸《五經》原典，試圖以此恢復原始經典的權威，所以他強調《五經》是聖人之道的精微所在，這是符合其學術思想的一個必然歸趣。其次，崔述認為《五經》成書時代較早且內容可靠，而對成書於漢代的《禮記》則明顯地持懷疑態度，由此認為出自《禮記》的《大學》和《中庸》難以徵信。崔述斷定《中庸》非子思所作，而是後人託名，更論證說《中庸》襲《孟子》之言。[90] 第三，他本人的主要興趣在於上古之史事，既然他視《禮記》為晚出之非可靠著作，自然認為此書於自己考辨古史無所助益。在崔述看來，非但《四書》的重要性遠不及《五經》原典，若將《四書》置於《五經》之上，則更是嚴重損害了經書的

---

[85] 崔述：《考信錄提要》，《遺書》，頁13。
[86] 崔述：《考信錄自序》，《遺書》，頁920。
[87] 陳履和：《崔東壁先生行略》，《遺書》，頁944。
[88] 詳見杜維運：《清乾嘉時代流行於知識份子間的隱退思想》，《憂患與史學》，東大圖書公司1993年版，頁197-207。
[89] 崔述：《考信錄提要》，《遺書》，頁2。
[90] 崔述：《孟子事實錄》，《遺書》，頁437。

本來結構和內容的主次先後。他甚至認為，重《四書》輕《五經》的做法會導致低估或背離儒家之道。此外，崔述本人因缺乏抽象思辨的興趣，故反對「不求諸明白易為之事，乃求之於空虛難見之心」，[91] 這一點為許多研究崔述的學者所忽視。事實上，富於哲學意味的《四書》對他來說是不具吸引力的。

從思想史的發展來看，崔述之重視《五經》，實際上是晚明以來儒家學者不斷強調儒家經典本位意識的一個明顯標誌。美國學者艾爾曼(Benjamin Elman)指出，清儒重新重視《五經》的原因是；

> 與崇尚抽象道德哲學的宋明理學話語(Neo-Confucian discourse)相映照，在明清之際所確立的這種新的經學研究反映出儒學研究和教學向知識論的(intellectualist)一個決定性的轉變。[92]

這裡所說的「新的經學研究」，就是以儒家知識主義傾向為特徵的清代學術。清初以來，許多學者開始抱怨說元明時期《五經》的重要性之低落是因科舉強調《四書》所致，這種情形造成了經學研究的嚴重衰退。[93] 崔述之重視《五經》與清代儒學這一新基調是相符合的。

我們注意到，在對儒家經典的理解上，崔述所說與朱熹之論時有相異者。這一點曾引起某些研究者的懷疑，以為崔述在考據上是與朱熹針鋒相對的。有的學者甚至說，崔述對朱熹注提出異議是「要摧毀權威對經學的壟斷」。[94] 這類看法自然只是從表面上看問題，並未從根本上觸及崔述與朱熹解經觀念的異同。誠然，崔述在《考信錄》中多次對朱熹解經提出不同的看法，但卻絕無分庭抗禮的意圖，他一再指出：

---

[91] 崔述：《唐虞考信錄》，《遺書》，頁76。

[92] Benjamin A. Elman, *From Philosophy to Philology: Intellectual and Social Aspects of Change in Late Imperial China* (Cambridge, Mass.: Council on East Asian Studies, Harvard University, 1984), 48.

[93] 參見艾爾曼(Benjamin A. Elman)：《清代科舉與經學的關係》，見《清代經學國際會議研討會論文集》，中央研究院中國文哲研究所1994年版，頁38、83。

[94] 路新生：《論崔述的超家派治學解經法》，《江淮論壇》1987年第4期，頁97。

「朱子之注深得聖人當日情事。」[95] 總體上說，崔述所依循的是朱熹經典考據的方法，並未實現本質上的超越或突破，所以他的治學精神和方向基本上是追隨朱熹的學術傳統的。崔述說：

> 按朱子《論語集注》精實切當，多得聖人之旨，遠非漢、晉諸儒之所能及。然亦間有一二未合於經者，或沿舊說之誤而未及正，或過於求深而反失其平。古人云：「智者千慮，必有一失。」此本事理之常，不足為異。[96]

可見崔述雖與朱熹在具體考證上看法有異，但他的所做所為無非是匡正朱熹之所未逮，全無駁倒朱熹而標新立異之意。基於這樣的一種認識，崔述的考證大體上是在肯定朱注的前提下，對朱熹的一些見解提出修正或補充。茲舉崔述辨朱熹《四書集注》中「失禮之中又失禮」之說條為例。《論語》記：「子曰：『禘自既灌而往者，吾不欲觀之矣。』」[97] 朱注先引趙伯循曰：

> 禘，王者之大祭也。王者既立始祖之廟，又推始祖所自出之帝，祀之於始祖之廟，而以始祖配之也。成王以周公有大勳勞，賜魯重祭。故得禘於周公之廟，以文王為所出之帝，而周公配之，然非禮矣。[98]

朱熹接著解釋說：

> 灌者，方祭之始，用鬱鬯之酒灌地，以降神也。魯之君臣，當此之時，誠意未散，猶有可觀，自此之後，則浸以懈怠而無足觀矣。蓋魯祭非禮，孔子本不欲觀，至此而失禮之中又

---

[95] 崔述：《論語餘說》，《遺書》，頁616。
[96] 崔述：《論語餘說》，《遺書》，頁615。
[97] 《論語・八佾》，朱熹：《四書章句集注》，頁64。
[98] 朱熹：《四書章句集注》，頁64。

失禮焉，故發此歎也。[99]

在朱熹看來，魯國最初因周公大有功於周王室，而被特准舉行禘祭已為失禮（因魯為諸侯）。到了春秋時期，魯國君臣舉行禘祭自灌以後，又因懈怠而失禮，所以是失禮中之失禮，孔子當然不忍卒睹。與朱熹不同，崔述在《經傳禘祀通考》中不同意禘為王者特別之祭的解釋。他認為，如果真是因失禮而不觀，那麼在一開始孔子就不會觀看了。[100] 朱熹所言「失禮之中又失禮」實際是繞了彎而又無益（即「委曲而費詞」）。崔述說：「聖人不欲觀之，故無明文，不可以懸度而定案。」[101] 這就是說，文獻上並無明文解釋孔子不欲觀的原因，所以就不能根據猜測定案。類似的情形還見於崔述辨朱熹以禘祀為祭始祖所自出而謂「報本之中又報本」[102] 的說法，以及他駁朱熹釋《中庸》禘、嘗兩祭之非。[103] 這些分明都是在經學詮釋上的不同看法，絕不能簡單地視為崔述反對朱熹的學術傳統。實質上，在這些地方兩人說法雖有分別，但都體現了始於探求經文本義而最終斷之於義理的宋學特點。

從另一方面看，崔述與朱熹的某些見解分歧實出於崔氏之誤讀，最明顯的一例就是他在《唐虞考信錄》中曾辨朱熹對《中庸》「舜其大知」章之釋。他先引《中庸》：

> 子曰：「舜其大知也與！舜好問而好察邇言，隱惡而揚善，執其兩端，用其中於民，其斯以為舜乎！」[104]

又引《孟子》的話：「大舜有大焉，善與人同。舍己從人，樂取於人以為善。」[105] 崔述認為：

---

[99] 朱熹：《四書章句集注》，頁64。
[100] 崔述：《經傳禘祀通考》，《遺書》，頁498。
[101] 崔述：《經傳禘祀通考》，《遺書》，頁498。
[102] 崔述：《王政三大典考》，《遺書》，頁499。
[103] 崔述：《王政三大典考》，《遺書》，頁501。
[104] 朱熹：《四書章句集注》，頁20。
[105] 《孟子・公孫丑上》，見朱熹：《四書章句集注》，頁239。

按《中庸》孟子之言相表裏：孟子所言，其綱也；《中庸》所言，其目也。其義，則朱子《章句》盡之矣。惟所云「非在我之權度精切不差，何以與此」者，尚未盡善。[106]

那麼朱熹對《中庸》所記孔子之言是怎樣解釋的呢？朱熹曰：

舜之所以為大知者，以其不自用而取諸人也。邇言者，淺近之言，猶必察焉，其無遺善可知。然於其言之未善者則隱而不宣，其善者則播而不匿，其廣大光明又如此，則人孰不樂告以善哉。兩端，謂眾論不同之極致。蓋凡物皆有兩端，如小大厚薄之類，於善之中又執其兩端，而量度以取中，然後用之，則其擇之審而行之至矣。然非在我之權度精切不差，何以與此。此知之所以無過不及，而道之所以行也。[107]

朱熹的解釋從邏輯上大致可以理解為三個層次：一、舜不自以為是，並能聽取別人的意見；二、由此，舜好察好問；三、由此，舜既能別善惡，隱惡揚善，也能知其兩端，執兩用中。所謂「我之權度精切不差」，實際上也是這一過程的必然結果，而非什麼先驗的東西。崔述對朱熹的解釋卻有不同看法，他說：

此章之意，本謂舜之大知不在乎己有過人之識而在於能集眾人之知耳。如《章句》所言，則是舜所以過人者，乃在「好問好察」之前別有操持以成其為「大知」；非此章本意也。[108]

崔述認為這一章的意思是，舜之大智在於他不自以為是，能虛心聽取他人的意見，而孟子在此強調的是舜為人之偉大氣度和胸懷對於其智力的影響。因此，崔述便將朱熹的注解理解為：舜必須先能「權度

[106] 崔述：《唐虞考信錄》，《遺書》，頁75。
[107] 朱熹：《四書章句集注》，頁20。
[108] 崔述：《唐虞考信錄》，《遺書》，頁75-76。

精切不差」，然後才能知道應該聽取他人的意見；舜必須有大智，然後才能不失小智。在他看來，朱熹以為除了好問好察之外舜別有操持，即具有一種先驗的能力的說法，是偏離了此章的本意。不過根據以上對朱注原文的分析，我們並未發現朱熹有這樣的意思。崔述認為，由於人的知識的限度，即使像舜這樣的聖人也不可能事事皆曉，舜之為聖人主要是由於他能夠相容各種不同的意見，而非以其個人的知識取勝。應該說，這種說法與朱熹的看法在本質上是一致的，所以他對朱熹的批評，似乎也就因對朱熹的誤讀而成為無的放矢。若按現代解釋理論的說法，崔述對朱注的解釋頗有過度解釋(overinterpretation)的味道。

我們細讀《考信錄》，不難發現崔述在對儒家經典的理解上與朱熹之注發生的衝突，多集中在性理之學方面，茲舉具有代表性的一例考證來說明這一點。《論語．里仁》曰：

> 子曰：「參乎！吾道一以貫之。」曾子曰：「唯。」子出。門人問曰：「何謂也？」曾子曰：「夫子之道，忠恕而已矣。」[109]

朱熹根據個人的體會解釋道：

> 聖人之心，渾然一理，而泛應曲當，用各不同。曾子於其用處，蓋已隨事精察而力行之，但未知其體之一爾。夫子知其真積力久，將有所得，是以呼而告之。曾子果能默契其指，即應之速而無疑也。……夫子之一理渾然而泛應曲當，譬則天地之至誠無息，而萬物各得其所也。自此之外，固無餘法，而亦無待於推矣。曾子有見於此而難言之，故借學者盡己、推己之目以著明之，欲人之易曉也。蓋至誠無息者，道之體也，萬殊之所以一本也；萬物各得其所者，道之用也，一本之所以萬殊

[109] 朱熹：《四書章句集注》，頁72。

也。以此觀之，以一貫之之實可見矣。[110]

這番議論是從義理的角度加以發揮，崔述卻不同意這樣的解釋，他說：

> 孔子言一，不言一為何物，既曾子以為忠恕，則是一即忠恕也。謂一非忠恕，則是曾子欺門人也。且一既非忠恕，果何物乎？名之而不能名也，則曰「萬理渾然」而已。萬理渾然又何物乎？既終莫能名之，則又曲為之解，謂「聖人之一，不待盡、不待推者也；學者則盡而忠，推而為恕者也。」夫不待盡而自忠，謂之非忠，可乎？不待推而自恕，謂之非恕，可乎？由是言之，孔子之所謂一，即忠恕也，曾子不予欺也。大抵儒者之論皆患在於過高，欲求加於忠恕之上而不知其反陷入於空虛無用之地。吾寧遵曾子之言使學者皆有所持循，不敢從宋儒之說使聖道漸入於杳冥。且一之為何物，門人不知，一之非忠恕，曾子不言；門人不知，曾子不言，而朱子生二千餘年之後，獨能默默與聖人之心相契而有以知之，吾恐朱子之賢或尚未至於此。[111]

從此段引文可以看出，崔述對朱熹以義理解釋孔子學說的做法表示遺憾。他在此駁朱注，著眼點是批評朱熹離開實踐，把忠恕之道的「一」理解為「渾然一理」的玄虛說法，這確實切中了理學家的要害。崔述最後說：

> 乃世之混同朱、陸與軒陸輕朱者輒謂象山高明而朱子平實。彼象山者，吾不知其高明何在，第恐朱子平實之中尚未免

110 朱熹：《四書章句集注》，頁72。

111 崔述：《洙泗考信餘錄》，《遺書》，頁369-370。

有一二之過於高深者存也。[112]

這說明，崔述與朱熹在對儒家經典的理解上出現某些分歧，是雙方的出發點不同而引起的。前面曾談到，朱熹的學術系統中包含義理（「尊德性」）和考據（「道問學」）兩個組成部分，而崔述之學乃是承襲朱熹「道問學」的傳統。大凡朱熹以義理思想解釋經典的地方，崔述都提出了不同的意見，他辨世傳《中庸》非一篇的考證即是一例。崔述說：

「君子之道」以下皆言日用庸行之常，「鬼神之為德也」以下皆言禮樂祭祀之事，迥不相類；「哀公問政」以後詞意更殊。朱子曲為牽合，以「道不遠人」三章為「費之小者」，「舜其大孝」三章為「費之大者」，「哀公」以後為「兼小大」，其說固已矯強，而《鬼神章》明言祭祀之事，乃以鬼神為道為一氣之屈伸，而以「齊明盛服」數語為借祭祀之鬼神以明之，一章之中，鬼神凡為兩說，委曲宛轉以蘄合於「費隱」之意。[113]

我們姑且不論崔述和朱熹在《中庸》是否分篇問題上的觀點何者較為合理，他們在這一問題上所體現的不同思想立場卻是十分鮮明的。由此可見，他們之間的最大分歧還是體現在對待義理的態度上。

儘管如此，崔述在另一方面還是極力維護朱熹的經典考證傳統。在清代，漢學家多重漢儒解經之說而駁斥宋人尤其是朱熹的注解。對於這一反對宋代學術的風氣，崔述則公開指斥：「乃近世聰明之士多尊漢而駁宋，雖《朱注》本無可議，亦必曲為說以攻之，殊屬非是。」[114]漢學家讀朱熹《詩傳》者，多嫌朱熹疑古，崔述卻認為朱熹疑《詩序》和偽《孔傳》還不夠徹底。有人對崔述說：

112 崔述：《洙泗考信餘錄》，《遺書》，頁370。
113 崔述：《洙泗考信餘錄》，《遺書》，頁398。
114 崔述：《論語餘說》，《遺書》，頁615。

> 朱子大儒，誠有功於聖道，獨於《詩傳》余有憾焉。凡《序》所稱為刺某人、美某人者，概不謂然。[115]

崔述卻回答道：

> 余於朱子《詩傳》亦有憾焉，顧所憾與君異：非憾朱子之不從《序》，正憾朱子之猶未免於信《序》也。[116]

朱熹解釋《詩經》始終在四家《詩》傳（齊、魯、韓、毛）中轉來轉去，企圖從中尋找答案，而不能盡駁《詩序》，故他的懷疑不甚大膽。相比之下，崔述認為凡《詩序》不問何家皆不可信，所以他說朱熹「其可議不在於駁《序》說者之多，而在於從《序》說者之尚不少」。[117] 應該說，在懷疑古書方面，崔述的確比朱熹走得更遠。

當然我們必須看到，儘管崔述十分欽佩朱熹，將他作為自己治學的典範，但在考證的具體問題上，他對於朱熹之說既非輕議，也不盲從。他曾批評清代學術界對朱熹的兩種截然對立的看法，他說：

> 今世之士，矜奇者多尊漢儒而攻朱子，而不知朱子之誤延於漢人者正不少也。拘謹者則又尊朱大過，動曰：「朱子安得有誤！」而不知朱子未嘗自以為必無誤也。[118]

崔述這樣不偏不倚的態度恰恰是繼承了朱熹的治學精神。他曾在力阻陳履和刊刻其未定書稿的信中說，朱熹「將易簀時，猶改《誠意章注》，何況吾輩庸人」。[119] 崔述還指出，在解釋經典時，「朱子雖采舊說，初未嘗執一成之見矣」。[120] 這些都體現了崔述對於朱熹治學精

---

[115] 崔述：《讀風偶識》，《遺書》，頁555。
[116] 崔述：《讀風偶識》，《遺書》，頁555。
[117] 崔述：《讀風偶識》，《遺書》，頁524。
[118] 崔述：《考信錄提要》，《遺書》，頁13。
[119] 崔述：《與陳介存履和》，《遺書》，頁806。
[120] 崔述：《考信錄提要》，《遺書》，頁13。

神的真正態度。

從上面的討論可以看出，崔述雖與朱熹在具體文本的解釋上有所違異，但這並不意味著他在學術上不認同朱熹。他在論述如何理解《詩經》時曾明確表示：

> 故余於論《詩》，但主於體會經文，不敢以前人附會之說為必然。雖不盡合朱子之言，然實本於朱子之意。朱子復起，未必遂以余言為妄也。[121]

事實上，崔述在內心深處頗為朱熹因精力有限而偶有治學疏漏感到惋惜，例如，崔述辨《古文尚書》之偽，就曾輯錄朱熹疑《古文尚書》之語：「《孔書》是東晉方出，前此諸儒皆不曾見，可疑之甚。」崔述按語云：「朱子此語，則是明以二十五篇為偽撰矣。惜其但與門人言之，未嘗自為《書傳》，盡廢其偽而獨存其真也。」[122] 崔述的這種心態充分表現在以下的敘述中：

> 蓋人之精神心思止有此數，朱子仕為朝官，又教授諸弟子，固已罕有暇日，而所著書又不下數百餘卷，則其沿前人之誤而未及正者，勢也；一時偶未詳考而致誤者，亦勢也。所謂「智者千慮，必有一失」。惟其不執一成之見，乃朱子所以過人之處。學者不得因一二說之未當而輕議朱子，亦不必為朱子諱其誤也。[123]

此乃對待朱熹的持平之論，說明崔述雖承認朱熹的考證諒有未精，但瑕不掩瑜，並不影響朱熹在儒學研究上的總成就。應該說，崔述對朱熹經典考證的態度是，既推崇其學最為精純，又不諱言其考證的失誤。

---

[121] 崔述：《讀風偶識》，《遺書》，頁524。
[122] 崔述：《古文尚書辨偽》，《遺書》，頁595。
[123] 崔述：《考信錄提要》，《遺書》，頁13。

三、崔述與清代漢學家治學之異同

對於清代「漢學」的定義，研究清代學術史的學者向有歧議，迄今尚無定論。[124] 在這裡姑且沿用傳統的說法，即以「漢學」一詞涵蓋以經學為中心的考證之學。[125] 艾爾曼在其《從理學到樸學》一書中所指的「長江下游的統合學術群體」(a unified academic community in the Lower Yangtze Region)之成員，[126] 皆可以稱為漢學家。清代考據學的內容包括文字、訓詁、音韻、版本、目錄、校勘、辨偽、輯佚、金石、史事考訂諸學，而以考文知音為主要特徵。在乾隆、嘉慶時期，儒家經學主流以「漢學」標榜，極一時之盛。這一儒學研究的新「典範」(paradigm)雖發軔於顧炎武，但乾嘉漢學家受惠棟(1697-1758)治經方法的影響顯而易見。錢大昕(1728-1804)為惠氏作傳云：「漢學之絕者千有五百餘年，至是而粲然復章矣。」[127] 又謂：「今士大夫多尊崇漢學，實出先生緒論。」[128] 可以說，清代漢學的基調是由惠棟定下的。惠氏尊崇賈逵(30-101)、許慎(約58-147)、馬融(79-166)、鄭玄(127-200)，力倡東漢古文經學，被推為「漢學大宗」。[129] 其時宗惠氏之說的漢學家傳承了東漢古文學家的治經方法，他們尤其推崇鄭玄之經注。崔述批評鄭玄凡見各種注疏間存在相悖之處，「必曲為彌縫，使之兩全」。[130] 在對儒家經典的解釋上，漢學家亦秉承了鄭氏之道，彌縫的做法在他

---

[124] 惠棟弟子江藩(1761-1831)作《國朝漢學師承記》，專記清代漢學考據學家的成就。江氏區分漢學和宋學的標準是：宋學乃空談義理而無考證實學，漢學則是考證實學而不空談義理。從深層看，確有貶低宋學之意。不過這種分法在某一具體的學者身上並不適用，例如，朱熹就以義理為主而不輕考據，顧炎武則以考證為主而不輕義理。

[125] 關於清代漢學的研究範圍，參看梁啟超：《中國近三百年學術史》，東方出版社1996年版（以下版本同），頁28-29。對「考據學」的廣義和狹義之界定，詳見顧頡剛主編：《古籍考辨叢刊》第1輯，中華書局1955年版，頁1。

[126] Benjamin A. Elman, *From Philosophy to Philology*, xx.

[127] 錢大昕：《惠先生棟傳》，《潛研堂集》卷39，上海古籍出版社1989年版（以下版本同），頁699。

[128] 錢大昕：《古文尚書考序》，《潛研堂集》卷24，頁384。

[129] 皮錫瑞：《經學歷史》，中華書局1959年版，頁313。

[130] 崔述：《考信錄提要》，《遺書》，頁8。

們的考證中十分普遍。

儘管崔述和漢學家的考據學都是承儒家知識傳統（即注重知識的經典考證），特別是朱熹「道問學」的傳統而來，[131] 而且雙方都排斥宋儒的性命義理之學，但是也不能因此而得出他們治經史方法相同的結論。顧頡剛(1893-1980)談到崔述與漢學家的關係時曾指出：

> 以他那時的學術風氣，漢學正披靡一世，他的工作既致力于考證，原當投在漢學的旗幟下，然而他也决不成一漢學家。[132]

顧氏的看法是有根據的。就以治經彌縫的做法來說，崔述就與支配學術主流的漢學家迥異其趣。他在致友人的一封信中強烈地批評漢學家「《六經》之文有與傳記異者，必穿鑿遷就其說以附會之；又好徵引他書以釋經義，支離紆曲，強使相通」[133] 的做法。崔述在《考信錄》、《王政三大典考》和《五服異同匯考》裡，多次指出鄭玄因採用彌縫之法而誤解經文。

對於清代漢學家一尊漢儒的治經路向，章太炎曾有如下中肯的評論：

> 〔黄侃〕謂其〔東方按：指漢學家〕根柢皆在注疏，是亦十得六七，未足以盡之也。
>
> 余謂清儒所失，在牽於漢學名義，而忘魏晉幹蠱之功。[134]

章氏告訴我們，清人拘於漢學之名，而忽略了魏晉人在經學上的繼承和發展。在清代漢學家的考據中，存在著「唯漢是真」的傾向。錢

---

131 關於清代考據學的興起與宋代儒學，尤其是與朱熹之學的關係，參看余英時：《從宋明儒學的發展論清代思想史》，《歷史與思想》，聯經出版事業公司1976年版，頁87-119。

132 顧頡剛：《崔東壁遺書序》，《遺書》，頁63。

133 崔述：《上汪韓門先生書》，《遺書》，頁476。

134 章太炎：《漢學論》，《章太炎全集》第5冊，上海人民出版社1985年版，頁22。

大昕有謂：

> 詁訓必依漢儒，以其去古未遠，家法相承，七十子之大義猶有存者，異於後人之不知而作也。三代以前，文字、聲音與訓詁相通，漢儒猶能識之。以古為師，師其是而已矣，夫豈陋今榮古，異趣以相高哉！[135]

崔述對清代漢學家篤信漢代經典注釋頗有異議，他說：

> 近世學者動謂漢儒近古，其言必有所本，後人駁之非是；……特學者道聽塗說，不肯詳考，故遂以漢儒為皆可信耳。[136]

崔述不滿漢學家迷信漢儒之說，批評他們「摭拾《六經》之遺文，勦竊注疏之成說以為明道焉者」。[137] 這句話很能表明崔述對漢學家治學路向的反感。

唐人劉知幾(661-721)在《史通》裡以《左傳》駁《史記》、《禮記》、《七錄》、《新序》、《說苑》等漢人著作中的記載，崔述從中得到啟發，繼而對漢代之書的可信性產生了懷疑（但同時他又不滿意劉知幾在考辨三代事迹時雜採秦漢之書而疑經的做法）。[138] 因此他認為：「彼漢人之說經，有確據者幾何，亦但自以其意度之耳，然則其類此者蓋亦不少矣。」[139] 崔述之所以認為不能憑戰國以後的文獻去說明上古歷史，是因為這些文獻中羼入了後人對古史的曲解。他說：

> 漢儒習聞其說〔東方按：指戰國諸子之說〕而不加察，遂以為其事固然，而載之傳記。若《尚書大傳》、《韓詩外傳》、《史

---

[135] 錢大昕：《臧玉林經義雜識序》，《潛研堂集》卷24，頁391。
[136] 崔述：《洙泗考信錄》，《遺書》，頁270。
[137] 崔述：《文說下》，《遺書》，頁704。
[138] 崔述：《考信錄提要》，《遺書》，頁6。
[139] 崔述：《考信錄提要》，《遺書》，頁10。

記》、《戴記》、《說苑》、《新序》之屬，率皆旁采卮言，真偽相淆。[140]

崔述因不相信漢人之說，而主張返回《五經》原典以探求聖人之意。所以，在通過何種途徑理解《五經》的問題上，崔述與漢學家存在著認識上的分歧。在比較漢學家與崔述治經方法異同時，胡適作了如下論述：

漢學運動走的路是間接的，崔述是直接的；漢學運動想假道於漢儒以至六經，而崔述要推翻秦、漢百家言以直接回到六經。[141]

在這裡，胡適十分清楚地指出了崔述治經的特點。不過，崔述不經過漢儒的經說而直接回歸原典的方法，難免會使他的經史研究受到很大的限制。這是因為漢人之說中保存了大量的上古傳統，而這些說法對於後人重構古史是必不可少的。崔述因不重漢人之說，在考辨古史的過程中做了不少重複研究。例如，崔述對上古三代時期的天子與諸侯的關係問題提出了不同於清代其他史家的見解。他指出，上古各諸侯國基本上是獨立的，與天子之間並無固定的君臣關係，因此三正並行於諸侯國。[142] 過去的經學家一直把貢助徹法說當成夏商周之歷史性的區別，而崔述卻看出貢助徹法為三代圻內之地區性的區別。[143] 他指出，當時天子與諸侯所實行的制度並不相同，至少存在著差別。儘管崔述是從維護湯、武的聖人資格的立場出發提出這一看法的，但卻不期然地揭示出三代與秦漢在政治制度上的顯著區別，這種區別已被

140 崔述：《考信錄提要》，《遺書》，頁3。
141 胡適：《崔述的年譜》，《遺書》，頁968。
142 崔述：《商考信錄》，《遺書》，頁134；《豐鎬考信錄》，《遺書》，頁168-169；《王政三大典考》，《遺書》，頁492-493。
143 崔述：《王政三大典考》，《遺書》，頁515-516。

近來考古學的研究所證實。[144] 崔述自以為這是他在古史研究上的獨創看法，然而事實上，漢代的今文學家在古代諸侯對天子有不純臣之義的問題上早有說明，[145] 而崔述對此卻一無所知。從這一點來看，一方面崔述的看法與漢代今文學家的見解不謀而合；另一方面，他也因不知漢人之說保存了古義而重複考證。由此我們得到一個深刻的啟示，即崔述在考據中時有不凡的見解，但他仍不能像漢學家那樣，把考據看作一種累積性研究(cumulative research)，這不能不使人為之歎惜。

儘管在堅持「道在《六經》」這一經學研究的基本假定(fundamental assumptions)方面，崔述與一般漢學家並無根本的分歧，但是他們在具體的考證方法上還是有明顯區別的。譬如，崔述多以演繹法推斷上古史實和辨別偽書（當然他有時也兼用歸納法，同時還使用類比法推理），而漢學家在考據中運用形式邏輯時，則偏重於歸納法，如惠棟在討論《堯典》分篇時，主要是通過提供大量的證據而歸納出《尚書》本無《舜典》的結論；[146] 閻若璩(1636-1704)在考證《古文尚書・大禹謨》中「人心惟危，道心惟微，惟精惟一，允執厥中」一句的作偽來源時，也是使用了歸納法來說明此十六字是雜湊《荀子》之語而成的。[147] 而崔述則以演繹法推論出三條證據，以說明《尚書》之《堯典》和《舜典》本為一篇。[148] 此外，他在考察史官的起源時有云：

> 典籍之興，必有其漸。倉頡始制文字；至於大撓，然後作甲子以紀日；至于羲、和，然後以閏月定四時成歲以紀年：必

---

[144] 詳見張光直：《從夏商周三代考古論三代關係與中國古代國家的形成》，《中國青銅時代》，三聯書店1983年版，頁27-56。
[145] 詳見陳立：《白虎通疏證》卷7，中華書局1994年版，頁316-322。
[146] 惠棟：《古文尚書考》，《皇清經解》卷351，復興書局1961年影印本（以下版本同），頁3714-3717。
[147] 參看容肇祖：《閻若璩的考證學》，《容肇祖集》，齊魯書社1989年版，頁632-634。
[148] 崔述：《唐虞考信錄》，《遺書》，頁52。

> 無甫有文字即有史官之理。[149]

據此推測，崔述否定了史官之職始設於黃帝時期的說法。此外，崔述還否認《素問》及《靈樞》出自黃帝之手，根據在於，「黃帝之時尚無史冊，安得有書傳於後世；且其語多淺近，顯為戰國、秦、漢間人所撰」。[150] 從這些實例可以看出，崔述是把考證建立在演繹法基礎之上。

梁啟超(1873-1929)在評論崔述及其《考信錄》時曾說：

> 其書為好博的漢學家所不喜。然考證方法之嚴密犀利，實不讓戴〔震〕、錢〔大昕〕、段〔玉裁〕、王〔念孫〕，可謂豪傑之士也。[151]

不過，梁氏之說似有重新考慮之必要。如眾所周知，漢學家在考證時戒避猜測，力求以「證據」為治學之本，他們從若干實例中引出對古書古史中若干問題的結論。相反地，崔述在考證時往往眼高手低，缺乏沉潛的功夫，基本上是從少數已知的事實中推衍出結論。這樣的做法使他有時在未經深思熟慮的情況下，單憑主觀臆測就輕下斷語。例如，崔述在分析三家分晉的原因時曾說：

> 竊疑晉室既衰，魏獨忠於公室，是以文侯、武侯既卒，韓、趙無所顧忌，然後敢遷晉君而分周室。[152]

姑且不論這一推測是否能夠成立，但它起碼沒有任何歷史文獻作為根據。若無已知的可靠歷史文獻為證據，就不可能得出任何確定的結論，這是歷史考證的一般常識。現再舉一例說明此點，《左傳・昭公七年》記：

---

149 崔述：《補上古考信錄序》，《遺書》，頁25。
150 崔述：《補上古考信錄》，《遺書》，頁36。
151 梁啟超：《中國近三百年學術史》，頁340。

〔子產〕對〔韓宣子〕曰：「……昔堯殛鯀於羽山，其神化為黃熊，以入于羽淵，實為夏郊，三代祀之。」[153]

崔述對這一古代傳說作按云：

此說殊為荒誕；且與昭元年對叔向事絕相似，而彼於義為長。蓋本一事而傳之者異詞，著書者遂兩載之耳。[154]

由此可以看出，崔述繼承了孔子「不語怪力亂神」的傳統，對神話傳說採取了一種擯斥的態度。可是對於古史研究來說，神話傳說雖不能作為歷史事實的證據，卻能在某種程度上反映古代社會的一些習俗，上述例子很可能是說明古人以黃熊為圖騰來祭祀鯀的。崔述又認為《左傳》此條記載與同書昭公元年子產答叔向所問頗為相似，而後一條則於義為長，他因此斷言「蓋本一事而傳之者異詞，著書者遂兩載之耳」。其實將兩段記載相比較，我們既無法判斷兩事何以相似，也不能證明兩義何長，更看不出一事兩載的證據或痕跡。由此我們可以看出，崔述在考證上有主觀武斷的傾向。關於崔述的古史考證精當與否，清人唐鑒(1778-1861)所言極是：

先生學主見聞，勇於自信。雖有考證，而從橫軒輊任意而為者亦復不少。況其間得者又強半為昔賢所已言乎！[155]

可見崔述雖對一些古史問題的看法較漢學家為勝，但在具體考證上卻不及漢學家精密，所以就考據學的總體而言，他的成績似乎未能超過漢學大師。

崔述的考證學與清代漢學家的另一相左之處在於，他較少借重文字音韻的手段來解釋經書。漢學家一向主張「讀書先識字」，從文字音

152 崔述：《考古續說》，《遺書》，頁455。
153 楊伯峻編著：《春秋左傳注》第4冊，中華書局1981年版，頁1290。
154 崔述：《唐虞考信錄》，《遺書》，頁72。

韻入手確定經書的涵義。錢大昕云：

> 嘗謂《六經》者，聖人之言，因其言以求其義，則必自詁訓始；謂詁訓之外別有義理，如桑門以不立文字為最上乘者，非吾儒之學也。[156]

漢學家深信，通過訓詁便能夠深得古代聖人賢哲的真言實意，這是一個在清代經學研究中佔有主流地位的觀點。崔述雖然也非完全不用訓詁方法，但卻不認為《六經》之道非經訓詁而不能明。於是他另覓新徑，力圖以經書為準繩考辨史料的可靠性和古史的真實性（即史學的求知和求真）。儘管如此，有的學者仍稱讚崔述精通古音，並且用於史實的考辨，他們以《考古續說》中「齊為田氏」條的解釋來說明此點。[157] 其實從這一條看，上述對崔述通古音的評價，雖非憑空之論，但似乎有過譽之嫌。《史記．田敬仲完世家》記：「敬仲之如齊，以陳字為田氏。」崔述釋此句謂：

> 蓋陳之與田，古本同音：顛、天、田、年等字古皆入《真》、《文》韻，而《端》、《透》、《定》、《泥》母下之字與《知》、《徹》、《澄》、《娘》母下之字古音亦未嘗分；皆自隋、唐以後音轉始分為二。故《詩》曰：「倬彼甫田，歲取十千，我取其陳，食我農人，自古有年。」曰：「母也天只，不諒人只。」曰：「采苓采苓，首陽之顛，人之為言，苟亦無信。」（讀若申）後人不知，乃以為《先》、《仙》可與《真》、《文》通用，故唐人古詩中往往雜用二韻，而不知其誤也。田字在《定母》下，陳字在《澄母》下，然則三代以上讀田音正與陳同，故

---

[155] 唐鑒：《大名崔先生學案》，《遺書》，頁1064。
[156] 錢大昕：《臧玉林經義雜識序》，《潛研堂集》卷24，頁391。
[157] 孫欽善：《中國古文獻學史》下冊，中華書局1994年版，頁1097-1098。

陳之文或訛而為田爾，非敬仲改之也。[158]

崔述熟讀《詩經》，自能體會到先、天、田、年、陳等字古本同韻通押，但是他說此等字與真、文同韻，便與當時古音韻學的發展有差距了。與他同時的漢學家段玉裁(1735-1815)在古音分部上的一項重要創見，即在1770年初稿撰成的《六書音韻表》中將文字的諧聲系統與韻文的押韻結合起來研究，分古韻為十七部，其中包括把真、文分為二部。段氏在給戴震(1723-1777)的信中寫道：

> 丁亥〔東方按：1767年〕自都門歸，憶《古韻標準》所稱元、寒、刪、山、先、仙七韻與真、諄、臻、文、欣、魂、痕七韻，三百篇內分用，不如顧亭林、李天生所云自真至仙古為一韻之說。與舍弟玉成取《毛詩》細繹之，果信；又細繹之，真、臻二韻與諄、文、欣、魂、痕五韻，三百篇內分用。[159]

段氏以《詩經》的用韻為例，找出許多證據，來說明真、文二部已分用劃然。他的真、文分部說使得古音韻部的區分更為精確，一時天下學者如王念孫(1774-1832)、江有誥(1773-1851)翕然宗之，成為定論，故錢大昕說：「此書出，將使海內說經之家奉為圭臬。」[160] 可是，崔述竟不知當時古韻分部這一新的進展，還以為真、文同部。由此可見，崔述雖在《考信錄》中偶爾運用音韻學方法來解釋古書，但是並不如漢學家那樣深知其重要性，而且他的訓詁考證在詳略精粗之間亦未可與漢學經師們等量齊觀。更重要的是，崔述雖對音韻學有所披涉，但他對自明末陳第、清初顧炎武以來，以至乾嘉時期漢學家如江永(1681-1762)、錢大昕、段玉裁、王念孫等的古音學研究在理論和實踐上的發展卻不甚了了。可以說，崔述經史考證中的音韻學知識基本上

---

[158] 崔述：《考古續說》，《遺書》，頁459-460。

[159] 段玉裁：《寄戴東原先生書》，《說文解字注》，上海古籍出版社1981年版（以下版本同），頁804。

[160] 錢大昕：《說文解字注序》，《說文解字注》，頁804。

是他通過誦讀經書、體會用韻而得出的結果，他並未自覺認識到古音分部的系統性和語音演變的特點，這恐怕是崔述與漢學家在考證取徑上的最大不同之處。

清代漢學家從事經史考證時，雖廣徵博引，精研古訓，但大都只就制度名物進行考辨，而不大善於發現古書古史中的問題。相比之下，崔述則是勇於揭露古書記載的矛盾，敢於提出自己對古史的看法。我們取馬驌(1621-1673)的《繹史》、梁玉繩的《史記志疑》與崔述的《考信錄》比而觀之，即可看出後者的超卓之處。馬驌博而不精，他的《繹史》引書龐雜，而且真書和偽書不加區別地並列在一起；梁玉繩亦失於同病，他未能在古書辨偽上下功夫。梁氏在《史記志疑》中多據「今本」《竹書紀年》以證正史之誤。不但如此，他在論述商周歷史時，竟引《春秋緯》一類的讖緯之書為史料。反觀崔述之考據，儘管他不及清代漢學家學問淹博，但對古書的見識有時卻超過了他們。讓我們舉一個考據的實例來加以說明。據唐人張守節《史記正義》之《殷本紀注》引《竹書紀年》云：「自盤庚遷殷，至紂之滅，二百七十三年，更不遷都。」可是「今本」《竹書紀年》卻記盤庚遷殷之後，殷都又遷了三次。這就形成了矛盾的說法，而兩說之中必有一偽。關於這一點，崔述有很精當的考證，他說：

> 是都已三徙矣，張氏何以謂之更不徙都？且今書盤庚於十四年遷殷，歷十五年，至二十八年而王陟，又歷十一君二百三十七年，至紂五十二年而殷亡，共三百五十二年，其年數亦不合。其非原書之文顯然可見。[161]

在他看來，既然前者（《古本》）為真，那麼後者（《今本》）必偽。《四庫提要》作者在辨「今本」《竹書紀年》之偽時，竟未能注意到這一條證據。由此不難看出，崔述比漢學家更注意發現古書的矛盾和考證的邏輯性。劉師培曾評論說：

> 則述書之功在於範圍謹嚴，而不在於逞奇炫博。雖有通蔽，然較之馬氏《繹史》固有殊矣。[162]

姑不論劉氏的評騭是否恰如其分，但崔述在古史考證上別具一格確是無法否認的事實。

再從疑古方面來說，清代漢學家大多株守漢儒之說，即便王鳴盛(1722-1797)這樣的大家亦不例外。王鳴盛唯鄭玄之言是信，甚至對鄭玄誤引緯書也亦步亦趨，故而王氏將緯書所載漢儒編造的三皇五帝事蹟也納入其《蛾術篇》和《十七史商榷》二書之中。崔述則逆這股潮流而行之，堅決反對以漢代的緯書作為研究上古史的根據。例如，自戰國以來，一直盛傳「河圖、洛書」之說，《易・繫辭》云：「河出圖，洛出書，聖人則之。」《漢書・五行志》曰：「劉歆以為虙羲氏繼天而王，受《河圖》，則而畫之，八卦是也。」[163] 歷代儒家學者包括朱熹在內，大都相信這樣的說法。可是崔述卻指出這種說法出於緯書，其內容非但沒有歷史根據，並且荒誕不經。[164] 他的《考信錄》在懷疑古書方面不無見地，與當時漢學家的信古風氣形成了鮮明的對照。儘管崔述的這種懷疑勇氣是來自他捍衛聖道和純化經典的堅定信念，但就破除世人對各類古代神話傳說的迷信這一點而言，他不失為一位有眼光的史學家。

清代漢學家不僅精於考據，而且致力於辨偽。可以說，專注於考辨古書的真偽乃清代漢學的特色之一，崔述亦不例外。不過，他在這方面的成績卻不及同時代的漢學家。譬如，崔述與閻若璩、惠棟都辨出《古文尚書》為偽作，為解決千餘年來學術史上的一大疑案作出了貢獻。但較之閻若璩的《古文尚書疏證》和惠棟的《古文尚書考》，崔述的《古文尚書辨偽》雖有條理，但論證似嫌簡單；閻、惠之書旁徵博

---

161 崔述：《〈竹書紀年〉辨偽》，《遺書》，頁461。

162 劉師培：《崔述傳》，《遺書》，頁949。

163 班固：《漢書・五行志》卷27，中華書局1962年版，頁1315。

164 崔述：《補上古考信錄》，《遺書》，頁29。

引，詳密周延，更勝崔書一籌。閻、惠二人均取《古文尚書》中之事實和字句，尋找其抄襲之來源，例如，《古文尚書・大禹謨》云：「大禹曰：文命敷于四海。」惠棟注曰：

> 《史記》曰：「夏禹，名曰文命。」閻若璩曰：「敷于四海，約《禹貢》『東漸』數句而成文。」毛甡曰：「《禹貢》曰：『禹敷土。』此即敷四海也。」[165]

值得注意的是，崔述竟不知有閻、惠二人之書先其作而存在，所以根本未能徵引閻、惠之論據。他們三人中，閻長惠六十一歲，惠又長崔四十三歲，作為學術晚輩，崔述在從事《古文尚書》辨偽時，理當充分汲取前人的成果，可是他卻沒有這樣做。通過這一事實，可以看出崔述在學術上的孤陋寡聞。崔述有關《尚書》的考據在論證上也不如漢學大師那樣具有說服力。例如，他在否定《古文尚書》在魏晉時期的流傳譜系時例舉了一條證據：「《正義》稱鄭冲傳《古文尚書》，皇甫謐採之作《世紀》，至梅賾奏上其書於朝，考之《晉書》，並無此事。」並謂：

> 《本紀》無文。
>
> 《儒林傳》中不載此事。蘇愉、梁柳、臧曹、梅賾亦皆無傳。《鄭冲傳》中但有高貴鄉公講《尚書》，冲執經親授之語，并無所講乃孔氏五十八篇之文。
>
> 《皇甫謐傳》中但有梁柳為太守，謐不為加禮一事，并竝無柳傳《古文尚書》及謐得之之文。[166]

於是他得出結論說：

> 按：梅賾果嘗奏上此書，《本紀》即不之載，《儒林傳》中

---

[165] 惠棟：《古文尚書考》，《皇清經解》卷352，頁3718。
[166] 崔述：《古文尚書辨偽》，《遺書》，頁590。

豈得竝無一言及之；乃非惟無其事，亦并無蘇愉等三人之名，然則三人亦皆子虛烏有者也。[167]

崔述的懷疑雖有合理之處，但他提供的只是一條默證，而非經過深入細緻分析得出的正面證據(positive evidence)。對於史學家來說，單憑這一假設是無法對有無梅賾獻書一事定案的。更重要的是，李學勤注意到，在這個問題上，「崔述疑古極勇。但他實際沒有細心查閱過魏晉時期的載籍」。[168] 李氏在陳夢家、蔣善國考訂的基礎上，進一步徵引史料，說明《古文尚書》在魏晉時期的傳授，皆有史籍可考。[169] 由此可見，崔述雖長於揭發古書中的矛盾之處，卻不精於分析和解決古史中的問題。呂思勉(1884-1957)曾謂崔述「雖能多發古書之誤，實未能見古事之真。」[170] 其治學弱點被一語道破。

艾爾曼在討論前人對《古文尚書》的辨偽時，特別強調了「學術發明權」或「優先權」(priority)的問題。[171] 按照西方的學術標準，所謂「學術發明權」主要表現為「先」(prior)，可是從中國學術傳統來看，「學術發明權」不僅表現為時間上的在先，而且體現為品質上的優長。閻若璩在系統地揭發《古文尚書》之偽方面，確有表現為時間之先的「首功」（即西方學術史所說的priority），而惠棟之書則後出而精，體現為品質上的「優」。故錢大昕曰：

此千四百餘年未決之疑，而惠松崖先生獨一一證成之，其有功於壁經甚大。

先是，太原閻徵士百詩著書數十萬言，其義多與先生闇合，而於《太誓》猶沿唐人《正義》之誤，未若先生之精而約

[167] 崔述：《古文尚書辨偽》，《遺書》，頁590。
[168] 李學勤：《論魏晉時期古文〈尚書〉的流傳》，《古文獻叢論》，上海遠東出版社1996年版（以下版本同），頁287。
[169] 李學勤：《論魏晉時期古文〈尚書〉的流傳》，《古文獻叢論》，頁287-295。
[170] 呂思勉：《讀〈崔東壁遺書〉》，《論學集林》，上海教育出版社1987年版（以下版本同），頁177。

也。[172]

今人盛讚崔述對《古文尚書》的辨偽與漢學家在這方面的成績是造車合轍。[173] 可是從以上的分析看，崔述對《古文尚書》的辨偽既不占「先」，也不顯「優」。除了在解決三十三篇《今文尚書》來源的問題上稍有見地之外，崔述的《尚書》研究無論在廣度和深度上都不能與閻、惠二氏之成就相提並論。所以，我們不能像艾爾曼那樣，簡單地論定崔述的重複研究提高了以往對這一課題研究的學術水準。[174]

從另外一個角度來觀察，漢學家固然能夠精確地辨別古書之偽，但他們在考察古書古史的過程中，卻缺乏崔述那種強烈的歷史意識。[175] 從嚴格的史學觀點說，判斷一個學者是否有歷史意識，需要從兩個方面來觀察：一、他是否能把歷史看成一個運動變化的過程。如果把歷史看作古今一樣（即無變化），那麼歷史本身也就不存在了；二、他是否能把特定的歷史人物與事件放在歷史流變的一定位置上來觀察，或者說把具體的歷史放在總體歷史的一定位置上來考察。如果脫離了具體的時間、地點和條件來考察歷史中的人物與事件，那麼還有何歷史意識可言呢？多數漢學家缺乏歷史意識，他們偏重於搜集證據而忽視歷史的理論分析，因而他們的治學方法顯然不足以成為史學的基礎，最終只能走向文獻考證(textual criticism)的道路。就以錢穆稱為「影響有清一代經史考訂之學，厥功至偉」[176] 的馬驌《繹史》來說，此書的功夫不過是鉤沉史料，而未論及撰史問題。對此，崔述批評道：「而為史學者，則鹹踵訛襲謬，茫無別擇，不問周、秦、漢、晉，概加採

[171] 詳見Benjamin A. Elman, *From Philosophy to Philology*, 233.

[172] 錢大昕：《古文尚書考序》，《潛研堂集》卷24，頁383-384。

[173] 顧頡剛：《崔東壁遺書序》，《遺書》，頁63。

[174] 參見Benjamin A. Elman, *From Philosophy to Philology*, 224.

[175] 關於歷史意識的定義和討論，可參看Joyce Appleby, Lynn Hunt and Margaret Jacob, *Telling the Truth about History* (New York: W. W. Norton & Company, 1994), 59.

[176] 錢穆：《中國近三百年學術史》，臺灣商務印書館1980年版，頁156。

錄，以多為勝。」[177] 所謂「為史學者」即指馬驌。另外，趙翼(1727-1814)、王鳴盛、錢大昕是清代漢學家中的三大史家，而他們的史學以考證為主，即採取以現存古籍互校的方法來印證史書記載之正誤。他們偏重於史實的闡發，而且多為零星箚記而非完整著作。崔述則比較注意上述歷史意識的兩個方面，力圖克服歷史觀察者的時空侷限，置身於研究物件的背景之中。他對古書古史的辨偽考信包含了文獻之真和史實之真兩個方面，而且他是分時代和階段來考辨唐、虞、夏、商、周的史事，力求呈現一部較完整和系統的古史，這是多數考史的漢學家都未能做到的。從史學史的角度而言，崔述對上古史事的考信和歷史人物的評論較之多數漢學家僅考訂史書中的文字和典制，似有一日之長，不僅體現了他的歷史意識，也充分說明了他重視史學的致用。[178] 二者比較，高下判然。

從《考信錄》一書來分析，崔述關於歷史意識的看法不乏精闢之見，這主要體現在兩個方面：

第一，他注重歷史演變過程的歷史意識。崔述認識到，堯、舜的「傳賢」是歷史的自然演進，有其形成的歷史條件，一旦歷史條件發生變化，這種禪讓制就行不通了，如燕王子噲傳位於子之、王莽之篡漢等。[179] 崔述採用孟子的說法，「天與賢則與賢，天與子則與子」，以說明由於歷史條件變了，君位繼承方式也隨之改變。這是他的歷史意識的體現。然而崔述還無法說清產生這種現象的根本原因，於是只好歸諸「天也」。又如，崔述認為殷周之間是各自獨立的邦國，有異於「後世羈縻之屬國」，時表臣服，時而造反，惟以實力變化為依據。[180] 他據此批評前人「誤以漢、唐之情形例商、周之時勢」，[181] 實際上是指

[177] 崔述：《考信錄提要》，《遺書》，頁18。
[178] 史學的致用有兩層涵義：一是史學為社會所用，二是史學為其自身的發展所用。這裡「史學的致用」指的是第二層涵義。詳見劉家和：《史學的求真與致用問題》，《學術月刊》1997年第1期，頁117。
[179] 崔述：《唐虞考信錄》，《遺書》，頁55-56、74-75。
[180] 崔述：《豐鎬考信錄》，《遺書》，頁168-169。
[181] 崔述：《豐鎬考信錄》，《遺書》，頁169。

責那些缺乏歷史意識的漢學家。

第二，他對於史學發展的歷史意識。崔述認識到，史學的發展愈近，內容便愈複雜。例如，他在考禘之禮時，注意從《春秋》、《論語》、《詩序》與《禮記》經傳中所記禘祭的變化，來說明隨著時代的演進而禘祭的說法各異。正如顧頡剛所指出的：「他〔崔述〕覺得一種學說不是突然出現的，所以要尋出它的前後左右的關係。」[182] 崔述的這種認識表明，作為一個史學家，他已有對史學本身發展進行思考的自覺意識。

然而，崔述和其他清儒乃至宋儒一樣，認為古勝於今，周孔之道無以復加。換句話說，崔述並不承認聖人之道受制於特殊的時空關係，他研究古史的目的仍在於「明道」，這樣就產生了悖論(paradox)：一方面，他看到了古今歷史的區別，而且正是由於這一區別，人們對歷史的認識產生了差異；可是另一方面，他認為古今的道是同一的，名教也是同一的，所以堯、舜、禹以下的君主雖有不同，但他們都是聖人，故不存在至禹而德衰的問題。根據這種悖論所得出的結論必然是：湯、武可以伐桀、紂，文王可以稱王，這是因為商湯、周文王、周武王與桀、紂並無君臣關係，他們那樣的行為不能算作失德；而周公稱王則另當別論，他只有像秦、漢、唐、宋以後的忠臣那樣才能成為聖人。其實周文王、周武王稱王與周公稱王在性質上是一樣的，都是當時的歷史條件——周初的君位繼承制度不同於秦漢以後的專制主義制度——所產生的必然結果。於是在這個問題上，崔述又背離了自己的歷史意識，偏偏讓周文王、周武王和周公變成不同時代類型的人。由於崔述的思想意識中隱含著哲學詮釋學所說的產生誤解的「假成見」(false prejudice)，他的歷史考據往往不能前後一致、自圓其說，因而他的歷史意識也就無法提升到充分自覺的層次。

與絕大多數清代漢學家相比，崔述的學術思想中存在著更為深刻的內在矛盾：既想破除對傳統古代觀的迷信，又篤信經書和聖人；既

[182] 顧頡剛：《崔東壁遺書序》，《遺書》，頁61。

想實事求是地考辨古史，又相當主觀地得出結論；既精到（善於發現矛盾），又固陋（讀書不多）。所以《考信錄》一書中的盲信與固疑並存，許多論說遊移於兩端之間。譬如，崔述駁斥了古書中對三皇五帝的不實之辭，明確指出：「初無五帝之名，亦無五德之說也。」[183] 他在詳盡地駁辨了以五德終始說明古代帝王相代的傳統說法之後，接著指出這些說法都是戰國、秦漢人的主觀構想。他說：

> 至於唐、宋，讖緯之學雖衰，而學者生而即聞五德之說，遂終身不復疑，亦不復知其說之出於〔鄒〕衍與〔劉〕歆矣！[184]

這些都表現出他對傳統的古史系統的懷疑。然而，他疑三皇五帝說卻是因為儒家經典重視三代「先王」的緣故，而他主張五德終始說不可信的出發點乃是：

> 夫五行之說昉於《洪範》，上古帝王之事詳於《春秋傳》，《洪範》不言，《春秋傳》之說不合，然則是為五德終始之說者乃異端之論而非聖賢之旨也明矣。[185]

如同其他儒家學者一樣，崔述之治經史始終貫穿著一個思想，即篤信儒家經典和恪守聖人之道。正如錢穆所說：「崔氏之於古史，有信之太深者，亦有疑之太勇者。」[186] 崔述堅信《五經》之中保存了三代以上的聖道，未加批判地接受了「考信於六經」的說法。因此，其考證古史創獲固多，偏宕之處亦不少。儘管崔述反對緯書對孔子的神化，但他也是按理想中的「聖賢」模式來描述儒家聖人。胡適曾指出，在《洙泗考信錄》中，崔述「對於孔子卻處處抱著一種『理想聖人』的成見」。

[183] 崔述：《補上古考信錄》，《遺書》，頁27。
[184] 崔述：《補上古考信錄》，《遺書》，頁50。
[185] 崔述：《補上古考信錄》，《遺書》，頁49。
[186] 錢穆：《崔東壁遺書序》，《遺書》，頁1048。

[187] 在古史考證中，為了維護儒家聖賢的名譽地位，崔述甚至寧可接受謬誤而擯棄真實，因而他的歷史方法和道德判斷經常互相枘鑿。他在周公是否曾攝政稱王問題上的考辨即是一顯例。[188] 又如據《呂氏春秋》所載，卞隨、務光因反對商湯伐夏桀之舉而投河自溺。崔述在《商考信錄》中否定此段記載的可靠性，目的是為賢君商湯辯護。他說：

> 湯之伐夏，謀於國之卿大夫則有之，必不謀之隱士。天下者，天之天下，非湯所得私也，豈容私讓之一二人！[189]

崔述還置歷史記載於不顧，否認孔子曾從佛肸之召的事實。他的根據是，「佛肸以中牟畔，是亂臣賊子也；孔子方將作《春秋》以治之，肯往而助之乎！」[190] 這顯然是在為聖人辯護。前面曾討論過，崔述在討論商周關係的時候，正確地指出了古代天子諸侯的關係與後世之君臣關係不盡相同，可是他的這種認識卻是從維護周文王的聖人氣象出發的，他說：「周固未嘗叛商，亦未嘗仕於商；商自商，周自周。」[191] 崔述極力否認殷周之間存在君臣關係的理由是，「君臣之義，千古之大防也」，[192] 文王既然是聖人，就不會對商不守臣節而自行稱王。正如錢穆所云：「崔氏先橫一後世君臣之倫理於胸中，遂謂文王必不立紂之朝而為紂臣。」[193] 這種以捍衛古聖先賢形象為基調的先驗性考證自有其內在的思想根源，說明崔述畢竟生活在傳統社會尚未解體之時代，他在觀念上不可能完全突破儒家的思想格局，從而無法形成足以統攝其考證成果的史學架構。也正是由於崔述的疑古所本乃是經傳之文，他不僅難以擺脫考證上的兩難境地(dilemma)，其著作的學術價值也不免大為減損。

---

[187] 見胡適：《科學的古史家崔述》，《遺書》，頁994。
[188] 參見本書第三篇：《崔述的古史考證和周公攝政稱王問題》。
[189] 崔述：《商考信錄》，《遺書》，頁136。
[190] 崔述：《洙泗考信錄》，《遺書》，頁292。
[191] 崔述：《豐鎬考信錄》，《遺書》，頁169。
[192] 崔述：《豐鎬考信錄》，《遺書》，頁176。

質言之，崔述絕非清代考據學之典型代表，他在清代學術史上的定位也不可輕易歸於漢學。原因是：在主觀上，崔述本人從未向漢學家表示過認同；在客觀上，崔述與漢學家在考證上有許多相異之處。

四、崔述是否超越門戶之見

清代學術的一個特點就是講究門戶之分：第一步是分漢、宋，首先把宋學排擠出去；接著又分西漢、東漢（今、古文）；然後又在今、古文內部再分。例如，陳喬樅(1809-1869)在《今文尚書經說考》裡將《尚書》的今文說又分為歐陽學、夏侯學；[194] 他還就《詩經》今文學作《三家詩遺說考》（齊、魯、韓三家）。[195] 有清一代，經學由宋學而漢學，由東漢古文學而西漢今文學，這大體上是清學發展的趨勢。錢穆曾云：「清儒治經，菲薄宋儒，自號曰漢學，以與宋學劃疆界，樹門戶。」[196] 顯然，這一句話是針對清代學者過分強調漢宋之別而言的，可是這並不表明在清代學術中不存在漢宋兩派的爭衡。清代的宋學與宋代的宋學已大不相同。宋代之儒學包括多方面內容，而清代宋學主要是講君臣之道，以及正心、誠意、修身等修養，已無思想生氣。宋代的宋學有許多學術成就，而清代的宋學已無學問可言。事實上，清代的漢宋之爭是清代的兩個學派之爭，而非漢代之漢學與宋代之宋學之爭。所謂漢學、宋學之說只不過是從淵源關係而言，並不直接代表清代漢宋之爭的內容。當然，從一定程度上說，清代漢學講究訓詁考據，近似於漢代的漢學；清代宋學講義理修身，不重視漢唐經解，近似於宋代的宋學。馮友蘭(1895-1990)曾論及清代漢宋之爭的性質，他說：

---

193 錢穆：《崔東壁遺書序》，《遺書》，頁1049。

194 陳喬樅：《今文尚書經說考》，《皇清經解續編》卷1079-1116，藝文印書局1965年影印本（以下版本同），頁11892-12493。

195 陳喬樅：《今文尚書經說考》，《皇清經解續編》卷1117-1166，頁12512-13084。

196 錢穆：《朱子新學案》第五冊，頁191。

> 從十八世紀到本世紀初，清儒中的漢學和宋學之爭，是中國思想史上最大的論爭之一。從我們現在的觀點看，它實際上是對古代文獻進行哲學的解釋與進行文字的解釋的論爭。文字的解釋，著重在它相信的文獻原有的意思；哲學的解釋，著重在它相信的文獻應有的意思。[197]

馮氏的說法雖頗具現代哲學的色彩，但仍可以之說明以「義理」與「考據」之爭為特點的漢宋之辨並非只是清儒宗派意識的產物。然而時至今日，如何確定崔述與清代儒學這兩個主要學派的關係，學者們仍未得出肯定的結論。遠在道光年間即已有人讚揚崔述「學無漢宋惟其是」。[198] 汪廷珍(1757-1827)稱讚崔述的《考信錄》是把漢學與宋學之特點有機地結為一體。他在為《考信錄》作序時寫道：

> 已復得其所著《提要》及各《考信錄》而讀之，見其考據詳明如漢儒，而未嘗墨守舊文而不求夫心之安也；辨析精微如宋儒，而未嘗空執虛理而不核夫事之實也。[199]

清末張之洞(1837-1909)將崔述列入「漢宋兼采經學家」[200] 之列，五四新文化運動時期的胡適則主張，崔述是宋學中的朱學。「五四」以來的海內外學者更是幾乎一致認定崔述之學衝破了儒家正統的範圍，並且超乎漢宋兩派在學術思想上壁壘分明的門戶之上。如美國漢學家狄培理(William de Bary)稱讚崔述說：

> 在其一生學術的活動中，崔述不僅駁斥宋明儒者對儒家經典的誤解，而且也批評清代漢學家經說上的舛誤和曲解。[201]

---

197 馮友蘭著，塗又光譯：《中國哲學簡史》，北京大學出版社1985年版，頁355。

198 楊道生：《〈崔東壁先生遺書〉題詞》，《遺書》，頁924。

199 汪廷珍：《〈考信錄〉序》，《遺書》，頁923。

200 范希曾編：《書目答問補正》，中華書局1962年版，頁223。

201 Wm de Bary, Wing-tsit Chan, and Burton Watson, *Sources of Chinese Tradition*

其實，這樣的說法與崔述本人的實際情況是有相當差距的。的確，從儒家內部的分野來說，崔述不像考據學家那樣推崇漢代的經注，而且較之其他清代宋學家對性理之學的態度也尚有距離。比如在對於博和約的關係上，他既不像漢學家那樣注重讀書博學，又不同意宋明理學家的強調靜坐修性。崔述對清代漢宋兩派之爭曾作過如下評論：

> 乃世之學者動曰漢儒如是說，宋儒如是說，後生小子何所知而妄非議之！嗚乎，漢儒之說果漢儒所自為說乎？宋儒之說果宋儒所自為說乎？蓋亦未嘗考而已矣！嗟夫，讖緯之學，學者所斥而不屑道者也，讖緯之書之言，則學者皆遵守而莫敢有異議，此何故哉？此何故哉？吾莫能為之解也已！[202]

崔述這番話是告誡研究經書者應致力於辨析經書的正誤，倘存漢學或宋學派別之見，辨析正誤則無從談起。不過在這段話裡，他並未揭示出漢宋之爭的實質，即考證與義理之爭的根源乃出自儒學內部「道問學」與「尊德性」兩大傳統的長期相互爭執。崔述曾言：

> 大抵宋儒之說沿於漢、晉諸儒者十之九；然沿於他人者猶少而沿於劉歆、王肅者頗多，是誠不可解也。今世之士，醇謹者多恪遵宋儒，高明者多推漢儒以與宋儒角；此不過因幼時讀宋儒注日久，故厭常喜新耳。其實宋儒之說多不始於宋儒；宋儒果非，漢儒安得盡是。理但論是非耳，不必胸中存漢、宋之見也。[203]

這段話近人曾屢引之，以說明崔述對待漢宋學派之爭的「超家派」

(New York: Columbia University Press, 1960), 620.

202 崔述：《考信錄提要》，《遺書》，頁5-6。

203 崔述：《豐鎬考信錄》，《遺書》，頁362。

立場。[204] 事實上，他不同意漢宋之說的思想根源，是出於他企圖越過漢宋兩派的經說而直接返回《五經》原典之篤念。如他談如何讀《詩經》時講道：「了然絕無新舊漢、宋之念存於胸中，惟合於詩意者則從之，不合者則違之。」[205] 但是在思想史上，回歸原典表現為兩種可能：其一，這種回歸只是一種復舊而無創新；其二，這種回歸是藉古以開新，如歐洲的文藝復興運動。崔述提倡回歸原典，目的在於明經典之本義，顯然屬於第一種情形。

儘管崔述既不認同漢學家的訓詁之學，也不滿宋學家的心性之學，但是他對兩者的攻擊卻有輕重之別，其主要鋒芒所向是理學和心學乃是不可否認的事實。下面所引崔述的一段話清楚地表明了這一點：

> 至宋，始好以格物窮理為說，若事理可以坐而通之者。由是學者相率談理，而不復留意於事。其甚者，至以靜坐為功，以明心見性為知道。[206]

崔述還批評明代以來學者「多以道學自命，謹厚者惟知恪遵程、朱，放佚者則竟出入王、陸。然考其所言，大抵皆前人之陳言，其駁者固皆拾莊子、佛氏之唾餘，即其醇者亦不過述宋儒性理之賸說」。[207] 因此，清代的理學醇儒在評論崔述之學時，大多對其惡言相加。如劉鴻翱(1779-1849)在《〈帝王考信錄〉辨》中痛斥崔述：「必創為異說與聖賢爭衡。」[208] 甚至指責他：「襲閻百詩等之曲說，目《古文》為偽。」[209] 誠如王汎森所說，這些理學家「非但不把他引為同道，甚至還誤會

[204] 參見路新生：《崔述與顧頡剛》，《歷史研究》1993年第4期，頁64。
[205] 崔述：《讀風偶識》，《遺書》，頁524。
[206] 崔述：《論語餘說》，《遺書》，頁609。
[207] 崔述：《考信錄提要》，《遺書》，頁15-16。
[208] 劉鴻翱：《〈帝王考信錄〉辨》，《遺書》，頁1065。
[209] 劉鴻翱：《〈帝王考信錄〉辨》，《遺書》，頁1065。

他是個反理學之人呢」。[210]

總的說來，晚清和現代學者稱讚崔述之學超然於漢學與宋學派別之爭的看法，只是停留在表面的層次。縱使崔述同時抨擊漢學與宋學，並且很可能無意介入漢宋之爭，我們仍不能據此而斷定他是有意識地超越漢宋之爭。對宋學、漢學都有所批評，並不等於就能超越儒學內部的門戶之爭，或融會了漢宋兩派的學術，因為這是兩個完全不同性質的問題。後人誤以為崔述不存漢、宋門戶之見，緣由蓋出於此。而且崔述批評清代的漢學和宋學，也不意味著他的學術體系中沒有吸收漢學或宋學的方法和思維方式。從以上對崔述與陸王、朱熹以及清代漢學各派的關係之討論可以看出，崔述不僅「漢宋皆批」，而且也「漢宋兼采」。嚴格地說，崔述只是反對性命義理之說，而非毫無區別地反對整個宋學傳統。

我們可以崔述對李紱(1673-1750)的態度這一具有代表性的例證，來證明崔述不明宋明理學在清代演變的情形。在清代儒學史上，李紱以宗主陸王之學著稱，故張之洞《書目答問》附錄《姓名略》列其為清代理學家中的陸王之學者，[211] 梁啟超也說李紱算是清代陸王學派之最後一人。[212] 儘管心學在清代已經處於一種受抑制的地位，可是李紱仍云：

> 自象山陸子之教不明，士墮於章句訓詁者三百餘年。洎王陽明先生倡明絕學，然後士知有躬行實踐之功。[213]

李紱又謂：「朱子道問學，陸九淵尊德性，不可偏廢。」[214] 可見

---

[210] 王汎森：《古史辨運動的興起》，允晨文化實業股份有限公司1987年版（以下版本同），頁74。

[211] 范希曾編：《書目答問補正》，中華書局1963年影印本，頁225。

[212] 梁啟超：《中國近三百年學術史》，頁62。

[213] 李紱：《文學劉先生墓誌銘》，《穆堂初稿》卷26，見《續修四庫全書》第1422冊，上海古籍出版社2002年版。

[214] 趙爾巽等：《清史稿》第34冊卷293，中華書局1977年版（以下版本同），頁10325。

宋學內部的朱陸之別在他心目中是相當明確的，或謂李氏為陸九淵之同鄉，其之所以為陸王學派代言，故端之一在於此。不過李氏並非專門的經學家，他撰《古文尚書考》不過偶一為之，尚不能視為學術上的根深柢固之作。可是李氏此文因其文章、學問和事功（一身兼封疆大臣、學者、文人三重身份）有名而在當時流布甚廣，故居窮鄉僻壤者如崔述亦得以讀之。在對《古文尚書》辨偽時，崔述援引李紱疑《古文尚書》之作來支持自己的論點。[215] 不過儘管崔述特別欣賞李氏之作，清代學術界卻不重視此篇文字。《皇清經解》和《皇清經解續編》均未收《古文尚書考》，蓋因李氏並未提出有價值的證據以說明《古文尚書》之為偽作。尤可注意者，李紱以倡行陸王心學見著，而「治學廣博欠精深」，這在清代學術界是眾所公認的，[216] 崔述卻誤以李氏為飽學之士。他不僅認為清代博學之人無過於李紱者，甚至以李氏與顧炎武相比。他說：「百餘年以來，讀書有卓識者無過於顧寧人先生，所推為博學者無過於李巨來先生。」[217] 這絕不是一種偶然的疏忽，而是透露出他不明白陸王之學在清代也逐漸轉入以「道問學」方式講究理學的情形。[218]

清代王崧(1752-1837)作《說緯》一書，其中提到了崔述的《考信錄》。王氏之書是在《皇清經解》基本上編成後被增補進去的。可是阮元(1764-1849)編此書時卻沒有收崔氏之書。以後王先謙(1842-1917)編《皇清經解續編》時，又未收錄崔書。這表明正統的漢學家從來沒有把崔述放在眼裡，更不用說承認他的學術了。對於這一現象，有一種看法認為，崔述之所以在清代學術界不受重視，主要是因為當時的學術

215 崔述：《古文尚書辨偽》，《遺書》，頁596-598。

216 參看冒懷辛：《李紱〈穆堂學案〉》，見楊向奎、冒懷辛：《清儒學案新編》第3卷，齊魯書社1994年版，頁580-581。

217 崔述：《古文尚書辨偽》，《遺書》，頁597。

218 關於李紱思想與學術的討論，詳參Chin-shing Huang, *Philosophy, Philology, and Politics in Eighteenth-century China: Li Fu and the Lu-Wang School under the Ch'ing* (Cambridge: Cambridge University Press, 1995).

環境不能接受他的疑古思想。[219] 其實，這種說法只看到了問題的一面。嚴格地說，崔述治學並非要離經叛道，他與其他清儒一樣，以為上古三代是聖道王功結合的盛世，為後世所不及。他考辨古史的目的即是捍衛聖道，而對經書的深信不疑正是驅動他實現這一目標的力量。崔述不為清代學術界所接受的真正原因是，他的治經路數不合於當時學術的主流方向，故其弟子陳履和說，當時「外人未有好先生書者」。[220] 與崔述同時的漢學家如段玉裁、王念孫、邵晉涵(1743-1796)、汪中(1744-1794)，在當時皆負有學術盛名，崔述既沒有在北京與他們接觸，又未在往返福建途經蘇州、揚州時和他們交往。這是足以發人深省的，可見崔述對當時處於主流地位的漢學家存有一種逆反的心理。他不信漢儒的經說，反對讀書之「博」，不願與博學之士交相師友，皆是此種心理之反映。崔述在古史考辨中常抱孤往之見，在著述中又盡嘲諷之能事，這些都是他心靈深處對漢學主流的排斥態度的反映，說明他既十分自負，不屑於向他人請教；同時又內向孤僻，獨學無友。而正是由於崔述孤行於世，「不與外方通聲氣」，[221] 他與並世之漢學大家落落不能合，甚至幾乎沒有文字因緣。正如崔述自云：「讀書雖有所得，而環顧四壁茫然無可語者。」[222] 在清代，無論漢學家還是宋學家，多有學派傳承或師友淵源。可是通觀崔述的學術，我們卻無法找到一個明確的譜系來說明其直接學術繼承關係，他本人也絕少探求師法之源，故始終未能融入清代儒學的主流。崔述受到漢學家的輕視部分地是由於他主張直接返回《五經》，而對由小學入經學不甚經意。他之所以不重訓詁的學術風格顯然還有其周圍環境的因素。他生活於直隸大名，而當時北方的學者對訓詁之學有興趣者寥寥無幾。在當地學風的影響下，崔述摒棄了訓詁式的考據方法。不過從這一點，我們也可以注意到一個現象，即以訓詁為考據特徵的漢學雖為

---

[219] 參閱王汎森：《古史辨運動的興起》，頁23-24。
[220] 陳履和：《崔東壁先生行略》，《遺書》，頁944。
[221] 參見顧頡剛：《崔東壁遺書序》，《遺書》，頁58。
[222] 崔述：《與董公常書》，《遺書》，頁705。

清學主流，但卻是一個地方性（主要興盛於蘇皖浙地區）頗為明顯的學術派別，即艾爾曼所說的「江南學術共同體」，故而對其他地區的影響似乎相對較弱。[223] 這也是一個有待治清代學術史者進一步研究的問題。

區分今古文說是清代經學研究的一個重要發展，可是崔述卻因不分門戶而不明今古文經說之分，這方面的例子在《考信錄》中甚多，現舉一顯例加以說明。在《豐鎬考信錄》中，崔述據《尚書・金縢篇》駁《史記》載成王感風雷之變而親迎於周公卒後之說。[224] 王充在《論衡・感類篇》已指出風雷示變事，今文說為葬疑（周公卒後事），古文家為信讒（周公生時事）。[225] 崔述不清楚在《金縢篇》裡今古文是混編在一起的，他只是根據一般的推理（如他說：「夫以為在周公卒後，則所謂親迎者迎何人乎？所謂出郊者欲何為乎？」），遂斷定《史記》所載為非。[226] 崔述以為《史記》因《尚書大傳》而誤，但是問題在於，他何所據而斷定《大傳》於此為誤？崔氏以為《金縢篇》作於伐武庚前，又有何據？他的唯一根據就是「親迎」二字，因為如果周公人已不在，親迎就失去了物件。可是「親迎」這兩個字本身就有問題。《史記》根本就沒有「親」字，所以「親迎」二字就別有解說：以「迎」為「逆」，解為逆禮。姑且不論這種說法是否成立，我在這裡只是要指出：以「迎」為「逆」的解釋畢竟是古人的一種說法，而崔述對此竟全然不知，可見他在古史考信中對於經典的文字校勘和訓詁不甚經意，因而把傳世的《尚書》當作在文義上毫無疑問的文本。古書中存在異說的地方比比皆是，在沒有充分根據的情況下，後人絕不能任意刪除前人的任何一說。崔述在只知其一的情況下，就盲目地作出結論，於是犯了證據不足的毛病。實際上，對於成王親迎周公一事是在周公生前還是卒後

---

223 參見Michael Quirin, "Scholarship, Value, Method, and Hermeneutics in Kaozheng: Some Reflections on Cui Shu (1740-1816) and the Confucian Classics," *History and Theory*, vol. 35, no. 4 (December 1996): 39.

224 崔述：《豐鎬考信錄》，《遺書》，頁220。

225 參看蔣善國：《尚書綜論》，上海古籍出版社1988年版，頁455。

的不同記載，是由於今古文說之異造成的。但是崔述不瞭解這一點，以為一事兩載必有一誤。以上有關成王親迎周公的不同記載顯然司馬遷是採自今文說（關於這一點，日本學者瀧川資言(1865-1946)在《史記會注考證》中已有考釋）。崔述所言「一事兩載必有一誤」的原則，其實也並不是可靠的邏輯論證，而是建立在推測基礎之上的。對於古書記載的疑難之處，人們盡可以作各種推測，但是不可以輕易定論，尤其不能以隨意的推測為根據來作絕對的結論。這是因為，沒有證據既不能肯定什麼，也不能否定什麼。所以，在古史考證中，絕不可以隨意斷言一事兩載必有一誤。在崔述的心目中，今古文說的分別似乎是不存在的。當然，崔述不知今古文經說之別對其學術產生了正反兩方面的效果：正面的效果是，由於他不明經學門戶之界限，治經時不受今古文家法的侷限，因而勇於疑古；反面的作用是，由於他的考據完全脫離了漢儒的注疏，使得他的經學研究相對淺薄。

在清代考據學家中，段玉裁、王念孫等是古文經學派，他們已經重視區分今古文經說。後來的陳壽祺(1771-1834)父子則是受到了古文家的學術訓練，亦注意今古文的字和說的分別與流派。必須指出的是，清代今文學家（常州學派）並不是以區分今古文說為其學術特徵的。在經學研究中，他們講究公羊學的微言大意。值得注意的是，今文學家雖反對漢學家那種支離破碎、脫離實際的思想方法，但並不排斥漢學家的考據成就。如今文學家中的宋翔鳳(1776-1860)、劉逢祿(1776-1829)就是有相當功力的考據學家。宋翔鳳著有《過庭錄》，經史考證六百餘條，多有創見，後人稱讚他：「通訓詁名物，志在西漢家法，微言大義，得莊〔述祖〕氏之真傳。」[227] 有人認為，崔述治學不存今古文學派門戶之見，[228] 這樣的說法不符實際。通過仔細的觀察便會發現，崔述對今文學無所涉及的根本原因在於，他只重經文而不重經說，也不相信漢儒對經書的解釋。因此，崔述也就不可能自覺地區

[226] 崔述：《豐鎬考信錄》，《遺書》，頁220。

[227] 《清史列傳》卷69，中華書局1987年版，第18冊，頁5606。

分今古文說。

我們看到，任何人若試圖對崔述的學術和思想作比較全面深刻的理解，都必須將其經史考辨之著作放在清代儒學的系統中加以論衡，如此才有可能獲得一個符合歷史實際的評價。通過以上的討論，我們不難發現，儒學中漢、宋二學的某些因素雖曾對崔述之學發生過接引或潛移默化的作用，然而這絕不表示漢學或宋學構成了其學術的主流或重點。在清代，所謂宋學與漢學之間雖有著千絲萬縷的交涉，但同時也存在著一道明確的界限，稍微熟悉經學傳統者當可看出此中的分別所在。被排斥於儒學主流之外的崔述，雖對漢宋之別有一定的瞭解，卻未達到深透的程度，故無法看清各派的高下得失和實質區別。究其原因，蓋由於崔述對整個儒學傳統缺乏廣泛深入的瞭解。當時《皇清經解》雖尚未出版，但《通志堂經解》業已流行，而崔述卻從未閱讀過，故未識宋元以來儒學各派經說之異同。界別尚且不明，又何論自覺地超越經學的門戶之見呢！現在有個別學者認為，「崔述治學超越了儒家家派的藩籬，他非今（文）非古（文）、非漢非宋、非朱非王」。[229] 但是這種「超越」至多只能理解為略過，或曰置之不理，而非嚴格理論意義上的「超越」。[230] 美國著名中國思想史學家史華茲(Benjamin I. Schwartz)曾從詞源學意義(etymological meaning)上對「超越」(transcendence)一詞作過以下解釋：「退後一步，向前展望(a kind of standing back and looking beyond)，一種以實際和嶄新的眼光對前面的事物進行批判和反省的探詢。」[231] 因之，真正在學術境界上的超越不是對問題的回避，而是揚棄(Aufheben)原有事物的內在矛盾，從而達到一種新的高度和新的境界。如果一個人沒有真正地理解(comprehend)某一事物的內在矛盾，那又怎麼可能完全揚棄它呢？所以，援用「超越」來說明崔

---

[228] 路新生：《論崔述的超家派治學解經法》，《江淮論壇》1987年第4期，頁100。
[229] 路新生：《論崔述的超家派治學解經法》，《江淮論壇》1987年第4期，頁93。
[230] 純從語義上說，「超越」可以有兩義：一是融合超前；一是避開不談。而前者是正義；後者是歧義。
[231] Benjamin I. Schwartz, "The Age of Transcendence," *Daedalus* 104 (Spring 1975): 3.

述的學術特點是不適宜的。因為這樣做，人們就會忽視「超越」這個既定範疇的特性，從而掩蓋崔述之學的真相。

《荀子・解蔽》云：「凡萬物相異則莫不相為蔽，此心術之公患也。」就崔述的學術而言，其蔽全在於他不能真正認識到儒家各派學術分歧的實質所在。有人以為這是由於崔述對清代儒學內部的門戶之爭沒有興趣，但是不感興趣與無所分別是有區別的，前者是知道分別但不屑為之，後者是不知分別也無從為之。崔述顯然屬於後一種情形。所以，崔述在清代學術界的定位絕非可以輕易歸於某一派別。崔述既然不能超越漢、宋，那麼他的學術便只能是既非漢非宋（在自覺的層次上），又亦漢亦宋（在不自覺的層次上）。具體地說，崔述在倫理上（講究忠孝綱常）崇敬朱子之義理，此其近宋的一面；而他又不以義理探討為主業，此其近漢學的一面。崔述在治學上重視文獻考證，此其近漢學的一面；而其考證不用訓詁之學，但重歷史和邏輯的推論，此其不近漢學的一面。從學術淵源來看，我們可以發現崔述和儒家知識主義傳統的聯繫。呂思勉曾謂：「崔氏考證，雖若深密，然其宗旨實與宋人同。」[232] 呂氏此語並非虛發。崔述的經史考證在方法論上實導源於宋代朱熹之學的道問學系統，而有所變異和突破，儘管它始終未能發展成為清代漢學以文字訓詁為核心的知識價值系統。這也可證余英時所論在「博」與「約」的問題上：

> **支流與主流同歸於「道問學」之一境。這是清代儒學循內在理路而發展的一個最有力的見證。**[233]

因此，就崔述學術在清代儒學的定位而言，我傾向於這樣的看法，即崔述之學乃是宋代學術懷疑辨偽傳統在清代所表現出的一種獨特的學術形態（此中的原因很複雜，詳情容俟他文再論）：它不僅是朱

---

[232] 呂思勉：《讀〈崔東壁遺書〉》，《論學集林》，頁177。

[233] 余英時：《清代學術思想史重要觀念通釋》，《中國思想傳統的現代詮釋》，頁456。

熹文獻考證傳統的一個特殊變相或餘緒，而且有某些獨到之處，如具有歷史意識、疑古思想、重視史學問題和辨偽方法等。恰恰是這些獨到之處在「古史辨」運動中為胡適、顧頡剛所看重，他們抓住了崔述的疑古傾向並進而發揚光大，可以說經過對崔述之學的揚棄而達到了思想和學術的開新。

藉由重新考察崔述在清代的儒學定位，我們可以發現崔述與清代漢宋兩派在思想學術上的異同，雖不表示他們在對聖人之道的基本認識上有根本的區別，但卻反映儒學在清代發展的複雜性。崔述在清代儒學史上的定位不是一個孤立的現象，它表明儘管清代學術領域主流被漢宋兩派所籠罩，但仍潛伏著個別不合時流的儒學偏支，如少數游離於江南學術共同體或理學門戶之外的獨立學者，而崔述即為其中之一。崔述的學問固然受到了環境和視域的限制，但不可否認，他通過個人的精思，實現了一個特殊形態的儒學研究。我們還可以從儒學內部的學術流變線索中瞭解到更深一層的涵義，即由於崔述之學是清代儒學史中的一個特例，它既不屬於正宗的漢、宋學派，也不具有廣泛性的代表意義，因此無論崔述之學有多少值得後人繼承的東西，都不能改變他在當時不為人們所重視的客觀事實。所以崔述根本不能算作現在西方學者所說的「研究清代考據學之一理想候選者(an ideal candidate)」。[234] 從這種不分學術主從的看法，也可得見西方學者對中國經學傳統的理解終嫌隔閡。

當然，我們說崔述之學「非漢非宋」並不表示其學無足稱道，事實上，他的學術所長雖為清代學術的主流掩沒，但並未消失。相反地，這些長處在「古史辨」運動中對疑古辨偽活動起到了某種導向的作用，這是不容治現代學術史者忽視的。儘管崔述從事經史考證時，從不諱言自己「惟聖人經書為是」的衛道思想，[235] 然而胡適、顧頡剛為建立

[234] 參見Michael Quirin, "Scholarship, Value, Method, and Hermeneutics in Kaozheng: Some Reflections on Cui Shu (1740-1816) and the Confucian Classics," *History and Theory*, vol. 35, no. 4 (December 1996): 40.

[235] 有關尊孔衛道與疑古辨偽之內在可能的關聯，參見王汎森：《古史辨運動的興

新史學，並不深究崔述之本意，而是把注意力放在隱藏於其學術中的史學意識、辨偽方法和疑古之說上。因之，崔述之學竟不期然而然地在「五四」時期的學界受到前所未有的重視。以今天的標準來看，崔述雖在疑古辨偽上有所創獲，但最終受到其個人學術水準的限制而未成為清代學術史上超邁群倫的學者。近代學人論崔述往往強調其現代「開新」精神，從某些方面說，這一觀察是有根據的。不過所謂「開新」必須是對前賢的學術境界和水準的突破(breakthrough)，因為只有突破，才能實現超越。當然這個問題已超出本文的內容，而涉及崔述之學在近現代學術界的影響。[236] 概括地說，只有將崔述既放在其生活時代，同時又置於「五四」的視野之中，其學術才能獲得比較完整的意義。清代的漢學家和宋學家大多只見崔學之短，有意貶低或無視其學；而胡適、顧頡剛則強調崔氏之長，大加褒揚。兩者都不免各執一偏。正因如此，無論是清儒還是「五四」學人，都未能恰如其分地確定崔述在清代儒學史上的地位。他們對崔述學術的屬性得出不同結論這一事實本身，恰好可以用現代哲學詮釋學的套語來說明，即崔述學術本身的意義已與讀者對其著作的解釋出現了理解上的間距(distanciation)。當然，這已不屬於本文討論的範圍，不過對待崔述何以出現兩種迥然有異的態度，卻是中國思想學術史上另一個發人深省的問題。

起》，頁63-74。

[236] 對於崔述對「古史辨」運動影響的討論，請參看本書第五篇：《論胡適、顧頡剛的崔述研究》。

第五篇　論胡適、顧頡剛的崔述研究

在五四新文化運動時期，胡適(1891-1962)、顧頡剛(1893-1980)對清代學者崔述(1740-1816)的發現和研究，曾在中國現代學術史上產生過相當大的影響。崔述之學深為胡適、顧頡剛及「古史辨」派所推許，其《考信錄》一書尤為他們所稱道。在胡適、顧頡剛的大力鼓吹之下，崔述研究在上世紀二三十年代的中國學術界一度成為顯學。然而，如何評估胡適、顧頡剛對崔述的研究，似未引起人們的重視，迄今尚未見有專文論述。今不揣譾陋，略取有關史料加以敘述和檢討，或可供治現代學術史者參考。

一、發現崔述及其思想史的背景

崔述生活在乾嘉時代，然其學非但不入清代學術主流，還備受漢、宋學兩派學者之排斥。崔述傳世著作不少，卻因他在清代學術界聲名不顯，故身後幾乎湮沒無聞。誠如顧頡剛所言：「崔氏書在舊日學界中，殆是外道，故甚不為人所稱。」[1] 儘管崔述的系統性著作《考信錄》在清代已經刊行，其思想和學術價值卻未得到當時儒學界的普遍承認。顧頡剛對此現象深表不滿：

> 試觀阮元(1764-1849)、王先謙(1842-1917)兩刊清代經解，所收不為不多，零星筆記尚且入錄，而東壁之著述曾未收入一種，則其受樸學家之排斥非極顯明事耶！[2]

那麼，造成這種情形的原因何在呢？或云：可能是阮元不知道崔述其人，才遺漏了他的主要著作《考信錄》。但我以為，阮元是知道崔述

---

[1] 顧頡剛：《關於本書的評論目・按》，《崔東壁遺書》（以下簡稱《遺書》），上海古籍出版社1983年版（以下版本同），頁1041。

[2] 顧頡剛：《關於本書的評論目・按》，《遺書》，頁1041。

其人其書的，卻有意未收入《皇清經解》。這樣推斷的根據是，阮元的學識極為淵博，對當時已出的經學著作有很清楚的瞭解，更何況他手下還有一大批學人協助他搜集書目。如《皇清經解》中收有王嵩(1752-1837)的《說緯》，而王書引述了崔述的《考信錄》。後來王先謙編《皇清經解續編》也未收錄崔述的著作。《皇清經解續編》不僅彙集了《皇清經解》之後出版的經學著作，也注意收錄《皇清經解》未收的前人著作。阮元、王先謙在當時代表了正統的漢學，而他們都未收錄崔述之書，這一現象表明，在漢學家看來，崔述的學術不符合正統經學的要求。非但漢學家如此，那些理學醇儒在評論崔述之學時，也多採取否定態度，如劉鴻翱(1779-1849)批評崔述「必創為異說與聖賢爭衡」。[3] 然而儘管如此，仍有為數不多的學者對崔述持某種肯定的態度。如陳澧(1810-1882)謂：「崔氏讀經而有心於治法，非復迂儒之業，良足尚也。」[4] 受其師汪廷珍(1757-1827)的影響，張維屏(1780-1859)也曾在《松心日錄》中稱頌崔述說：

> 二百年來，考據之學盛矣，然大都就制度名物辨論之，未有合唐、虞、三代聖君賢臣之事蹟而考究之者。東壁先生積三十年之心力，成《考信錄》諸書。每事必究其原；每書必核其實。歷代史傳無不覽，而義必以經為宗；諸家論說靡不觀，而理必以聖為準。[5]

自晚清以來，隨著打破傳統偶像的疑古風氣的出現，崔述逐漸受到激進知識分子的密切關注，如蘧照在1905年、劉師培(1884-1919)在1907年先後撰文，宣揚崔述之學。[6] 這一趨向至五四新文化運動時期益發顯著，首先是與胡適、顧頡剛的重視和鼓吹分不開的。1917年胡適結束了

---

[3] 劉鴻翱：《〈帝王考信錄〉辨》，《遺書》，頁1065。
[4] 陳澧：《〈尚書〉中之治法》》，《遺書》，頁1074。
[5] 張維屏：《松心日錄》，《遺書》，頁1072-1073。
[6] 蘧照：《崔東壁學術發微》，《東方雜誌》卷2第7期；劉師培：《崔述傳》，《國粹學報》卷3第9期。

在美國的留學生活，受聘於北京大學。其時顧頡剛正在北大文科中國哲學門讀書，他選修了胡適開的中國哲學史課，於是雙方開始了一段長達二十多年的師生關係。與當時反傳統的思潮和懷疑一切的風氣相適應，胡適、顧頡剛開始對古書和古史的真偽問題進行探索。1920年夏，顧頡剛從北京大學畢業，留校擔任圖書館的編目工作。1920年11月，他受胡適之託，開始標點姚際恒(1647-1715)的《古今偽書考》，進而準備編訂《辨偽叢刊》。胡適在1926年4月11日所寫的一篇書評裡，回顧了他和顧頡剛在這段時期是如何注意到崔述的：

> 當民國九年十一月我請他〔顧頡剛〕點讀《古今偽書考》的時候，我不過因為他的經濟困難，想他可以借此得點錢。……但他不肯因為經濟上的困難而做一點點苟且潦草的事，他一定要「想對于他徵引的書都去注明卷帙，版本；對于他徵引的人都去註明生卒，地域」。因為這個原故，他天天和宋元明三代的辨偽學者相接觸，於是我們有「辨偽叢刊」的計畫，先是辨「偽書」，後轉到辨「偽事」。……
>
> 到民國十年一月，我們才得讀崔述的《考信錄》。我們那時便決定頡剛的「偽史考」即可繼《考信錄》而起。[7]

顧頡剛在標點《古今偽書考》的過程中，與胡適來往書信不斷，商討對疑古辨偽問題的看法，而崔述正是在兩人的討論中被重新發現的。1920年12月15日，顧頡剛在給胡適的信中說：

> 清代人辨證古史真偽的，我知道有二大種而都沒有看過：一是崔述的《東壁遺書》，一是林春溥的《竹柏山房叢書》。先生那裏有麼？[8]

[7] 胡適：《介紹幾部新出的史學書》，《古史辨》第2冊下編，上海古籍出版社1982年重印本（以下版本同），頁335-336。
[8] 顧頡剛：《告擬作〈偽書考〉跋文書》，《古史辨》第1冊上編，頁14。

胡適於12月18日回信說，他手頭沒有《崔東壁遺書》，但卻知道崔氏之書有日本人那珂通世(1850-1908)的新式標點本。不久，胡適尋得了《畿輔叢書》本的《崔東壁遺書》。他一接觸到《崔東壁遺書》，就深感此書對於疑古辨偽運動的價值，大有「相見恨晚」之感。胡適在次年1月24日復顧頡剛書中說：

> 近日得崔述的《東壁遺書》，（還不是全書，乃是《畿輔叢書》本，只有十四種，但《考信錄》已全，）覺得他的《考信錄》有全部翻刻的價值，故我決計將此書單行，作為《國故叢書》的一種。
>
> ……你看了便知他的書正合你的「偽史考」之用。[9]

幾天後，胡適在通讀並批點了《考信錄》之後，又給顧頡剛寫信說：「《考信錄》在清代要算一大奇書……但古今來沒有第二個人比他的大膽和辣手的了。」[10] 胡適所說的「大膽和辣手」，顯然是指崔述勇於疑古的精神。1921年2月4日，胡適寫信給日本友人青木正兒(1887-1964)，託其代購日本史學會版的《崔東壁遺書》。[11]

顧頡剛在《古史辨》第一冊自序中說，他十幾歲時便從李元度(1821-1887)《國朝先正事略》中得知崔述整理古代史實、刊落百家謬妄之事，卻一直未有機緣得讀崔述的著述，直到1921年1月中旬胡適購得《崔東壁遺書》並送交他閱讀。[12] 這是顧頡剛第一次直接讀到崔述的著作，他在不到一個月的時間內就讀完了全書。在1921年1月31日致胡適的信中，顧頡剛說：

> 《考信錄》已讀兩冊，大快。他〔崔述〕雖但疑史傳雜說而

9 胡適：《告得〈東壁遺書〉書》，《古史辨》第1冊上編，頁19。

10 胡適：《自述古史觀書》，《古史辨》第1冊上編，頁22。

11 參看李慶：《〈崔東壁遺書〉和二十世紀初中日兩國的「疑古」思潮》，《學術集林》卷10，頁318。

12 顧頡剛：《自序》，《古史辨》第1冊，頁45。

仍信經，令人不滿意，但經到底少，史傳雜說則很多，他把難的地方已經做過一番功夫，教我們知道各種傳說的所由始了，由此加功，正是不難。[13]

顧氏在讀《考信錄》後頗有感觸地說：

我弄了幾時辨偽的工作，很有許多是自以為創獲的，但他〔崔述〕的書裏已經辨證得明明白白了，我真想不到有這樣一部規模弘大而議論精銳的辨偽的大著作已先我而存在！我高興極了，立志把它標點印行。[14]

他對崔述的《考信錄》深為讚賞佩服，說道：

我二年以來，蓄意要辨論中國的古史，比崔述要進一步。崔述的《考信錄》確是一部極偉大又極細密的著作，我是望塵莫及的。我自知要好好的讀十幾年書，才可追得上他。[15]

還應當提到的是，當時在北京大學任教的錢玄同(1887-1939)也加入了胡適、顧頡剛有關辨偽的討論，並對他們高度褒揚崔述的舉動深表贊同。錢玄同在致胡適的信中說：「你說崔東壁是二千年來的一個了不得的疑古大家，我也是這樣的意思。」[16] 後來又在給顧頡剛的信中寫道：「前代學者……如崔述諸人，都有辨偽的眼光，所以都有特到的見識。」[17] 他還將崔述與朱熹(1130-1200)、顏元(1635-1704)、章學誠(1738-1801)並列為宋代以來的四大學者之一。[18] 在論及崔述時，他著重指出：

我以為推倒漢人迂謬不通的經說，是宋儒；推倒秦漢以來傳

13 顧頡剛：《論偽史例書》，《古史辨》第1冊上編，頁28。
14 顧頡剛：《自序》，《古史辨》第1冊，頁45-46。
15 顧頡剛：《與錢玄同先生論古史書》，《古史辨》第1冊中編，頁59。
16 錢玄同：《玄同先生與適之先生書》，《古史辨》第1冊上編，頁27。
17 錢玄同：《論今古文經學及〈辨偽叢書〉書》，《古史辨》第1冊上編，頁29-30。
18 錢玄同：《論〈詩〉說及群經辨偽書》，《古史辨》第1冊上編，頁52。

> 記中靠不住的事實，是崔述；推倒劉歆以來偽造的《古文經》，是康有為。……崔述推倒傳記雜說，卻又信《尚書》、《左傳》之事實為實錄。[19]

在讀了《考信錄》後，錢玄同對崔述的疑古思想極為服膺，為了表示自己疑古之決心，他甚至自稱「疑古玄同」。這也表明他對崔述的重視不在胡適、顧頡剛之下。錢穆先生(1895-1990)曾云：

> 而東壁以百年前一老儒，聲名闇淡，乃留遺此數十種書，得身後百年如三君〔東方按：指胡適、顧頡剛、錢玄同〕者之推挹，一旦大顯於天下。[20]

可見崔述在身後百年而享大名，主要有賴於胡適和顧頡剛的重新發現和推崇表彰。

由於崔述在清代學術界不受重視，胡適為他鳴冤道：「這樣一個偉大的學者，這樣一部偉大的著作，竟被時代埋沒了一百年，究竟不能不算是中國學術界的奇耻！」[21] 他甚至認為：「他的著作，因為站在時代的前面，所以在這一百多年中，只受了極少數人的欣賞，而不曾得着多數學人的承認。」[22] 在重新發現崔述之後，胡適除積極鼓勵顧頡剛整理出版崔述的遺著外，還親自撰寫崔述的年譜。1923年4月，胡適在北京大學《國學季刊》第一卷第二期上發表了《科學的古史家崔述》。這篇文字包括引言、崔述的家世和年譜的上半部（只寫到1783年崔述44歲時）。《崔述年譜》的下半部後來由趙貞信(1902-1990)續完。顧頡剛在1933年曾說過：「十載而還，學人多稱道東壁；然已大都收入拙編《古史辨》。」[23] 據初步統計，當時出版的研究和評介崔述的論文有五十篇

---

[19] 錢玄同：《玄同先生與適之先生書》，《古史辨》第1冊上編，頁27。
[20] 錢穆：《崔東壁遺書序》，《遺書》，頁1047。
[21] 胡適：《科學的古史家崔述》，《遺書》，頁953。
[22] 胡適：《崔東壁遺書序》，《遺書》，頁1043。
[23] 顧頡剛：《關於本書的評論目・按》，《遺書》，頁1041。

左右，崔述的年譜有三種：胡適、趙貞信合撰《崔述的年譜》[24]，姚紹華著《崔東壁年譜》[25]，以及劉汝霖著《崔東壁年譜》[26]，足見那時崔述研究之蓬勃。正如錢穆先生所說：「然東壁之學傳矣而不廣，存矣而不著，浮沉淹沒於書海之底者又百年，乃迄於今而始大顯。」[27]

從1921年到1936年是學術界討論崔述最熱烈的時期，除了胡適、顧頡剛之外，錢玄同、洪業(1893-1980)、趙貞信等人也熱衷搜集有關崔述的材料，對他的著作加以考訂並進行討論。他們還在燕京大學圖書館的破書堆裡意外地發現了崔述的佚著《知非集》。[28] 雖然他們都在一定程度上注意到了崔述學術的不足之處，但總的傾向是對其推崇備至。顧頡剛在整理《崔東壁遺書》的過程中，常常神遊於崔述的故鄉大名，並產生了去那裡考察和進一步搜集材料的念頭。1931年4月，他與洪業等人從北京出發前往大名縣。當時北方社會混亂，土匪出沒，旅途極不安全。然而顧頡剛等人抱定研究崔述家世的念頭，不畏艱險，在大名進行了四天的實地考察。他們走訪崔氏家族的後人，瞭解崔述及其家人的佚事，尋找其家譜和佚著，還參謁了崔氏之墓。他們這次訪問的全部情況最後由洪業、顧頡剛寫成《崔東壁先生故里訪問記》一文，發表在《燕京大學學報》第九期上。[29] 此文極為詳盡地介紹了這次察訪的收穫，對瞭解崔述的生平事蹟頗有裨益。趙貞信還為此文繪製了幾份詳細的地圖。誠如顧頡剛在文中所說：「於是讀東壁書者得了然於其所稱舉之地及其往來遷徙之程。此亦尚論古人之應有事也。」[30] 這次的實地考察給他們的崔述研究增加了感性的知識（如目睹了崔氏的墓誌銘等），糾正了以前的某些誤解，並發現了一些的新材料，如借抄到崔述的筆記《荍田賸筆》殘稿、崔氏夫人成靜蘭(1740-1814)的《二餘集》以及崔述之弟崔邁(1743-

[24] 《崔述的年譜》作於1923-1931年間，現收入《遺書》，頁950-1019。
[25] 姚紹華：《崔東壁年譜》，商務印書館1930年版。
[26] 劉汝霖：《崔東壁年譜》，文化學社1928年油印本。
[27] 錢穆：《崔東壁遺書序》，《遺書》，頁1046。
[28] 詳參洪業：《跋崔東壁知非集》，《洪業論學集》，中華書局1980年版，頁17-30。
[29] 此文後收入《遺書》，頁1020-1029。
[30] 顧頡剛：《崔東壁先生故里訪問記目》，《遺書》，頁1020。

1781)的遺著四種等。

顧頡剛搜集和出版崔述的遺著可謂不遺餘力，他親自標點、校訂、整理《崔東壁遺書》費時十餘年，1936年由上海亞東圖書館出版，崔氏的著作至此得一大集成，為研究者提供了極大的便利。[31] 1937年盧溝橋事變後，學者們再也無心專門研討古史問題，崔述研究的熱潮也隨之終結。

從上述可知，發現崔述的直接動因來自胡適與顧頡剛關於古史辨偽的討論。然而從思想史的觀點看，任何一種思想之所以能造成運動，必然是由於它恰好符合當時社會思潮的需要，胡適、顧頡剛等之所以特別欣賞崔述絕不是某種偶然因素造成的，而是晚清以來疑古思潮發展的一個必然結果。自清季以來，就不斷有人從今文學的角度對上古文獻表示懷疑，如劉逢祿(1776-1829)疑古文經，作《左氏春秋考證》，斷《左傳》為劉歆（前53-23）偽作；康有為(1858-1927)撰《新學偽經考》，進一步否定古文經。可以說，今文學派實際上開啟了現代疑古思潮之先河。1905年科舉制度廢除後，對代表儒家意識形態的各部經典表示懷疑，已逐漸成為具有革新思想的知識分子的共同態度。這種懷疑的態度可視作中國學術特別是上古史研究發生根本轉向的先導，譬如夏曾佑(1865-1924)在《中學中國歷史教科書》（後重版改名《中國古代史》）中，就將上古三代稱為「傳疑時代」。1911年辛亥革命爆發，清帝所代表的普遍王權(universal kingship)全面崩潰，隨之而來的是中國傳統政治和文化秩序的瓦解。在此背景下，中國知識界在五四新文化時期形成了強烈的反傳統氣氛，而在學術研究中則全面掀起一股疑古之風潮。[32] 從更深一層看，這種反傳統思想的興起更是中國思想史自身內部的一種新發展，其內在刺激即源自於晚清今文學的懷疑思潮。余英時在分析宋明理學轉變為清

---

[31] 《崔東壁遺書》於1983年由上海古籍出版社重版。在重版前，顧頡剛在助手王煦華的協助下，動筆續寫《遺書》序言（前十三節已收入《古史辨》第7冊），但直至逝世也未能完稿。這篇長達八萬言的序言後由王氏續成。

[32] 參看林毓生：《中國傳統的創造性轉化》，三聯書店1988年版（以下版本同），頁166-167。

代考據學的原因時指出：

> 如果我們專從思想史的內在發展著眼，撇開政治、經濟及外面因素不問，也可以講出一套思想史。從宋明理學到清代經學這一階段的儒學發展史也正可以這樣來處理。[33]

我們同樣可以說，從清末到「五四」這一階段的學術發展，也可以思想史的內在發展來解釋。可以說，胡適、顧頡剛發現和重視崔述的疑古思想，是直接從晚清今文學派發展而來的。在五四時期，反傳統思潮主要表現為對傳統儒家意識形態的批判。[34] 在反對正統儒家思潮的激盪之下，人們開始突破傳統典範(paradigm)的限制，全面懷疑儒家經典則成為這一思潮發展的必然趨向。胡適有一句名言：「疑古的態度，簡要言之，就是『寧可疑而錯，不可信而錯』十個字。」[35] 這種懷疑精神在五四時期是具有代表性的，而它在史學方面則表現為對古書（特別是經書）以及傳統古史系統的全面懷疑，即「古史辨」運動之興起。

中國學術史上早有疑古辨偽的傳統，疑古辨偽也曾是清代學術的一個重要組成部分。為什麼只有當「古史辨」運動興起後，疑古辨偽才蔚為大觀，並表現為一種獨立的思想形態呢？除了上述潛移默化的內在因素外，五四時期社會思想影響的外部環境也起了明顯的作用。顧頡剛在解釋他產生疑古主張的原因時說：

> 老實說，我所以有這種主張之故，原是由於我的時勢，我的個性，我的境遇的湊合而來。[36]

---

[33] 余英時：《清代思想史的一個新解釋》，《歷史與思想》，聯經出版事業公司1976年版，頁125。

[34] 關於儒學與儒家意識形態的區分，參看余英時：《中國現代思想史上的胡適》，聯經出版事業公司1984年版（以下版本同），頁37。

[35] 胡適：《研究國故的方法》，見俞吾金編選：《疑古與開新——胡適文選》，上海遠東出版社1995年版（以下版本同），頁59。

[36] 顧頡剛：《自序》，《古史辨》第1冊，頁4。

所謂時勢，在這裡是指自晚清到五四時期的批判傳統、接受西學的形勢。顧頡剛曾公開聲明：「這個討論〔東方按：指古史討論〕何嘗是我的力量呢，原是在現在的時勢中所應有的產物。」[37] 顧頡剛的這兩段話值得注意，因為他的表白透露了當時思想界的新動向。胡適借用尼采(F. W. Nietzsche, 1844-1900)的話，說現今時代是一個「重新估定一切價值」(Transvaluation of all Values)的時代，並強調：「『重新估定一切價值』八個字便是評判的態度的最好解釋。」[38] 可見儘管導致「古史辨」運動興起的源流和因素是多方面和多層次的，但無可否認的是，如果沒有「五四」反傳統的思想背景，即顧頡剛所說的「時勢」，所謂疑古史學也許根本就發展不起來，更不必說形成一場波瀾壯闊的學術運動。胡適後來說道：

> 新文化運動的一件大事業就是思想的解放。我們當日批評孔孟，彈劾程朱，反對孔教，否認上帝，為的是要打倒一尊的門戶，解放中國的思想，提倡懷疑的態度和批評的精神而已。……
>
> 新文化運動的根本意義是承認中國舊文化不適宜於現代的環境，而提倡充分接受世界的新文明。[39]

但問題尚不止於此，五四時期的思想解放體現於當時反傳統空氣彌漫的學術界的另外一個重要現象是：激進知識分子在大力批判程朱理學的同時，又極力吹捧儒學傳統中的異軍人物，即未列於儒學正宗的學人。胡適談發現清代學者姚際恒（立方）《禮經通論》意義的一封信，為我們提供了瞭解這種新思想潮流的線索。他說：

> 姚立方的遺著的發現，是近代學術思想史上的一件重要事，不單是因為姚氏的主張有自身的價值，並且這事可以表示近年中

---

[37] 顧頡剛：《自序》，《古史辨》第1冊，頁79。

[38] 胡適：《新思潮的意義》，《胡適選集》，天津人民出版社1991年版（以下版本同），頁105。

[39] 胡適：《新文化運動與國民黨》，《胡適選集》，頁249。

> 國學術界一個明顯的傾向。這傾向是「正統」的崩壞，「異軍」的復活。[40]

許多在傳統時代被正統儒家視為「異軍」的人物在五四時期陸續被發現，他們雖在舊時聲名不顯，卻得到五四時代激進知識分子的高度讚賞和大力表彰。正如余英時所說：

> 當時在思想界有影響力的人物，在他們反傳統、反禮教之際首先便有意或無意地回到傳統中非正統或反正統的源頭上去尋找根據。因為這些正是他們比較最熟悉的東西，……[41]

以清代學者而言，顏元、章學誠、姚際恒以及本文討論的崔述都屬於這類儒學內部「別子為宗」的非主流學者。縱觀清代思想學術史，我們不難看出，儘管這些學者並非有意要宣導非正統或反傳統的思想運動，而且其學也並未越出儒家思想的藩籬，但他們卻遭到程朱正統派的非難，同時也備受考據學家的排斥。崔述正是在這樣一種「異軍復活」的潮流中被發現的，並且不期然而然地為「古史辨」運動的興起創造了條件。這一現象也可證余英時的一個觀點，即儒學的批判是從內部開始的。[42] 在儒學尚未完全退出學術主流的五四新文化運動初期，胡適、顧頡剛等對崔述的發現適逢其時，因為他們正需要憑藉崔述來衝擊正統儒學的基本結構。可以說，若無「五四」這樣一個背景，崔述很可能會在中國學術史上長期默默無聞。這樣的一個歷史背景就可以解釋為什麼胡適、顧頡剛等對崔述的發現在當時產生了普遍的反應，正因如此，胡適、顧頡剛等對崔述的發現，也就成為「古史辨」運動興起的一個顯著明確的標誌。[43]

---

[40] 胡適：《致錢玄同》，見耿雲志、歐陽哲生編：《胡適書信集》上冊，北京大學出版社1996年版，頁570。

[41] 余英時：《五四運動與中國傳統》，《史學與傳統》，時報文化出版企業有限公司1982年版（以下版本同），頁102-103。

[42] 余英時：《現代儒學的回顧與展望》，《中國文化》第11期（1995年7月），頁1。

[43] 關於古史辨運動的興起和內容，學術界已有多部專著詳細論述，因限於篇幅，本

二、胡適、顧頡剛對崔述的推崇和表彰

隨著西方文化思想新觀點不斷地傳入中國，中國傳統的以經學為核心的學術面臨著日益嚴峻的挑戰。在五四時期強烈的反傳統氣氛下，儒家經典受到了全面的懷疑，傳統經學開始轉向史學化，經書已不再是聖經賢傳，而成為研究古史的文獻材料；傳統的考據史學岌岌可危，一場以疑古辨偽為旗幟的新史學運動正在醞釀發展之中。在這種情勢下，胡適、顧頡剛對崔述的表彰促發了「古史辨」運動的興起。胡適在他的論著中首先將崔述譽為新史學（現代史學）的老先鋒。他說：「我深信中國新史學應該從崔述做起，用他的《考信錄》做我們的出發點；然後逐漸謀更向上的進步。」[44] 根據胡適的說法：

> 崔述在一百多年前就曾宣告「大抵戰國、秦、漢之書多難徵信，而其所記上古之事尤多荒謬」。我們讀他的書，自然能漸漸相信他所疑的都是該疑，他認為偽書的都是不可深信的史料：這是中國新史學的最低限度的出發點。……簡單說來，新史學的成立須在超過崔述以後；然而我們要想超過崔述，先須要跟上崔述。[45]

值得注意的是，胡適之所以認定崔述是中國新史學的開創者，是和他注意到崔述對傳統古史系統的批評與他本人的古史觀不謀而合有關係的。離開這一點，我們便無法瞭解胡適何以看重崔述。胡適到北大任教後，便開始宣揚他研究中國上古史的新方法。他在晚年回憶說：「在民國六年我在北京大學開講中國哲學史之前，中國哲學是要從伏羲、神農、黃帝、堯、舜講起的。據顧頡剛先生的記載，我第一天講中國哲學史從老子、孔子講起，幾乎引起了班上學生的抗議風潮！」[46] 顧頡剛到了耄

文不擬深論，僅在涉及崔述學術處略抒己見，但以大體為限，不涉及枝節問題。

[44] 胡適：《科學的古史家崔述》，《遺書》，頁953。

[45] 胡適：《科學的古史家崔述》，《遺書》，頁953。

[46] 胡適：《臺北版自記》，《中國古代哲學史》，臺灣商務印書館1958年版（以下版本同），頁5。

耋之年仍清楚地記得當年上胡適課的情景。他說：

> 獨有「中國哲學史」一課，兩千多年來衹堆積了一大批資料，還連貫不起一個系統來。……我瞧他略去了從遠古到夏、商的可疑而不勝其煩的一段，衹從《詩經》裏取材，稱西周後期為「詩人時代」，有截斷眾流的魄力，……[47]

1919年，胡適把他的博士論文擴充為《中國哲學史大綱》（上卷）出版。在此書中，胡適對中國古史採取懷疑的態度，使用「截斷眾流」的方法，對東周以前的歷史採取「寧疑古而失之，不可信古而失之」的態度。儘管「這種『疑古』的態度同時也是考證學的內在理路逼出來的」，[48] 我們也不能忽視外來的影響。從某種意義上說，胡適「截斷眾流」的思想是受到了英國史學家喬治・格羅特(George Grote, 1794-1871)的影響。胡適在美國留學期間曾研讀過格羅特所著《希臘史》(*History of Greece*)。[49] 鑒於早期希臘史中神話傳說與史實難以區分的情況，格羅特採取疑古態度，認為任何使傳說合理化的企圖都不可能獲得鑒別古史真偽的結果，所以他以西元前776年作為希臘信史的開端。格羅特處理希臘古史的方法顯然給胡適留下了深刻的印象。可以斷言，他的《中國哲學史大綱》在很大程度上有意模仿格羅特的這一作法。這也恰恰符合余英時所說：「……取近代西方文化為模式以改造中國傳統的確代表了胡適思想的一個基本方向。」[50] 在「截斷眾流」思想的指導下，胡適、顧頡剛試圖從辨「偽書」進而辨「偽史」，繼而全盤否定和推翻傳統記載中的古史系統。關於「截斷眾流」說的侷限，在下面將會談到。

崔述在《考信錄》裡對戰國、秦漢古書中關於上古的記載進行了大膽的懷疑，他否定有關三皇五帝的各種傳說，認為「三皇、五帝之名本

---

47 顧頡剛：《我是怎樣編寫〈古史辨〉的？》，《古史辨》第1冊，頁3。

48 余英時：《〈中國哲學史大綱〉與史學革命》，《中國近代思想史上的胡適》，頁78。

49 胡適：《胡適留學日記》，海南出版社1994年版，頁61。

50 余英時：《中國近代思想史上的胡適》，頁35。

起於戰國之後；《周官》後人所撰，是以從而述之。……古者本無皇稱，而帝亦不以五限」。[51] 他還指出：

> 大抵戰國、秦、漢之書皆難徵信，而其所記上古之事尤多荒謬。然世之士以其流傳日久，往往信以為實。其中豈無一二之實？然要不可信者居多。乃遂信其千百之必非誣，其亦惑矣！[52]

這些看法與胡適對於東周以前古史所持的懷疑態度正相吻合。胡適曾說：「在東周以前的歷史，是沒有一字可以信的。以後呢？大部分也是不可靠的。」[53] 他很欣賞崔述，在他與趙貞信合撰的崔述年譜中，稱贊崔氏「推翻了《秦本紀》的三皇、《春秋緯》的十紀，削去了世傳的上古十七天子，斷包犧、神農氏沒，子孫不復嗣為帝，使中國史頓時縮短了一大段，這一動手，真不可說不痛快」。[54] 顯然，胡適的疑古思想從崔述的論述中得到了一種強烈的共鳴。在致顧頡剛的信中，胡適提出了他的古史觀：

> 現在先把古史縮短二三千年，從《詩三百篇》做起。
>
> 將來等到金石學、考古學發達上了科學軌道以後，然後用地底下掘出的史料，慢慢地拉長東周以前的古史。
>
> 至於東周以下的史料，亦須嚴密評判，「寧疑古而失之，不可信古而失之」。[55]

類似的說法，一百多年前的崔述就曾在《考信錄提要》中提出：

> 秦、漢之書其不可據以為實者多矣，……夫自春秋之世，下去西漢僅數百年，而其舛誤乖剌已累累若此，況文、武之代去西

---

[51] 崔述：《補上古考信錄》，《遺書》，頁27。
[52] 崔述：《考信錄提要》，《遺書》，頁5。
[53] 胡適：《研究國故的方法》，《疑古與開新——胡適文選》，頁60。
[54] 胡適：《科學的古史家崔述》，《遺書》，頁1012。
[55] 胡適：《自述古史觀書》，《古史辨》第1冊上編，頁22-23。

> 漢千有餘年，唐、虞之際，去西漢二千有餘年，即去戰國亦二千年，則其舛誤乖剌必更加於春秋之世數倍可知也。但古史不存於世，無《左傳》一書證其是非耳，豈得遂信以為實乎！故今為《考信錄》，於殷、周以前事但以《詩》、《書》為據，而不敢以秦、漢之書遂為實錄。[56]

正因為這樣，胡適很推許崔述採用類似「截斷眾流」的辦法來處理古史。他說：

> 崔述在十八世紀的晚年，用了「考而後信」的一把大斧頭，一劈就削去了幾百萬年的上古史。（他的《補上古考信錄》是很可佩服的。）[57]

胡適甚至將崔述所從事的古史考辨看作中國近代古史研究的第一次革命。他說：「故在中國古史學上，崔述是第一次革命，顧頡剛是第二次革命，這是不須辯護的事實。」[58] 在胡適眼裡，顧頡剛是繼崔述之後的又一疑古大家，他對顧氏的疑古思想曾大加讚揚。他說：

> 顧先生說的真不錯：「中國的古史全是一篇糊塗賬。二千餘年來隨口編造，其中不知有多少罅漏，可以看得出它是假造的。但經過了二千餘年的編造，能夠成立一個系統，自然隨處也有它的自衛的理由。」[59]

稍加分析即可發現，胡適、顧頡剛的觀點不僅與崔述的說法相似，而且更為激烈。

在編纂崔述年譜的過程中，胡適留意到崔述少年時代讀書時已有疑古的傾向。他指出：

---

56 崔述：《考信錄提要》，《遺書》，頁6。
57 胡適：《介紹幾部新出的史學書》，《古史辨》第2冊下編，頁338。
58 胡適：《介紹幾部新出的史學書》，《古史辨》第2冊下編，頁338。
59 胡適：《古史討論的讀後感》，《古史辨》第1冊中編，頁189。

> 他〔崔述〕少年時即富於觀察力，勇於懷疑，勤於求證。修養有素，積累有漸，所以他中年以後，發為著述，有那樣的精確。[60]

在對崔述的評價方面，顧頡剛也極力稱道崔述的「疑古」精神。顧頡剛認為，乾嘉時代的漢學家對古書篤信不疑，而崔述卻能夠與當時的潮流背道而馳。他說：

> 實在那時信古的空氣已壓倒了疑古了，只有不與外方通聲氣的崔述，才能夠超出於這時代之外，以畢生的精力寫了一部《考信錄》。[61]

顧頡剛進而高度評價了《考信錄》一書：

> 崔述研究了一世的古代史，運用司馬遷「考信於六藝」的方法，以經書裏的記載來駁斥諸子百家裏的神話和傳說，做成了這部不朽的巨著——《考信錄》。他以為後世所傳的古史，大半是戰國諸子所假造的，主張信史起自唐、虞，唐、虞以上便不甚可稽考了。我們今日講疑古辨偽，大部分只是承受和改進他的研究。[62]

在這裡，顧頡剛甚至說他們從事「古史辨」運動在很大的程度上是承受了崔述之學。在顧頡剛疑古思想的背後，隱藏著一種與崔述的歷史觀頗為相似的東西，即視先秦古史為後人之偽造，故必須重視史料的審查。

我們都知道，科學主義(Scientism)在五四時期的興起和確立，直接促成了中國現代學術典範的轉型。郭穎頤先生對科學主義所下的定義是：

---

[60] 胡適：《科學的古史家崔述》，《遺書》，頁969。
[61] 顧頡剛：《崔東壁遺書序》，《遺書》，頁58。
[62] 顧頡剛：《崔東壁遺書序》，《遺書》，頁60。

> 科學主義是一個從傳統與遺產中產生的信仰，在這個信仰中，有限的科學原則被廣泛地運用，並成為這個文化的基本預設及不證自明的公理。[63]

在科學主義思潮的感染下，當時具有革新思想的知識分子莫不奉「科學」二字為圭臬。胡適在致力於中國史學現代化的過程中，更是崇拜科學和強調科學的方法。胡適認為，科學是一種懷疑態度，是不信任一切沒有證據的東西。胡適這種科學精神的應用體現在其考據和整理國故方面，正如林毓生所說：

> 胡適努力工作的目標是簡單而清楚的：使中國文化成為科學主義式的文化；使文化中的一切——包括倫理——均受科學及杜威式的科學方法所支配。
>
> 根據胡適的看法，經由中國「有機式的吸收」「西方文明中最佳成分」，此種目的始可達成。於是，胡適展開了在中國文明中尋找與杜威的科學觀念相容的材料。[64]

簡言之，胡適一直在為中國尋找與現代的科學精神相應的「根」。在他看來，崔述治學頗具科學精神，正是中國傳統中可以作為與現代「科學精神」相容的東西。胡適說：「崔述的『考信』態度是道地的科學精神，也正是道地的科學方法。」[65] 他遂把崔述稱為「科學的古史家」。[66] 具體地說，崔述的「科學性」在於他重證據、不輕信。胡適說：「崔學的永久價值全在他的『考信』的態度，那是永永不會磨滅的。」[67] 胡適本人能夠躋身中國學術界的高層，部分原因是他提倡實證主義的科學方法。他在讀了崔述的《考信錄》以後，發現崔述的古史考辨在許多方

---

63 D. W. Y. Kwok, *Scientism in Chinese Thought: 1900-1950* (New Haven, CT: Yale University Press, 1965), 21.

64 林毓生：《中國傳統的創造性轉化》，頁184。

65 胡適：《崔東壁遺書序》，《遺書》，頁1046。

66 胡適：《科學的古史家崔述》，《遺書》，頁950。

67 胡適：《崔東壁遺書序》，《遺書》，頁1044。

面和他自己所提倡的實證主義的科學方法頗為近似，如考核材料的真偽和注重事實的證據等，這些正是他要尋找的中國傳統中與西方科學觀念相容的東西。由此可見，胡適引崔述為同道是有其內在動機的。

就西方史學史而言，十九世紀歐洲史學的主流是德國的蘭克(Ranke)學派。這一學派強調文獻史料的考證，在當時有「科學史學」(scientific history)之稱。德國史學家弗里德里希・邁內爾(Friedrich Meinecke, 1862-1954)曾說：

> 蘭克顯示出某種固有的意識，即必須嚴格地核實人類生活中的各種見證物，必須無條件要求具有最真實、最原始的資料，並厭惡一切模棱兩可和混亂不清的東西。[68]

由於當時美國史學界對蘭克史學的片面理解（重視其考據方法，輕忽其哲學理念），胡適在美國留學期間只對這一學派的治史方法有濃厚的興趣。他曾鑽研過受蘭克學派影響的實證主義史學的有關著作，也上過布爾(G. Lincoin Burr)教授的「歷史的輔助科學」(Auxiliary Sciences of History)和烏德瑞(Frederick J. Woodbridge)的「歷史哲學」等課程。[69] 實證史學主張歷史研究是史學家客觀地反映歷史的過程，應讓史料自身說明歷史，因而歷史學家的主要任務是嚴格考證史料。胡適在《中國古代哲學史》的「導言」中寫道：

> 審定史料乃是史學家第一步根本工夫。西洋近百年史學大進步，大半都由於審定史料的方法更嚴密了。[70]

胡適曾節譯《大英百科全書》（第11版）的「文獻考證」(Textual Criticism)條，還研讀過查爾斯・郎格盧瓦(Charles Victor Langlois)與查爾斯・塞尼奧博斯(Charles Seignobos)合著的《歷史研究法入門》(*Introduction to*

---

[68] Friedrich Meinecke, *Historism* (London: Rutledge and K. Paul, 1972), 497.

[69] 胡適口述，唐德剛譯注：《胡適口述自傳》，華東師範大學出版社1993年版，頁126。

[70] 胡適：《導言》，《中國古代哲學史》，頁18。

the Study of History)英譯本。胡適說：「一切學說與理想都須用實行來實驗過；實驗是真理的唯一試金石。」[71] 胡適在當時宣揚崔述，意在將崔氏之考信辨偽比附為他自己「拿證據來」的主張。在胡適眼裡，重驗證就是嚴格地不信任一切沒有充分證據的東西。他轉引赫胥黎(Thomas Huxley, 1825-1895)的話說：「只有那證據充分的知識，方才可以信仰，凡沒有充分證據的，只可存疑，不當信仰。」[72] 將胡適與崔述研究古史的態度略作比較，便可看出胡適與崔述不僅在古史學上觀點一致，在研究層次上也相當接近。崔述在《考信錄》中反覆強調「無徵不信」的原則，自云：「況於《考信》一錄，取古人之事歷歷推求其是非真偽。」[73] 所以胡適說：

> 《考信錄》之作，只是要醫世人信心太強之大病。《考信》只是「考而後信」，只是「疑而後信」。[74]

他後來在別處宣稱，「我要教人疑而後信，考而後信，有充分證據而後信」。[75] 這是一種實證的精神，即認為只有根據事實的證據才可以下判斷，而對任何不以事實為證據的說法，只能抱懷疑的態度。順便在這裡指出，胡適把「考信」理解為「考而後信」，即通過考辨後再相信，似不確切。崔述的「考信」出自司馬遷《史記・伯夷列傳》中的「考信於六藝」，即據《六經》以考求信史，此處的「信」字是「可信」(reliable, creditable)的意思，而胡適將「信」理解為「相信」(believe)，已是引申之意，與崔述的原意並不相符。

胡適的一個重要史學方法是「歷史演進法」(historical evolution)，或稱「歷史的眼光」。按照胡適的說法，歷史演進法體現為：

---

71 胡適：《杜威先生與中國》，《胡適文存》第1集卷2，遠東圖書公司1953年版（以下版本同），頁381。

72 胡適：《演化論與存疑主義》，《胡適全集》第8卷，安徽教育出版社2003年版，頁275。

73 崔述：《考信錄提要》，《遺書》，頁22。

74 胡適：《科學的古史家崔述》，《遺書》，頁978。

75 胡適：《廬山遊記》，《胡適文存》第3集卷2，頁273。

> ⑴把每一件史事的種種傳說，依先後出現的次序，排列起來。
>
> ⑵研究這件史事在每一個時代有什麼樣子的傳說。
>
> ⑶研究這件史事的漸漸演進：由簡單變為複雜，由陋野變為雅馴，由地方的（局部的）變為全國的，由神變為人，由神話變為史事，由寓言變為事實。
>
> ⑷遇可能時，解釋每一次演變的原因。[76]

對胡適而言，進化觀念在史學上應用的結果，便會產生一種歷史的態度。這種「歷史的態度」就是研究事物如何發生，又如何發展到現在的樣子。他相信，「古史上的故事沒有一件不曾經過這樣的演進，也沒有一件不可用這個歷史演進的(evolution)方法去研究」。[77] 很顯然，胡適所謂「歷史的眼光」來自流行於五四時期的社會進化論。而胡適認為，崔述在古史考辨過程中具有這種歷史的眼光。如崔述在考辨夏商周三代的正朔時說：

> 古之時，三正雖迭建於帝廷，亦並行於侯國……亦通用於文人學士之篇章——猶封建廢為郡縣而刺史太守節度使觀察猶謂之諸侯，猶知府知縣猶謂之守令也。蓋詩之為體與紀事不同；歌謠之興，始於虞、夏，其時方用寅正，其後遂以相沿——猶唐詩之多沿漢、魏、六朝語也，亦可據唐詩以證《唐書》之誤乎！[78]

胡適對崔述能夠注意三代正朔的發生和演變過程特致讚揚：

> 崔述此文中最有價值的是他能研究前人所以致誤的原因，指出古代的正朔並不統一，新舊曆皆有沿用之侯國，而文人學士之篇章與民間的歌謠中時時沿用舊曆。這種歷史的眼光，打破整齊

[76] 胡適：《古史討論的讀後感》，《古史辨》第1冊中編，頁193。
[77] 胡適：《古史討論的讀後感》，《古史辨》第1冊中編，頁194。
[78] 崔述：《三代正朔通考》，《遺書》，頁492-493。

畫一的古史觀念，實可佩服的。[79]

在我看來，胡適說崔述具有所謂「歷史的眼光」，實際是崔述的歷史意識的一種表現，說明他能把歷史看成運動變化的過程，並能把特定的歷史制度放在歷史流變之中觀察，進而得出符合實際的結論。

在歷史進化思想的指導下，胡適主張在取用史料時必須注意，「一時代有一時代的文字，不致亂用。作偽書的人，多不懂這個道理，故往往露出作偽的形跡來」。[80] 胡適的這一看法和崔述亦有驚人的相契之處。崔述在《考信錄提要》中談到辨偽方法時有謂：

> 唐、虞有唐、虞之文，三代有三代之文，春秋有春秋之文，戰國、秦、漢以迄魏、晉亦各有其文焉。非但其文然也，其行事亦多有不相類者。是故，戰國之人稱述三代之事，戰國之風氣也；秦、漢之人稱述春秋之事，秦、漢之語言也……《偽尚書》極力摹唐、虞、三代之文，而終不能脫晉之氣：無他，其平日所聞所見皆如是，習以為常而不自覺，則必有自呈露於忽不經意之時者。[81]

可見在辨偽方法的問題上，他們幾乎是持同一論調的。

如前所述，顧頡剛受到了胡適的啟發而開始系統地研究崔述。不過，他最初對崔述的讚賞則源於他在早期所受到的晚清疑古辨偽思潮的影響。所以他一讀到《考信錄》，便立即為其中的思想所吸引。顧頡剛說：

> 到了十八世紀的九十年代，崔述發揮了他的極大的勇氣，加上沉潛三十年的功力，作了一部《考信錄》，把戰國、秦、漢間所說的上古、夏、商、西周以及孔子、孟子的事情全部考證了一

[79] 胡適：《科學的古史家崔述》，《遺書》，頁972。
[80] 胡適：《導言》，《中國古代哲學史》，頁18-19。
[81] 崔述：《考信錄提要》，《遺書》，頁15。

> 下，結果推翻無數偽史，又系統地說明了無數傳說的演變。雖是他牽纏於聖道王功的偶像作用，還不能把這個工作做得徹底，究竟他已經斧鑿開山，後人就他的基業上進展容易了不少。[82]

顧頡剛發現，胡適的歷史演進法與崔述研究古史的方法頗有相似之處。他在《崔東壁遺書》的長篇序言中說：

> 因為崔述從小就有分析的習慣，所以分得出各種事態的層次，懂得各家學說的演化。他覺得一種學說不是突然出現的，所以要尋出它的前後左右的關係。這樣一來，就是很亂的材料，也就會瞭解它的秩序。[83]

在顧頡剛看來，只要應用崔述重視演變的方法，古史中的種種問題就有得到清理和解決的希望。由於崔述在從事古史研究時，十分注意某種古代的制度以及與此相關的解說的演化，他從不認為一種說法是一下子出現的，一旦出現之後就是一成不變的。所以他在考察古史和古代制度時，總是力求注意每一個說法的前後關係和演變過程。在這方面，最顯著的一個例子就是崔述對禘祀的考察。對於這個問題，崔述先從《春秋經》開始，看其中是怎樣記載禘祀的；然後再比較《左傳》、《論語》所記之禘祀；接著考察《禮記》是如何承襲以上說法並加以改變的，以及後來鄭玄(127-200)、王肅(195-256)、朱熹等人又是怎樣改變前人之說的。經過崔述如此抽絲剝繭的分析之後，禘祀的歷史演變就一目了然了，這是其他清代經學家未能做到的。就這一問題的考證而言，惠棟(1697-1758)的《禘說》較之崔述的《經傳禘祀通考》不免遜色。[84]

崔述是在發現經書與傳記記載的衝突後，開始懷疑古書中所載的古史。他說：

---

[82] 顧頡剛：《崔東壁遺書序》，《遺書》，頁59。
[83] 顧頡剛：《崔東壁遺書序》，《遺書》，頁61。
[84] 參看惠棟：《禘說》，《皇清經解續編》卷155-156，藝文印書館1965年影印本，頁1943-1955。

> 余少年讀書，見古帝王聖賢之事往往有可疑者，初未嘗分別觀之也。壯歲以後，抄錄其事，記其所本，則向所疑者皆出於傳記，而經文皆可信，然後知《六經》之精粹也。[85]

在長時間的歷史流傳過程中，儒家經典本身及對它們的各種注疏在內容上發生了極其複雜的變異，其中包括經典本身和不同時期的注疏的差異。崔述很敏銳地注意到了這一點，他說：「傳雖美，不可合於經，記雖美，不可齊於經，純雜之辨然也。」[86] 對於崔述的做法，顧頡剛給予了很高的評價：

> 從前人以為傳記即是經，注、疏必得經意，把二千餘年陸續發生的各家學說視為一件東西。因此這個方法，看來雖很平常，但「不以傳注雜於經」的一個考信的基礎方法，崔述即於幼時養成了。[87]

在《五經》仍被視為權威，經學考證「定於一尊」的時代，崔述卻不滿足於對經書的具體性解釋，對後人的注疏產生了懷疑，並以批判的態度進行駁議。相比之下，大多數清代漢學家則囿於道統之見，以為聖聖相傳，因而漢儒的注釋必然合於原意。他們如果碰到經傳中的矛盾之處，也只認為是聖人早年和晚年言論之區別，而不敢從各個不同時代的注疏、不同人的注疏，以及不同版本的角度進行解釋。

顧頡剛對古史的懷疑最初也是從古史記載的相互牴牾而來的，他在古史討論中答覆柳翼謀的批評時說：

> 我對於古史最早的懷疑，是由《堯典》中古史事實與《詩經》中古史觀念相衝突而來。……從此旁及他種傳說，以及西周東周戰國秦漢各時代人的歷史觀念，不期然而然在我的意想中理出了

---

[85] 崔述：《考信錄提要》，《遺書》頁16。
[86] 崔述：《考信錄提要》，《遺書》頁12。
[87] 顧頡剛：《崔東壁遺書序》，《遺書》，頁60-61。

一個古史成立的系統。[88]

這與崔述的觀點若合符節。顧頡剛也十分重視經與傳的區別，並注意到經書從《六經》增加到《十三經》的現象。他在晚年回憶他在五四時期的看法時寫道：

> 關於《經》和《傳》、《記》該有分別，這是我少年時讀龔自珍的《六經正名》一文時就知道的。當時一般人說到「經學」都指着《十三經》，龔氏獨謂不然。……那麼，「六」數為什麼會增加到「十三」呢？這無非是漢代以後的學者根據當時的需要踵事增華，於是以《傳》為經，以《記》為經，並以《注》為經了。他們表面上是為了豐富經學的需要，實際上是適應時代的要求，大量把不相干的和違背原意的逐步地穿插進去。[89]

這一看法與崔述在《考信錄》中「分別經傳」的論點何其相似乃爾。事實上，不僅經與傳、經與疏之間有矛盾，經書之間或某一部經的內部也有矛盾。然而崔述僅指出了經與傳之間的矛盾，而不願觸及經書之間的抵牾現象。這是由於他深受儒家聖道之影響，只敢破傳而不敢破經，因此他對古書古史的懷疑，仍然侷限於儒家知識主義疑古辨偽的傳統之內。崔述這種有限的和局部的懷疑只是在五四時期的特定條件下，才有可能被胡適、顧頡剛發展為對儒家「普遍性的經典」即從《十三經》到《五經》的全面和根本的懷疑。胡適說：

> 崔述推翻了「傳記」，回到幾部他認為可信的「經」。我們決定連「經」都應該「考而後信」。[90]

這種從疑傳到疑經的推移，其原因自然很複雜，但最主要的原因則

---

88 顧頡剛：《答柳翼謀先生》，《古史辨》第1冊下編，頁223。

89 顧頡剛：《我是怎樣編寫〈古史辨〉的？》，《古史辨》第1冊，頁7。

90 胡適：《介紹幾部新出的史學書》，《古史辨》第2冊下編，頁336。

是隨著五四新文化運動的發展而形成的中國學術思想史上的革命性變化。崔述在疑古辨偽中有時對儒家的個別經典有所懷疑，但他所持的儒家正統立場使他不可能徹底懷疑經典。他僅疑文獻之真偽，而從不疑儒家聖人。如他對《古文尚書》和《論語》後五篇的懷疑，嚴格地說，只是一種純化經典的努力。近年來有西方學者提出，清代考證學裡已孕育著思想領域裡的革命性變化。[91] 然而，由於當時中國傳統的社會秩序尚未解體，無論崔述怎樣善疑，都不具備瓦解傳統經學的意義，其疑古辨偽最後還是擺脫不了儒家道統的束縛。平心而論，整個乾嘉時代的學術均未逸出儒家思想之格局或「典範」之籠罩。因此，很難說清代思想領域已出現了革命性或「典範性」的變化。也正因為如此，儘管胡適將崔述當作科學史學的先鋒，但事實上，崔述在學術思想方向上是屬於儒家系統的，這一點許多學者早已指出，此處不再贅言。我們可以肯定地說，即使沒有崔述的出現，在五四時期全面反傳統的環境和氣氛之下，顧頡剛也會在疑古的潮流中大展身手。

我們知道，「歷史」一詞有兩重意思：一是指以往發生過的事件，一是指後人對過去事件的記錄和理解。[92] 荀子有謂：

> 五帝之外無傳人，非無賢人也，久故也。五帝之中無傳政，非無善政也，久故也。……傳者久則論略，近則論詳，略則舉大，詳則舉小。愚者聞其略而不知其詳，聞其詳而不知其大也。是以文久而滅，節族久而絕。[93]

荀子所云乃屬「歷史」概念的第一層意思，他認識到歷史本身的進程表現為「遠略近詳」。崔述則基於「歷史」概念的第二層意思，發現關於古史的記載有一種反常現象，即出現愈晚的文獻，其中所載古史在

[91] Benjamin A. Elman, *From Philosophy to Philology: Intellectual and Social Aspects of Change in Late Imperial China* (Cambridge, MA: Council on East Asian Studies, Harvard University, 1984), xx-xxi.

[92] 參看何兆武：《對歷史學的若干反思》，《史學理論研究》1996年第2期，頁36。

[93] 《荀子・非相》，見王先謙：《荀子集解》卷3，中華書局1988年版，頁82-83。

時代上卻愈早，內容也愈詳。他在《考信錄》中有多處論及此種現象，其一曰：

> 故孔子序《書》，斷自唐、虞，而司馬遷作《史記》乃始於黃帝。然猶刪其不雅馴者。近世以來，所作《綱目前編》《綱鑒捷錄》等書，乃始於庖羲氏，或天皇氏，甚至有始於開闢之初盤古氏者，且並其不雅馴者而亦載之。[94]

其二曰：

> 自《易》、《春秋》傳始頗言羲、農、黃帝時事，蓋皆得之傳聞，或後人所追記。然但因事及之，未嘗盛有所鋪張也。及《國語》、《大戴記》，遂以鋪張上古為事，因緣附會，舛駁不可勝紀。加以楊、墨之徒欲絀唐、虞、三代之治，藉其荒遠無徵，乃妄造名號，偽撰事蹟，以申其邪說；而陰陽神仙之徒亦因以托之。由是司馬氏作《史記》，遂託始於黃帝。然猶頗刪其不雅馴者，亦未敢上溯於羲、農也。逮譙周《古史考》，皇甫謐《帝王世紀》，所采益雜，又推而上之，及於燧人、包羲。至《河圖》、《三五歷》、《外紀》、《皇王大紀》以降，且有始於天皇氏、盤古氏者矣。於是邪說詖詞雜陳混列，世代族系紊亂龐雜，不可復問，而唐、虞、三代之事亦遂為其所淆。[95]

這種「世遠則聞詳」的反常現象頗使崔述困擾，他曾發出過這樣的疑問：

> 世近則所聞詳；學深則所記多。此必然之理而無疑者也。……是何世益遠，其所聞宜略而反益詳；學益淺，其所記宜少而反益

94 崔述：《考信錄提要》，《遺書》，頁13。
95 崔述：《考信錄提要》，《遺書》，頁17。

多哉？[96]

這段話對於理解崔述的古史觀極為重要。正如胡適所說：「這個觀念『世益遠，其所聞宜略而反益詳；學益淺，其所記宜少而反益多』，乃是崔述的一個重要見解。」[97] 以現代史學的語言說，崔述所言牽涉到了歷史學的知識論問題。這是他對史學本身有意識的探討，在中國史學思想史上的影響是深遠的。在「古史辨」運動中，顧頡剛提出了著名的「層累地造成的古史」假說(hypothesis)，也是受到崔述上述觀點的啟發。

陳寅恪(1890-1969)曾云：「有清一代經學號稱極盛，而史學則不逮宋人」，其原因在於清儒「止於解釋文句，而不能討論問題」。[98] 在這一點上，清代漢學家頗有剪貼史學(scissors-and-paste history)的味道，他們專門討論經書中的名物制度，而不侈言任何方法通則。所以他們雖以經學為開端，但他們的經學實際走上了文獻學的道路。就史學價值而言，胡適認為崔述的《考信錄提要》為《考信錄》「全書最精彩之部分」。[99] 由於胡適認為清代缺少通論性的史書，也鮮有討論學術方法的著作，在他的心目中，崔述的《考信錄提要》提供了很具現代眼光的文獻學方法論。胡適本人十分強調方法論，甚至把傳統考據學與現代科學方法相提並論，將兩者視為一體。他自稱：

> 很少人（甚至根本沒有人）曾想到現代的科學法則和我國古代的考據學、考證學，在方法上有其相通之處。我是第一個說這句話的人。[100]

在這一層次上，崔述的《考信錄提要》頗合乎胡適的方法論之旨趣，

---

[96] 崔述：《曹氏家譜序》，《遺書》，頁707。

[97] 胡適：《科學的古史家崔述》，《遺書》，頁982。

[98] 陳寅恪：《陳垣元西域人華化考序》，《金明館叢稿二編》，上海古籍出版社1980年版（以下版本同），頁248。

[99] 胡適：《告得〈東壁遺書〉書》，《古史辨》第1冊上編，頁19。

[100] 胡適：《胡適的自傳》，見葛懋春、李興芝編：《胡適哲學思想資料選》下冊，華東師範大學出版社1981年版，頁109。

故而崔述被胡適引為方法論的同道。中國傳統學術往往缺乏對理論和方法的系統探討，尤其是文獻學領域，理論與方法皆隱伏在實踐背後。《考信錄提要》則是崔述對自己的辨偽實踐在方法上的總結和概括，無怪乎有的史學家認為，崔述的《考信錄提要》是「清代第一部講史學方法的書」。[101] 在《考信錄提要》中，崔述對中國儒學學術方法的演變發表了自己的看法。他認為自戰國、秦漢、魏晉以來，儒學內部一直是非不分、真偽不辨；直到宋代才出現了分辨的端倪，卻又未能充分展開。崔述本人的目標就是要在學術上有所創見。可是對崔述這些見解的深刻涵義，胡適、顧頡剛似未有涉及，他們所注重的是崔述重證據、求真實的精神，而忽視了崔述學術方法的特點。以現代學術的眼光看，崔述的這些特點表現為：

第一，他注意區別所知與所不知，這既有認識論上的價值，也有邏輯上的價值。

第二，他一方面承認見識（鑒別能力）之重要，另一方面又反對存成見。崔述對此二者有所區分，這在認識論上是正確的。

第三，他注重精審，主張學以專而精，知以少而當，故讀書特重精審。

第四，善疑與篤信。崔述將可信與可疑之事分開，信可信而疑可疑。疑可疑，所以考信；信可信，認識事物判斷是非的支點(fulcrum)以找出可疑。因此他沒有從懷疑走向不可知論(agnosticism)。他迷信儒家經典的正統思想是一回事，他相信有可信之支點以質疑辨偽是另一回事。

但是還應當指出，崔述方法論的缺陷也是很明顯的：

第一，他分清已知與未知是正確的，但是他不了解在未知的部分中又包括兩部分：(1)介於知與不知之間的問題，即可疑的問題；(2)完全不知的問題。他的《考信錄》對這兩類的問題均不收錄。就崔述以《五經》為衡量是非的標準而言，諸子書中不同於《五經》（但非與《五經》矛盾，崔述不能辨明不同與矛盾之區別）之處，存疑是可以的。不過倘若

101 齊思和：《晚清史學的發展》，《中國史探研》，頁344。

完全否定諸子的記載則無根據，因為《五經》中並無否定這類記載之明文。這種否定應該存疑的記載的做法，可以說是輕用默證法。

第二，崔述雖看出人的鑒別能力與主觀成見之區別，並以此批評別人好以己度人、以今度古，但事實上，他本人亦未能脫俗。崔述在運用自己的鑒別力時，不斷出現以己度人、以今度古的情況（如以後代的聖人標準來度量周公稱王之事），這說明他並不能自覺地辨清這種區別。

第三，崔述讀書往往誤以雜為博，因此見聞不廣，好走偏鋒。

第四，無論是崔述的疑還是他的信，始終受到儒家思想的侷限，此點下面還會詳論。

相比之下，雖然絕大多數清代漢學家在考據上卓有成績，卻未能從考證的實踐中自覺地總結出理論和方法。胡適針對中國傳統學術特別是清代考據學的這一缺陷指出：

> 我們對於舊有的學術思想，積極的只有一個主張，——就是「整理國故」。整理就是從亂七八糟裡面尋出一個條理脈絡來；從無頭無腦裡面尋出一個前因後果來；從胡說謬解裡面尋出一個真意義來；從武斷迷信裡面尋出一個真價值來。為什麼要整理呢？因為古代的學術思想向來沒有條理，沒有頭緒，沒有系統，故第一步是條理系統的整理。因為前人研究古書，很少有歷史進化的眼光的，故從來不講究一種學術的淵源，一種思想的前因後果。……因為前人讀古書，除極少數學者以外，大都是以訛傳訛的謬說，……[102]

胡適的評論固然有些武斷，但也揭示了傳統考據學的一大弊病。而在他眼中，崔述屬於那種極少數自出機杼的學者。他認為《考信錄提要》在方法論上具有重要意義，其中所論及的歷史知識論(historical epistemology)在整個清代學術界可謂空谷足音。可以說，胡適、顧頡剛之所以欣賞崔述，其原因之一，就是看中他在辨偽考信中的「方法」。胡適曾

---

[102] 胡適：《新思潮的意義》，《胡適選集》，頁111。

批評清代學者大多輕視方法，不注意總結學術規則。他說：

> 學問的進步有兩個重要方面：一是材料的積聚與剖解；一是材料的組織與貫通。前者需靠精勤的功力，後者全靠綜合的理解。……這三百年之中，幾乎只有經師，而無思想家；只有校史者，而無史家；只有校注，而無著作。這三句話雖然很重，但我們試除去戴震(1723-1777)、章學誠、崔述幾個人，就不能不承認這三句話的真實了。[103]

這說明清人讀書之弊在於不講門徑方法。在讀書講求門徑方法方面，崔述恐怕是清儒中卓有成績的佼佼者。胡適批評清代學者缺乏研究歷史的思考和綜合能力無疑是正確的，但是他把崔述與戴震、章學誠相提並論似不符合實際，因為無論是從學術成就還是思想高度上看，崔述都不能望其項背，更不必說並駕齊驅了。[104]

梁啟超(1873-1929)總結清代近三百年學術史時，對清儒辨偽的特點所言極為明確：「清儒辨偽工作之可貴者，不在其所辨出之成績，而在其能發明辨偽方法而善於利用。」[105]《考信錄提要》就考據學的方法論提出不少看法，這在其他清代學者的著作中極為罕見。舉例而言，清代漢學家中最富懷疑精神的學者是梁玉繩(1745-1819)，他對《史記》等書的懷疑和辨偽的範圍比崔述廣泛，而且兩人在不少具體考證上的見解頗有共同之處。但是梁玉繩在《史記志疑》中並未對自己的考據從方法上加以總結，即便是清代著名學者錢大昕(1728-1804)為該書所作的序亦未做到提綱挈領。再看閻若璩(1636-1704)、惠棟對《古文尚書》的辨偽，他們的考據工作雖比崔述細緻、廣博，卻顯得凌亂無章，缺乏崔述那番勾玄提要的工夫。之所以說《考信錄提要》有學術價值，是因為崔述能從方法論的層次來探討問題，總結出考信古史的手段，並清晰地歸納出

---

103 胡適：《〈國學季刊〉發刊宣言》，《胡適選集》，頁143。

104 關於戴震、章學誠思想與學術的論述，參看余英時：《論戴震與章學誠》，龍門書店1976年版。

105 梁啟超：《中國近三百年學術史》，東方出版社1996年版，頁308。

一些辨別偽書的「規則」。這反映其學術研究上的一種自覺性，正合乎胡適所宣揚的西方近代科學的史學方法。

在古史研究中，崔述頗好用故事解釋古史，以諧語箴俗入文。他曾借「買菜求益」的故事批評貪多無益；以買煙草必以楊氏為美的故事，批評只貴名而不求實的傾向；用蘇軾宴客取他豬代金華豬，而賓客莫不稱美的故事，貶斥那些先有成見者；引陸羽品茶能辨潭水之真偽，說明只要擯棄成見，真偽並不難辨；借用患有近視眼的甲乙二人斷匾的故事，批評文人學士好議論古人得失，而不考其事之虛實。崔述引用這些俚俗故事的目的是說明考辨古書的方法。顧頡剛十分欣賞崔述的這一做法，他在討論《詩經・靜女》篇時，也曾引用「瞎子斷匾」的故事說明此篇的寓意。[106] 顧頡剛特別指出：

> 以前中國的文人接近人民的還有，而學者對於人民則幾乎完全隔離。崔氏卻不然，他敢以諧語入文，敢以民間故事入文。……這是向來的經學家所必不肯言的。[107]

然而從學術研究的角度來看，崔述的這種做法卻反映了他在古史研究中輕視直接證據的傾向。採用故事或寓言來比附或印證古史的做法，頗為現代史學界所詬病。對於故事或寓言，只可從中得到啟發而不能用以證實古史。這是因為歷史的理解不是來自生活經驗的直覺，而是屬於一種知識重構(reconstruction)的過程。胡適、顧頡剛之所以欣賞崔述這一點，顯然受到實用主義的影響，因為實用主義一向主張根據經驗來研究問題。那麼，為什麼實用主義深得胡適的青睞？我想，這與中國思想傳統中的實用主義傾向有一定關係。換句話說，實用主義與中國傳統思想有相似之處。比如兩者皆重致用，儘管功利主義在中國思想傳統中不占主導地位；又如兩者皆重經驗，儘管中國傳統思想主要表現在重視歷史經驗上。這些已超出本文的範圍，容俟諸另文加以討論。

---

106 顧頡剛：《瞎子斷匾的一例——靜女》，《古史辨》第3冊，頁511。
107 顧頡剛：《崔東壁遺書序》，《遺書》，頁62。

通過以上的討論可以看出，胡適、顧頡剛之所以表彰崔述之學，是因為崔述的學術至少在形式上兼有類似實證史學和文化史學的色彩。大體說來，實證史學認為歷史學家必須絕對擯斥主觀，採取純客觀的態度考證史料；而文化史學則認為史學家必須憑自己的體驗和思想方法理解古人古史，理解得越深，歷史著作也就越完善。崔述強調不能以己度人，這頗具科學主義史學的味道；而他又常常以自己的經驗、體會來解釋和理解古人、古史，這又具有文化史學的傾向。這是崔述學術中尚未充分暴露的一個內在矛盾。英國歷史哲學家柯靈烏(R. G. Collingwood, 1889-1943)曾說，實證主義把歷史分為無數細小的事實，單個加以考慮。他指出此點，意在說明實證主義只見樹木而不見森林、只知微觀而不知宏觀的弊病。[108] 可以說，無論崔述還是胡適、顧頡剛，對這類問題均無理論上的自覺。柯靈烏又批評，實證主義認為歷史是客觀的，史家必須排除主觀，這也是實證主義的一大缺陷，歷史怎麼可能完全是客觀的呢？崔述以及胡適、顧頡剛在口頭上主張完全客觀的態度，這似與實證主義相同；但他們實際上又重視史家的判斷能力，嚴格地說，實證主義是排除史家判斷的，在這點上，崔述以及胡適、顧頡剛似又與實證主義不同。那麼他們到底是重史料的客觀性，還是重史家的主觀判斷呢？根據我的觀察，他們在這兩方面均很突出，因此在認識上的張力也較為強勁。他們在駁別人和辨偽時，能夠相當充分地指出別人的不客觀，然後說明別人因主觀而致誤；可是當他們談到自己的方法時，又變得非常重視自己的主觀判斷，最後往往流於王元化所說的「為破偽而成新偽」。[109]

三、胡適、顧頡剛與崔述之學的關係

長期以來，許多學者試圖以胡適、顧頡剛對崔述的表彰來強調「古史辨」運動，特別是崔述、顧頡剛二人在學術上的承繼關係。早在上世

[108] R. G. Collingwood, *The Idea of History* (Oxford: Oxford University Press, 1956), 131.
[109] 王元化：《清園夜讀》，海天出版社1994年版，頁108。

紀二十年代，曹養吾就明白地表示：

> 他〔顧頡剛〕的思想來源，當然是多方面的，近代學術思想呀，師友的討究呀……都是；而影響他最大的算上述的個聲名很小的東壁先生了。[110]

錢穆先生也持此說甚力。他說：「頡剛史學淵源於崔東壁之《考信錄》，變而過激，乃有《古史辨》之躍起。」[111] 路新生撰文更明確地指出，顧頡剛的治史方法與內容多直承崔述《考信錄》而起，故崔述與顧氏有著直接的學術淵源關係；所以，在諸多影響顧頡剛的學者（如鄭樵、康有為、胡適）當中，崔述對顧氏的影響最大。[112] 路氏之論給人造成這樣一種印象，似乎顧頡剛是全盤接受了崔述之學。這一說法雖有一定理由，但仍不免有可商榷之處：第一，此說過分強調顧頡剛對崔述學術的直接承繼，而忽視其他學者對顧氏的影響；第二，這種說法與實際情況不盡相符，並沒有反映出崔述治學的特有立場。顧頡剛在1960年的一則讀書筆記裡寫道：

> 自念予之疑古思想，首先植根於姚際恒、康有為、夏曾佑之書；其後又受崔述、崔適（1852-1924）、朱熹、閻若璩諸人之啟發。[113]

他在晚年的回憶錄中又云：

> 我的《古史辨》的指導思想，從遠的來說就是起源於鄭〔樵〕（1103-1162）、姚〔際恒〕、崔〔述〕三人的思想，從近的來

110 曹養吾：《辨偽學史》，《古史辨》第2冊下編，頁411。
111 錢穆：《八十憶雙親・師友雜憶》，岳麓書社1986年版，頁143。
112 路新生：《崔述與顧頡剛》，《歷史研究》1993年第4期，頁61-66。
113 顧頡剛：《顧頡剛讀書筆記》第7卷（下），聯經出版事業公司1990年版（以下版本同），頁5507。

說則是受了胡適、錢玄同二人的啟發和幫助。[114]

這是顧氏的自我評論，沒有其他歷史判斷比這段話更能說明問題了。從遠源來說，顧頡剛因受到崔述的啟發而不信儒家經典的傳和記，姚際恒則進而啟發他不僅不信傳記，甚至連經也不相信，而鄭樵不但使他認識到作學問要融會貫通，還引起他對《詩經》的懷疑。崔述只不過是顧氏疑古辨偽思想的三個遠源之一。

顧頡剛還多次提到他本人學術的幾個近源，他說：「我推翻古史的動機固是受了《孔子改制考》的明白指出上古茫昧無稽的啟發。」[115] 這說明他對古史的懷疑還曾受到清末今文學的影響。[116] 總而言之，顧頡剛疑古思想的形成受到了多方面的影響，而不是直接承襲一家之言，胡適指出：

我們今日的學術思想，有這兩個大源頭：一方面是漢學家傳給我們的古書；一方面是西洋的新舊學說。[117]

這句話也可以用來具體地解釋顧頡剛學術思想的來源。大體言之，他的學術是上接清代漢學和今文學傳統，下受胡適所介紹的西方思想之啟蒙。

顧頡剛的疑古辨偽思想曾經受到崔述的啟發自不必言，但他也相當明確地表達了他與崔述之根本不同：

我很怕別人看了我表章鄭樵崔述諸人的文字，就說我做了他們的信徒而來反對毛公鄭玄，所以現在在此附帶聲明一句：我對鄭樵崔述諸人決無私愛；倘若他們的荒謬有類於毛公鄭玄，我的

[114] 顧頡剛：《我是怎樣編寫〈古史辨〉的？》，《古史辨》第1冊，頁12。
[115] 顧頡剛：《自序》，《古史辨》第1冊上編，頁43。
[116] 關於顧頡剛與清末今文學的關係，參看王汎森：《古史辨運動的興起》，允晨文化實業股份有限公司1987年版，頁209-218。
[117] 胡適：《導言》，《中國古代哲學史》，頁9。

攻擊他們也要和對於毛公鄭玄一樣。[118]

顧頡剛的這段話可以看作他對崔述學術的一個清楚表態。從中我們知道，顧頡剛已經自覺地認識到他的基本學術立場與崔述是根本不同的，而且還有意糾正人們因他重視崔述之學而產生的一些誤解。崔述學術的規模、內容和性質是不能與胡適、顧頡剛所代表的「古史辨」學派等量齊觀的。所以，我們有充分的理由對胡適、顧頡剛與崔述的關係重新加以考慮。

有人認為顧頡剛全面繼承了崔述之學，但若與事實對照，就可發現也不盡然。即以前面提到的顧頡剛「古史層累說」的形成與受崔述影響的關係為例，一般認為顧氏受崔述的啟發遂有古史層累的見解，但這種影響的程度究竟若何，以及它對顧氏「古史層累說」的形成過程又究竟起過何種特殊的作用，則有待進一步探討。顧頡剛在致錢玄同的信中說，所謂「層累地造成的古史」的命題含有三個意思：第一是說「時代愈後，傳說的古史期愈長」；第二是說「時代愈後，傳說中的中心人物愈放愈大」；第三是說今人研究古史，如沿此系統上溯，「即不能知道某一件事的真確的狀況，但可以知道某一件事在傳說中的最早的狀況。」[119] 除了學者們所公認的民俗學知識啟發顧氏的「古史層累說」形成外，[120] 還有一點可以肯定，那就是這一假說在相當大的程度上受到了西方進化論觀點的啟發和影響。胡適最早指出顧氏這一創說不僅受到了崔述的啟發，更受到歷史演進論（社會進化論）的影響。他在1924年的一篇書評裡寫道：

顧先生的「層累地造成的古史」的見解真是今日史學界的一大貢獻，我們應該虛心地仔細研究他，虛心地試驗他，不應該叫我們的成見阻礙這個重要觀念的承受。……顧先生的這個見解，

---

[118] 顧頡剛：《自序》，《古史辨》第1冊上編，頁82。
[119] 顧頡剛：《與錢玄同先生論古史書》，《古史辨》第1冊中編，頁60。
[120] 參看劉起釪：《顧頡剛先生學述》，中華書局1986年版，頁119-121。

> 我想叫他做「剝皮主義」。譬如剝筍，剝進去方才有筍可吃。這個見解起於崔述；……崔述剝古史的皮，僅剝到「經」為止，還不算徹底。顧先生還要進一步，不但剝的更深，並且還要研究那一層一層的皮是怎樣堆砌起來的。他說：「我們看史蹟的整理還輕，而看傳說的經歷卻重。凡是一件史事，應看他最先是怎樣，以後逐步逐步的變遷是怎樣。」
>
> ……這是用歷史演進的見解來觀察歷史上的傳說。[121]

在五四時期，達爾文(Charles Darwin, 1809-1882)的進化論思想在科學主義的新典範之內被視為自然、宇宙和人類社會的終極真理，深深地植根於絕大多數中國知識分子的心中。胡適曾談到嚴復(1854-1921)所譯赫胥黎(Thomas Huxley, 1825-1895)《天演論》(*Evolution and Ethic*)廣為流傳的原因，他說：

> 因為有人以達爾文的言論，尤其是它在社會上與政治上的運用，對於一個感受惰性與濡滯日久的民族，乃是一個合宜的刺激。[122]

十九世紀西方自然科學的發展在很大程度上推動了進化論觀點的流行。按照胡適的說法，「根據於生物的科學及人類學、人種學、社會學的知識，叫人知道生物及人類社會演進的歷史和演進的原因」。[123] 顧頡剛也曾談道：

> 過去人認為歷史是退步的，愈古的愈好，愈到後世愈不行；到了新史觀輸入以後，人們才知道歷史是進化的，後世的文明遠過於古代，這整個改變了國人對於歷史的觀念。如古史傳說的懷

[121] 胡適：《古史討論的讀後感》，《古史辨》第1冊中編，頁191-192。
[122] 胡適：《我的信仰》，《胡適選集》，頁23。
[123] 胡適：《我的信仰》，《胡適選集》，頁35。

疑，各種史實的新解釋，都是史觀革命的表演。[124]

所以，從嚴格的意義上說，崔述的觀念對顧氏的「古史層累說」只起到某種暗示的作用，而胡適提倡的「歷史演變」的研究方法才對此說的形成發生了決定性的影響。顧頡剛在1926年曾談到胡適對他治學的影響：

> 那數年中，適之先生發表的論文很多，在這些論文中他時常給我以研究歷史的方法，我都能深摯地瞭解而承受；並使我發生一種自覺心，知道最合我的性情的學問乃是史學。〔民國〕九年秋間，亞東圖書館新式標點本《水滸》出版，上面有適之先生的長序，我真想不到一部小說中的著作和版本的問題會得這樣的複雜，它所本的故事的來歷和演變又有這許多的層次的。[125]

胡適本人也對顧頡剛上述的說法表示首肯，他說：

> 《古史討論》一篇，在我的《文存》裡要算是最精彩的方法論。這裡面討論了兩個基本方法：一個是用歷史演變的眼光來追求傳說的演變，一個是用嚴格的考據方法來評判史料。
>
> 顧頡剛先生在他的《古史辨》的自序裡曾說，他從我的《水滸傳考證》和《井田辨》等文字裡得著歷史方法的暗示。這個方法便是用歷史演化的眼光來追求每一個傳說演變的歷程。我考證《水滸》的故事，包公的傳說，狸貓換太子的故事，井田的制度，都用這個方法。顧先生用這方法來研究中國古史，曾有很好的成績。……其實對於紙上的古史迹，追求其演變的步驟，便是整理

124　顧頡剛：《當代中國史學》，龍門書店1964年版（以下版本同），頁3。
125　顧頡剛：《自序》，《古史辨》第1冊上編，頁40。

他了。[126]

胡適是顧頡剛進入現代學術界的引路人，他的話誠足發人深省。[127]

顧頡剛以進化論的觀點觀察中國古史，自然會發現中國古史傳說體系不合進化的規律。他注意到，「時代越後，知道的古史越前；文籍越無徵，知道的古史越多。」[128] 於是他建立了一個假設：「古史是層累地造成的，發生的次序和排列的系統恰是一個反背。」[129] 這就是說，戰國、秦、漢古書所載古史是由先後不同時期的記載層層地積累而成的，所謂「發生的次序」是指不同的記載發生時代的先後次序，所謂「排列的系統」則是指古書所載古史排列系統的先後順序，而兩者的序列恰恰相反，即發生了「反背」的現象。誠如胡適所說，「古史層累說」對於近代史學的一個貢獻就在於，「這是用歷史演進的見解來觀察歷史上的傳說」，[130] 崔述的論點顯然不能與之相提並論。儘管崔述之論肯定對顧頡剛形成「古史層累說」有所啟發，這並不等於說顧氏能夠提出該說完全是受崔述啟發支配或脫胎於崔述之論。這是因為，崔述的看法不過是一種朦朧的感性認識，不像「古史層累說」那樣已抽象為系統的理性認識。若無社會進化論的深刻影響，顧頡剛「層累地造成的古史」的觀點只不過是一些零碎的想法，仍停留在崔述原有的層次，而無法構成一種有系統的學說。顧氏女兒下面的這段話對我們是很有啟示的，他們說：

> 「古史如積薪，後來者居上」，這本是崔東壁的一句話。父親以完全不同於崔氏的治學目的——不把經書神聖化，還其歷史資料的本來面目——和科學方法，擺脫舊日家派的羈絆，以考古

[126] 胡適：《介紹我的思想》，《胡適選集》，頁282-283。

[127] 關於顧頡剛接受進化論思想的討論，可參看吳懷琪：《近代新文化和顧頡剛先生的史學思想》，《史學史研究》1993年第2期，頁15-21。

[128] 顧頡剛：《與錢玄同先生論古史書》，《古史辨》第1冊中編，頁65。

[129] 顧頡剛：《自序》，《古史辨》第1冊，頁52。

[130] 胡適：《古史討論的讀後感》，《古史辨》第1冊中編，頁192。

學和社會學材料作比較，發展了崔氏的觀點，創造了「層累地造成的中國古史說」。[131]

顧頡剛所依靠的近代考古學和社會學，在當時實際上都是屬於社會進化論一系的。不可否認，顧頡剛提出的「古史層累說」從形式上看與崔述有薪火相傳的痕跡，但顧氏此說的重點顯然已與崔述之說不同。他雖附會於崔述的某些觀念之上，卻更善於用歷史的演進和傳說的流變來說明古史的形成。顧氏自謂，他提出「古史層累說」的出發點是為了打破所謂「歷史蛻化觀」。就這一點而言，他已與崔述的「古勝於今」的崇古歷史觀分道揚鑣了。王煦華在將顧頡剛的「層累說」與中國歷代學者的類似觀點加以比較之後說道：

> 把上述顧先生所揭示的「層累地造成的中國古史」觀來和子貢、劉安(西元前179-前122)、歐陽修(1007-1072)、劉恕(1032-1078)、崔述的言論相比較，就可以看出顧先生雖然繼承了他們的一些基本思想，但並不是在原地踏步，或者有一些量的改變，而是有了質的變化。[132]

王氏特別舉出崔述的例子說明這一點：

> 就拿最後的崔述來說，他說的「其識愈下，則其稱引愈遠；其世愈後，則其傳聞愈繁」，雖含有層累地造成的中國古史的觀念，但思想還是模糊不清的。因為：(1)識見的上下，與稱引的遠近，並無必然的聯繫；(2)時代的前後，傳聞的繁簡，與古史系統的遠近，也無必然的關係。因此，崔述的這些總結性的話，對歷來相傳的古史系統並不能得出規律性的認識。顧先生對層累造成的中國古史觀的表述，則排除與古史系統遠近無關的識見和

---

131 顧潮、顧洪：《我的父親顧頡剛》，《文匯報》（上海）1991年7月24日，第6版。

132 王煦華：《試論顧頡剛的疑古辨偽思想》，《中國哲學》第17輯，頁500。

> 繁簡，而單純以古帝神話傳說發生時代的先後次序和古書中所講的古史系統排列先後來比較，從而得出兩者的先後恰恰相反的規律性認識。[133]

崔述和顧頡剛在古史研究上的看法之差異，在這一問題上得到了充分的證明。

路新生還具體指出，在古史考辨的許多方面，顧頡剛承襲了崔述的考辨成果，主要表現在三個方面：其一，古帝王非出一系；其二，夏商關係及商周關係；其三，五德終始說。[134] 或許路氏的看法在學術的最淺層次上是可以成立的，因為從表面上看，顧氏的許多看法與崔述頗為相似。不過細究下去，我們不難發現他們兩人在學術上的根本差別，尤其在以上三個問題上，兩人的看法更是所同不勝其異。此處由於篇幅限制，不可能對所有問題作全面的討論，以下僅以他們對商周關係的看法略加比較。

如何認識三代關係特別是商周之間的關係，曾是中國經學和史學界長期爭論不休的一個問題。從戰國起，隨著中央集權制度的逐步形成，君臣關係漸嚴，於是有人開始批評湯代桀、武王克商並非革命而是弒君，墨子、孟子、荀子都曾為湯、武的作為進行辯解。[135] 漢朝建立之後，至高無上的皇權逐步確立。《史記・儒林列傳》記轅固生與黃生辯論湯、武是否受命討伐桀、紂，最後漢景帝不得不終止他們的爭論。[136] 這場爭論表明當時人們已經認識到，在君臣關係中，臣子必須絕對地忠於君主。由於君位越來越尊，變成絕對的權力(absolute power)，人們不能再加以反對，後世學者越來越不清楚上古時代天子與諸侯之間關係的實際狀況。然而，崔述在《豐鎬考信錄》中卻能夠指出：「周固未嘗叛

133 王煦華：《試論顧頡剛的疑古辨偽思想》，《中國哲學》第17輯，頁500。
134 路新生：《崔述與顧頡剛》，《歷史研究》1993年第4期，頁71-76。
135 見《墨子・天志中》《墨子・非攻下》，《孟子・梁惠王下》，《荀子・王霸》等篇。
136 司馬遷：《史記・儒林列傳》，中華書局1959年版（以下版本同），頁3122-3123。

商，亦未嘗仕於商；商自商，周自周。」[137] 這表明，他覺察出古代天子諸侯間的平行關係與後代（秦漢以後）君臣間的隸屬關係大不相同。儘管這一看法並非出於自覺的史學意識，但卻不能不說是崔述獨具慧眼的不凡見解。清代正統的理學家劉鴻翱對這一點不以為然：「獨其謂湯、武之於夏、商，各君其國，不得以君臣論，則謬甚。」[138] 為了證明武王伐紂不是以下犯上，崔述又進一步解釋說，殷、周是各自獨立的邦國，周對殷並無任何君臣關係。這樣一來則走向另一極端，即過分強調當時諸侯國的獨立性，以致完全否認上古天子諸侯之間至少有名分上的從屬關係。這顯然出於他維護儒家「君臣之義」的立場。晚近的研究證明，商周的關係具有二重性：既有邦國之間的平行關係，也有天子與諸侯間的從屬關係。這在《尚書》中就有明證，如「小邦周」、「大邑商」等說法，《詩經》中也有類似的記載。崔述雖自稱考信於《五經》，但在這裡為了維護周文王、周武王的聖人地位，卻不相信《詩》、《書》了。嚴格地說，雖然三代天子與諸侯只在名義上是君臣關係，各諸侯有很強的獨立性，但是商周之間並非像崔述所設想的那樣毫不相關。當時「天澤之分未嚴」並不表示沒有天澤之分。在周原甲骨文中，周邦之君被殷王稱作「方伯」，這一點可以正與《尚書》、《詩經》的內容互為印證，說明商周之間確實存在著君臣關係。[139]

顧頡剛在古史討論時與劉掞藜、胡堇人兩位先生辯論的一個焦點，就是殷商的關係問題。顧頡剛指出殷周之間並無君臣之義，夏商間所謂的「王」實際上是春秋時的「霸」。因此，產生文王為紂之臣的說法完全是春秋末、戰國初的政治形勢使然。[140] 顧頡剛對文王為紂臣說的駁難，只是為了說明上古中國種族之多元。顧氏在思想上絕對無意捍衛周文王和武王的聖人地位，而且他還一再批評崔述：「信仰經書和孔、孟

137 崔述：《豐鎬考信錄》，《遺書》，頁169。
138 劉鴻翱：《〈帝王考信錄〉辨》，《遺書》，頁1065。
139 陳全方：《周原與周代文化》，上海人民出版社1988年版，頁125-126。
140 參看顧頡剛：《答劉胡兩先生書》，《古史辨》第1冊中編，頁142-146。

的氣味都嫌太重，糅雜了許多先入為主的成見。」[141] 可見在這一問題上，他與崔述不僅立場迥然，側重點也不同，所以絕不可一概而論。

大體而言，在商周關係的問題上，崔述是以尊崇文王為聖人為出發點，這是從非常保守的角度看待這一問題；而顧頡剛則通過說明殷商無君臣之義來打破「王道聖功」的觀念。崔述主張商周之間並無君臣關係，是為了解決周文王的聖人地位問題，這實際上是一種衛道的手段；顧頡剛卻為了反「王道聖功」，將崔述的這一手段變為自己疑古之說的內容，以推翻文王為紂臣乃君臣之義、千古洪範的傳統儒家之說。顧頡剛在1924年的一則筆記中寫道：

> 我們今日所以能徹底的辯論古史，完全是沒有崇拜聖人觀念之故。這崇拜聖人的觀念須到今日倫理觀念改變時才可打消。[142]

可見在如何看待商周關係的問題上，崔述和顧頡剛兩人不僅動機和目的截然異趣，而且在論述的取材和結構上也不盡相同。路新生論點的最大漏洞就在於，他忽略了崔述和顧頡剛各自對商周關係看法的深層動機，因此無從抓住問題的關鍵所在。總而言之，雖然崔述之學對顧頡剛有一定程度的影響，但似乎還不能說，顧頡剛的疑古思想與崔述之學有一種直接的或必然的內在學術聯繫。即便在某些問題上顧頡剛與崔述得出了相同的結論，也不過是因他們在治學的層次和取徑上接近而引起的一種遇合。

崔述和顧頡剛在學術思想上存在的根本差別就是，崔述是在首先承認《五經》所載為真實的前提下對古史提出質疑，他主張凡與經書相矛盾和抵觸的記載都是後人附加上去的；而顧頡剛則是對《五經》與其他古書一律採取平等的態度，認為所有的史料都經過了後人的歪曲或加工。他們二人懷疑古史系統的意圖也不相同：顧頡剛以疑古達到古史的考信，這樣就在客觀上破了「儒家之道」；崔述也是以疑古為手段，力

[141] 顧頡剛：《自序》，《古史辨》第1冊，頁46。
[142] 顧潮：《顧頡剛年譜》，中國社會科學出版社1993年版（以下版本同），頁101。

圖弄清史實，然而他的目的是使帝王聖賢之事光明於世，所以他是以崇聖衛道為首要任務，而疑古只是完成這一任務的手段。所有這些都表明，雙方學術的起點和終點均不相同。而這一比較也說明，基本立場不同的學者，他們的疑古辨偽有時可以得出近似的結論。這種現象是值得研究思想學術史者深思的。

我們還可以從家庭背景和學術環境來觀察崔述與胡適、顧頡剛的差別。胡適與顧頡剛均出生於江南的書香門第，成長於經學根深蒂固的皖吳地區，因環境和時代的影響，他們在一定程度上受到了清代漢學的薰陶。他們故鄉的經學考證蔚成風尚，出了許多著名的經學家，而飽讀詩書的準經學家更是不勝枚舉。清代皖吳一帶的環境之於經學家，猶如現代維也納之於音樂家一樣，一般士人只需耳濡目染就能有所長進，更不必說有心於學了。漢學對他們的影響，首先來自幼時的家鄉教育和鄉土文化的潛移默化，這為他們研究清代學術打下了一定的基礎。崔述則出生於北方貧寒的儒生家庭，生長於學術文化居於落後地位的北方，崔述之弟崔邁曾這樣描述北方鄉間的學術環境：

> 北方藏書家至少；藏書者多不樂借人；而魏之遺書故籍則大半沒於漳水。北人不好名，詩文多不存稿；存稿者又未必發刻；子孫不能世其業，則用以飽蠹魚，糊窗裹物，無所不至。大都存者少，不存者多。[143]

這一情形與艾爾曼所描述的形成「職業化」(professionalization)的江南學術共同體有著天壤之別。[144] 受這種落後的學術環境的影響，崔述不大懂得學術交流的樂趣，對皖吳經學亦不介意，所採取的是一種不聞不問的態度，足見他與乾嘉漢學是相當隔絕的。上述這些不同之處，對於他們後來的學術發展都產生了相當的影響。

不過應當注意到，胡適和崔述在治學層次上也有相同或接近的地

143 崔邁：《尚友堂文集》，《遺書》，頁857。
144 Benjamin A. Elman, *From Philosophy to Philology*, 96-100.

方。胡適幼年時曾在私塾讀書達九年之久，自謂其父嚴守朱子之學。胡適說：「我父親是一個經學家，也是一個嚴守朱熹(1130-1200)的新儒教理學的人。」[145] 由於胡父與崔述父親崔元森(1709-1771)的學術背景相似，胡適十分稱道崔父的教學方法。崔述曾云：

> 先君教述讀注皆不然。經文雖已久熟，仍令先讀五十徧，然後經注合讀亦五十徧。於溫注時亦然。謂讀注當連經文，固也，讀經則不可以連注。讀經文而連注讀之，則經文之意為注所間隔而章法不明，脈絡次第多忽而不之覺，故必令別讀也。[146]

崔述還說其父「教人治經，不使先觀傳注，必使取經文熟讀淺玩，以求聖人之意；俟稍稍能解，然後讀傳注以證之。」[147] 崔元森的教法對崔述後來的治學方向影響甚深，這是無可爭辯的事實。胡適正確地指出：「這個方法是崔述一生最得力的方法。這個法子實在是從朱熹得來的。」[148] 美國學者施耐德(Laurence Schneider)說：

> 胡適試圖將崔述和朱熹及師承朱熹的學派聯繫起來，以說明為何崔述生時之寂寂無名；而胡適所採用的手法，可稱作「因承襲而合於正統」(legitimacy-by-association)。[149]

宋儒治經的特點之一就是，提倡直接讀經書原文而不依靠漢、唐注疏。在一定意義上，宋儒對早期儒家的認識在某些方面比後代學者還要正確些。當然，直接讀古書而不考慮後人注疏，使得他們對一些經文的理解流於主觀武斷。

換一個角度觀察，崔元森的教學方法也有相當迂腐的一面。崔述說：

---

[145] 胡適：《我的信仰》，《胡適選集》，頁18。
[146] 崔述：《先君教述讀書法》，《遺書》，頁469-470。
[147] 崔述：《考信錄自序》，《遺書》，頁920。
[148] 胡適：《科學的古史家崔述》，《遺書》，頁957。
[149] Laurence Schneider, *Ku Chien-kang and China's New History* (Berkeley: University of California Press, 1970), 94.

> 先君教述為舉業，必令先自化、治名家入手，以泰安趙相國〔國麟〕所著《制義綱目》及所選《文統類編》為金針，使之文從字順，章法井然，合於聖人語氣，然後使讀嘉、隆以後之文。[150]

崔元森教崔述讀明代的八股文而不讀當時的八股文，未免有些可笑。明清科舉考試題目都是在《四書》中找，每次考試都要換題，哪裡有如此之多的題目可出？於是各式各樣的怪辦法就出現了。考生們就要在背熟《四書》之餘，學會對付考試的辦法。他們總是從歷次考題和名列前茅者的文章中推測和估計以後的考題，揣摩怎樣做文章才能符合考官的口味，這種做法已成為當時的風氣。[151] 崔元森為了表示脫俗，竟讓崔述讀明朝的八股文，但明朝的八股文何嘗不是俗物。一究其實，崔元森的做法可謂既迂且俗，實在冬烘，可是崔述卻以此為榮。而由於胡適沒有參加過科舉考試，又未能深切瞭解科舉的內容和形式，他也對崔元森的這種辦法津津樂道。僅此一端，即可看出在對治學門徑的看法上胡適與崔氏父子如出一轍。

還需要指出的是，儘管胡適曾受到清代漢學的薰陶，卻因與經學的淵源較淺，故在疑古方面反而沒有受到今古文之爭的限制。當然，他的考據功夫與乾嘉經學大師相比尚有一段距離，尤其他本人對傳統的訓詁學所知不深。關於這一點，齊思和曾有如下批評：

> 胡適好談考據，自稱有「考據癖」，又好談清儒戴、錢、段、王等的考據學，以能承先啟後，博通中西自居。其實戴、錢、段、王的考據學是以聲韻訓詁為武器的。胡適在這方面並未下過工夫，他所謂考據不過是炫耀古本，追求筆劃。[152]

這段話恰當地說明了胡適考據學的特點。事實上，儘管胡適每言清

---

[150] 崔述：《考信錄提要》，《遺書》，頁470。
[151] 參看商衍鎏：《清代科舉考試述錄》，三聯書店1955年版，頁243-248。
[152]《胡適思想批判》第2輯，三聯書店1955年版，頁171。

代考據學之科學性，但他只不過是精於版本和史事考辨，而不通曉漢學家的專長即訓詁、音韻、文字之學。我們從他對「爾」、「汝」兩字所作的考釋即可看出，他竟然不知清代學者在音韻學上的「娘日歸泥」的重大發現。[153] 章太炎(1869-1936)早有《古音娘日二紐歸泥說》一文，詳盡討論了「娘日歸泥」的問題。[154] 胡適未見章氏之說，故其對「爾」、「汝」二字的音韻學考據流於淺陋。在這方面，崔述與胡適頗相似，因此可以說，胡適的治學層次正與崔述相應，而不逮乾嘉漢學大師。可是也恰恰由於胡適經學根底相對淺薄的緣故，他比較容易從繁瑣的考據學的束縛中解脫出來，而不致滅頂於經學的汪洋之中。胡適以對崔述的發現和研究說明，他不但可以以新方法進入中國的傳統學術，而且還能發前人未所發，提出新的問題。余英時對此點說得最明白：「他〔胡適〕在考證方法上的新突破彌補了他在舊學方面功力和火候的不足。」[155] 這一評價是非常中肯的。

同樣，顧頡剛的經學基礎雖然受地區和家庭的影響很大，可是他早年並未深入到經學之中，這就使得他既懂得如何走經學的路子，又不致深陷其中為其所困。所以當顧頡剛到了北京大學，接觸到新風氣後，就能帶頭衝向經學。他的傳統學術包袱不重，又能看出其中存在的問題，故敢於衝擊；而他對經學門徑頗為熟悉，能以子之矛陷子之盾，擊中傳統學術的要害之處，故能大見成效。儘管顧頡剛後來表示「總不能佩服」今文家，但這並不表明他在早期未受今文學派疑古思潮的震動。在「古史辨」運動中，古代文獻是偽造還是重新整理而形成的？始終是一個中心問題。顧頡剛堅持今文學家的觀點，認為《左傳》、《周禮》是劉歆偽造的。他說：

> 劉歆從幼就受有很好的家學，稍長又博覽秘府藏書，他也希

---

[153] 胡適：《爾汝篇》，見沈寂編：《胡適學術文集（語言文字研究）》，中華書局1993年版，頁119-123。

[154] 章太炎：《古音娘日二紐歸泥說》，見汪壽明選注：《歷代漢語音韻學文選》，上海古籍出版社1986年版，頁175-178。

[155] 余英時：《中國近代思想史上的胡適》，頁42。

望自己的學說立於學官，竟被他發明了一個新塗徑。秘府中的書當然有用古文寫的，他就從這上面得到暗示，覺得倘在今文經書之外別出許多古文經書，一定可使經學界中開出一個新面目。所以他在《三家詩》之外別出一種《毛詩》，在歐陽，夏侯《書》之外別出一種《古文尚書》，在《大》，《小戴禮》之外別出一種《逸禮》，在《公羊》，《穀梁春秋》之外別出一種《左氏春秋》，這四種新經和新傳都是以「古文」為標幟的。[156]

這一事實說明，顧氏與今文學派的關係要比他與崔述的關係密切得多。因此可以說，他的疑古思想在很大程度上是來自今文學派。顧頡剛直到晚年才對今文學的看法有所改變。上世紀五十年代，顧頡剛的弟子童書業(1908-1968)在給他的信中寫道：

生過去崇信今文家說，以為《周官》及《左傳》解《經》語等皆劉歆等所為。近細讀《周官》，覺此書頗保存原始史料；即經劉歆等改竄，分量亦必極少。[157]

又云：

清代今文學派集矢劉歆，專從一個角度看古文經傳，當然不能完全正確，語云「矯枉者必過其正」，在當時據西漢之學以反西漢末變古之學，態度不得不嚴厲操切，自非所語於今後。……昔日由正以至反，今日由反而至合。至於合，則為平心靜氣之研究，無須乎狂飆卷地矣。[158]

顧頡剛則直到在晚年所寫的《「周公制禮」的傳說和〈周官〉一書的出現》中才不再主張《周禮》是毫無價值的了。他斷定《周禮》是戰

[156] 顧頡剛：《五德終始說下的政治和歷史》，《古史辨》第5冊下編，頁527。
[157] 顧頡剛：《顧頡剛讀書筆記》第5卷（下），頁3658。
[158] 顧頡剛：《顧頡剛讀書筆記》第5卷（下），頁3659。

國時齊國人所作，是稷下學者為「齊宣王處心積慮想成為一個統一天下的大君作準備」的書。[159] 這充分證明顧頡剛最終改變了對今文家的看法。所以我們說顧頡剛本人受西學影響並不大，而是靠熟悉經學才破到傳統學術的要害。也恰恰由於這一點，他晚年研究《尚書》、《周禮》等書又回到經學的路數上，反倒變得像個古文經學家了。

儘管胡適、顧頡剛對崔述之學交口稱譽，但由於他們所接受的中學和西學系統及影響程度之不同（胡適留學美國七年之久，而顧頡剛一生從未出國），他們在研究崔述的方法上有其同也有其異，形成了各自的風格。胡適受西方實證主義觀點的影響而欣賞崔述的疑古，著重強調從方法論的角度重新考察中國古史。當然，胡適在哥倫比亞大學主修哲學，對西方史學只是稍有涉獵，他對十九世紀末、二十世紀初西方史學主流的瞭解限於方法論層次。如對德國史學中的歷史主義(historicism)以及後來的「歷史主義的危機」(the crisis of historicism)在西方史學界產生的重大而深刻的影響，看來他是一無所知的。應該說，胡適主要是受美國實證主義哲學和史學的影響而疑古。而顧頡剛推崇崔述的學術則與今文家的疑古之風有關，特別是受了崔適、錢玄同的影響。還應看到，五四時期的胡適、顧頡剛甫步入中年，學術根底尚不堅厚，顯然還沒有足夠的學力來判斷崔述與漢學家的高下。例如閻若璩之辨偽疑經無論在規模還是在精深方面都大大超過崔述，可是胡適、顧頡剛重視的卻是崔述而非閻若璩。蓋因他們當時沒有認真閱讀閻氏之書，且像清儒那樣高深的考據工夫亦非他們所具備，故他們不甚瞭解閻氏之學術，否則就不會輕易吹捧崔述了。質言之，胡適之重視崔述，受外來（西方實證主義）的影響多些；而顧頡剛之重視崔述，則主要是受到來自儒學內部（今文家的懷疑傳統）的影響。

還有一個現象值得注意，即胡適對崔述的評價隨著時間的推移而發生了變化。到了上世紀三十年代，胡適開始注意到崔述在學術上的不足

159 顧頡剛：《「周公制禮」的傳說和〈周官〉一書的出現》，《文史》第6輯，頁8。

之處，並逐漸意識到自己過去對崔述的評價有偏高的傾向。通過胡適對崔述前後不同的態度之比較，可以觀察到這一轉變。胡適在1923年曾說：

> 我們讀他〔崔述〕的書，自然能漸漸相信他所疑的都是該疑，他認為偽書的都是不可深信的史料：這是中國新史學的最低限度的出發點。[160]

到了三十年代，胡適對崔述學術的態度有了相當的轉變。他在給《崔東壁遺書》所作的序中說：

> 但依這十幾年來的古史學看來，崔述所信的，未必無可疑的部分；他所疑的，也未必「都是該疑」。[161]

他不但已經意識到過去鼓吹崔述有過頭的地方，而且有意修正以前的說法，如他也承認「中國有歷史的時期自商周始」。[162] 為什麼胡適會發生這樣的變化呢？這是因為他認識到：

> 近十幾年的古史研究，大體說來，都已超過崔述的時代。一方面，他所疑為「後儒」妄作妄加的材料，至少有一部分（例如《檀弓》）是可以重新被估定，或者竟要被承認作可靠的材料了。另一方面，古史材料的範圍是早已被古器物學者擴大到幾部「經」之外去了。[163]

言外之意，他不再對崔述之學保持原來那種強烈的興趣了。對胡適由疑古而信古的態度轉變，顧頡剛頗不以為然，他在晚年的回憶中透露了一個值得注意的事實：

> 到了一九二九年……他〔胡適〕對我說：「現在我的思想變

---

[160] 胡適：《科學的古史家崔述》，《遺書》，頁953。
[161] 胡適：《崔東壁遺書序》，《遺書》，頁1043。
[162] 胡適：《中國歷史的一個看法》，《胡適選集》，頁324。
[163] 胡適：《崔東壁遺書序》，《遺書》，頁1044。

了，我不疑古了，要信古了！」我聽了這話，出了一身冷汗，想不出他的思想為什麼會突然改變的原因。[164]

根據我的分析，上引所說的這一轉變不僅反映出胡適本人學術傾向的變化，也體現了他的學術水準與年俱進的過程。二十世紀初以來，在王國維（1877-1927）「典範」性學術成就的影響下，古史研究有了長足進步，大量甲骨文、金文的出土，使得徵信古史方面足資憑藉，許多長期被視為「傳說」或「假設」的古史和古書逐漸被考古的新成果所證實。胡適敏銳地觀察到這些新的學術進展，並開始修正自己過去的疑古思想。作為一個思想家，胡適在學術上勇於探索，因此他的觀點常常處於變動之中。他有時會以今日之看法否定昨日之論點，這在思想史上本來是正常的現象，表明他具有開放的求知精神。可是不少人卻以此責備胡適在學術上多變，這種看法並不完全符合胡適學術思想的實際狀況。

當然，胡適在治學上有虎頭蛇尾的傾向也是不可否認的，如《崔述的年譜》他只寫了一半。胡適曾說：「我盼望全書出版後我能利用新出現的傳記材料，繼續寫成我的《崔述年譜》，完成我十四年前介紹崔述的志願。」[165] 後來趙貞信續完了《崔述年譜》，胡適雖對趙氏續作表示滿意，但還是想親自寫一部完整的崔述年譜。他在編《崔述的年譜》之初曾有一個想法：

我想在《年譜》裏作批評的工作，在崔述的每一部書寫定或刻成之年，就指出這部書的貢獻和他的缺點。[166]

耐人尋味的是，他的這一設想始終未能實現。胡適後來承認說：「這件工作是不容易的，《年譜》的中間擱置，這也是一個重要原因。」[167] 的確，全面評估崔述的學術成就遠比撰寫他的傳記行狀困難，因為這將

[164] 顧頡剛：《我是怎樣編寫〈古史辨〉的？》，《古史辨》第1冊，頁13。
[165] 胡適：《崔東壁遺書序》，《遺書》，頁1046。
[166] 胡適：《科學的古史家崔述．後記》，《遺書》，頁1015。
[167] 胡適：《科學的古史家崔述．後記》，《遺書》，頁1015。

涉及許多極其複雜的古代史的問題，而胡適中年以前在學術上的興趣時常轉移，不能專心致力於同一課題，誠如余英時所言，「部分地由於性格使然，他〔胡適〕往往偏重通博一路而不大能專精。」[168] 由於胡適對古史缺乏深入的專門研究，又不能持之以恆，他自然不易對崔述的考古之學作出衡斷。胡適在後來的學術研究中也再沒有涉及崔述的學術，而他對崔述的研究給人最深刻的印象是，雖具創見，但非深入。

而顧頡剛對崔述的評估似乎沒有重大變化。他說，胡適「從一九二九年起就不疑古了，……也是我和他在學術史上發生分歧的開始」。[169] 顧頡剛在上世紀四十年代仍然極口讚揚崔述之學，他說：

> 他〔崔述〕所著的《考信錄》，真是清代史學研究上的一部奇書，其目光的敏銳和史學方法的謹嚴，在近代的史學界上可說已發生了巨大的影響，……[170]

顧頡剛在1977年12月8日的日記中寫道：「乾嘉人物誰不受歷史局限性，惟彼〔崔述〕能打破戰國、秦、漢時所塑造之『孔聖人』，則其革命性之強烈終是不可泯滅之一大事也。」[171] 顧氏傾十數年之力整理出崔述的遺著，直到逝世前還在為《崔東壁遺書》的重版寫長篇序言。完全可以說，顧氏對崔述的推崇和研究始終不變，貫穿一生，其被公認為崔述研究之權威，是絕對當之無愧的。

四、胡適、顧頡剛的崔述研究之內在限制

胡適、顧頡剛對崔述的研究具有拓荒性質，自不待言。然而也正是由於篳路藍縷，他們的研究難免存在著一些侷限，其中之一就是他們對崔述的考察和評價主要是從思想解放這一功能性的立場出發，故不甚重

---

168 余英時：《中國近代思想史上的胡適》，頁26。
169 顧頡剛：《我是怎樣編寫〈古史辨〉的？》，《古史辨》第1冊，頁23。
170 顧頡剛：《當代中國史學》，頁126。
171 顧潮：《顧頡剛年譜》，頁393。

視崔述學術研究的具體成果。換言之，崔述受到胡適、顧頡剛的垂青，主要不是因為他的考據成就，而是他所揭橥的「考信疑古」的主張。在五四時期，疑古運動的目的在於破除對儒家傳統的迷信。除了文獻辨偽、史事考證之外，胡適、顧頡剛的疑古思想還體現了理性主義精神的覺醒。所以他們比較注意崔述懷疑古史的動機，即對儒家道統的尊崇和對儒家經典的迷信。

胡適、顧頡剛曾多次批評崔述出於衛道而迷信《六經》。如顧頡剛說：

> 只有司馬遷和崔述，他們考信于《六藝》；凡《六藝》所沒有的，他們都付之不聞不問。這確是一個簡便的對付方法。但《六藝》以外的東西並不曾因他們的不聞不問而失其存在，既經有了這些東西，難道研究歷史的人可以閉了眼睛不看嗎？況且就是《六藝》裡的材料也何嘗都是信史，它哪裡可以做一個審查史料的精密的標準呢？所以他們的不信百家之言而信《六藝》，乃是打破了大範圍的偶像而崇奉小範圍的偶像，打破了小勢力的偶像而崇奉大勢力的偶像，只掙得「以五十步笑百步」的資格罷了。[172]

顧頡剛的批評不是沒有道理的。崔述學識的偏限在於他堅持以《五經》為基準來考辨古史，所以始終無法擺脫崇聖衛道的思想：只敢懷疑傳記和諸子書中的古史記載，而對古帝王和聖賢的神聖地位卻沒有絲毫疑意。他雖自云古史研究「不好有成見，於書則就書論之，於事則就事論之」，但事實上，迷信聖人的偏見始終影響著他對古史的研究。例如，戰國時期的文獻大都「譽堯非桀」，這本來是當時人們一種極端化的說法。崔述卻只駁斥了過分貶低桀的說法，而對過分讚譽堯的說法則不加辯駁，反而信以為真。[173] 崔述對聖人的回護尤其表現在他對《孟子》

[172] 顧頡剛：《自序一》，《中國上古史研究講義》，中華書局1988年版，頁1。
[173] 崔述：《唐虞考信錄》，《遺書》，頁54-65；《夏考信錄》，《遺書》，頁126-127。

一書中某些錯誤古史記載的態度上。崔述指出了這些錯誤的記載，但卻說：「《孟子》一書……果孟子所自著，不應疏略如是……蓋孟子之門人萬章、公孫丑等所追述。」[174] 這明顯是在為孟子推卸責任。顧頡剛在去世前撰寫《崔東壁遺書》序言時，特別舉出以上這兩個事例，以說明崔述在學術研究上的弊病。[175]

崔述過分迷信經書和維護聖人的地位固然應該批評，不過我覺得上引對崔述的責難也有進一步考慮的必要。研究歷史是不可能完全摒除價值判斷的，尤其是對有深厚人文傳統的中國史學來說，儒家學者不可能不在古史研究中帶有道德評判的色彩。問題不在於崔述是否有價值判斷的傾向，而在於他沒有將這種判斷建立在合理的和理性的事實分析基礎之上。而且，崔述之所以「考信於六藝」，除了《五經》的價值權威性因素外，還因為《五經》本身為研究先秦歷史保存了相當完整、類型多樣和有連續性的可信資料。崔述本乎史學的立場，據經書的大量記載來考訂唐、虞、三代的古史，摒棄了戰國以下著述對古史的附會鋪張。如果只批評崔述迷信經書，就容易忽略他在充分利用《五經》的史料價值方面所作的努力。事實上，崔述對各部經書的相信程度也是不同的，他比較注意從經書中記載的內容與歷史事實的差別，來發現和判斷經書某些部分的不可靠，如他對相傳為周公所作的《儀禮》和《周禮》表示懷疑，從其中所載的禮制斷定這兩部書並非周公所作。他說：

> 周初之制猶存忠質之遺，不尚繁縟之節，明矣。今《禮經》所記者，其文繁，其物奢，與周公、孔子之意判然相背而馳，蓋即所謂後進之禮樂者，非周公所制也。[176]

據此，崔述確定這兩部書是春秋或更晚時代的作品。這可以說是對漢儒說法採取的一種批判態度。

---

174 崔述：《孟子事實錄》，《遺書》，頁433。
175 參見顧頡剛：《崔東壁遺書序》，《遺書》，頁63-64。
176 崔述：《豐鎬考信錄》，《遺書》，頁214。

崔述重視《五經》原典誠然有其保守傾向的一面，但也有重視歷史、維護文化連續性的一面。在一定意義上說，這是重視傳統和歷史的表現。崔述提出「六經皆史」就是這方面的突出例子，他指出：

> 是以三代以上經史不分，經即其史，史即今所謂經者也。後世學者不知聖人之道體用同原，窮達一致，由是經史始分。[177]

這一說法首先是從學術發展史的角度而言，即古代學術是由簡到繁，由一支而分為多支；繼而進一步從三代體用同原與後代體用分開的角度來說明經與史的合與分。崔述認為二帝、三王以及孔子都是體用一致，並由此指出德、禮、學產生的歷史背景。在他看來，「六經皆史」並不是說「六經等於史」。一般說來，經學重視的是多識前言以蓄其德，而史學重視的是多觀前車之鑒以益其智。中國的經學和史學在發展上既是平行的，又是相互影響的。崔述「六經皆史」的看法實際上同時受到了經學古文學家和今文學家的影響。今文學家認為《六經》都是由孔子整理和加工的，而古文學家則認為經書出自周公。儘管今、古文家對《六經》起源的說法不同，但有一點是極為明確的，即孔子所說的：「我欲載之空言，不如見之於行事之深切著明也。」[178] 也就是說，儒家經典從一開始就不是抽象的理論，而是與歷史相聯繫的，尤其是在漢代以前，經與史是不分的。崔述之所以說「六經皆史」，是因為中國的經書既不是宗教教義，亦非純抽象的哲學，而是與古史研究有多處重合的領域，所以他的考經之作往往也是考史之作。其實崔述這樣的觀念在五四時代本應發揮其積極意義，只是胡適、顧頡剛因受到全面反傳統思想的過分影響而未予重視。他們對崔述迷信經書的責難，似有苛責前人之嫌。

我們還必須認識到，崔述之主張「回歸《五經》原典」，溯其原由，也不能脫離其所處時代的影響。十八世紀末、十九世紀初，即所謂乾隆全盛時期，社會腐敗衰兆已日漸明顯。崔述做過地方官（曾任福建上杭、

---

[177] 崔述：《洙泗考信錄自序》，《遺書》，頁262。
[178] 司馬遷：《史記・太史公自序》，頁3297。

羅源知縣六年），對現實事物很敏感。儘管他本人並非有政治見解的人，也稱不上思想家，但是他已經意識到，只用正統理學（宋學）那一套陳詞已不能解決問題。清代康熙、雍正、乾隆三帝都大力提倡理學，結果並無效用，這也是清代的理學領域已開拓窮盡的一種徵兆。在這樣的情況下，崔述想到了通過「回歸原典」以明聖人之道的辦法（當然，「回歸原典」是否就能使古聖先王之道得行於世，則是另外一個問題）。這一點是胡適、顧頡剛在研究崔述時沒有注意到的。

胡適、顧頡剛研究崔述的侷限之一表現在，他們雖然一再稱道崔述的疑古思想，可是對崔述在學術上的具體成果似乎缺乏深入的探討，也很少將他與同時代的漢學家在學術上加以比較。這裡只需舉崔述對《尚書》研究的例子便足以說明問題。雖然胡適、顧頡剛曾多次肯定崔述對《古文尚書》的辨偽，但對他在《尚書》研究方面的一項更為重要的貢獻竟不著一詞。崔述《古文尚書辨偽》云：「唐、宋以來，世所傳《尚書》凡五十八篇：其自《堯典》以下至於《泰誓》三十三篇，世以為《今文尚書》；自《大禹謨》以下至於《冏命》二十五篇，世以為《古文尚書》。」[179] 對自唐代以來所流行的《尚書》要從事兩項工作：第一，對《古文尚書》的二十五篇進行辨偽；第二，考察《今文尚書》三十三篇真書的來源。

第一方面的工作始自宋代，到清代閻若璩、惠棟時已基本完成。崔述在這方面也有貢獻，但存在著重複考證的問題；而從事第二項工作的學者則寥寥無幾，即使有人問津，說法也多分歧。[180] 胡適、顧頡剛以及其他研究崔述的學者沒有注意到，在探討三十三篇《今文尚書》源於何本的問題上，崔述解決了自唐代以降直至乾嘉時代學者們從未弄清的一個疑難之點。崔述在《古文尚書辨偽》中說：

> 《晉書荀崧傳》中記簡省博士事，內云：「《尚書》鄭氏，

[179] 崔述：《古文尚書辨偽》，《遺書》，頁582。

[180] 參見陸德明：《經典釋文》，魏徵：《隋書·經籍志》，孔穎達：《尚書正義》，房玄齡：《晉書·荀崧傳》。

《古文尚書》孔氏。」……然則鄭氏者今文邪？古文邪？蓋隋、唐間學者專尚詞賦，不甚通於經術，而唐初承大亂之後，廷臣之有學問者少，故不敢定馬、鄭之為古文今文，——謂為今文，則永嘉之亂今文已亡；謂為古文，則又別有五十八篇偽孔氏之經傳與鄭互異，——故不得已而為是兩可騎牆之語耳。……是以伏生之書本屬壁中所藏，而《隋書》稱「伏生口授二十八篇」；杜林本傳孔氏《古文尚書》，而《隋書》稱「雜以今文，非孔舊本」；皆習於世俗流傳之語，而未嘗取《史》《漢》諸書核正其是非耳。[181]

崔述對《晉書》中這段記載的分析十分精彩，因為他指出了以下兩點：首先，實際上並沒有與馬融和鄭玄所注《尚書》本並存的孔安國的漢代古文《尚書》，並且也不存在這樣的可能，即因把偽《孔傳尚書》當作真的漢代古文《尚書》，而把馬融、鄭玄所注的《尚書》本子當作漢代的今文《尚書》。其次，漢代的《今文尚書》既然失佚於永嘉之亂，所存的只有馬融、鄭玄所注的古文《尚書》本，那麼偽《孔傳尚書》中的三十三篇不可能與漢代的今文《尚書》有淵源上的關係，而只能是沿襲漢代的古文《尚書》。這在《尚書》研究上是獨樹一幟的，也是清代其他治《尚書》的學者從未明確提出過的，很有見地。

上面曾提到的梁玉繩是乾嘉時期一位考史的著名漢學家，尤精《史記》、《漢書》，曾撰《史記志疑》一書，對《史記》有關上古史的記載，據經傳以糾乖違，廣採舊說，斷以己意，富於懷疑精神。顧頡剛經常把崔述與梁玉繩相提並論，他曾說：

我們翻開《史記》來，仍然遺留了不少的古代的神話和傳說，而和歷史的真實不符。在這些地方，梁玉繩的《史記志疑》已經揭發了好多。崔述和梁玉繩雖生於同時，可是那時交通不便，各

---

[181] 崔述：《古文尚書辨偽》，《遺書》，頁599。

不相知，也就各不相謀。[182]

但他卻未能認真將崔述《考信錄》與梁玉繩《史記志疑》的學術異同進行具體的比較。與《考信錄》相對照，《史記志疑》的不足便顯露出來了。梁氏引書十分雜蕪，而且往往真書、偽書不加分辨地並存。如在《五帝本紀》條中，梁氏竟引緯書《春秋命曆序》，又在《殷本紀》、《周本紀》條中引偽書「今本」《竹書紀年》。[183] 梁氏和崔述都未見過《四庫提要》中辨《竹書紀年》之偽的條目，崔述能識別出今本之偽，而梁氏卻沒有發現這一點，這是崔述比梁玉繩高明的地方。又如，在如何認識殷末商周之間關係的問題上，儘管崔述和梁玉繩都尊崇周文王為聖人，可是各自研究得出的結論卻大相逕庭：崔述承認周有翦商的動機和行為，而梁玉繩卻否認此點；崔述認為商與周並無君臣關係，而梁玉繩則主張商周之間是君臣關係。很顯然，崔述的看法更為合理，雖不中，亦不遠矣。

那麼崔述與同時代的漢學家在治學方法上究竟有什麼不同呢？這是胡適、顧頡剛幾乎完全沒有觸及的問題。大致上，崔述的考據較為粗疏，時有舛誤，不及漢學家精密。崔述以大膽懷疑見長，而這是因為他的思想束縛較少（亦與其接觸面窄和知識不足有關）。乾嘉漢學大師的學術包袱則較重，在沒有得到確切證據之前，他們寧可存疑，也不輕下結論，故出成果較慢。崔述十分不滿清代漢學家「竭才於章句之末務」而轉向考證上古之事，[184] 正是因為擺脫了漢學家支離瑣碎的文字訓詁考證，他才能夠抓住古史中的一些重要事件，並時有深入之見。而同時代的大多數漢學家則重在解釋經典之字句文義，不大注重歷史，所以不可能像崔述那樣寫出那麼多篇考辨古史的《考信錄》。與清代漢學家考史相比，崔述比較重視考辨歷史人物的事蹟和評價。那麼為什麼崔述對此有濃厚的興趣呢？胡適、顧頡剛都未能指出其原因。究其原因，崔述

---

[182] 顧頡剛：《我是怎樣編寫〈古史辨〉的？》，《古史辨》第1冊，頁8-9。

[183] 見梁玉繩：《史記志疑》，中華書局1981年版，頁8、65、81。

[184] 見崔述：《考信錄提要》，《遺書》，頁20。

這樣做的目的是通過敘述古帝王聖賢之事，為儒家聖道求善。如崔述著《洙泗考信錄》評論孔子，目的是為他「洗刷汙名」，把聖人描述得完美無缺。但也正因為他受到先入為主的道德判斷的制約，其立論難免失之武斷。

在這裡應該特別指出的是，胡適、顧頡剛在表彰崔述時，忽視了其學術思想中存在著的兩個內在矛盾：第一個矛盾是，崔述一方面反對以己度人，以今度古；但另一方面，他自己在實際研究中卻不能避免這樣做。為什麼會出現這一矛盾呢？這是因為，實際的認識過程都是從已知推向未知，而人們對完全無知的東西則是無法理解的，因此完全與今脫節、與今不同的古代之事是今人所不可能理解的。[185] 故以己度人、以今度古實際上成了人們在研究歷史時通常必須使用的方法，而崔述不能理解這一點，認為這是犯規。從歷史知識論的角度說，當理解他人和古史時，首先要尋找己與人、今與古的相通之處，也就是發現理解的橋樑或通道，這是認識的第一步。但如果只見到相通之處，就會認為人與己、古與今完全相同，從而犯極大的錯誤。因此必須進一步看到人與己、古與今的不同之處，這是認識的第二步。一般而言，認識他人和理解古史都離不開這兩步。可惜崔述不懂得這一點，遂把兩步相混淆。當他反對以己度人時，習慣於舉出自己的切身經歷來說明問題，而這種作法本身已是在以己度人了。由於崔述不能認識到理解的過程必須有上述相反相成的兩個步驟，他在研究古史時常常將這兩步混而同之，結果使自己陷於一種言行不一的矛盾之中。

第二個矛盾是，崔述誤以雜為博，並以精反對博。[186] 他同時又認為，人多所見則少所誤，少所見則多所誤，甚至自以為淵博而鄙視他人之淺陋。[187] 他的說法在此又出現了矛盾。實際上，精與博也是相輔相成的，而崔述將兩者對立起來，使之絕對化，同時又將博與雜混為一談。

---

[185] 參看Marc Bloch, *The Historian's Craft*, trans. Peter Putnam (Manchester: Manchester University Press, 1954), 45.

[186] 崔述：《考信錄提要》，《遺書》，頁13。

[187] 崔述：《考信錄提要》，《遺書》，頁3。

我們稍加留意就會發現，在崔述的著述中，凡精到之處都是以博為基礎的，而凡是失誤之處也都與他讀書少或曰不博有關。這種對立在崔述的著作中無法得到統一，而是以矛盾的狀態呈現於他的考信辨偽之中。

在論及崔述的經學研究時，胡適、顧頡剛似乎缺乏足夠的功力評論其得失高下。胡適對崔述的《五服異同匯考》的評論就是一個明顯的例子。他說：

> 此書其實是一部喪服沿革史。每一種親屬，先記古經的喪服，次記後世的沿革，次論其得失。[188]

胡適甚至主張，崔述關於喪服輕重變化的考證可以作為社會學研究的材料。他稱讚道：

> 這樣有統系的歷史的研究，很可以表示崔述的歷史眼光與歷史方法。他的論斷雖然不能完全脫離時代的影響，卻也有很驚人的見解。……這都是富有歷史眼光的議論，古人很少能見到的。[189]

不過胡適雖然注意到崔述因有「歷史眼光」而能看出禮是在變化的，卻說不出此篇考證的驚人見解究竟何在，更未能將之與其他清儒考證五服的著作相比較。其實，一經比較即可看出，崔述的《五服異同匯考》實在是一篇很一般的論禮之作，其學術價值僅在於其凡例第一條。[190] 以往研究「五服」的學人都以服分章，而崔述則是按人分章。這樣固然可以使人看出服制的前後變化，不過這種分法只是一種改變體例的工作，在運用實際內容的材料方面，崔述則實不足道。杜佑(735-812)《通典》卷八二至九二有《五服年月降殺》，依次敘述了自周朝到唐開元禮中的五服年月之變化，將漢、魏、晉、南北朝以至唐代的五服變化，以

[188] 胡適：《科學的古史家崔述》，《遺書》，頁984。
[189] 胡適：《科學的古史家崔述》，《遺書》，頁984-985。
[190] 崔述：《五服異同匯考・小引》，《遺書》，頁623。

及關於改變服式的重要建議或文章一一收入。而崔述的《匯考》從周朝一下子就跳到唐代的《開元禮》，中間的若干朝代都略而不論。乾隆皇帝在1767年曾下令修撰《續通典》，此書也收有《五服年月降殺》，雖然僅有一卷，卻包括了唐、五代、宋、元、明的五服變化，而崔述的《匯考》是從唐代《開元禮》越過五代、宋、金、元的五服變化，直接到了明代。從這兩跳，可以看出崔述的《五服異同匯考》在內容上遠不如《通典》和《續通典》豐富。這是問題之一。

崔述在論唐代、明代之間的服制變化時引了《家禮》一書，此書相傳為朱熹所編。由於朱熹的名氣甚大，《家禮》在明清時代流傳甚廣。崔述說：

> 《家禮》本之《開寶通禮》（或亦稱《開元禮》）。《通禮》一書，亦未嘗見，故今但以《家禮》為據。[191]

然而取《文獻通考》卷一八七對勘後，我們發現《開寶通禮》實際上是宋太祖開寶年間由劉溫夏奉詔對《開元禮》進行增刪後而編成的一本書。這兩部書雖有傳承關係，但絕非同一本書。此外，《家禮》事實上也並非朱熹所作，清初學者王懋弘(1668-1739)在《白日雜著》中已考證出此點，王氏的這一考辨後為《四庫全書總目提要》所引用。崔述雖然重視辨偽，卻既不知道《家禮》是偽書（他知道《家禮》一書，也是因為他有程朱理學背景的緣故），也不知道王氏的辨偽成果，更不知道《四庫提要》提到《家禮》為偽書的問題。這是問題之二。

崔述於乾隆五十三年(1788)完成《匯考》一書，而當時已有《續通典》行世。崔述的直隸同鄉紀昀(1724-1805)於乾隆四十八年(1783)校閱完這部書，呈給乾隆皇帝，此書遂即收入《四庫全書》。崔述不僅對同時代漢學家的研究成果所知甚少，而且竟對皇上欽命編寫的書也一無所聞，他在學術上的孤陋寡聞由此可見一斑。這是問題之三。

以上三點足以說明《五服異同匯考》是清儒經學研究中的平凡之

---

[191] 崔述：《五服異同匯考．小引》，《遺書》，頁623。

作。儘管崔述在服制問題上有歷史眼光，卻因博之不足而限制了他向精深方面的發展，這從側面說明了崔述學術在清代學術界沒有引起重視的原因，胡適的崔述研究的功力不深也於此可見。胡適自稱有「考據癖」，有人甚至稱他有乾嘉諸老之遺風。然而他盲目稱讚崔述的五服考，恰好說明經學考據並非胡適之所長。

胡適在總結清代學者整理古書的成績時指出：

> 在這方面，又可分三門。第一，本子的校勘；第二，文字的訓詁；第三，真偽的考訂。考訂真偽一層，乾隆的大師（除了極少數學者如崔述等之外）都不很注意；只有清初與晚清的學者還肯做這種研究，但方法還不很精密，考訂的範圍也不大。因此，這一方面的整理，成績比較的就最少了。[192]

胡適一方面稱讚崔述注重古書的辨偽，另一方面又以為乾嘉漢學家對文獻真偽考訂的工作不甚經意，這種說法是對樸學大師辨偽成績的誤解。實際上，清代漢學大師大都考據和辨偽並行。惠棟雖以考據聞名，但他也積極從事辨偽，如他作《古文尚書考》專舉偽《古文尚書》剽竊之來源。崔述對《古文尚書》的辨偽不僅晚出，而且也沒有超過惠氏。他只是提出了六條簡單的證據以證明《古文尚書》為偽書，[193] 而惠棟列出的證據不僅遠遠多於崔述，而且逐一揭露作偽材料的來源。所以，無論從學術的積累性研究(cumulative research)、還是從學術發明權(academic priority)的角度而言，都不能將崔述《古文尚書辨偽》與惠棟的《古文尚書考》相提並論。

一般說來，辨偽包括文獻辨偽和史事辨偽兩個方面，崔述以及胡適、顧頡剛的疑古辨偽主要強調前者。他們對大量傳世的古書表示懷疑，但是這些古書在今天看起來卻並非全偽。這是因為任何經過記載的史料，無不羼入當事人的看法，甚至可以說是偏見，所謂真書或偽書只

---

[192] 胡適：《〈國學季刊〉發刊宣言》，《胡適選集》，頁141。
[193] 崔述：《古文尚書辨偽》，《遺書》，頁583-587。

是真或假的程度不同而已。他們不能理解古代文獻內含的豐富層次，故以為一旦偽書被揭露出來，即可推翻傳統的古史系統；若非如此，便以為沒有信史可言。這種看法很難經得起現代史學的考驗。其實疑古辨偽還包括對古代真人真事的價值的懷疑。如果堅持自己的值觀念毫不動搖，那麼即便從文獻上知道經書之偽，也會力圖維護其聖典的地位，《古文尚書》在清代被確定為偽書後的情形即是一顯例。在閻若璩、惠棟揭露《古文尚書》為偽書之後，清代不少學者仍然「想方設法找理由維護這部偽書的經典地位，包括一些參加過辨偽或鮮明承認辨偽正確的人，竟也持這一態度」。[194] 這一現象表明，在歷史研究中，事實判斷與價值判斷往往是不一致的，而且後者不一定是從前者推演出來的。

顧頡剛在表彰崔述之餘，也特別指出對崔氏著作的兩點不滿。他說：

> 但他的著作有二點我覺得不滿意。第一點，他著書的目的是要替古聖人揭出他們的聖道王功，辨偽只是手段。……所以他只是儒者的辨古史，不是史家的辨古史。第二點，他要從古書上直接整理出古史蹟來，也不是妥穩的辦法。因為古代的文獻可徵的已很少，我們要否認偽史是可以比較各書而判定的，但要承認信史便沒有實際的證明了。[195]

這固然是合理的看法，但如果稍加分析，便可看出更深一層的問題：顧氏的第一點不滿顯然是由於時代不同或曰「典範限制」所造成的。在傳統儒家思想的籠罩下，崔述是站在崇聖衛道的立場上從事疑古辨偽的；而顧頡剛則因受到「五四」反傳統氣氛的影響，而批評崔述是儒者的辨古史。胡適對他們兩人的辨古史作了形象的比較：

> 但崔述還留下了不少的古帝王；凡是「經」裏有名的，他都不敢推翻。頡剛現在拿了一把更大的斧頭，胆子更大了，一劈直

[194] 劉起釪：《尚書學史》（訂補本），中華書局1989年版，頁367。
[195] 顧頡剛：《與錢玄同先生論古史書》，《古史辨》第1冊中編，頁59。

> 劈到禹，把禹以前的古帝王（連堯帶舜）都送上封神台上去！連禹和后稷都不免發生問題了。[196]

對古史的研究有時會出現一種悖論(paradox)，即在個別情況下，傳統儒家學者從衛道崇聖的角度出發，也可能得出對古史的正確解釋，前面說到的崔述對商周關係的看法就是一個很好的例子。崔述是從維護湯、武的聖人資格（因為聖人不能以臣弒君）的立場出發討論殷周關係，但他卻意外發現古代天子和諸侯的關係是與後世的君臣關係不同的。這在今天的史學界看來已是不爭的事實。我在這裡重提這一點無非是想說明，傳統經學著作雖在思想傾向和價值取向上幾乎千篇一律，但也並非全部是毫無學術價值的「斷爛朝報」。

顧頡剛的第二點不滿則是因他對古代文獻所採取的徹底懷疑態度而產生的。在顧頡剛看來，古代文獻不夠，就無法重建古史。而且他進一步評論崔述說，「他的根本的誤處，是信古史系統能從古書中建立起來，而不知古書中的材料只夠打破古史系統而不夠建立古史系統」。[197] 胡適也持相同的見解：

> 材料可以幫助方法；材料的不夠，可以限制做學問的方法；而且材料的不同，又可以使做學問的結果與成績不同。[198]

其實在數量有限的古代文獻中，我們仍可以依靠精讀而推陳出新，發揮原典的作用，發掘出有價值的內容來。上古史的文獻多有殘缺，但並不表明其中就沒有可發掘的史料，更何況考古新材料也必須依靠原有文獻的印證才能體現其價值。顧頡剛對崔述的這一批評容易使人們產生誤解，即以為現存的古代文獻對於重建古史無足輕重，其結果只能使人們停留在古書辨偽的層次，而忽視這些彌足珍貴的傳世文獻。不過值得注意的是，在顧頡剛的學術達到成熟階段之後，他也開始從事這類發掘

---

196 胡適：《介紹幾部新出的史學書》，《古史辨》第2冊下編，頁338。
197 顧頡剛：《崔東壁遺書序》，《遺書》，頁64。
198 胡適：《治學方法——第三講：方法與材料》，《胡適選集》，頁415。

古書的工作了。顧氏從上世紀三十年代起，開始整理《尚書》經傳，研究《尚書》中有關的歷史問題，試圖建立商周的歷史，這說明顧氏後來也逐漸走出了「疑古」時代。

前面已經談到，胡適、顧頡剛的疑古思想是在五四新文化運動的特定條件下產生的，他們的懷疑不同於西方思想史上的懷疑論(skepticism)，而是帶有某種經驗性的傾向。換言之，他們的疑古只是一種經驗主義的懷疑，他們往往根據已意進行臆測，並重視感性經驗和一般性常識。他們這種根據自己的切身體驗產生的懷疑，與崔述的懷疑在層次上是基本相同的。西方哲學中的懷疑論有兩個特點：一是懷疑人類認識真理的能力；二是由懷疑自身的能力繼而主張放棄判斷，以致走向不可知論。這是對客觀世界和真理的是否存在，以及人們能否認識真理即人的認識能力表示懷疑。西方懷疑論通常把尚無證據的事物當作未知的，只是懷疑自己的認識能力；而崔述以及胡適、顧頡剛則是把尚無證據的事物當作假的，大膽地否定研討對象的真實性，卻從不懷疑自己的認識能力，尤其是崔述的疑古，更是疑信兼而有之。崔述並未企圖否定全部的古史，他的懷疑是通過一個可信的支點，那便是《五經》原典。應該說，他是抱著純化經典和衛道的目的去懷疑。西方的懷疑論是在認識論(epistemology)的層次上，崔述以及胡適、顧頡剛的懷疑則僅停留在歷史事實(historical fact)的層次上，顯然不能與西方的懷疑論等量齊觀。這大概與陳寅恪所云中國人「惟重實用不究虛理」的傳統有關。

崔述在古史研究上勇於懷疑別人，卻缺乏自我反省，從不自覺地懷疑自己的推論和假定。他雖然在駁斥別人的觀點時能夠相當充分地指出他們的不客觀之處，以說明他們因主觀而導致的錯誤；但當他自己從事古史考辨時，卻又非常重視自己的主觀判斷。這是崔述治學的一個弱點，而在這一點上，胡適和崔述的思想大致是屬於同一類型的。許冠三曾批評胡適說：

> 同樣難以自解的是，他〔胡適〕一生教人跟證據走，教人存疑，而他本人似乎從未疑過杜威實用主義，正如他對先秦典籍諸

多懷疑，獨不疑他偏愛的《老子》。[199]

這是合乎事實的論斷。在一定意義上說，胡適、顧頡剛的「疑古辨」與崔述之疑古辨偽在性質上是相同的，他們都以懷疑為求得真知的手段，並未把懷疑當作思考的終點或結論。

五、對胡適、顧頡剛的崔述研究之反思

通過上面的討論，我們不難發現，無論崔述、還是胡適、顧頡剛，都主張對以「截斷眾流」的方式考辨中國古史。這種主張是建立在一個過分樂觀的假定之上，即認為在經過懷疑和辨偽之後，中國古史便會層次分明地顯現出來。可事實上，問題絕非如此簡單。疑古史學的出發點是一個否定的過程，即以懷疑開始，否定所謂偽的、假的東西。然而對某些文獻材料來說，將其中偽的、假的東西剝掉之後，雖可能會靠近真相一步，但同時也有可能將真的、有價值的東西也剝掉了。問題的關鍵在於崔述和胡適、顧頡剛所疑的是否都是該疑的，以及他們認為是偽書的是否都是偽書。事實上，真正的古史重建應當是破與立並舉。對這個問題，余英時的一段話頗有啟發性：

> 思想激進的中國知識分子往往特別欣賞「不破不立」那句老話。但是如果依照莊子的思維方式，「不破不立」之下還應該立刻加上一句「不立不破」，只有在建立了新文化價值之後，不合時宜的舊文化價值才真正會讓位，傳統是無所不包的，其內容也是隨時在改變的。文化只能推陳出新，既不能無中生有，也無法完全從外面移植過來，……[200]

事實上，不僅文化的建設如此，古史的重建也應如此。如果只有

[199] 許冠三：《新史學九十年》上冊，香港中文大學出版社1986年版，頁165。
[200] 余英時：《「五四」── 一個未完成的文化運動》，《文化評論與中國情懷》，允晨文化事業股份有限公司1988年版，頁71。

「破」，即全盤否定傳統古史系統，是無法重新建立一部信史的。

從表面上看，胡適破壞傳統古史的態度與十九世紀西方史家處理希臘古史的方式有些相似，但實際上胡適只是在形式上模仿或曰因襲英國史學家格羅特的《希臘史》一書，而並未真正領會其精神實質，不能簡單地將胡適研究古史的態度和方法與格羅特相提並論。格羅特以西元前776年首次奧林匹克競技會作為古希臘信史的開端，可是他並沒有對此前難以稽考的歷史採取簡單捨棄的做法。對格羅特而言，神話傳說雖不是信史，卻仍有很高的學術價值。因此，他將《希臘史》頭兩卷題為「傳說時代」(Legendary Greece)，並詳盡記載了那個時代各個史詩中的神話傳說，目的是便利後人進一步深入研究。格羅特書中所保留的史詩傳說記載的內容，多數已被現代考古學所證實。而胡適對中國古史採取「截斷眾流」的態度，旨在推翻文獻記載的不可靠古史系統，並以為「截斷眾流」後的歷史，即《詩經》所載周宣王以後的歷史，便是信史。從史學的角度看，這樣的劃分是頗成問題的，因為它不免給人一種印象，似乎中國遠古的歷史是一片空白。然而事實並非如此，先秦文獻中不僅有關於夏商周三代並列關係的明確記載，[201] 而且從文獻記載中可以看出，周人的三代觀念十分清楚。後人怎麼能夠輕易地採用「截斷眾流」的手段，將夏商的歷史棄之不顧呢？對周宣王以前歷史中的可疑部分，可以作為暫置不論的問題保存下來，但無論從文獻記載還是考古發現來看，都沒有任何理由對西周以前的歷史文獻採取「截斷眾流」的處理方式。

胡適、顧頡剛都非常重視史料的時代性，這自然是研究古史的一個重要方面，然而這並不意味著出現早的歷史記載就完全可信，而出現晚的歷史記載就不可靠。我們今天看到的古代文獻，既保留了原始成分，又被嚴重地曲解，而崔述以及胡適、顧頡剛均只注意到後面一種情況。正確的治史方法應當是在弄清楚史料時代性的基礎上，既要把後代附會

[201] 參見張光直：《從夏商周三代考古論三代關係與中國古代國家的形成》，《中國青銅時代》，三聯書店1983年版，頁27-56。

的偽史加以廓清，又要善於利用可靠的史料（即便是時代稍晚的記載）來恢復古史的本來面目。中國古書的形成並不是出於一人一時，古書的材料來源也不盡相同，而且有時在早期文獻中沒有記載的事情，反而會出現在時間較晚的古書裡。如果依靠「截斷眾流」的方法對待古史，那麼在時間上，古史也不可能是「完整」的。胡適、顧頡剛的這一做法本身就注定「古史辨」派不可能提供一部完整的、正面的中國歷史。說到底，胡適、顧頡剛和崔述在辨偽的目的雖然不同，但在治學手段的層次上卻很接近。撇開思想內容不談，就古史研究而言，胡適、顧頡剛和崔述一樣，主要都是從事「下達」之業，即進行史料的整理工作。對於這一點，法國哲學家傅柯(Michel Foucault, 1926-1984)有關傳統史學與現代史學的區別的看法很值得我們參考。他說：

> 就其傳統的形式而言，歷史學所從事的是將過去的遺跡(monuments)進行「記憶」的工作，是將它們轉化為文獻材料(documents)，並使之開口說話，而這些材料遺跡本身並非語言，或它們在沉默中的表述與其所表達的事情大相逕庭。然而在今天，歷史學所從事的工作卻是把文獻材料轉化為歷史遺跡。在歷史學先前試圖破譯前人留下的殘跡處，它展現大量基本元素，並將之重新組合、相互聯繫，並將其置於相關性之中加以考察，以便構成整體。[202]

以傅柯所言來衡量，崔述以及胡適、顧頡剛的古史研究大體上都不脫傳統的實證主義史學之窠臼，即試圖通過史料的甄別和批判來消除古書和古史中的謬誤。他們將歷史研究納入實證科學軌道的做法，使史學偏離了人文科學的方向而流於自然科學的操作。由於他們始終停留在史料搜集的層面，在重建一部古代信史方面，他們都沒有提出一套建構的理論。

---

[202] Michel Foucault, *The Archaeology of Knowledge*, trans. A. M. Sheridan Smith (New York: Pantheon Books, 1972), 7.

在「古史辨」運動中，胡適、顧頡剛推崇和仿效崔述處理古代神話傳說的方式。胡適主張：

> 否認古史某部分的真實，可以影響於史界，那是自然的事。但這事決不會在人心上發生惡影響。我們不信盤古氏和天皇地皇人皇氏，人心並不因此變壞。假使我們進一步，不能不否認神農黃帝了，人心也並不因此變壞。假使我們更進一步，又不能不否認堯舜和禹了，人心也並不因此變壞。……我們的翻案只算是破了一件幾千年的大騙案，於人心只有好影響而無惡影響。即使我們的證據不夠完全翻案，只夠引起我們對於古史某部分的懷疑，這也是警告人們不要輕易信仰，這也是好影響，並不是惡影響。……這回的論爭是一個真偽問題；去偽存真，決不會有害於人心。[203]

這種對待神話傳說的態度在當時自然有其「破舊」的積極功效，但對史學的發展也產生了極大的流弊。在「疑古」心態支配下，胡適主張對神話傳說摒而不用，更不能作為撰寫古史的依據。對古史研究來說，古代的神話傳說誠然並不是可靠的材料，但它們也不是毫無所據。不可靠的材料中有時也包含了真實的資訊，或者說或多或少包含了一些真實的資訊。例如，「天子」、「真龍天子」、「聖上」之類的稱呼，在今天看來是很荒誕的，而古人使用這些稱呼，卻表達了他們所要傳達的一種真實概念和真實存在，只是古人的觀察角度和理解層次與今人不同而已。我們可以從這些稱呼中探究古人的思想認識體系。人類最初的歷史著作往往是從人神不分的神話和傳說中分離出來的，早期的古史記載不可能不與神話傳說發生關係。不過那些「口耳相傳」的傳說大都有其史實的淵源而非杜撰的產物，它們可以稱作未經後人加工過的史料，要比經過整理的經傳更具質樸性，關鍵在於如何從中發掘真實的史料善加利用。如果想通過堯、舜、禹的傳說來認識遠古的真人真事，那自然是不

[203] 胡適：《古史討論的讀後感》，《古史辨》第1冊中編，頁190-191。

可能的，但這種傳說確實反映了早期原始氏族民主制的某些方面。胡適、顧頡剛似乎不大注意這一點，他們只看到堯、舜、禹為「古聖先王」的傳說之不可信，卻不能利用這些傳說中的材料與考古發現相印證，將神話傳說轉變為歷史事實。王國維對「古史辨」派的疑古之論曾有委婉的批評，他說：

> 至於近世，乃知孔安國本《尚書》之偽、《紀年》之不可信。而疑古之過，乃併堯舜禹之人物而亦疑之。其於懷疑之態度及批評之精神不無可取，然惜於古史材料未嘗為充分之處理也。[204]

胡適、顧頡剛認為，歷史是神話傳說的對立物，從而產生輕易拋棄所有神話傳說的傾向。他們對神話傳說的輕棄態度，絕不能以其史料價值不足徵來解釋，而是與他們由粗糙的實證主義所產生的疑古心態不無關係。

由於西方文化向東傳播的「時間滯差」，十九世紀歐洲最具影響的一些思想流派，如進化論、實證主義(positivism)等，到了五四時期才在中國流行起來，尤其是進化論，更在中國思想學術界獨步一時。進化論在當時中國的影響已遠遠超出了自然科學的領域，對整個思想學術研究造成了十分強烈的衝擊。可以說，五四時期的思想家幾乎沒有一個不信奉進化論。前面曾討論過的顧頡剛的「古史層累說」，部分是從社會進化論脫胎而來的。但是由進化論與傳說的擴大結合而成的層累歷史觀存在著嚴重的理論侷限，因為它否認了歷史文獻內容所包含的兩個層次，即經驗上的重建和後人的理性化。早期的、不完整的傳說應被視作古人對當時經驗的歷史重建；古史最初是通過口傳流傳下來的，以後逐漸形成傳說，每一代人接受傳說都需要經過重新解說(explanation)和解釋(interpretation)。[205] 後人不再滿意前人的說法，於是加以解釋，就形成

---

[204] 王國維：《古史新證》，清華大學出版社1994年版，頁2。
[205] 有關解說與解釋的區分，參看余英時：《論戴震與章學誠》，頁199。

了所謂理性化的過程。從學術史的觀點來看，兩漢時期出現了相對完整的古史記載，應是反映出漢代學者的一種理性化解說和歷史意識的覺醒，這表明後代學者對古史的形成和發展逐漸形成了整體性的認識。這種理性化的突出表現可以從劉歆的《世經》一書中看出。[206] 儘管後人在敘述古史時無法完全排除主觀性，但一般說來，古人敘述歷史總是盡可能地做到有根有據，因為他們講述歷史也要符合當時的傳統，只有這樣才有說服力。這也是錢穆先生、徐旭生(1888-1976)等學者不相信漢人會有意編造古史的原因。[207] 把兩漢文獻中的古史記載簡單地斥為漢儒的有意偽造，就等於否定了漢代學者為復原古史真相而提煉和完善過去傳說所付出的努力。這種以不偽為偽的做法，不只是厚誣了古人，更重要的是影響到後人正確認識他們所解說的古史及其在歷史上所產生的作用。

從中國古史研究本身的演變來看，非但崔述沒有創立古史研究的新典範，他的古史考辨基本上是在傳統的「常態研究」(normal research)範圍之內，即便胡適、顧頡剛也未能超出這一範圍。事實上，以考古資料與文獻相結合為特徵的古史研究新典範是由阮元、吳大澂(1835-1902)、孫詒讓(1848-1908)開先河，而由羅振玉(1866-1940)、王國維(1877-1927)等人承其緒。[208] 陳寅恪曾經指出：

> 一時代之學術，必有其新材料與新問題。取用此材料，以研求問題，則為此時代學術之新潮流。治學之士，得預於此潮流者，謂之預流（借用佛家初果之名）。其未得預者，謂之未入流。此古今學術史之通義，非彼閉門造車之徒，所能同喻者也。[209]

胡適、顧頡剛從事「古史辨」的時代在古史研究上已不是「創新」

---

[206] 參見班固：《漢書・律曆志》，中華書局1962年版，頁955-986。

[207] 錢穆：《劉向歆父子年譜》，《古史辨》第5冊上編，頁101-106；徐旭生：《中國古史的傳說時代》（增訂本），文物出版社1985年版，頁19-36。

[208] 參看裘錫圭：《文史新探》，上海遠東出版社1996年版，頁158-188。

[209] 陳寅恪：《陳垣敦煌劫餘錄序》，《金明館叢稿二編》，頁236。

的時代，而是向前「推進」的時代。在古史研究的範圍之內，王國維確立了以兩重證據法為特點的新典範。陳寅恪在《王靜安先生遺書序》中指出，王國維對中國古史研究新典範的貢獻，在於「轉移一時之風氣，而示來者以軌則也」，如「取地下之實物與紙上之遺文互相釋證。凡屬於考古學及上古史之作，如《殷卜辭中所見先公先王考》及《鬼方昆吾玁狁考》等是也」。[210] 傅斯年(1896-1950)也極陳王氏研究古史之精深，指出《觀堂集林》中有許多作品，特別是《殷卜辭中所見先公先王考》和《殷卜辭中所見先公先王續考》二文，實在是漢學中最大貢獻之一。[211] 可以說，王國維是古史研究領域裡將中國傳統經史之學有效地帶入現代學術的典範。對於這些重大的突破，胡適、顧頡剛不可能毫無所聞，但他們仍然像崔述那樣視上古歷史為一片空白。顯然這種做法與他們始終把重點放在「破」而非「立」上有關。顧頡剛在晚年也承認自己當時「所從事的研究僅在破壞偽古史系統方面用力罷了」。[212]

問題尚不止此。如前所述，胡適採取「截斷眾流」的辦法，即以《詩經》所載為上限處理中國古史，不僅與中國古代的史實不相符合，而且與當時古代史研究的新典範相背離。那麼為什麼胡適、顧頡剛的疑古思想在當時中國的思想學術界引起的震動遠遠超過了王國維等人呢？不能不說這是因為他們的思想和當時反傳統的思潮是遙相呼應的。當時儘管已有王國維考辨古史的新成就，學術思想界仍然對較之後起的疑古運動趨之若鶩，主要原因在於當時新思潮廣泛而深刻的影響。余英時在評論「五四」前夕中國第一流學術人才（包括王國維在內）的思想傾向時指出：「他們的精神憑藉和價值系統基本上則多來自儒家。」[213] 王國維經學修養極深，屬於江聲(1721-1799)、戴震、段玉裁(1735-1815)、王念孫(1744-1831)、王引之(1766-1834)父子、俞樾(1821-1907)、孫詒讓等

210 陳寅恪：《陳寅恪史學論文選集》，上海古籍出版社1992年版，頁501。
211 傅斯年：《史學方法導論》，《傅斯年全集》第2冊，聯經出版事業公司1980年版，頁342。
212 顧頡剛：《我是怎樣編寫〈古史辨〉的？》，《古史辨》第1冊，頁14。
213 余英時：《中國近代思想史上的胡適》，頁37。

的學術路數。他熟悉經書，研治甲骨文、金文和經史，成績斐然，都是無可否認的事實。可是王國維本人受傳統思想的束縛太嚴重，致使其無法完成所謂「哲學的突破」(philosophic breakthrough)這一學術使命。如果五四時期的知識分子完全走王國維的路子，中國學術的「哲學的突破」也就不能實現了。顧頡剛說自己在五四時期就引王國維為真正的學術導師，對他極為心儀，但「對他也有不滿意的地方，那就是他不能大膽辨偽，以至真史中雜有偽史」。[214] 所以，王國維的學術成就在古史研究上雖有典範之作用，卻並不意味著他的思想脫離了傳統儒家思想之藩籬。譬如，王國維的《殷周制度論》一向被視為以兩重證據法研究中國上古史的具有劃時代意義的典範之作，但從思想上來說，他力圖通過此篇證明傳統君臣大義的合理性。他自云此文「於考據之中，寓經世之意」，目的在於恢復清朝的帝制。由於作為一種政治意識形態的儒學已隨辛亥革命的爆發而式微，王氏的思想觀點又未脫離儒家思想的窠臼，他的學術自然不可能引起五四時代那些為各式各樣西方新思想所吸引的青年知識分子的特別注意。

我還想討論一下崔述之學能夠在五四時期流被天下與胡適在當時學術界的地位和影響的關係。余英時指出，自清末以來，在中西文化接觸的過程中，「當時一般中國知識分子所最感困惑的是中學和西學的異同及其相互關係的問題」。[215] 因此任何人若想在中國學術界立名，就必須兼通中西學術。在五四時期的知識分子當中，胡適可以說是能夠做到這一點的極少數人之一。在中國知識分子對於西學普遍缺乏真切而直接的認識時，胡適從西方取經而歸，以美國實驗主義哲學家杜威(John Dewey, 1859-1952)親炙弟子的身分出現在中國思想學術界，以「最新」的實驗主義和傳統考據學的「功夫」相結合著稱於世，引起許多人的欽佩和崇拜，那些不通西文或僅僅接觸過從日本介紹來的「二手」西學的人（甚至包括梁啟超在內）都感到自愧弗如。在這方面，著名史學家陳

[214] 顧頡剛：《我是怎樣編寫〈古史辨〉的？》，《古史辨》第1冊，頁15。
[215] 余英時：《中國近代思想史上的胡適》，頁10。

垣(1880-1971)對待胡適的態度很具代表性。陳垣以「竭澤而漁」的扎實考據蜚聲中國學術界，然而他始終因自己不諳西文、不懂西學而懷有一種自卑的心理。在致胡適的信中，他對比自己年輕十幾歲的胡適極盡恭維之辭。[216] 他後來曾對胡適說：「我不懂哲學，不懂英文，凡是關於這兩方面的東西，我都請教你。」[217] 比胡適僅小兩歲的顧頡剛更是對其持禮甚恭，佩服得五體投地。[218] 到了五四時代，當反傳統的氣氛幾乎籠罩了整個知識界時，胡適登高一呼，群起慕效。他的貢獻在於樹立了新典範，然而這種新典範主要是思想性而非學術性的。李澤厚對此有過精闢論述，他說：

> 胡適的《中國哲學史大綱》第一次突破了千百年來中國傳統的歷史和思想史的原有觀念、標準、規範和通則，成為一次範式性(Paradigm)的變革。但這種範式性的變革，與其說是學術性的，毋寧說是思想性的。[219]

胡適之所以特別為群流所共仰，並為「古史辨」派所取法，就對史學研究的影響而言，這是由於他不僅向中國人介紹了他在美國所學到的西方思想方法，而且還能夠在中國古史研究中提出新問題，開史學發展的新風氣，確如余英時所云：

> 胡適在方法論的層次上把杜威的實驗主義和中國考證學的傳統匯合了起來，這是他的思想能夠發生重大影響的主要原因之一。[220]

---

216 陳智超編：《陳垣來往書信》，上海古籍出版社1990年版（以下版本同），頁173。

217 陳智超編：《陳垣來往書信》，頁191。

218 參見《古史辨》第1冊上編裡胡、顧二人之間的通信，以及楊向奎：《五四時代的胡適、傅斯年、顧頡剛》，《文史哲》1989年第3期，頁50。

219 李澤厚：《中國現代思想史論》，東方出版社1987年版，頁93。

220 余英時：《中國近代思想史上的胡適》，頁52。

還應當補充說明的是，胡適、顧頡剛在五四時期「暴得大名」，與他們所選擇的治學方向密切相關。胡適、顧頡剛與王國維治學的方向截然不同，王國維雖不從事疑古，但對古史中的不確之處也有所懷疑，不過他主要致力於對古史的「徵實」，而「徵實」需要長期的準備和扎實的功力，非短時間或率爾操觚就能奏效。如果胡適、顧頡剛走王國維的路子，他們很可能只是二流人才（甚至稱不上二流）而已。然而，他們卻另闢治學捷徑（胡適在美國甚至還未得到博士學位，便急於到北京大學任教），[221] 高舉「疑古」大旗，開一代風氣，成為當時第一流的學術和思想人才。

總而言之，胡適、顧頡剛與崔述在學術思想上的分別，主要是由於時代和學術源流的「典範」變遷所致。崔述生活於乾嘉時代，這是清王朝由極盛走向衰落的時代，同時又是一個極少思考的時代。在這個時期，除了極個別思想家如戴震外，整個學術界的思想處於「萬馬齊喑」的局面。而在顧頡剛從事「古史辨」的時代，儒家經典早已失去其政治意識形態的主導地位，中國傳統學術史上的經學研究也已隨之轉型為古史的研究。由於兩個時代的學風和思潮完全不同，乾嘉學界和五四時代知識分子評價崔述學術成就所採用的標準不可能一致，自然也就形成了對崔述的不同評價。就大體傾向而論，清代學術主流評價崔述的標準，是以文字訓詁音韻為特徵的考據功夫；而五四時期反傳統知識分子的標準，則是對反正統的儒學異軍之推崇和「懷疑一切」的精神。正是在這種新思想標準的衡量下，崔述才受到了前所未有的重視。借用傅柯的「話語」(discourse)概念來說，乾嘉時代和五四新文化時代是分別被限制在特定的話語之中的，而占主導地位的話語是為不同的時代要求所控制的。由於時代條件的變化，儘管胡適、顧頡剛一向宣揚崔學，他們本身的認識論和知識論已大不同於崔述。這種深微的變遷透露了思想史發展的訊息，也就是余英時所指出的：「歷史學也可以通過個別的代表人物

---

[221] 關於胡適回國動機的討論，參看唐德剛：《胡適雜憶》，華文出版社1992年版，頁74。

的具體表現來研究某一文化。」[222] 余英時對五四時期的史學轉向也有非常深刻的觀察，他說：

> 在近代中國史學的發展歷程上，顧先生和洪先生可以說是代表了史學現代化的第一代。盡管他們都繼承了清代考證學的遺產，在史學觀念上他們則已突破了傳統的格局。最重要的是他們把古代一切聖經賢傳都當作歷史的「文獻」(document)來處理。就這一點而言，他們不但超過了一般的乾嘉考據家，而且也比崔述和康有為更向前跨進了一步。……他〔顧頡剛〕的目的與經學家不同，不是為了證明某種經學理論而辨偽。甚至對於崔述的疑古辨偽，他也覺得不夠徹底。因此他認為崔氏尚只是「儒者的辨古史，不是史家的辨古史」。在顧先生看來，「要辨明古史，看史跡的整理還輕，而看傳說的經歷卻重」。這樣一來，史學的重心才完全轉移到文獻問題上面來了。[223]

這一論述最能清楚地表明，顧頡剛之所以超越崔述，是兩人所處的時代不同使然。客觀地說，崔述和胡適、顧頡剛雖在治學方法和路向上有某些相似的地方，但在思想認識上雙方則已有天壤之別。

最後需要說明的是，崔述的疑古言論始終是其思想的一支伏流，在其全部著述中只占次要的地位，而正是在「五四」反傳統思潮的特定氣氛中，崔述的疑古思想才成為胡適、顧頡剛破壞傳統古史系統可以憑藉的資源。為了「裡應外合」地開創思想新典範的需要，胡適不僅提倡西方的科學方法，而且鼓吹崔述的疑古辨偽之說，使得這兩個本不相干的東西結合起來而相得益彰。胡適、顧頡剛之推重崔述在很大程度上只是「憑藉」或「利用」，以達到其疑古、反傳統之目的，而非「繼承」或「認同」崔述之學。顧頡剛曾明白地說：

---

[222] 余英時：《「明明直照吾家路」》，《陳寅恪晚年詩文釋證》，時報文化出版企業有限公司1986年版，頁10。

[223] 余英時：《顧頡剛、洪業與中國現代史學》，《史學與傳統》，頁272-273。

> 在亞東版《崔東壁遺書》中，梁隱說崔述是「考諸經以信史」，我則是「求於史以疑經」，這把我和崔走的不同路線，指出的最明白。我只是借《考信錄》作我工作的階梯或工具而已，本未嘗作崔氏的信徒也。所謂求於史者，不但各種文獻也，考古所得文物及一切社會現象皆是，其範圍至廣。[224]

這一段話透露了他和胡適「憑藉」崔述從事「古史辨」的真正目的。因此可以說，對崔述的重新發現不能不說是受五四新文化運動這一外緣因素的激盪而引起的，而與之有關的「古史辨」的疑古史學，則是儒家經學壽終正寢後所激起的一個反命題。崔述在乾嘉時期備受冷落，而在五四時代卻受到極大的重視。可以說，崔述聲名之顯晦從一個側面反映了近代中國學術的發展和學術標準所發生的變化。

今天看來，胡適、顧頡剛有意無意地抬高崔述，以致對他的研究表現出一種特殊的「偏愛」。他們的崔述研究流風所被，遠播海內外，使得崔述的著作在不同程度上影響了「五四」以後的史學研究（自上世紀二十年代開始直至四十年代，「古史辨」派曾在中國的古史研究領域中佔據主導地位）。當然，儘管胡適、顧頡剛的崔述研究存在這樣或那樣的缺陷和侷限，它畢竟為中國學術從傳統經學向現代史學的過渡，提供了一個重要的轉捩點。這一研究的時代意義在於，它有助於人們破除兩漢以來裝飾在經書上的神聖光環，這是應予充分肯定的。我們今天討論胡適、顧頡剛的崔述研究，不僅是要說明他們之間的特殊關係，同時也想藉此展示中國學術史進入近代後所呈現的一種新趨向，特別是反映五四時期出現的新思潮。從這一點來看，胡適、顧頡剛對崔述的研究，在傳統與近代學術史之間起了十分重要的承先啟後的作用。

---

[224] 顧頡剛：《顧頡剛讀書筆記》第10卷，頁7863。

第六篇　經義求真與古史考信

—崔述經史考辨之詮釋學分析

自漢武帝定儒術於一尊之後，對於儒家經書的詮釋在中國學術史上便形成一個連綿不斷的傳統，並成為中國傳統學術的核心。清人顧炎武說：「其先儒釋經之書，或曰傳，或曰箋，或曰學，今通謂之注。」[1] 從歷代經師對儒家經典的浩瀚經解中，我們可以看到許多有關解釋的啟發性學說和方法。從現代學術的觀點來說，詮釋學的首要任務就是理解文本，因此中國傳統學術的經解史注也可以說是一種詮釋學。[2] 凡是注重中西思想溝通的學者都會注意到，雖然中西學術觀念對於文本理解的問題有著不同的、甚至相互對立的詮釋傳統，但西方詮釋學，特別是哲學詮釋學(philosophical hermeneutics)的許多概念，仍可能適用於對儒學經典注疏的分析研究。本文無意全面考察中國學術中的注疏傳統，僅就清代中期獨具風格的考據學家崔述的經史考證進行分析。崔氏以其上古史研究見著於近代學術界，他在經史考辨的過程中，對文本理解的問題不乏真知灼見，並積累了不少有關解釋的經驗。儘管他的《考信錄》及其他著作並非按照一套系統的詮釋理論來編次的，他的詮釋觀點卻貫穿於其全部的經史考辨當中，在中國傳統經史詮釋理論方面頗有建樹，同時也標誌著傳統詮釋理論的發展在清代所達到的一個新高度。

本文嘗試以德國哲學家伽達默爾(Hans-Georg Gadamer)在《真理與方法》(*Truth and Method*)一書中提出的詮釋學理論為參照，分析崔述經史考證所涉及的文本解釋問題。當然，儒學的詮釋傳統是一個相當複雜的問題，絕不是任何一種單一的理論觀點就可以充分說明的。我這樣做的意圖，一方面是為了引起學術界對崔述詮釋學說的重視，另一方面也是試圖提供從詮釋學的角度瞭解中國儒家經解史注的途徑。

---

[1] 顧炎武著，黃汝成集釋：《日知錄集解》卷18，岳麓書社1994年版，頁641。

[2] 根據哲學詮釋學的說法，「文本」不僅指見諸文字的作品，也包括歷史事件等等。這樣的界定涵攝了崔述從事經史辨偽考信的範圍。

一、崔述的意義觀念

意義的問題是詮釋學的中心問題之一，它涉及以下幾個方面：文本的意義是否可求，理解怎樣得以實現，以及解釋是否能夠忠實於文本的意義等。在西方詮釋理論中，先後有浪漫主義詮釋學(romantic hermeneutics)和哲學詮釋學這兩大類型的解釋理論。浪漫主義詮釋學認定作者的意圖構成了文本的意義，詮釋的任務便是揭示文本的原意(original meaning)，如十九世紀德國詮釋學家弗里德里希．施賴爾馬赫(Friedrich Schleiermacher)和威廉．狄爾泰(Wilhelm Dilthey)就將文本的意義等同於作者之意圖。浪漫主義詮釋學的一個特點在於，他們無條件地把作者的想法或作者的意向當成判斷解釋正確與否的標準，從而把文本的語言視為代表著隱藏於文本中意義的密碼。相反地，哲學詮釋學則是設想文本的意義體現於詮釋之中，即意義依詮釋者的參與而存在，這也就是伽達默爾所說的：

> 理解的視域(horizon)既不能被作者原有的想法所限制，也不能被文本原來所針對的讀者的視域所限制。[3]

以上述標準來衡量崔述的意義觀念，可以說他是接近浪漫主義詮釋學派。自從儒家原典被神聖化之後，經書文本便成為超越時空的教義。和歷史上其他儒家學者一樣，崔述從事考證的根本目的是闡釋蘊藏於經書中的儒家聖人精義，以實現聖人之道即永恆不變的真理的理想世界。圍繞著這一目的，他強調「就經論其義」，就是所謂「欲以究聖賢之精義」。[4] 在論述如何閱讀《詩經》時，他說：「鄙意，讀《詩》之法當

---

[3] Hans-Georg Gadamer, *Truth and Method*, trans. Joel Weinsheimer and Donald G. Marshall (New York: The Continuum Publishing Company, 1993), 395. 按：本篇中譯文根據上引英譯本，並參考了洪漢鼎根據德文原版的譯本：《真理與方法》，上海譯文出版社1999版。

[4] 崔述：《論語餘說》，《崔東壁遺書》（以下簡稱《遺書》），上海古籍出版社1983年版（以下版本同），頁613。

先求其意。」[5] 他又進一步明確指出：「余謂讀經不必以經之故浮尊之，而但當求聖人之意。」[6] 顯然地，他把追求經書之本旨以獲得聖人之意作為理解的鵠的。而這種觀念的思想根源就是林毓生所說的儒家思想中的「人為構成說」(anthropogenic constructivism)，[7] 它表現為一種信仰，即「相信世界上的社會、政治與道德秩序都是遠古聖君與聖人所有意創建的」。[8] 崔述「每歎三代之禮不明，《六經》之義日晦」，[9] 是因為在他心目中，「聖經顯晦，天下之大事也」。[10]

崔述將揭示經典本意，即他所說的「經之本旨」視為己任，對他而言，「聖人之意存乎古經之中」，經書的意義即是古代聖人（作者）寄託在經書（作品）中的本來意圖，所以他說：

> 聖人之道，在《六經》而已矣。二帝、三王之事，備載於《詩》、《書》，孔子之言行，具於《論語》。文在是，即道在是，……[11]

在這裡他認定解釋經書的客觀標準在於經典的本文。崔述所言實際上代表了一般經學家的共同見解，即《五經》為載道之書，代表著聖人的歷史權威性，如朱熹就曾論蘇轍「學聖人，不如學道」之言：「不知道便是無軀殼底聖人，聖人便是有軀殼底道。」[12] 按照崔述的觀點，經書所載乃聖人之箴言，其涵義必然是獨立客觀的，不受詮釋者的主觀影響。

崔述認為，古書的涵義即在原著本身，因而無須後人添枝加葉解釋。他說：「吾輩生古人之後，但因古人之舊，無負於古人可矣，不必

---

5 崔述：《書陳履和〈東山詩解〉後》，《遺書》，頁694。
6 崔述：《考信錄提要》，《遺書》，頁11。
7 林毓生：《中國傳統的創造性轉化》，三聯書店1988年版（以下版本同），頁175。
8 林毓生：《中國傳統的創造性轉化》，頁176。
9 崔述：《經傳禘祀通考》，《遺書》，頁496。
10 崔述：《古文尚書辨偽》，《遺書》，頁598。
11 崔述：《考信錄提要》，《遺書》，頁2。
12 黎德靖編：《朱子語類》卷130，中華書局1986年版，頁3117。

求勝於古人也。」[13] 這種說法的背後隱含著一種假定：經書本身包含先行於和獨立於後人注疏之外的客觀確切意義。換言之，文本的意義等同於作者本來的意圖(intention)，而理解的任務只是揭示或恢復經書中所隱含的本來內容。在崔述看來，體現歷史經驗和道德智慧的聖人之意無以復加，所謂理解古書，只不過是將蘊藏在古書中的聖人之意原封不動地發掘出來，而不應把解釋者的主觀意見摻和進去。這也就是崔述經常說的解釋古書「毋妄逞己意」。清人張維屏在《國朝詩人徵略二論》中的一段評論，清楚地闡述了崔氏考辨經史的基本假定：

> 東壁先生積三十年之心力，成《考信錄》諸書。每事必究其原；每書必核其實。歷代史傳無不覽，而義必以經為宗；諸家論說靡不觀，而理必以聖為準。[14]

在崔述心目中，聖人在道德上崇高無比，是「道」的化身或體現。從「聖人本真」的立場出發，他認為經書的意義是不隨時代的變遷而變化的。在崇聖的價值取向支配下，崔述所嚮往的是聖人治理天下的三代之世，認為《五經》所體現的古聖先王之道是人類的最高境界，因此《五經》中的原始教義作為萬世之準則，始終不會發生意義上的變化。對他而言，經書（文本）的意義代表了聖人賢哲（作者或編者）的主觀意向，典籍的「本意」對理解起著關鍵性的作用，因此文本的真正意義應該是文本的原意，或是讀者最初對文本的理解，不應因理解者的不同而處於不斷變化和更新的過程中。他以為，只要回歸《五經》原典，就可以確保經書意義的準確性，從而能真實地瞭解和闡發貫穿於經典之中的聖人之意。解釋者應將全部精力傾注於發掘經典的原意，從中獲得儒學的基本價值。

從崔述關於文本意義的論述中，我們可以察見他有一個根深蒂固的看法，即反對在閱讀經書時採取揣度文意的態度或根據己意增減移易文

[13] 崔述：《考信錄提要》，《遺書》，頁12。
[14] 張維屏：《崔述》，《國朝詩人徵略二編》，《遺書》，頁1072-1073。

本。[15] 現舉一例以說明崔述的這一看法。《論語》記：「或問禘之說。子曰：『不知也。知其說者之於天下也，其如示諸斯乎！』指其掌。」[16] 朱熹釋孔子此句曰：

> 先王報本追遠之意，莫深於禘，非仁孝誠敬之至，不足以與此，非或人之所及也。而不王不禘之法，又魯之所當諱者，故以不知答之。[17]

但崔述卻不同意朱熹脫離文本表面文字推測孔子之意的做法，他說：「聖人不答或人之故，亦無明文，不可臆斷。」[18] 這顯然是一種拘泥於文本原意說的侷限。由於對文本的理解是主體（解釋者）對於客體（文本）的一種主觀行為，解釋者必須闡明隱藏在表面文字背後的各種意義。從這一點看，或許可以說，崔述對經史的考證並不是一種旨在重建(reconstructive)的詮釋學，而是旨在直接通過經書文本來重現古代聖人的微言大意。

那麼，能否無條件地把作者的想法或所意指的東西作為理解文本的唯一標準呢？對於這個問題，伽達默爾說：「理解(understanding)在任何地方都不限於單純發現作者的『意謂』(meant)。」[19] 從哲學詮釋學的觀點而言，《五經》的意義絕不應該是一個自我存在的封閉的視域，其在歷史上的流傳也非一成不變，儒家經典作為後世不斷進行解釋的文本，必然會包含著歷代經學家的各種認識。因此，它的意義實際上存在於後人的理解和詮釋之中。換句話說，經典的意義和真理性只能通過後人理解（注疏）的無限過程才能充分體現出來，而不是固定在經書的原意之

---

[15] 崔述：《附論〈易舉正〉》，《遺書》，頁679。

[16] 《論語・八佾》，見朱熹：《四書章句集注》，中華書局1983年版（以下版本同），頁64。

[17] 朱熹：《四書章句集注》，頁64。

[18] 崔述：《經傳禘祀通考》，《遺書》，頁499。

[19] Hans-Georg Gadamer, “Heidegger and Marburg Theology,” *Philosophical Hermeneutics*, trans. and edited by David E. Linge (Berkeley: University of California Press, 1976), 210.

中。伽達默爾指出：

> 正如歷史事件一般而言並不體現出與存在及行動於歷史中的人的主觀觀念相吻合一樣，一個文本的意識(sense)通常遠遠超出其作者原來的意圖。理解的任務首要是關注文本自身的意義(meaning)。[20]

從這個意義上說，儘管讀者對文本的理解很可能與原作者的意圖不同，但是文本作者的原意已不十分重要，重要的是解釋者如何理解文本的意義，所以伽達默爾說：「理解性的閱讀始終是一種再生產(re-production)、表演(performance)和解釋(interpretation)。」[21] 這就是說，理解並非單純地重複同一事物的活動，儘管後人在理解古書的過程中不可避免地摻入自己的主觀性，但是如果後人的解釋無加於前人的原意，也就沒有真正的理解可言。從哲學詮釋學的角度來看，所謂單一的客觀意義是不可能存在的，因為一旦作品完成，並且公之於眾，其意義就帶有普遍性和多元性。換言之，經書一旦脫離作者，就成了一個具有其自身內在本質的存在。後人對經書的解釋無疑也是一種創造性(creative)的工作。伽達默爾有謂：

> 閱讀和解釋文字記載的工作是完全與作者分離——與其心境、意圖以及未曾表達出的意向分離——，這使得對文本的意義的把握具有某種獨立創造活動的特性。[22]

根據這一觀點，我們或許可以說聖人雖然編撰了經書，但他們並不一定是經書的理想詮釋者。解釋者對經書的理解，不在於聖人如何思想，而是代表聖人思想的經書如何為解經者所理解。如果照崔述所說，經書的意義只存在於聖人的思想中，或應以作者的解釋為權威，那麼對

[20] Hans-Georg Gadamer, *Truth and Method*, 372.
[21] Hans-Georg Gadamer, *Truth and Method*, 160.
[22] Hans-Georg Gadamer, "The Scope of Hermeneutical Reflection," *Philosophical Hermeneutics*, 23-24.

經書的理解就正像哲學詮釋學所批評的那樣，成了「作者的創作意識與詮釋者的純粹複製意識之間的交換行為」。[23] 由於作品產生的時代背景和後代讀者的理解環境不可能是一樣的，文本的含義必然表現為一種互相感應的產物；又由於這種感應產生於文本與不同時代的不同讀者的對話之中，作品的意義也就產生了無數的可能變異體。文本的再現是它本身繼續存在的方式，其意義只能存在於後人多重理解的無限過程之中。後代解經者對經書的理解在本質上也是創造性的，其間高論深旨，代有所出，文本的意義正是在此過程中不斷生成。解經者如果具備了充分的知識，就有可能比原作者更能理解某一特定文本，而原作者在創作文本時未能意識到的問題，也很可能為詮釋者所注意到。解經者只有通過不斷地從經書文本中尋找問題，才有可能超出經書原有的歷史視域，並使之與其本身的視域融合在一起。從這個意義上說，解經者的主要任務不只是重現或恢復經書中所體現的聖人之思想和行為，更重要的是實現與經書文本的對話，使得經典在特定歷史條件下產生的作者原意和在新的視域下出現的後人注疏，能夠處於一種互相滲透和不斷融合的過程中，從而獲得其自身的完全意義。

既然崔述承認聖人和經書的絕對權威，他就只能將自己的解釋任務規定為恢復經典之原義，即「得聖言之真」。針對這一點，現代學者曾有以下批評：

> 在千百年來的經典注釋活動中，經師們皓首窮經，誠惶誠恐地追求著聖人寄託在經典中的微言大義。他們真誠地相信，經典中蘊藏著大量的聖人平治天下教化人民垂範後世的遺訓。[24]

這樣的看法又未免走向另一個極端。根據這樣的看法，歷代經學家所從事的經書注疏活動似乎全是為此信念所驅使。然而，這個問題還應該從另一個方面來觀察：誠然，儒家學者對經書懷有崇拜權威的心態，

---

[23] David E. Linge, "Introduction" to *Philosophical Hermeneutics*, xxiv.

[24] 董洪利：《古籍的闡釋》，遼寧人民出版社1993年版，頁41。

但他們對經書原意的追求在中國傳統的詮釋理論中自有其特定的價值。就崔述在經史考證中追求原意的思想背景來看，他是希望通過改變認知的方法（返諸《五經》），重新釐定真理（聖人之道）的標準。因此，過分強調文本的言外之意或引申義，不僅是不尊重文本的內容，而且混淆了文本的原意與讀者的解釋之間的區別，結果是導致經史研究流於牽強附會，甚至強古人以從己意。崔述這種看法中所含的深意，用現代哲學的話來說，就是擔心解釋的多元化會流於相對主義，從而失去解釋的客觀標準。與西方哲學詮釋學相比較，這樣的觀點可以說反映了中國傳統詮釋理論的獨特性，即力圖通過重現作者的原意，來確保文本意義的客觀性，並在處理思想觀念時，採取一種歷史主義的立場和方法。余英時曾有過這樣一段論述：

> 經典之所以歷久而彌新正在其對於不同時代的讀者，甚至同一時代的不同讀者，有不同的啟示。但是這並不意味著經典的解釋完全沒有客觀性，可以興到亂說。[25]

這種看法無疑是與給予讀者無限制的閱讀權利的現代解釋理論針鋒相對。以此來看，如果簡單地將傳統經學家所作的注釋看作一種虛費工力的產物，就必然會忽視歷代經說。在不排除對古代文本進行多種解讀的可能性的前提下，還應當認識到，古書必須是在其特定的語境中被閱讀和理解，否則人們就無法真切地瞭解全部的歷史背景，真正地把握文本內容中各種情感因素，從而失去詮釋有效性的標準，結果必然產生否定文本有任何確定意義的流弊，甚至使詮釋者以為可以隨心所欲地解釋文本。林毓生對此有一段耐人尋味的話：

> 作者原意與寫出來的作品雖然不一樣，我們卻不能說作者的思想、意識與作品沒有關係，尤其是偉大的作品沒有一部偉大的

[25] 余英時：《〈周禮〉考證和〈周禮〉的現代啟示》，《猶記風吹水上鱗——錢穆與現代中國學術》，三民書局1991年版，頁165-166。

作品背後是沒有深厚的思想基礎的。[26]

在這一層意義上，《五經》是凝聚著早期儒學基本價值的系統文獻，它之所以具有不朽的性質，就在於其中所包含的儒學連續發展的內在動力，可以獲得一種不可窮盡性。這也是《五經》文本具有歷史超越性和權威性的根本原因。因此我們不能否認，「追求原意說」在崔述的經史研究乃至整個中國傳統經史研究中自有其價值。我們不能因儒家學者注重文本的原義而徹底否定千百年來經史研究所得之大量注疏考辨的成果。

總結地說，在如何把握文本意義這一問題上，崔述以作者意圖為中心的解釋觀念，與西方哲學詮釋學中以讀者為中心的理論，存在著顯著的區別，這是因為兩者的基本預設及分析方法都不相同。崔述解釋理論的任務是使經典的意義經過解釋，回歸到原文內容所表達的時代和環境。相比之下，伽達默爾的詮釋學卻是要求解釋者不僅要說明其解釋對象的原意，而且要將文本的意義轉變為有效的實際內容，即所謂的「應用」(application)。從這個意義上說，傳統的經書就不再是一種裹著神聖外衣的經典，而是被視為一種能與現實發生關係的歷史資料。如何在經書的解釋過程中既忠實於經典原意、符合原作者的意圖，同時又不斷揭示出經典中可以滿足後代思想需要的新意，是一個值得我們認真思索的問題。

二、崔述論意義的把握和表達

究竟應以怎樣的方式來獲得和把握古書的意義呢？崔述主張聖人之意即在《五經》之中，所以只有回到經書原典，才能確切地把握聖人之意。他從自身治學的經歷出發，敘述把握文本意義的途徑：

余少年讀書，見古帝王聖賢之事往往有可疑者，初未嘗分別

[26] 林毓生：《中國傳統的創造性轉化》，頁26。

> 觀之也。壯歲以後，抄錄其事，記其所本，則向所疑者皆出於傳記，而經文皆可信，然後知《六經》之精粹也。[27]

在崔述看來，從《五經》到《十三經》的變化以及大量後儒經解的出現，使聖人之意無法在歷史的連續發展過程中保持恆久不變，一旦後人的注疏混入原典，人們就無法真正領會聖賢之意。這種觀點實際上是不承認後人對古書的詮釋有助於對它們的理解。在《讀風偶識》中，崔述開宗明義地指出，「惟《詩》、《書》為最要，而解為漢末晉、隋朝諸儒之所雜亂，良可惜也！」[28] 與漢儒的傳記相較，經書直接體現聖人之原意，因為「周道既衰，異端並起，楊、墨、名、法、縱橫、陰陽諸家莫不造言設事以誣聖賢。漢儒習聞其說而不加察，遂以為其事固然，而載之傳記」。[29] 所以他說：「以是每觀先儒箋注，必求其語所本而細核之，欲以探聖經之原，不惑於眾說。」[30]

崔述認為，要瞭解聖人之意，首先必須恢復因後人曲解而失真的文本之真實性，他說：

> 然經義之失真已千餘年，偽書曲說久入於人耳目，習而未察，沿而未正者尚多，所賴後世之儒踵其〔東方按：指宋儒〕餘緒而推廣之，於所未及正者補之，已正而世未深信者闡而明之，帝王聖賢之事豈不粲然大明於世！[31]

而恢復業已失真的經書意義必須依靠對古書的辨偽，即對文本進行嚴格的鑒定和辨析，以確定其作者、成書年代以及內容的可信性。如崔述在考辨《古文尚書》真偽源流時說：

> 故凡世之以偽亂真者，惟實有學術而能文章者然後乃能辨

---

[27] 崔述：《考信錄提要》，《遺書》，頁16。
[28] 崔述：《讀風偶識》，《遺書》，頁523。
[29] 崔述：《考信錄提要》，《遺書》，頁3。
[30] 崔述：《贈陳履和序》，《遺書》，頁477。
[31] 崔述：《考信錄提要》，《遺書》，頁2。

> 之；悠悠世俗之目，其視莠莫非稷也，視魚目莫非珠也，烏乎其能知之！……然則偽造古書乃昔人之常事，使不遇訟之者，則至今必奉為聖人之言矣。古今之如此者，豈可勝道，特難為不學而耳食者言耳。縱使梅賾果嘗奏上此書，尚不可據為實，況竝無此事乎！此所關於聖人之政事言行者非小，故余不辭尤謗而考辨之。[32]

然而在文本的理解上，即便解決了文獻真偽的問題，把握經書的本意也並非易事。崔述承認，《易經》和《春秋》兩部經書的意義高深，非淺學之士能夠理解。他指出：

> 《易》道高深，聖人猶欲假年以學之，固非學者所能輕窺。而《春秋》，游、夏莫贊一詞，雖有左、公羊、穀梁三賢者為之作傳，而聖人之意究難窺測。[33]

他又說：「《易》者，聖人致用之書，無事不包羅於其內，但淺學者一時難領略耳。」[34] 但是崔述認為，這並不表示所有儒家經典的精義皆可望而不可及，例如，「惟《詩》、《書》與《禮》乃學者所可幾，是以聖人以為『雅言』」。[35] 也就是說，學者們是有可能理解《詩經》、《尚書》和《儀禮》等經典的意義。崔述曾批評當時一般士人閱讀儒家經典的方法：

> 南方人初讀《論》、《孟》，即合朱子《集注》讀之；《大學》、《中庸》章句亦然。北方人則俟《四書》本文皆成誦後，再讀經一二種，然後讀《四書注》；而讀注時亦連本文合而讀之。[36]

---

[32] 崔述：《古文尚書辨偽》，《遺書》，頁594。
[33] 崔述：《讀風偶識》，《遺書》，頁523。
[34] 崔述：《易卦圖說》，《遺書》，頁679。
[35] 崔述：《讀風偶識》，《遺書》，頁523。
[36] 崔述：《先君教述讀書法》，《遺書》，頁469。

崔述主張不借助傳注而直接閱讀經書原文，從中找出儒學經典的原意。他這種經注分離的方法得自其父崔元森的教導。崔述多次敘述其父教他閱讀經書的方法，有謂：「先君……教人治經，不使先觀傳注，必使取經文熟讀潛玩，以求聖人之意。」[37] 在崔氏父子看來，「讀經文而連注讀之，則經文之義為注所間隔而章法不明，脈絡次第多忽而不之覺」。[38] 這種以經文為主的讀經方法實由宋儒發其端，而為崔氏父子所承襲。他們之所以採用這此一做法，就是希望經書「不失其本來之面目」，以保持經義的準確性。因此，崔述十分重視那種「只有經文，不載傳注」的文本。他從父親那學到一種掌握經書本意的方法，即儘量尋求古本（如原刊本），以作為解經的依據他曾談到其父如何讓他讀手抄古本《易本義》：

> 《易》自朱子始復古本之舊。至明復用今本刻朱子《本義》，坊間遂無復鬻古本者。先君乃遵古本，手自抄錄，俾述讀之。[39]

崔氏父子的看法顯然是建立在一個過分樂觀的基礎之上，他們以為版本越古便越接近文本的真實面目，也就越有助於揭示作者的原意，其實並不盡然。清代校勘之學興盛，凡依古本重刊之書，其精審程度往往遠遠超出古本。更重要的是，即便我們發現了經典的真本，仍然存在著如何解讀文本原意的問題。如帛書《周易》的發現是當代學術史上的一件大事，然而時至今日，對於這一古本的理解尚有若干關鍵性的疑難問題沒有解決。[40]

崔述屢言不能將經與注混在一起，他批評唐宋以來注疏家的注經方法，說他們對「《六經》之文有與傳記異者，必穿鑿遷就其說以附會之；

---

[37] 崔述：《考信錄自序》，《遺書》，頁920。
[38] 崔述：《先君教述讀書法》，《遺書》，頁469-470。
[39] 崔述：《先君教述讀書法》，《遺書》，頁470。
[40] 參看李學勤：《帛書〈周易〉的幾點研究》，《古文獻叢論》，上海遠東出版社1996年版，頁24-33。

又好徵引他書以釋經義，支離紆曲，強使相通」。[41] 他又說：

> 余年三十，始知究心《六經》，覺傳記所載與注疏所釋往往與經互異。然猶未敢決其是非，乃取經傳之文類而輯之，比而察之，久之而後曉然知傳記注疏之失。[42]

崔述認為，《五經》的本旨盡在原典本文之中，而漢儒所言「大抵委曲穿鑿以附會於事理，非經傳之本旨」。[43] 他對此有較詳細的論述：

> 傳雖美，不可合於經，記雖美，不可齊於經，純雜之辨然也。《曲臺雜記》，戰國、秦、漢諸儒之所著也，得聖人之意者固有之，而附會失實者正復不少。大小兩戴迭加刪削，然尚多未盡者。若《檀弓》、《文王世子》、《祭法》、《儒行》等篇，舛謬累累，固已不可為訓。至《月令》乃陰陽家之說，《明堂位》乃誣聖人之言，而後人亦取而置諸其中，謂之《禮記》，此何以說焉！《周官》一書，尤為雜駁，蓋當戰國之時，周禮籍去之後，記所傳聞而傅以己意者。乃鄭康成亦信而注之，因而學者群焉奉之，與《古禮經》號為《三禮》。……由是，學者遂廢《經》而崇《記》；以致周公之制，孔子之事，皆雜亂不可考。[44]

因此，「不使百家之言雜於經，而後經之旨可得」。[45] 可見崔述把不同時代儒家學者的注疏都看作理解經書的障礙，以為只要剔除了各種注疏，就可以恢復《五經》原典的真意。

從哲學詮釋學的觀點看，理解文本並不完全意味著回溯到過去的時代環境，後代注釋者在經典中所發現的東西，不只是聖人的原話，而還是那些在經典內容中起主導作用的思想。正是這些傳記的注疏內容不斷

---

[41] 崔述：《上汪韓門先生書》，《遺書》，頁476。
[42] 崔述：《考信錄提要》，《遺書》，頁2。
[43] 崔述：《易卦圖說》，《遺書》，頁678。
[44] 崔述：《考信錄提要》，《遺書》，頁12。
[45] 崔述：《贈陳履和序》，《遺書》，頁477。

向讀者提出問題，促成了與文本不間斷的對話和交流，儒家經典內涵的無限性也通過歷代經學家的不斷理解而得以豐富和恢廓。由此來看，單純分隔經文與注釋的做法對於讀者理解文本來說是不可取的，因為隨著時間流逝，後代讀者對傳世的古書很可能只會讀其文而不能解其意。歷史流傳下來的文本缺乏直接的可理解性，因此必須通過某種中介（如前人的注疏）才能被理解；同時，讀者在追求原意的過程中，還可以獲得與原意不同的嶄新意義，意味著文本的生命可以通過與讀者的交流而更新或再生。更重要的是，按照伽達默爾的觀點，體現時間間距的歷代經解史注可在理解文本的過程中發揮一種濾清作用，可以將那些不利於理解的因素過濾掉，使歷史的真相充分顯露出來。伽達默爾說：

> 形成這種過濾過程的時間間距並非固定的，但是其本身經歷著不斷的運動和擴展。而且隨著時間間距所產成的這種過濾過程，除了消極的方面外，也還有其積極的方面，即其所含對理解的價值。這不僅使那些具有特殊性和有限性的成見逐漸消失，而且讓那些導致真正理解的成見確實清晰地浮現出來。[46]

無論經書的原典抑或後人的注疏，都屬於整個傳統的一部分。崔述只重視依照文本原本的面目去理解古書意義，卻無法認識到，任何文本的重現（即為後人所注疏）都是文本本身繼續存在的方式，而文本的意義則體現於後人對其理解的無限的歷史過程之中。

作為文本，經書的意義是要通過語言文字表達出來的，即所謂「言必有文」。崔述說：「文也者，載此者〔東方按：指道，物之理也。〕也。其義顯，其勢悉，其情通，是文而已矣。」[47] 這說明他已認識到語言文字對於理解文本的重要作用。中國詮釋學的一個獨特傳統是，讀書先要會「句讀」；換言之，「句讀」是理解古書的必要前提，只有通過句讀的「轉換」作用，古書的真正意義才可能展現出來，所以孫德謙《古

---

[46] Hans-Georg Gadamer, *Truth and Method*, 298.
[47] 崔述：《無聞集》，《遺書》，頁704。

書讀法略例》於句讀之辨甚明，並云：「如是句讀說明，而義理亦不難得矣。」[48] 崔述批評當時人理解文本不重句讀的不良風氣，他說：「大抵近世讀書惟事講章墨卷，多不留心句讀。」[49] 他認為要對文本作出正確的理解，讀者就必須具備句讀的能力，否則就會導致對文本意義的錯誤理解，他說：「為文而能識字，說經而能知句讀，此固非易易事也！」[50] 在他看來，如果連句讀這樣的語言基礎都不具備，那就根本談不上理解經書之意，他說：

> 近世讀書，句讀多有誤者。……蓋緣初學童子多不能讀長句，率於四五字處讀斷，蒙師不暇為之糾正，由是習為固然；及長，授弟子書，仍之不改，久之遂以成俗耳。嗟夫，章句之學其淺焉者也，猶舛誤若此，況欲以究聖賢之精義乎！[51]

句讀的失誤是由多種因素造成的，但主要原因是不明構成句子的規則。崔述舉對《論語》的錯誤斷句說明此點：

> 《論語・禮之用》章云：「有所不行，知和（讀）而和不以禮節之（句），亦不可行也。」蓋和本可貴，但和不以禮節則不可行。六字連讀，不容斷也。而讀者乃以「知和而和」作一句。既知和矣，豈容不和？和既貴矣，又何譏焉？詰之，則云「《注》言『一於和』，此和字謂一於和也。」不知「一於和」與下「不復以禮節之」相連成文，一於和即是不以禮節，不以禮節方是一和於，豈容分兩句為兩意乎！[52]

可見如果缺乏句讀的技能，就會形成辨別和複述文本意義的一重障礙。這也可以幫助我們理解為什麼語言文字對於詮釋學現象具有中心意

48 孫德謙：《古書讀法略例》卷4，上海書店出版社1983年版，頁212。
49 崔述：《論語餘說》，《遺書》，頁617。
50 崔述：《豐鎬考信錄》，《遺書》，頁207。
51 崔述：《論語餘說》，《遺書》，頁612-613。
52 崔述：《論語餘說》，《遺書》，頁612-613。

義。

哲學詮釋學認為，文本的歷史性和語言性之間有一種基本的內在聯繫，理解者通過語言文字與已經逝去的意義形成一種直接性的聯繫。從這一觀念出發，我們看到崔述注意從歷史性的角度觀察語言文字變化與理解文本的關係，如他說：「況三千年前之言語，世變風移，名殊物異，安能決知其某字何意，某字何意哉！」[53] 他特別指出，在戰國、秦漢著作中，有不少內容是因語言的變化而形成的誤解，他以「常儀占月」這個傳說因語言傳訛而轉變為「嫦娥奔月」的故事來說明這一點：

> 古者羲、和占日，常儀占月。常儀古之賢臣，占者占驗之占；常儀之占月，猶羲、和之占日也。儀之音古皆讀如娥。故《詩》云：「菁菁者莪，在彼中阿。既見君子，樂且有儀。」又云：「親結其縭，九十其儀。其新孔嘉，其舊如之何？」皆與「阿」「何」相協。後世傳訛，遂以「儀」為「娥」，而誤以為婦人。又誤以占為「佔據」之意，遂謂羿妻常娥竊不死之藥而奔於月中。[54]

在這裡，崔述的看法很接近法國詮釋學家保羅·利科爾(Paul Ricoeur)的詮釋觀點。利科爾說：「用自然語言表達出的最簡單的訊息也必須予以解釋，因為所有的字詞都是多義性的，只有在特定的環境背景下，通過與特定的語境和受眾的聯繫，它們才能獲得實際的意義。」[55]

崔述在考證《尚書·堯典》中有關「禹命官考績」的記載時，曾充分運用語言知識來疏通文意。其說如下：

> 禹之讓稷、契、皋陶也，帝曰「汝往哉」，伯之讓夔、龍也，帝曰「往欽哉」，獨於垂、益之讓則曰：「往哉，汝諧。」諧，猶偕也，謂偕垂、益而同治一官也。「往哉」者，不允垂、益之

---

[53] 崔述：《書陳履和〈東山詩解〉》，《遺書》，頁694。
[54] 崔述：《考信錄提要》，《遺書》，頁5。
[55] Paul Ricoeur, “Creativity in Language,” trans. by David Pellauer, *The Philosophy of Paul Ricoeur: An Anthology of His Work*, edited by Charles E. Reagan and David Stewart (Boston: Beacon Press, 1978), 125.

讓；「汝諧」者，允垂、益之薦而用之也。[56]

此說頗為現代學者所稱引，如孫欽善說：「這裡以『諧』為偕義，甚是，於義理、史實皆通。不像《偽孔傳》拘泥『諧』字之形望文生訓。」[57] 這說明崔述已經自覺地認識到，經學的傳統正是依靠語言才得以流傳和保存下來的。只有將遠古《尚書》中的陌生文句轉譯為後人懂得的語言，才能使經書的意義得到理解。正如伽達默爾所說：「書寫是語言的抽象理想性。因此，某種書寫的意義從根本上說是可辨認的和可複述的。」[58] 由此可見，解經者（理解者）需要有嚴格的語言訓練，從文字入手而明經書的義理。如果沒有一定的語言知識，就根本無法閱讀古書，也就無法進入理解文獻意義的話語領域。

對於崔述這樣追求文本原意的人來說，在詮釋文本時往往會面臨伽達默爾談到的翻譯者經常遇到的一種情況，即「然而在原文中（及對於『原來的讀者』來說）也有兩可的狀況，即有些東西確實意義不清。但是這些詮釋學的兩可情況所顯示的困境恰恰使得翻譯者發揮其特長。」[59] 哲學詮釋學認為，原作者的意義表達不清，有時還與作者本人的欠缺表達能力，以致無法淋漓盡致地通過作品來表達自己的思想有關，即所謂「辭不達意」。崔述在動筆著述《考信錄》之際就有類似的親身體會，自謂其父去世後：

自度難以進取，欲遂一抒所見。愧不能文，乃於去歲取昌黎、柳州、廬陵三家文熟玩其理。然執筆之時故態輒見，百不一似。[60]

在崔述看來，倘若作者本人因各種原因不願意或不可能將其原意充分而清晰地表達出來，讀者就無法完整地發掘出文本的原意。這樣的看法與伽達默爾有關語言在理解中具決定作用的觀點不無相同之處。

---

56 崔述：《唐虞考信錄》，《遺書》，頁80。
57 孫欽善：《中國古文獻學史》下冊，中華書局1994年版，頁1097。
58 Hans-Georg Gadamer, *Truth and Method*, 392.
59 Hans-Georg Gadamer, *Truth and Method*, 386.
60 崔述：《上汪韓門先生書》，《遺書》，頁476。

在追求文本原意思想的支配下，崔述在文本理解問題上極力主張解釋的一元性，儘管歷代學者對經書文本的解釋歧異紛出，但是任何解釋都不過是對文本原意的復歸，所以對每一特定文本的解釋只可能有一個正確的答案，或曰文本只能有單一的意義。在經學注疏的傳統中，漢儒是最早大規模地系統詮釋儒家經典和其他先秦古籍的學者。然而崔述對他們就經書所作的多重解釋不以為然，他說：「漢初諸儒傳經者，各有師承，傳聞異詞，不歸於一」，[61] 而這裡所說的「一」代表的就是經典唯一不變的本意，類似早期詮釋學所說的「一義性」。對崔述而言，經書的意義既不是開放的，其文字也不可能是多義的，每一部經書自身客觀化的結構都是固定的，因此確定經書的意義只限於對聖人本來意向的重新把握。只要經過客觀的考證，聖人之意便會層次分明地呈現出來。唯有如此，聖人之道才得以行於世，永為後世之楷模。但是正如利科爾所言：「正確理解的問題不能再以簡單回歸於作者所宣稱的意圖所解決。」[62] 如何判斷文本意義傳承之真偽是非，必須由一套完整的詮釋學方法來確定。而且崔述「歸於一」的說法也犯了「丐辭」(petition principii)的邏輯錯誤。以漢儒對《詩經》的多重解釋為例，崔述發現三家注解(《魯詩》、《韓詩》、《齊詩》)與《毛詩序》的解說多有互異之處，遂謂：「如謂近古者皆可信，則四家之說不應相悖。相悖，則必有不足信者矣。」[63] 他因此批評朱熹的《詩集傳》說：「朱子既以《序》為揣度附會矣，自當盡本經文以正其失，何以尚多依違於其舊說？」[64] 就此而言，他不能認識到「《詩》無達詁」。其實《毛詩序》中諸解說的觀點雖與三家詩之說不盡符合，但畢竟反映了作序者所處的時代對《詩經》文本的理解，也是後人瞭解《詩經》意義的一個不可缺少的中介。

下面讓我們再以一個具有代表性的例子說明崔述的解釋一元論。《史記・樂毅傳》記燕國大將樂毅攻打齊國：「樂毅留徇齊五歲，下齊

61 崔述：《考信錄提要》，《遺書》，頁2。

62 Paul Ricoeur, *Hermeneutics and the Human Sciences,* edited and trans. John B. Thompson (Cambridge: Cambridge University Press, 1981), 211.

63 崔述：《讀風偶識》，《遺書》，頁524。

64 崔述：《讀風偶識》，《遺書》，頁524。

七十餘城，皆為郡縣以屬燕，唯獨莒、即墨未服。」[65] 長期以來，學者們對這段記載的解釋聚訟紛紜，出現了數種不同的說法：三國時期的夏侯太初為了彰顯樂毅之德，認為樂毅攻克七十座城池後，停止進攻凡五年，是希望以仁德征服齊人；北宋蘇軾則認為，樂毅不應為了以仁德服齊人而罷兵五年，以致前功盡棄；明初方正學的看法是，樂毅最初並未意圖以仁德征服齊人，他連克七十餘城之後，傲慢自恃，圍困莒、即墨二城五年，終未克下。崔述則鑒於文本並無明言，斷言他們三人的推測都是無中生有：「凡其所論，皆似有理，然而毅初無此事也！」[66] 所以都不符合司馬遷所記之原意。在崔述看來，後代的解釋者如果不受嚴格的歷史尺度制約，就會按照自己的思路對文獻隨心所欲地進行解釋或提出問題，而他們所提出的問題很可能在原作者心目中根本不存在，而最終的結果將是文本的消失。那麼，何以說明歷代經學家對儒家經典詮釋殊異的現象呢？崔述似乎無法解答這一問題。在這裡，伽達默爾的看法很值得參考。他告訴我們：

> 每一時代都必須以自己的方式來理解傳世的文本，因為這個文本屬於整個傳統，而每一時代都對整個傳統的內容產生興趣，並試圖在整個傳統中理解自身。對於一位闡釋者來說，一個文本的真實意義並不依賴於作者及其最初的讀者所體現的偶然性(contingencies)。[67]

這就意味著，任何一個解釋者都不能自稱比別人更瞭解原文或原作者，而只能說他的解釋與別人不同而已。由於文本內涵的不確定性和讀者固有的歷史性，不同時代的注疏家在閱讀古書時，對文本的理解肯定不同。處於不同時代的夏侯太初、蘇軾和方正學，都是以他們自己的方式來閱讀文本，並從同一文本中得出了意義不同的解釋，這是因為他們被不同的問題、不同的成見和不同的興趣所支配。從哲學詮釋學的角度

---

[65] 司馬遷：《史記・樂毅傳》，中華書局1959年版，頁2429。
[66] 崔述：《考信錄提要》，《遺書》，頁14。
[67] Hans-Georg Gadamer, *Truth and Method*, 296.

看，這些見仁見智的不同解釋，不僅說明了古書中所包含的意義並不一定會在某一特定的環境或專門的時間內一次展現出來，並且反映了古書文本與不同時代讀者之間的相互交流。這就是伽達默爾所說的：

> 對傳統文本的理解(understanding)與對它的解釋(interpretation)有一種內在的本質聯繫。儘管這總是一種相對的、不完全的活動，理解仍能在那裡實現一種相對的完成。[68]

正是因為人們從不同的時代角度出發去理解文本，文本的意義才會展現出它的無限可能。在這個意義上，我們可以說，對於文本只可能有不同的理解，卻無所謂唯一的正確解釋。

三、崔述的歷史知識論

崔述經史考辨中的歷史知識論在清代考據學家之中獨樹一幟，在他的傳世著作中，《考信錄》一書猶為近代學人稱道，而其中的《考信錄提要》更是他將歷史知識作為文本理解重要組成部分的自出機杼之作。他在《考信錄提要》中對傳世史書與歷史真相之間的關係分析得鞭辟入裡，堪稱中國傳統詮釋學的一個範例。崔述的經史考證注重知識和方法的結合，把理解視作知識的一個重要來源，並將知識放在與理解的語境(context)有著直接關聯的層次來考慮。這樣一來，經史研究中的文獻考證便轉變為一種普遍的方法論。他認為，研究古史首先必須確定歷史知識的真實與否，他說：

> 大抵文人學士多好議論古人得失，而不考其事之虛實。余獨謂虛實明而後得失或可不爽。故今為《考信錄》，專以辨其虛實為先務，而論得失者次之，亦正本清源之意也。[69]

---

[68] Hans-Georg Gadamer, *Truth and Method*, 471.
[69] 崔述：《考信錄提要》，《遺書》，頁14。

我們知道，中國的傳統學術著作一般都缺乏系統的知識論，而崔述卻能夠在《考信錄提要》中有條理地列出理解歷史知識流傳的方法和理論，這在中國學術史上是不多見的。可以說，在追求實證知識的層次上，崔述的經史考證不僅體現了一種理性的批判方法，而且與西方古典詮釋學有相通之處。在這個意義上，《考信錄提要》應當被視為一部具有歷史知識論性質的解釋學著作。

崔述在進行經史考證時，注意到時間間距(temporal distance)對理解歷史知識所發生的影響。由於時代的變遷、語言的變化等因素，歷史流傳下來的古書古事之內容已與文本原意產生了某種疏離，這就是詮釋學所說的「理解的歷史性」。崔述在考察這一歷史性的過程中，試圖解釋歷史知識為何出現差異以及這些差異以何種形式表現出來等問題。崔述的《考信錄提要》雖非以嚴密的邏輯推理構築而成，卻精闢地總結了歷史知識在流傳即「時間間距」中失實的各種情形。揆其大要，至少有以下數端：

其一，歷史知識在流傳中走樣，即「前人所言本系實事，而遞傳遞久以致誤者」。[70] 崔述以陶淵明《桃花源記》的內容被後人曲解一事作了如下的解說：

> 晉陶淵明《桃花源記》言武陵漁人入深山，其居人自言先世避秦時亂，率妻子邑人來此，遂與外人間隔。此特漢、晉以前，黔、楚之際，山僻人稀，以故未通人世；初無神仙誕妄之說也。而唐韓昌黎《桃源圖詩》云：「神仙有無何渺茫，桃源之說誠荒唐！」又云：「自說經今六百年，當時萬事皆眼見。」劉夢得《桃源行》亦云：「俗人毛骨驚仙子」；又云：「仙家一出尋無蹤」。皆以淵明所言者為神仙；雖有信不信之殊，而其誤則一也。至宋洪興祖始據淵明原文以正韓、劉之誤，然後今人皆知其非神仙，

[70] 崔述：《考信錄提要》，《遺書》，頁7。

淵明之冤始白。[71]

他進而置評曰：

> 向使淵明之記不幸而亡於唐末五代之時，後之人但讀韓、劉之詩，必謂桃源真神仙所居；不則以為淵明之妄言；雖百洪興祖言之，亦必不信矣，——而豈有是事哉！[72]

其二，歷史知識在流傳中發生展延，即「世愈晚則採擇益雜」。崔述舉例說明這一現象：

> 故孔子序《書》，斷自唐、虞，而司馬遷作《史記》乃始於黃帝。然猶刪其不雅馴者。近世以來，所作《綱目前編》、《綱鑒捷錄》等書，乃始於庖羲氏，或天皇氏，甚至有始於開闢之初盤古氏者，且並其不雅馴者而亦載之。[73]

其三，歷史知識在流傳中被竄改，一些真實的歷史事件被後人錯加解釋，乃至張冠李戴。故事流傳時間愈久，則愈為人們深信不疑，於是傳言終成事實。崔述舉兩例加以說明。例一，「《周秦行紀》，李德裕之客所為也，而嫁名牛僧孺」；例二，「《碧雲騢》，小人毀君子者之所為也，而嫁名梅堯臣」。崔述云：「然則天下之以偽亂真者，比比然矣，若之何以其名而信之也！」[74]

其四，歷史知識在流傳中以訛傳訛，即「古有是語而相沿失其解，遂妄為之說者」，[75] 或古書原本無其事，經後人假託、推測而誤為實事。崔述以古時官名「日御」誤傳為「為日御車」的事例來說明此點：

---

[71] 崔述：《考信錄提要》，《遺書》，頁7。
[72] 崔述：《考信錄提要》，《遺書》，頁7。
[73] 崔述：《考信錄提要》，《遺書》，頁13。
[74] 崔述：《考信錄提要》，《遺書》，頁10。
[75] 崔述：《考信錄提要》，《遺書》，頁5。

> 古者日官謂之日御，故曰「天子有日官，諸侯有日御」。羲仲、和仲為帝堯臣，主出納日，以故謂之日御。後世失其說，遂誤以為御車之御，謂羲和為日御車，故《離騷》云「吾令羲和弭節兮，望崦嵫而勿迫」；已屬支離可笑。又有誤以御日為浴日者，故《山海經》云「有女子名羲和，浴日於甘淵」，則其謬益甚矣！[76]

其五，歷史知識因傳聞異詞，或因記憶失真，而致使後世傳記之文失誤。崔述說：

> 一人之事，兩人分言之，有不能悉符者矣。一人之言，數人遞傳之，有失其本意者矣。[77]

以上諸項，造成歷史知識的本意迷離莫辨。那麼這些現象出現的原因為何？崔述首先論證導致歷史知識失真的外在因素，其中包括古代書寫工具的變化：

> 兼以戰國之世，處士橫議，說客託言，雜然並傳於後，而其時書皆竹簡，得之不易，見之亦未必能記憶，以故難於檢覈考正，以別其是非真偽。東漢之末，始易竹書為紙，檢閱較前為易。[78]

還有書寫文字和印書技術的演變：「且由古文而隸，而楷書，由竹簡而紙，而印本，豈能絕無缺誤。」[79] 崔述進而從內在因素方面檢討古書失實的問題。他認為，戰國、秦漢時期對古史的杜撰與當時的政治環境、歷史背景有著密切的關係。戰國時說客辯士慣用諷喻，諸家莫不造言以誣聖賢，他們或把已說託名於聖賢，造成學統的混亂；或編造故事以為已用，造成真偽史料並存的現象。他們以其所處時代的觀念詮釋古

---

[76] 崔述：《考信錄提要》，《遺書》，頁5。
[77] 崔述：《考信錄提要》，《遺書》，頁8。
[78] 崔述：《考信錄提要》，《遺書》，頁2。
[79] 崔述：《書陳履和〈東山詩解〉後》，《遺書》，頁694。

賢之言，故其意與古史真實相差必遠。秦漢人卻將戰國的諷喻故事或託言誤認為史實，不加分辨地收入書中，以致給後代學者造成理解上的誤導。[80] 於是他得出結論說：

> 大抵戰國、秦、漢之書皆難徵信，而其所記上古之事尤多荒謬。然世之士以其傳流日久，往往信以為實。其中豈無一二之實？然要不可信者居多。乃遂信其千百之必非誣，其亦惑矣！[81]

從崔述以上的論述可以看出，人們在認識上的主觀性是導致歷史知識不確定的主要原因。我們可以把這種理解上的主觀性具體歸納為以下幾點：

一、囿於見聞，判斷失當。崔述說：「凡人多所見則少所誤，少所見則多所誤。」[82] 又云：「以己度人，雖耳目之前而必失之。」[83] 他認為，有些人由於無視古今之別，缺乏歷史敏感性及對歷史的理解，常以己之見判斷他人，以今揆古，以常人之情判斷聖賢。

二、固執己見，強以為知。崔述說：「強不知以為知，則必並其所知者而淆之。是故無所不知者，非真知也；有所不知者，知之大者也。」[84] 在他看來，一些人往往強不知以為知，這樣就會出現假知識（性質為誤的知識）。假知可以亂真知，後果尤為嚴重。崔述批評這些人名實乖離，並舉磁州孫某仿造哥、定、汝等名窯瓷器，做舊後於京師、保定等地獲得暴利的故事為例，說明人們由於忽視內容實質，人云亦云，不進行獨立思考，以致形成歷史知識的失真。[85]

三、輕率粗疏，罔顧史實。崔述說，有些人「心粗氣浮」，閱讀古書「意在記覽，以為詩賦時文之用，不肯考其真偽」。[86] 由於他們欠缺

---

[80] 見崔述：《考信錄提要》，《遺書》，頁5。
[81] 崔述：《考信錄提要》，《遺書》，頁5。
[82] 崔述：《考信錄提要》，《遺書》，頁3。
[83] 崔述：《考信錄提要》，《遺書》，頁4。
[84] 崔述：《考信錄提要》，《遺書》，頁9。
[85] 崔述：《考信錄提要》，《遺書》，頁10。
[86] 崔述：《考信錄提要》，《遺書》，頁15。

一絲不苟的嚴肅態度，致使歷史知識失真。

四、不以為意，使假亂真。崔述說：「蓋有莫知誰何之書，而妄推奉之，以為古之聖賢所作者；亦有旁采他文，以入古人之書者。」[87] 也就是說，一些人不辨真偽，將不同時期的各種異說泊湊揉合在一起，結果造成理解上的極大混亂。

五、有心作偽，故意歪曲。崔述以晉人王肅之門徒作偽書為例說：「於是其徒雜取傳記諸子之文，偽撰《古文尚書》、《孔子家語》（《家語》雖有王肅序，然玩其文，亦系其徒偽撰，非肅自作），以欺世人而伸肅說。」[88] 古人出於各種動機，如炫名爭勝等，而編造偽書。

崔述以上諸看法多是前人所未論及的，而且與義大利法律史家貝蒂(Emilio Betti)強調解釋者要儘量克服自身的主觀性去理解文本的觀點頗有異曲同工之處。從浪漫主義詮釋學的角度看，克服理解中的這些主觀性，就可以使文本的解釋避免時代錯位(anachronism)、任意篡改和非合理的運用。為了保持古書的原意或真實性，並要求人們按歷史本來的背景來解釋經典文本，崔述還採用以下三種方法來判斷歷史知識的真實性：首先，區別所知之事與不知之事，以所知之事作為研究對象。[89] 他說：「竊謂經傳既遠，時事難考，寧可缺所不知，無害於義。」[90] 其次，區別真實與不實之事，留取前者而剔除後者。他說：「傳注之與經合者則著之，不合者則辨之，而異端小說不經之言咸辟其謬而刪削之。」[91] 第三，確定文獻來源的可靠程度，為鑒定真偽奠定基礎。他說：「然則偽造古書乃昔人之常事，所賴達人君子平心考核，辨其真偽，然後聖人之真可得。」[92] 當然，崔述評判歷史知識真實性的標準是文本之義必須符合權威性的記載（如《五經》）。基於以上的考察，可以看出崔述想通

---

87 崔述：《考信錄提要》，《遺書》，頁11。
88 崔述：《考信錄提要》，《遺書》，頁10。
89 參看王茂等撰：《崔述的歷史懷疑論》，《清代哲學》，安徽人民出版社1992年版，頁795。
90 崔述：《讀風偶識》，《遺書》，頁524。
91 崔述：《考信錄自序》，《遺書》，頁921。
92 崔述：《考信錄提要》，《遺書》，頁11。

過方法論的運用來消除理解的障礙，從而保證歷史知識的客觀性。這些試圖克服文本歷史性的看法與西方浪漫主義詮釋學的許多觀點頗有可資相互參證的地方。

受儒家知性觀念的限制，崔述在理解文本時頗注重經驗性的資料，存在著一種要求知識觀念符合經驗的傾向，反映他強調根據自己的經驗來理解文本，甚至以為獲得真知必須依靠直接經驗。因而崔述十分重視親身經驗，聲稱「余所見所聞，大抵皆由含糊輕信而不深問以致僨事」。[93] 他甚至有否定間接來源知識的傾向，聲稱「人言不可盡信」。崔述曾以其親自觀察月蝕的經歷來說明此點：

> 余自幼時聞人之言多矣，日食止於十分，月食有至十餘分者。世人不通歷法，咸曰月一夜再食也；甚有以為己嘗親見之者。余雖尚幼，未見歷書，然心獨疑之。會月食十四分有奇，夜不寢以觀之，竟夜初未嘗再食也。唯食既之後，良久未生光，計其時刻約當食四分有奇之數，疑即指此而言。然同人皆不以為然。又數年，見諸家歷書果與余言相同。[94]

崔述由此得出「事事必親見而可信」的結論。這種看法實際上隱含著一種狹隘的經驗論，在現實世界之中，以間接經驗和抽象思維所獲得的知識未必不可靠，而親眼所見卻有可能虛妄不真。從知識論的角度來說，經驗知識的來源不僅包括知覺，記憶、自我意識和邏輯推理等等。更重要的是，人們的實踐經驗並不能完全應用於像史學這樣的人文學科之中。崔述在理解上重視個人的直接經驗，卻不重視將其提升為歷史的經驗，而恰恰是這種歷史經驗的聯繫最終會被理解成一種意義聯繫，它將從根本上超出個人的體驗視域。總之，崔述解釋學說中的知識論具有一種強烈的經驗主義色彩和泛歷史化(pan-historicalization)的傾向，這使得他對文本的理解在深度和廣度方面都受到限制，無法進入類似文學等

93 崔述：《考信錄提要》，《遺書》，頁22。
94 崔述：《考信錄提要》，《遺書》，頁2-3。

其他學術話語(discourse)。

四、崔述理解過程中的主觀條件

在以本體論為特徵的詮釋學理論中，對於解釋者主觀體驗的分析佔有十分重要的地位。伽達默爾說：

> 理解從來就不是一種對某一給定「對象」的主觀關聯，而是對其〔東方按：指給定「對象」〕效果的歷史的主觀關聯；換言之，理解屬於被理解之物的存在。[95]

這就是說理解並不是解釋者的多種可能行為之一，而是個體存在的一種方式。他以「遊戲」(play)的概念來說明遊戲者（解釋者）並不是遊戲（文本的理解過程）的主體，而遊戲本身只有通過遊戲者才得以實現。[96] 在這個問題上，崔述的解釋學說與伽達默爾的觀點是全然不同的。在崔述對儒家經書文本進行闡釋的過程中，讀者本身一向被視為解釋的主體，而主體的思維能力又是解釋的起點。因此，他注重從解釋者的心理狀態或思想意識的角度出發，以期達到對文本意蘊的心領神會。他說：

> 然則學者於古人之書，雖固經傳之文，賢哲之語，猶當平心靜氣求其意旨所在，不得泥其詞而害其義。[97]

他在指出《論語》後五篇的可疑之處時說：

> 蓋《陽貨》一篇乃後人雜采他書所記孔子之言行以成篇者：有實為聖人當日之言者，亦有後人之所敷衍附會者。學者當平心靜氣以前十五篇之語較之證之，不可一概論也。[98]

---

[95] Hans-Georg Gadamer, *Truth and Method*, xxxi.

[96] Hans-Georg Gadamer, *Truth and Method*, 103.

[97] 崔述：《考信錄提要》，《遺書》，頁12。

[98] 崔述：《論語餘說》，《遺書》，頁619-620。

崔述所反覆強調的「平心靜氣」是一種心理狀態。他認為，雖然不同背景的人可能有不同的「先入之見」，但只要主觀上達到「平心靜氣」，就有可能使文本和讀者在精神上溝通，從而求得客觀的認識。崔述的這種認識其實涉及到理解文本的主體意識問題，他所說的「平心靜氣」作為一種內心體驗，反映了理解主體的一種精神過程，即解釋者必須將自己置於原作者的視域之內，如此才能恢復原作者的本意。

下面這段話對我們瞭解崔述所言理解經書之義的主體意識十分重要。他說：

> 故余於論《詩》，但主於體會經文，不敢以前人附會之說為必然。……
>
> 以故余於《國風》，惟知體會經文，即詞以求其義，如讀唐、宋人詩然者，了然絕無新舊漢、宋之念存於胸中。惟合於詩意者則從之，不合者則違之。[99]

崔述在此強調了個人體驗的重要性，即以自己的切身感受，「細玩詩之詞義」，因為這種體驗可使讀者瞭解如何使文本符合作者的原意及其時代背景。這與浪漫主義詮釋學將理解看作一種心理重建過程的說法極為相似，即對於每一篇文本的理解，其實都是一個心靈與另一個心靈之間的交流。在崔述的觀念裡，讀者一旦能夠進入作者的心理狀態，便可以將作者的內在意識重新展現，所以只需依照古人的思考方式，就有可能解讀古書的原意。他以《詩經．邶風》「我思古人，實獲我心」[100]來表明此點。這也就是中國詮釋傳統中的所謂與古人心交神會的移情(empathy)作用，即以與作者同處一思想境界為旨趣。崔述的看法是，讀者如果對作品本身及其時代背景沒有透徹的瞭解，便根本不可能把握住作品的意義。這些說法幾乎與浪漫主義詮釋學的觀點不謀而合，在浪漫主義詮釋學家看來，進行理解的人必須脫離自己的視域(horizons)，而完

[99] 崔述：《〈讀風偶識〉自序》，《遺書》，頁918-919。
[100] 崔述：《書陳履和〈東山詩解〉後》，《遺書》，頁694。

全進入他所理解的論題(subject matter)的歷史視域，即伽達默爾所言：

> 正是通過這種方式，〔浪漫主義〕詮釋學成為一種普遍的和方法性的姿態：它預設了理解對象的他岸性(foreignness)，而它的任務是通過理解來克服這種他岸性。[101]

這裡涉及詮釋學的一個重要問題，即如何彌合讀者所熟悉並身在其中的環境，與讀者所生疏的陌生內容之間的鴻溝。換句話說，也就是怎樣克服古書原意與讀者的理解之間存在著的時間間距。崔述認為，只要「歷史地」理解古人，克服自我偏見，對古人所思所想加以推斷，便可以把握古書的原意。他實際上是要通過使自已與古人處於同一境界，來消除將他本人與他所理解之古人分隔開來的時代間距。崔述在這裡預設了被理解內容的他岸性，並試圖通過歷史的理解來克服這種他岸性。哲學詮釋學所強調的讀者的主觀參入意識，認為文本含義主要應由讀者自身的理解去實現：當讀者開始閱讀一部古書時，他就進入了一種與古書文本相互交流的關係之中。伽達默爾認為：

> 當我們試圖去理解一個文本，我們並非要使自己置身於作者的思想之中，而是，如果要使用這一術語〔置身於〕的話，我們試圖置身於原作者形成其觀點的視域。[102]

伽達默爾不認為意義是心理體驗的表現，因為某一讀者的個人心理體驗對理解文本並不具有普遍性的意義。所以在他看來，「理解不是心靈之間的神秘交流，而是對共同意義的分享」。[103] 讀者對古書意義的體驗實際上已超出詮釋的主觀範圍，即超出古書的原作者和詮釋者的主觀意識水準。如此，讀者本身所熟知的視域，也被認為是理解活動的一個組成部分。顯然崔述的觀點與伽達默爾的看法正好相反，崔述的理解

---

[101] Hans-Georg Gadamer, "On the Problem of Self-understanding," *Philosophical Hermeneutics*, 47.
[102] Hans-Georg Gadamer, *Truth and Method*, 292.
[103] Hans-Georg Gadamer, *Truth and Method*, 292.

境域只包括讀者所力圖理解的、生疏的客觀世界，卻排斥讀者本身熟悉的主觀世界。

在經史考證過程中，崔述意識到了「成見」(prejudice)在人們理解中的作用。在討論如何考辨偽書時，他指出：

> 偽《尚書》極力摹唐、虞、三代之文，而終不能脫晉之氣：無他，其平日所聞所見皆如是，習以為常而不自覺，則必有自呈露於忽不經意之時者。[104]

所謂「習以為常而不自覺」，其實體現了一種理解上的「成見」，這說明每一個生活在一定歷史時代和環境中的人，都有他無法自覺意識到的「成見」，這種看法與伽達默爾所說的「解釋的歷史性」，即理解者因其所處歷史環境而不同於被理解者，頗有相合之處。不過在崔述看來，這種歷史性或多或少會影響和制約理解者對文本的看法，他說：

> 人之情好以己度人，以今度古，以不肖度聖賢。至於貧富貴賤，南北水陸，通都僻壤，亦莫不互相度。往往逕庭懸隔，而其人終不自知也。[105]

作為一位傳統的經史學家，崔述對理解的前提條件能有這樣明白的認識，應該說是難能可貴的。不過問題還得推進一步：既然認識到這一點，在理解的過程中應當怎樣來處理它呢？實際上，任何人進行理解時，總不免要根據他自已所瞭解的經驗和背景來解釋其所面對的文本。一個人如果完全放棄自己原有的知識，就不可能理解古人之言行，但是他又不能完全按自已的經驗和知識去斷定古人與今人之不同。所以一個人完全可以，而且必須通過「以今度古」的方式開始理解的活動，因為這種「今」即認識者當前的情境，它是人們理解活動的一個必要前提。而崔述則主張，今人在理解古書之義理時要力圖避免主觀因素，絕不能

---

[104] 崔述：《考信錄提要》，《遺書》，頁15。
[105] 崔述：《考信錄提要》，《遺書》，頁4。

把個人的成見作為評判真實的根據。他提倡「據詞以說詩，而不拘以成見」，[106] 又論道：「古人之書高下真偽本不難辨，但人先有成見者多耳。」[107] 可見他把成見看作妨礙理解的因素而加以否定。崔述還以陸羽辨江水潭水及蘇軾託人購金華豬二事為例，說明成見對於人們認識和理解所構成的障礙：

> 蘇子瞻使人買金華豬，中途而逸，以他豬代之。及宴客，莫不稱美者。既知非金華豬，始相視而笑。此無他，子瞻座上之客皆有成見在心，而羽無成見故耳。[108]

這些都說明崔述把正確的理解和成見看作相互排斥的兩個方面，因此他認為，只要人們在理解時不存成見，便可達到客觀歷史的真實。他謂：

> 余生平不好有成見，於書則就書論之，於事則就事論之，於文則就文論之，皆無人之見存。[109]

然而，要真正做到這一點可謂既無可能，又無條件。從哲學詮釋學的觀點來說，任何人都不可能脫離自已所處的歷史時代，因而很難有完全「中立公允」或「超然其外」的客觀閱讀態度。崔述對人們慣以自身經驗去評判他人的做法提出批評，認為讀者必須排斥成見，如此方能取得對文本意義的正確理解。他還說：

> 故說經欲其自然，觀理欲其無成見，於古人之言無所必於從，無所必於違，唯其適如乎經而已。[110]

對崔述來說，只要在主體意識上達到「自然」和「無成見」，即可

---

[106] 崔述：《讀風偶識》，《遺書》，頁558。
[107] 崔述：《考信錄提要》，《遺書》，頁16。
[108] 崔述：《考信錄提要》，《遺書》，頁16。
[109] 崔述：《考信錄提要》，《遺書》，頁16。
[110] 崔述：《贈陳履和序》，《遺書》，頁477。

充分理解經書文本的意義。崔述對於理解《詩經》提出以下看法：

> 今欲讀《詩》，必取三百篇之次紊亂之，了無成見，然後可以得詩人之旨。故余之論《詩》，惟其詩，不惟其正與變。[111]

這段話中的「了無成見」，正是他認為理解古書意義必須拋棄成見和抹煞自我的具體例證。

伽達默爾對詮釋學發展的一項重要貢獻，就是提出了成見在理解中的積極作用。他說：

> 成見未必都是不合理的和錯誤的，因此成見不可避免地會歪曲真理。事實上，我們的存在的歷史性表明，從字面意義上的成見為我們整個經驗的能力構成了最初的方向性。成見就是我們對世界的開放性的種種偏見。[112]

可見任何理解都或多或少會含有理解者的成見，這是人類心理的天然特徵以及當代思想意識力量的作用。對伽達默爾來說，「我們只是要求對他人的和文本的意義保持開放的態度。但是這種開放性總是包含著：我們把他人的意義置於我們自己整個意義的關係之中；或者把我們自己的意義置於他人整個意義的關係之中」。[113] 人們在理解過程中之所以慣於以己度人、以今度古，正是因為這種開放性使然。在伽達默爾看來：

> 「成見」無疑並不見得意味著錯誤的判斷，而這種說法的部分意義是它〔成見〕既可以有積極的價值，亦有消極的價值。[114]

也就是說，成見既有否定的涵義，也有肯定的涵義。在哲學詮釋學

---

[111] 崔述：《讀風偶識》，《遺書》，頁531。

[112] Hans-Georg Gadamer, "The Universality of the Hermeneutical Problem," *Philosophical Hermeneutics*, 9.

[113] 參見Hans-Georg Gadamer, *Truth and Method*, 268.

[114] Hans-Georg Gadamer, *Truth and Method*, 270.

的反照下，崔述所說的「成見」還只是一種理解上的主觀成見，或曰不自覺的成見。他儘管承認成見是先天存在和歷史給予的，卻不把它當作個人的一種認知的可能性，而只將它視為正確理解實現的障礙。事實上，崔述自己在考辨古史時何嘗能避免成見呢？茲舉崔述對《論語》記曾晳風詠之答的解釋及對朱熹注的評論為例。崔述在《考信錄》中寫道：

> 《論語・先進篇》有曾晳與子路、冉有、公西華侍坐言志之事。余按此章，孔子問以何事答知己，故子路等三人所言皆從政之事；「風、浴、詠歸」，於知我不知我何涉焉？且先生問更端則起而對，禮也；孔子方與諸弟子言而晳鼓瑟自如，不亦遠於禮乎？至在孔子之前而稱夫子，乃《春秋》時所無；《論語》中惟《陽貨篇》有之，乃戰國時人所撰，不足據。然則此章乃學老、莊者之所偽托而後儒誤采之者。朱子謂「曾點所言有萬物得所之意，故孔子與之」，論雖巧而恐其未必實也。故今不載此文。[115]

而實際上，所謂「知我」、「不知我」並非與理解《論語》這段原文意義沒有關係，這裡涉及「知遇」的問題。崔述說曾晳不知禮，這其實是以後世之觀念（禮之觀念）來衡量孔子與其弟子之關係。在春秋時期，孔門弟子在孔子面前奏樂（「弦歌有聲」）並非失禮之舉。曾晳這樣的早期儒者確有不同於後世儒者的特點，他頗具隱士之風，不求做官，志在山水，自得其樂。而朱熹對孔子所言的體會，反映他本人講求「安身立命」的精神體驗，頗得文本之真義。與朱熹的解釋相對照，崔述在理解《論語》此段文字時，顯然帶有某種錯誤的成見。由此可見，崔述對聖人的崇信態度實際已成為他理解古書的消極因素，並且必然妨礙他對古書的正確理解。

115　崔述：《洙泗考信餘錄》，《遺書》，頁369。

五、崔述解釋學說的局限

近幾十年來，頗有學者批評崔述解釋學說所具有的篤信儒家經典和崇拜聖人權威的內在限制。無可諱言，在「崇聖尊經」時代的普遍社會心態籠罩下，崔述作為儒家價值觀的維護者，很難做到對儒學的自我批判。正如他的弟子陳履和所說，崔述理解文本所含意義的著眼點，是「期於尊經明道，無所淆亂而後已」。[116] 美國漢學家恒慕義(Arthur W. Hummel)曾指出：

> 即便十八世紀最勇敢的批評家崔述——他窮其一生之力旨在指摘非經書文獻中的舛誤和儒家經書本身內的時代不合——也從未放棄這樣的信念，即可以在經書裡發現即使最嚴格的考據亦無法窮究的某種已達極致的精粹。[117]

這一標準就是崔述對聖人和《五經》的虔誠信仰。從他這種形而上的假設和權威主義的傾向，我們可以看出儒家的「聖道」價值觀對他的解釋理論發生了深刻的影響：他把闡釋《五經》，發揮聖人本意，作為他經史考辨的崇高目標；他反對捨經典而求聖人之道，認為文本意義的客觀性取決於它是否符合《五經》所載，用他自已的話說：「於古人之言無所於必從，無所於必違，唯其適如乎經而已。」[118] 在這種「不悖於經傳」原則的指導下，崔述對最早的國別史《國語》一書的學術價值做過這樣的評判：

> 《國語》一書，語多荒唐，文亦冗蔓，乃戰國之人取春秋之事而擬其語言者。是以所稱三代制度，列國世系，率與經傳不合；

[116] 陳履和：《客京師時致書》，《遺書》，頁481。

[117] Arthur W. Hummel, trans. and annotated. *The Autobiography of A Chinese Historian* (New York: Paragon Book Gallery, 1931), xxi.

[118] 陳履和：《初刻〈上古〉〈洙泗〉二錄〈正朔〉、〈禘祀〉二考跋》，《遺書》，頁480。

而自相矛盾者亦復不少。[119]

凡與經傳不合者，他全當作理解者的主觀「成見」和誤解而不予置信。結果，崔述在經史考證過程中，常常放棄自己的理性判斷而盲從經書的權威，甚至將之作為認知的方式，如他說：

> 故居今日而欲考唐、虞、三代之事，是非必折衷於孔、孟而真偽必取信於《詩》、《書》，然後聖人之真可見而聖人之道可明也。[120]

他的預設前提是，經過「折衷」孔孟和「取信」《詩經》、《尚書》，就可以克服理解中的一切主觀因素，於是從文本所得到的便是其真正原意。

對崔述來說，文本的原意（歷史上的真實存在）與權威的歷史記載（儒家經典）之間幾乎是可以畫等號的。因此，他堅持只有聖人之書才能反映歷史的真相。他說：

> 蓋自《詩》、《書》以外，凡戰國、秦、漢之間言商、周事者皆出於揣度，是以互相矛盾；而後儒猶欲據以為實，復為說以曲全之，疎矣！[121]

崔述甚至認為，經書之外的記載對於理解古史無關緊要。在辨有無孔子問禮於老子之事時，他說：

> 老聃之學，經傳未有言者，獨《戴記‧曾子問》篇孔子論禮頻及之；然亦非有詭言異論，如世俗所傳云云也。戰國之時，楊、墨並起，皆托古人以自尊其說。……今《史記》之所載老聃之言，皆楊朱之說耳；其文亦似戰國諸子，與《論語》、《春秋傳》之

[119] 崔述：《經傳禘祀通考》，《遺書》，頁507。
[120] 崔述：《考信錄自序》，《遺書》，頁921。
[121] 崔述：《豐鎬考信錄》，《遺書》，頁168。

文絕不類也。[122]

我們姑且不論歷史上究竟有無孔子問禮於老子一事，但崔述無視《史記》和《戴記》（他所謂的第二手材料）中的記載，單憑經書（他所說的第一手材料）未載老子之言這一點，就斷言孔子問禮於老子乃楊朱編造之說，顯然是相當武斷的。他在此處忽視一個事實，即任何文本一經形成和流傳，並經過歷代的詮釋，便成為一種既參與歷史（主體），又屬於歷史之一部分的傳統。正如伽達默爾所說：

> 書寫(writing)是語言的抽象理想性。文字記載的意義基本上是可辨認的和可重複的。……所謂重複指的並不是重新提及所講出的或寫下的原始材料(original source)。理解書寫的東西絕不是重複某種以往的東西，而是對當下意義的一種分享。[123]

從這個意義上說，文本的重複性不僅體現於經書之中，而且見於晚出的經解和其他歷史著作之中。這些被崔述視作「備考」的資料顯然有助於後人理解古書，可用來補充古籍之普遍性與個別論據之特殊性、歷史真實性與當代現實性之間的空白，並使人們的理解走向開放、多元和可隨時調整的境域。崔述僅僅認識到發掘原意的過程可以不斷消除錯誤的理解，使真實的意義被保存下來，但卻未能認識到，對古書的理解絕非他所試圖恢復的對象（古史的真相）的組合，而是一種使每一個新的解釋者，都有可能與其所力圖理解的文本或事件進行對話的活動，由此而發展出意想不到的新認識。崔述雖未試圖建立一套系統的神學理論，卻始終不能擺脫獨斷論的偏見(dogmatic bias)，如他聲稱：「古之異端在儒之外，後世之異端則在儒之內：在外者距之排之而已，在內者非疏而剔之不可。」[124] 從一定意義上說，崔述對古代文本的理解，實際上存在著類似歐洲史學史上神聖歷史(sacred history)（類似《五經》所載之古

---

[122] 崔述：《洙泗考信錄》，《遺書》，頁270。
[123] Hans-Georg Gadamer, *Truth and Method*, 392.
[124] 崔述：《考信錄自序》，《遺書》，頁921。

史）與世俗歷史(secular history)（相當於戰國、秦漢著作所記之古史）的差別。這種差別使他把自己定位於傳統獨斷論的經解範圍之內，使得知識和理解從屬於信仰，而無法實現理性的自我超越或創造性的轉化。崔述實際上是把科學的判斷（真與假）與價值的判斷（善與惡）混淆在一起，如果把作為歷史文獻的《五經》視為神聖化的歷史權威，崔述本人的歷史判斷最終將歸本於一種價值一元論，這是和哲學詮釋學的精神背道而馳。

崔述解釋理論的另一局限是他過分強調把理解的活動視為一種主觀想像的重建，而很少考慮文本自身的歷史性。因此他堅持歷史知識的流傳是一個誤解和誤傳的過程，他認為：

> 戰國、秦、漢之書非但託言多也，亦有古有是語而相沿失其解，遂妄為之說者。……若夫古書已亡，而流傳之誤但沿述於諸子百家之書中者，更不知凡幾矣。大抵戰國、秦、漢之書皆難徵信，而其所記上古之事尤多荒謬。[125]

由於崔述深信經書文本之原意，假定聖人著述的含義是「給定」的，他只能將理解的歷史性視作獲得歷史客觀真理的障礙，並加以排斥和否定。然而哲學詮釋學認為，歷史性是人類得以存在的基本現實，無論是認知的對象（經文），還是認知的主體（解經者），都牢牢地鑲嵌於歷史之中，人們應當適應和掌握這種歷史性，以在時間性(temporality)的模式之中得到一種新的視域。事實上，人們在解釋歷史文獻時，非但不可能完全拋卻個人觀點，而且必然會表示出自己的價值判斷。因此，任何一種價值判斷的差別實際上都成為理解過程的一個組成部分，並為真正的理解發揮作用。文本的意義並非是現成的或自明的，而是需要通過以下兩個中介的結合才能得以實現：對原文本身的理解，和後人對原文的解說。文本不單是過去的文獻，也是在流傳中將過去與現在聯繫起來的中介，後人可以在反覆閱讀文本的反復閱讀的過程中，發現對於自己有

125　崔述：《考信錄提要》，《遺書》，頁5。

效的和可理解的真理。正如利科爾所說：

> 現代哲學詮釋學與浪漫主義詮釋學最明確的決裂，就在於它所尋求的不再是隱藏在文本背後的原意，而是在文本面前所能展現的世界。[126]

可以說，這也是哲學詮釋學與崔述解釋理論的差異所在。

崔述希冀通過領悟作者和作品原意的方法來解決經史考辨中的解釋問題，但是由於追求歷史知識客觀性的傳統在中國經學的發展中有著深厚的根源和長久的影響，使得他的經史考證過分強調求證而忽視解釋，以致他難以將其解釋學說從方法論和知識論的層次，昇華為具有本體論性質的哲學詮釋學。實際上，人們對經典文本所需要的瞭解往往超出方法論所能提供的普遍解釋要求，而且任何一種方法本身都可能產生自我限制，故需要依靠本體的批判來促進方法上的不斷反省。[127] 在《真理和方法》的結尾處，伽達默爾意味深長地指出：

> 通過我們的探討，可以表明運用科學方法所提供的確實性並不足以確保真理。這一點尤其適用於人文科學。……在人文科學的認識中，認識者的自我存在確在發生作用的這一事實表明了方法的侷限，而非科學的侷限。[128]

可見文本的意義不是單純地依靠方法就能加以證實，對文本的理解終究無法完全建立在方法論和知識論的基礎之上。

今天以西方哲學詮釋學的標準來衡量崔述的詮釋觀，必然會暴露出某些不可避免的侷限性。然而我們切不可忘記，崔述的解釋學說和西方的詮釋學有著迥異的歷史傳統，絕不可將兩者一概而論。我也不認為在哲學詮釋學的衝擊下，崔述的解釋學說已完全失去其存在價值。通觀有

---

126 Paul Ricoeur, *Hermeneutics and the Human Sciences*, 93.

127 參見成中英、潘德榮：《本體詮釋學與當代精神》，《中國社會科學》1995年第5期，頁74。

128 Hans-Georg Gadamer, *Truth and Method*, 490-491.

清一代的學術，崔述對於理解文本的觀念無疑為清代的經學和古史研究開拓了一片新天地，奠定他在中國傳統的經史解釋理論發展史上的地位。應該說，崔述不但繼承了儒家經學注疏理論的基本精神，而且在知識論和方法論方面的成就超越了同時代的經學家。如果就近代以前的情況而言，崔述的解釋理論未必遜色於西方的古典詮釋學。就這一點來說，他對中國傳統學術中詮釋理論的發展確實有創造性的貢獻。

最後需要申明的是，我雖然參照伽達默爾的哲學詮釋學觀點來討論崔述的經史考證，但這並不表示我本人認為其觀點為詮釋理論的理想根據，也不代表崔述的解釋學說必須通過伽達默爾的詮釋學理論才能表達。我之所以援引伽氏理論，除了個人興趣之外，主要是由於其中的部分概念有助於說明崔述經史考辨中涉及的解釋理論的問題。本文借用西方理論進行分析的目的，是更便於瞭解中國的經學詮釋傳統，而非比較中西詮釋理論之優劣。當然，在討論中難免會產生以西套東和以今論古之弊，這一點希望讀者能夠諒解。

附錄

崔述：《考信錄提要》* 卷上

釋例

△時代與識見（以下三章，通論讀書當考信之意。）

聖人之道，在《六經》而已矣。二帝、三王之事，備載於《詩》、《書》（《書》謂《堯典》等三十三篇），孔子之言行，具於《論語》。文在是，即道在是，故孔子曰：「文王既沒，文不在茲乎？」《六經》以外，別無所謂道也。顧自秦火以後，漢初諸儒傳經者各有師承，傳聞異詞，不歸於一，兼以戰國之世，處士橫議，說客託言，雜然並傳於後，而其時書皆竹簡，得之不易，見之亦未必能記憶，以故難於檢覈考正，以別其是非真偽。東漢之末，始易竹書為紙，檢閱較前為易；但魏、晉之際，俗尚詞章，罕治經術，旋值劉、石之亂，中原陸沉，書多散軼，漢初諸儒所傳《齊詩》、《魯詩》、《齊論》、《魯論》陸續皆亡，惟存《毛詩序傳》及張禹更定之《論語》，而伏生之《書》，田何之《易》，鄒、夾之《春秋》亦皆不傳於世。於時復生妄人，偽造《古文尚書經傳》、《孔子家語》，以惑當世。二帝、三王、孔門之事於是大失其實。學者專己守殘，沿訛踵謬，習為固然，不之怪也。雖間有一二有識之士摘其疵謬者，然特太倉稊米，而亦罕行於世。直至於宋，名儒迭起，後先相望，而又其時印本盛行，傳布既多，稽覈最易，始多有抉摘前人之悞者。或為文以辨之（如歐陽永叔《帝王世次圖序》、《泰誓論》，蘇明允《譽妃論》，王介甫《伯夷論》之類），或為書以正之（如鄭樵《詩辨妄》，趙汝談《南塘書說》之類），或作傳注以發明之（如朱子《論語、孟子集注》、《詩集傳》，蔡氏《書

---

* 本文採用的底本是顧頡剛先生整理的標點本，載於顧氏編訂《崔東壁遺書》（上海古籍出版社1983年版）。各章小題為顧氏所加，上海亞東圖書館1936年版原列於書眉，後上海古籍出版社1983年版移至文中，以△標示。李秋媛先生主編《文史英華・史論卷》（湖南出版社1993年版），其中對所收錄的《考信錄提要・釋例》作了詳允的注釋，有興趣的讀者可以參考。

傳》之類）。蓋至南宋而後《六經》之義大著。然經義之失真已千餘年，偽書曲說久入於人耳目，習而未察，沿而未正者尚多，所賴後世之儒踵其餘緒而推廣之，於所未及正者補之，已正而世未深信者闡而明之，帝王聖賢之事豈不粲然大明於世！乃近世諸儒類多摭拾陳言，盛談心性，以為道學，而於唐、虞、三代之事罕所究心。亦有參以禪學，自謂明心見性，反以經傳為膚末者。而向來相沿之誤遂無復有過而問焉者矣！余年三十，始知究心《六經》，覺傳記所載與注疏所釋往往與經互異。然猶未敢決其是非，乃取經傳之文類而輯之，比而察之，久之而後曉然知傳記注疏之失。顧前人罕有言及之者；屢欲茹之而不能茹，不得已乃為此錄以辨明之。非敢自謂繼武先儒，聊以效愚者千慮之一得云爾。

△人言不可盡信

人之言不可信乎？天下之大，吾非能事事而親見也，況千古以上，吾安從而知之！人之言可盡信乎？馬援之薏苡以為明珠矣；然猶有所因也。無兄者謂之盜嫂，三娶孤女者謂之撾婦翁，此又何說焉！舌生於人之口，莫之捫也；筆操於人之手，莫之掣也：惟其意所欲言而已，亦何所不至者！余自幼時聞人之言多矣，日食止於十分，月食有至十餘分者。世人不通歷法，咸曰月一夜再食也；甚有以為已嘗親見之者。余雖尚幼，未見歷書，然心獨疑之。會月食十四分有奇，夜不寢以觀之，竟夜初未嘗再食也。唯食既之後，良久未生光，計其時刻約當食四分有奇之數，疑即指此而言。然同人皆不以為然。又數年，見諸家歷書果與余言相同。人之言其安從而信之！郡城劉氏家有星石二枚，里巷相傳，咸謂先時嘗落星於其第，化而為石。余自幼即聞而疑之。稍長，從劉氏兄弟遊，親見其石，及其所刻篆文楷字，細詰之，則曰：「實無是事。先人宦南方，得此石，奇其狀非人世所有，聊刻此言以為戲耳。」此現有石可據，有文可徵，然且非實，人之言其又安從而信之！周道既衰，異端並起，楊、墨、名、法、縱橫、陰陽諸家莫不造言設事以誣聖賢。漢儒習聞其說而不加察，遂以為其事固然，而載之傳記。若《尚書大傳》、《韓詩外傳》、《史記》、《戴記》、《說苑》、《新序》之屬，率皆旁采卮言，真偽相淆。繼是復有讖緯之術，其說益陋，而劉歆、鄭康成咸用之以說經。流傳既久，學者習熟見聞，不復考其所本，而但以為漢儒近古，其言必有所傳，非妄撰者。雖以宋儒之精純，而沿其說而不易者蓋亦不少矣。至《外紀》、《皇王大紀》、《通鑒綱目前編》（六字共一書名，與溫公《通鑒》、朱子《綱目》無涉）等書出，益廣搜雜家小說之說以見其博，而聖賢之誣遂萬古不白矣！孟子曰：「盡信《書》則不如無《書》，吾於《武成》，取二三策而已矣。」聖人之讀經，猶且致慎如是，況於傳注，又況於諸子百家乎！孟子曰：「博學而詳說之，將以反說約也。」然則欲多聞者，非以逞博也，欲參互考訂而歸於一是耳。若徒逞其博而不知所擇，則雖盡讀五車，徧閱四庫，反不如孤陋寡聞者之尚無大失也。

△少見者多誤

凡人多所見則少所誤，少所見則多所誤。唐衛退之餌金石藥而死，故白居易詩云：「退之服硫黃，一病訖不痊。」而宋人雜說遂謂韓退之作《李于墓誌》戒人服金石藥，而自餌硫黃。無他，彼但知有韓昌黎字退之，而不知唐人之字退之者尚多也！故曰，少所見則多所誤也。余崔在魏，族頗繁，然外縣人罕識之，多知有余兄弟。族人有病於試場者，則相傳以為余兄弟病也。族人有畜優者，則相傳以為余兄弟畜優也。此耳目之前，身親之事，猶若此，則天下之大，千古以上可知已。故好德不如好色，許允事也，而近世類書以為許渾。韓魏公在揚州與客賞金帶圍，王珪與陳旭、王安石也，而近世類書以為王曾。晉、宋之事且猶不免傳訛，況乎三代以上，固當有十倍於此者。是以顏闔之事載為顏淵，闞我所為移之宰我，諸如此類蓋不可數。但此幸而本書尚存，猶可考而知之；若不幸而《呂氏春秋》亡，人必以論東野畢者為顏淵，《左傳》亡，人必以陳恆所殺者為宰予。雖聒而與之語，終不見聽，必曰：「古者言如是，夫豈無所傳而妄記者！」然則唐、虞、三代之事，戰國、秦、漢所述，其移甲為乙，終古不白者，豈可勝道哉！故堯之臣多矣，乃見「重、黎」，遂以為必羲、和也；紂之臣亦多矣，乃見「父師少師」，遂以為必箕、比也；禹之佐豈止一人，乃見「大費」，遂以為必益；太甲之佐亦豈止一人，乃見「阿衡」，遂以為必伊尹：無他，彼心中止有此一二人，故遇有彷彿近似者遂以為必此人。猶之乎許允之事移之渾，王珪之事移之曾也。甚至南宮載寶，公然移之南容，使三復白圭之賢受誣於百世。猶之乎衛退之餌金石藥，而以餌藥而死為昌黎罪也。故今《錄》中凡事之不見於經者，度其不類此人之事，則削之而辨之。嗟夫，嗟夫，此難為眇見寡聞而粗心浮氣者道也！（孔毅夫《雜說》，昔人有辨其係偽撰者，故今但稱「宋人雜說」，不欲古人之受誣也。）

△以己度人（以下七章，皆論戰國邪說寓言不可徵信。）

人之情好以己度人，以今度古，以不肖度聖賢。至於貧富貴賤，南北水陸，通都僻壤，亦莫不互相度。往往逕庭懸隔，而其人終不自知也。漢疏廣為太子太傅，以老辭位而去，此乃士君子常事；而後世論者謂廣見趙、蓋、韓、楊之死故去。無論蓋、韓、楊之死在此後，藉使遇寬大之主，遂終已不去乎！何其視古人太淺也！昭烈帝臨終託孤於諸葛武侯，曰：「嗣子可輔，輔之；若不可輔，君可自取，毋令他人得之。」此乃肺腑之言，有何詐偽；而後世論者謂昭烈故為此言以堅武侯之心。然則將使昭烈為袁本初、劉景升而後可乎！此無他，彼之心固如是，故料古人之亦必如是耳。然此猶論古人也。邯鄲至武安六十里，山道居其大半，向不可車。有肥鄉僧募修之；人布施者甚少，乃傾己囊以成之。議者咸曰：「僧之心本欲多募以自肥；以施者之少也，故不得已而傾其囊。」夫僧之心吾誠不知其何如，然其事則損己以利人也，損己利人而猶謂其欲損人以利己，其毋乃以己度人矣乎！然此猶他人事也。余之在閩也，無名之徵悉蠲之民，有餘之稅悉解之上；淡泊清貧之況，非惟百姓知之，即上官亦深信之。然而故鄉之人隔數千餘里終不知也，歸里之後，人咸以為攜有重貲。既而僦居隘巷，移家山村，見其飯一盂，蔬一盤，猶曰：「是且深藏，不肯自炫耀也。」故以己度人，雖耳目之前而必失之；況欲以度古人，更欲以度古之聖賢，豈有當乎！是以唐、虞、三代之事，見於經者皆醇粹無可議，至於戰國、秦、漢以後所述，則多雜以權術詐謀之習，與聖人不相類，無他，彼固以當日之風氣度之也！故《考信錄》但取信於《經》，而不敢以戰國、魏、晉以來度聖人者遂據之為實也。

△虛言衍成實事

戰國之時，說客辯士尤好借物以喻其意。如「楚人有兩妻」，「豚蹄祝滿家」，「妾覆藥酒」，「東家食，西家宿」之類，不一而足。雖孟子書中亦往往有之。非以為實有此事也。乃漢、晉著述者往往誤以為實事而采之入書，學者不復考其所本，遂信以為真有而不悟者多矣。其中亦有原有是事而衍之者。公父文伯之卒也，見於《國語》者，不過其母惡其以好內聞，而戒其妾無瘠容，無洵涕，無掐膺而已。《戴記》述之，而遂謂其母據床大哭，而內人皆行哭失聲。樓緩又衍之，遂謂婦人自殺於房中者二八矣！又有無是事，有是語，而遞衍之為實事者。《春秋傳》，子太叔云：「嫠不恤其緯而憂宗周之隕，為將及焉。」此不過設言耳。其後衍之，遂謂漆室之女不績其麻而憂魯國。其後又衍之，遂謂魯監門之女嬰憂衛世子之不肖，而有「終歲不食葵，終身無兄」之言，若真有其人其事者矣！由是韓嬰竟采之以入《詩外傳》，劉向采之以入《列女傳》。傳之益久，信者愈多，遂至虛言竟成實事。由是言之，雖古有是語，亦未必有是事；雖古果有是事，亦未必遂如後人之所云云也。況乎戰國游說之士，毫無所因，憑心自造者哉！乃世之士但見漢人之書有之，遂信之而不疑，抑亦過矣。故今《考信錄》中，凡其說出於戰國以後者，必詳為之考其所本，而不敢以見於漢人之書者遂真以為三代之事也。

△古語失解後之妄說

戰國、秦、漢之書非但託言多也，亦有古有是語而相沿失其解，遂妄為之說者。古者日官謂之日御，故曰「天子有日官，諸侯有日御」。羲仲、和仲為帝堯臣，主出納日，以故謂之日御。後世失其說，遂誤為御車之御，謂羲和為日御車，故《離騷》云：「吾令羲和弭節兮，望崦嵫而勿迫」；已屬支離可笑。又有誤以御日為浴日者，故《山海經》云：「有女子名羲和，浴日於甘淵」，則其謬益甚矣！古者羲、和占日，常儀占月。常儀古之賢臣，占者占驗之占；常儀之占月，猶羲、和之占日也。儀之音古皆讀如娥。故《詩》云：「菁菁者莪，在彼中阿。既見君子，樂且有儀。」又云：「親結其縭，九十其儀。其新孔嘉，其舊如之何？」皆與「阿」、「何」相協。後世傳訛，遂以「儀」為「娥」，而誤以為婦人。又誤以占為「占居」之意，遂謂羿妻常娥竊不死之藥而奔於月中。由是詞賦家相沿用之；雖不皆信為實，要已誣古人而惑後世矣。諸如此類，蓋不可以勝數。然此古語猶間見於經傳，可以考而知者，若夫古書已亡，而流傳之誤但沿述於諸子百家之書中者，更不知凡幾矣。大抵戰國、秦、漢之書皆難徵信，而其所記上古之事尤多荒謬。然世之士以其傳流日久，往往信以為實。其中豈無一二之實？然要不可信者居多。乃遂信其千百之必非誣，其亦惑矣！

△儒者采讖緯語

先儒相傳之說，往往有出於緯書者。蓋漢自成、哀以後，讖緯之學方盛，說《經》之儒多采之以注《經》。其後相沿，不復考其所本，而但以為先儒之說如是，遂靡然而從之。如龍負河圖，龜具洛書，出於《春秋緯》。黃帝作《咸池》，顓頊作《五莖》，帝嚳作《六英》，帝堯作《大章》，出於《樂緯》。諸如此類，蓋不可以悉數。即禘為祭其始祖所自出，亦緣緯書之文而遞變其說者。蓋緯書稱三代之祖出於天之五帝，鄭氏緣此，遂以禘為祭天，而謂《小記》「禘其祖之所自出」為禘其始祖之所自出。王氏雖駁鄭氏祭天之失，而仍沿始祖所自出之文。由是始祖之前復別有一祖在，豈非因緯書而誤乎！余幼時嘗見先儒述孔子言云，「吾志在《春秋》，行在《孝經》」；稽之經傳，並無此文。後始見何休《公羊傳序》，唐明皇《孝經序》有此語，然不知此兩序本之何書。最後檢閱《正義》，始知其出於《孝經緯》之《鉤命訣》也。大抵漢儒之說，本於《七緯》者不下三之一；宋儒頗有核正，然沿其說者尚不下十之三。乃世之學者動曰漢儒如是說，宋儒如是說，後生小子何所知而妄非議之！嗚乎，漢儒之說果漢儒所自為說乎？宋儒之說果宋儒所自為說乎？蓋亦未嘗考而已矣！嗟夫，讖緯之學，學者所斥而不屑道者也，讖緯之書之言，則學者皆遵守而莫敢有異議，此何故哉？此何故哉？吾莫能為之解也已！

△劉知幾用《左傳》駁秦漢之書

近世淺學之士動謂秦、漢之書近古，其言皆有所據；見有駁其失者，必攘臂而爭之。此無他，但狥其名而實未嘗多觀秦、漢之書，故妄為是言耳！劉知幾《史通》云：「秦漢之世，《左氏》未行，遂使《五經》（此「五經」指《公羊》、《穀梁》、《禮記》之文，非古經也）、雜史、百家諸子，其言河漢，無所遵憑。故其記事也：當晉景行霸，公室方強，而云韓氏攻趙（按《史記》攻趙者屠岸賈，非韓氏，此文蓋誤），有程嬰、杵臼之事（原注：出《史記・趙世家》）；子罕相國，宋睦於晉，而云晉將伐宋，覘其哭於陽門介夫（原注：出《禮記》）。其記時也：秦穆居春秋之始，而云其女為荊昭夫人（原注：出《列女傳》）；韓、魏處戰國之時，而云其君陪楚莊王葬焉（原注：出《史記・滑稽傳》）；列子書論尼父，而云生在鄭穆之年（原注：出劉向《七錄》）；扁鵲醫療虢公，而云時當趙簡子之日（原注：出《史記・扁鵲傳》）；欒書仕於周子，而云以晉文如獵，犯顏直言（原注：出劉向《新序》）；荀息死於奚齊，而云覯晉靈作臺，累碁申誡（原注：出劉向《說苑》）。或以先為後，或以後為先，日月顛倒，上下翻覆。古來君子曾無所疑；及《左傳》既行，而其失自顯。」由是論之，秦、漢之書其不可據以為實者多矣，特此未有如知幾者肯詳考而精辨之耳。顧吾猶有異者，知幾於秦、漢之書紀春秋之事，考之詳而辨之精如是，至於虞、夏、商、周之事，乃又采摭百家雜史之文而疑《經》者，何哉？夫自春秋之世，下去西漢僅數百年，而其舛誤乖剌已累累若此，况文、武之代去西漢千有餘年，唐、虞之際，去西漢二千有餘年，即去戰國亦二千年，則其舛誤乖剌必更加於春秋之世數倍可知也。但古史不存於世，無《左傳》一書證其是非耳，豈得遂信以為實乎！故今為《考信錄》，於殷、周以前事但以《詩》、《書》為據，而不敢以秦、漢之書遂為實錄，亦推廣《史通》之意也。

△洪邁駁近代淺妄書

非惟秦、漢之書述春秋之事之多誤也，即近代之書述近代之事，其誤者亦復不少。洪景盧《容齋隨筆》云：「俗間所傳淺妄之書，所謂《雲仙散錄》、《開元天寶遺事》之屬，皆絕可笑。其一云：『姚崇，開元初作翰林學士，有步輦之召。』按崇自武后時已為宰相，及開元初，三入輔矣。其二云：『郭元振少時，美風姿，宰相張嘉貞欲納為婿，遂牽紅絲線，得第三女。』按元振為睿宗宰相，明皇初年即貶死，後十年，嘉貞方作相。其三云：『楊國忠盛時，朝之文武爭附之，惟張九齡未嘗及門。』按九齡去相位十年，國忠方得官耳。其四云：『張九齡覽蘇頲文卷，謂為文陣之雄師。』按頲為相時，九齡元未達也。此皆顯顯可信者，固鄙淺不足攻，然頗能疑誤後生也。」至於《孔氏野史》、《後山叢談》所載張、杜、範、趙、歐陽、司馬諸公之事，亦皆考其出處日月而糾駁之。然則雖近代之書述前數十年之事，亦有未可以盡信者，況於戰國、秦、漢之人述唐、虞、商、周之事，其舛誤固當有百倍於此者乎！惜乎三代編年之史不存於今，無從一一證其舛誤耳。然亦尚有千百之一二，經傳確有明文，顯然可徵者。如稷、契之任官，皆在嚳崩之後百十餘年，而世乃以為嚳之子，堯之兄弟。成王乃武王元妃之長子，武王老而始崩，成王不容尚幼，而世乃以為成王年止十三，周公代之踐阼。公山弗擾之畔，孔子方為司寇，聽國政，佛肸之畔，孔子卒已數年，而世以為孔子往應二人之召。其年世之不符，何異於《開寶遺事》之所言！然而世莫有疑之者，何哉？安得知幾、景盧復生於今日，移其考辨春秋、唐、宋之事之心，以究帝王孔門之事，而與之上下今古也！

△雜說流行之故

自宋以前，士之讀書者多，故所貴不在博而在考辨之精，不但知幾、景盧然也。至明，以三場取士，久之而二三場皆為具文，止重《四書》文三篇，因而學者多束書不讀，自舉業外茫無所知。於是一二才智之士務搜覽新異，無論雜家小說，近世贋書，凡昔人所鄙夷而不屑道者，咸居之為奇貨，以傲當世不讀書之人。曰，吾誦得《陰符》、《山海經》矣！曰，吾誦得《呂氏春秋》、《韓詩外傳》矣！曰，吾誦得《六韜》、《三略》、《說苑》、《新序》矣！曰，吾誦得《管》、《晏》、《申》、《韓》、《莊》、《列》、《淮南》、《鶡冠》矣！公然自詫於人，人亦公然詫之以為淵博，若《六經》為藜藿，而此書為熊掌雉膏者然，良可慨也！

△實事之傳誤（以下五章，論漢人解詁之有誤。）

戰國之時，邪說並作，寓言實多，漢儒誤信而誤載之，固也。亦有前人所言本係實事，而遞傳遞久以致誤者。此於三代以上固多，而近世亦往往有之。晉陶淵明《桃花源記》言武陵漁人入深山，其居人自言先世避秦時亂，率妻子邑人來此，遂與外人間隔。此特漢、晉以前，黔、楚之際，山僻人稀，以故未通人世，初無神仙誕妄之說也。而唐韓昌黎《桃源圖詩》云：「神仙有無何渺茫，桃源之說誠荒唐！」又云：「自說經今六百年，當時萬事皆眼見。」劉夢得《桃源行》亦云：「俗人毛骨驚仙子」；又云：「仙家一出尋無蹤」。皆以淵明所言者為神仙；雖有信不信之殊，而其誤則一也。至宋洪興祖始據淵明原文以正韓、劉之誤，然後今人皆知其非神仙，淵明之冤始白。向使淵明之記不幸而亡於唐末五代之時，後之人但讀韓、劉之詩，必謂桃源真神仙所居；不則以為淵明之妄言；雖百洪興祖言之，亦必不信矣，——而豈有是事哉！晉石崇《王明君（即昭君，避晉諱，故作「明」）辭序》云：「昔公主嫁烏孫，令琵琶馬上作樂，以慰其道路之思。其送明君，亦必爾也。」其後唐杜子美詠昭君村，遂有「千載琵琶，曲中怨恨」之句。由是詞人相沿用之，世之學者遂皆以琵琶為昭君嫁時之所彈矣。然此現有石崇之詞可證，少知讀書者猶能考而知之。若使此詞遂亡，後之人但見前代詩人群焉稱之如此，雖好學之士亦必皆以為實，誰復知其為烏孫公主之事者乎！嗟夫，昌黎，大儒也，自漢以來學未有過於昌黎者，而子美號為詩史，說者謂其無一字無來歷，然其言皆不可指實如是，然則漢、晉諸儒之所傳者其遂可以盡信乎哉！乃世之學者多據為定案，惟宋朱子間糾駁其一二，而人且曰「漢世近古，漢儒之言必非無據而云然者」。然則韓、杜之詩豈皆無據而云然乎！嗟夫，古之國史既無存於世者，但據傳記之文而遂以為固然，古人之受誣者尚可勝道哉！故余為《考信錄》，於漢、晉諸儒之說，必為考其原本，辨其是非，非敢詆諆先儒，正欲平心以求其一是也。

△記憶失真之彌縫

傳記之文，有傳聞異詞而致誤者，有記憶失真而致誤者。一人之事，兩人分言之，有不能悉符者矣。一人之言，數人遞傳之，有失其本意者矣。是以《三傳》皆傳《春秋》，而其事或互異。此傳聞異詞之故也。

古者書皆竹簡，人不能盡有也，而亦難於攜帶，纂書之時無從尋覓而翻閱也。是以《史記》錄《左傳》文，往往與本文異。此記憶失真之故也。此其誤本事理之常，不足怪，亦不足為其書累。顧後之人阿其所好，不肯謂之誤，必曲為彌縫，使之兩全，遂致大誤而不可挽。如九州之名，《禹貢》詳之矣，而《周官》有幽、并而無徐、梁，誤也；必曲為之說曰：「周人改夏九州，故名互異。」《爾雅》有幽、營而無青、梁，亦誤也；必曲為之說曰：「記商制也」（說詳《唐虞考信錄》中），此非大誤乎！《春秋傳》成公之母呼聲伯母曰姒，伯華之妻呼叔向妻曰姒，是長婦稚婦皆相呼以姒也。衛莊公娶於陳曰厲嬀，其娣戴嬀，孟穆伯娶於莒曰戴己，其娣聲己，是妹隨姊嫁者稱娣也。而《爾雅》云：「長婦謂稚婦為娣，稚婦謂長婦為姒。」誤矣。必曲為之說曰：「長婦稚婦據妻之年論之，不以夫之長幼別也。」此非大誤乎！鄭氏之注《禮》也，凡《記》與《經》異及兩記互異者，必以一為周禮，一為殷禮；不則以一為士禮，一為大夫禮。此皆不知其本有一誤，欲使兩全，而反致自陷於大誤者也！夏太康時，有窮之君曰羿，而《淮南子》有堯時羿射日之事，說者遂謂羿本堯臣，有窮之羿襲其名也。晉文公舅子犯，《戴記》謂之舅犯，或作咎犯，而《說苑》誤以為平公時人，說者遂謂晉有兩咎犯，一在文公時，一在平公時也。凡茲之誤，皆顯然易見者。推而求之，蓋不可以悉數。而東周以前，世遠書缺，其誤尤多。故今為《考信錄》，不敢以載於戰國、秦、漢之書者悉信以為實事，不敢以東漢、魏、晉諸儒之所注釋者悉信以為實言，務皆究其本末，辨其同異，分別其事之虛實而去取之。雖不為古人之書諱其誤，亦不至為古人之書增其誤也。

△傳聞異詞之重出

傳記之文，往往有因傳聞異詞，遂誤而兩載之者。《春秋傳》，鄢陵之戰，「韓厥從鄭伯，曰，『不可以再辱國君』，乃止。郤至從鄭伯，曰，『傷國君有刑』，亦止。」按此時晉四軍，楚三軍，晉非用三軍不足以敵楚；若鄭則國小眾寡，以一軍敵之足矣；必無止以兩軍當楚，復以兩軍當鄭之理。此二事必有一誤，顯然易見者。按後文云，「郤至三遇楚子之卒」，襄二十六年《傳》云，「中行、二郤必克二穆」，然則是郤至以新軍當楚右軍，而後萃於王卒，無緣得從鄭伯；從鄭伯者，獨韓厥一軍耳。襄二十七年《傳》，齊慶封聘於魯，其車美，叔孫譏之；叔孫與慶封食，不敬，為賦《相鼠》。二十八年《傳》，慶封奔魯，獻車於季武子，美澤可以鑑，展莊叔譏之；叔孫食慶封，慶封氾祭，使工為之賦《茅鴟》。此二事絕相似，亦必有一誤。且叔孫既食慶封以不敬故而譏之矣，踰年而又食之，又譏之，胡為者！鄭之葬簡公也，將毀游氏之廟，而子産中止。鄭之為蒐除也，復將毀游氏之廟，而子産又中止。此二事亦必有一誤。不然，前既不肯毀人之廟矣，後又何為而欲毀之乎！《春秋左傳》於諸傳記中為最古，然其失猶如是，則他書可知矣。是以《史記》記周公請代武王死，又記周公請代成王死，一本之《金縢》，一本之《戰國策》，而不知其實一事也。《列子》稱孔子觀於呂梁而遇丈夫厲河水，又稱息駕於河梁而遇丈夫厲河水，此本莊周寓言，蓋有采其事而稍竄易其文者，偽撰《列子》者誤以為兩事而遂兩載之也。《戰國策》中如此之類不可枚舉，而《家語》為尤甚，亦不足縷辨也。由此觀之，一事兩載乃傳記之常事，或因傳者異詞，亦有兩事皆非實者。正如唐人小說，以餅拭手之事，或以為肅宗，或以為宇文士及；誤稱猶子之事，或以為趙需，或以為何儒亮耳。必盡以為兩事，誤之甚矣！以此例之，漢以來之書以誤傳誤者甚多，不得盡指以為實也。

△曲全與誤會

後人之書，往往有因前人小失而曲全之或附會之，遂致大謬於事理者。《大戴記》云：「文王十二而生伯邑考，十五而生武王。」《小戴記》云：「文王九十七而終，武王九十三而終。」信如所言，則武王元年，年八十有四，在位僅十年耳。而《序》稱十有一年伐殷，《書》稱十有三祀訪范，其年不符。說者不得已，乃為說以曲全之云：「文王受命九年而崩，武王冒文王之年，故稱元年為十年。」（說詳《豐鎬考信錄》中）《春秋》書齊桓公之卒在十有二月乙亥，周正也。殯於十二月辛巳，距卒僅七日耳。而《傳》采夏正之文，以為卒於十月乙亥；則卒與殯遂隔六十七日。說者以其日之久也，遂附會之以為屍蟲出於戶。此豈近於情理哉！前人之為此言，不過一時失於考耳，初不料後之人引而伸之，遂至於如是也。然此猶皆前人之誤之有以啟之也，若乃經傳本無疑義，而註家誤會其意，及與他文不合，不肯自反，而反委曲穿鑿以蘄其說之通者，亦復不少。如《堯典》之「四岳」，注者誤以為四人，因與二十二人之文不合，遂以稷、契、皐陶為申命，以治水明農為在堯世矣。《書序》之「以箕子歸」，說者誤以為本年之事，因與伐殷之年不合，遂以伐殷為觀兵，以《序》之度孟津為有月日而無年矣（說並詳《唐虞》、《豐鎬》兩《考信錄》中）。凡茲之誤，其類甚多。展轉相因，誤於何底。姑舉數端，以見其概。乃學者但見其說如是，不知其所由誤，遂謂其事固然而不敢少異，良可歎也！故今為《考信錄》，悉本經文以證其失，并為抉其誤之所由，庶學者可以考而知之，而經傳之文不至於終晦也。

△強不知以為知

孔子曰：「知之為知之，不知為不知，是知也。」又曰：「吾猶及史之闕文也。」夫聖人豈不樂於人之盡知，然其勢必不能。強不知以為知，則必并其所知者而淆之。是故無所不知者，非真知也；有所不知者，知之大者也。今之去二帝、三王遠矣，言語不同，名物各異，且易竹而紙，易篆而隸，遞相傳寫，豈能一一之不失真！《韓文考異》，閣、杭、蜀本互相異同，石本亦有舛誤。宋祁所藏《杜詩》，與行世本迥異。近者如此，遠者可知。以為不知，夫亦何病。而學者必欲為之說以通之，此古書之所以晦也！偶閱《雲谷雜記》，記蘇子瞻集二事，其事雖小，然可喻大。其一，子瞻過虔州，有「行看鳳尾詔，卻下虎頭州」之句，虎頭蓋指虔也；虔與虎皆從虍，董德元言「虔州俗謂之虎頭城」是也。注者乃云：「虎頭，顧愷之也；愷之常州人，蓋是時先生乞居常州也。」夫不知虎頭之為虔，固其學之不廣；然天下之書豈能盡見，缺之未為大失也。強以意度之，而屬之顧愷之，則其失何啻千里！彼漢人之說經，有確據者幾何，亦但自以其意度之耳，然則其類此者蓋亦不少矣，特古書散軼，無可證其誤耳，烏在其可盡信也哉！其一，子瞻所記韓定辭事，見於《北夢瑣言》。以《瑣言》校《蘇集》，則《蘇集》誤以「幕客」作「慕容」，「銀筆之僻」作「銀筆之譬」，「從容」作「從客」，「江表」作「士表」，「李密」作「孝密」，諸本皆然，遂至於不可讀。夫以宋人讀宋人之書，時代甚近，宜無誤也，然其誤尚如此，況二千年以前之書，又無他書可校者乎！故今為《考信錄》，凡無從考證者，輒以不知置之，寧缺所疑，不敢妄言以惑世也。

△取名舍實（以下三章，論東晉以後偽書。）

磁州故產磁器。有孫某者，仿古哥、定、汝諸窯之式造之。既成，擇其佳者埋地中。踰兩年，取出，市於京師、保定諸貴人家，見者莫不以為真也。由此獲利十倍。州中鬻煙草者，楊氏最著名，價視他肆昂甚，貿易者常盈肆外。肆中物不能給，則取他肆之物，印以楊氏之號而畀之。人咸以為美；雖出重價，不惜也。由是言之，人之所貴者名而已矣，非有能知其實者也。鄭康成，東漢名儒也，所註雖不盡是，然亦未嘗盡非；而王肅百計攻之以求勝。然而公道難奪，卒不可勝。於是其徒雜取傳記諸子之文，偽撰《古文尚書》、《孔子家語》（《家語》雖有王肅序，然玩其文，亦係其徒偽撰，非肅自作）以欺世人而伸肅說。至於隋、唐之際，復遇劉焯、孔穎達者，不學無識，妄為表章，由是鄭學遂微，鄭書遂亡，後之學者遂信之而不疑。嗟夫，聖人之經猶日月也，其貴重猶金玉也，偽作者豈能襲取其萬一；乃世之學者聞其為「經」輒不敢復議，名之為「聖人之言」遂不敢有所可否，即有一二疑之者，亦不過曲為之說而已，是貴人之買磁器而市賈之販煙草也！司馬遷，漢武帝時人也，而今《史記》往往述元、成時事。劉向，西漢人也，而今《列女傳》有東漢人在焉。謂此二子者有前知之術乎？抑亦其書有後人之所作而妄入之其中者邪！《周秦行紀》，李德裕之客所為也，而嫁名牛僧孺。《碧云騢》，小人毀君子者之所為也，而嫁名梅堯臣。然則天下之以偽亂真者，比比然矣，若之何以其名而信之也！漢董仲舒疏論災異，武帝下群臣議，仲舒弟子呂步舒不知為其師書，以為大愚，由是下仲舒吏。然則是其師書則尊信之，非其師書則詆諆之，而不復問其是與非矣！是故，辨異端於戰國之時最易，為其別名為楊、墨也；辨異端於兩漢之世較難，而人亦或不信，為其雜入於傳記也；辨異端於唐、宋以後最難，而人斷斷乎不之信，為其偽託之聖言也。故余謂讀經不必以經之故浮尊之，而但當求聖人之意；果知聖人之文之高且美，則偽者自不能亂真。嗟夫，嗟夫，此固未易為人道也！

△偽書誣古人

自明以來，儒者多闢象山、陽明，以為陽儒陰釋，而罕有辨《尚書》、《家語》之偽者。然吾謂象山、陽明不過其自為說之偏，而聖人之經故在，譬如守令不遵朝廷法度，而自以其臆見決事，然於朝廷無加損也。若偽撰經傳，則聖人之言行悉為所誣而不能白，譬如權臣擅政，假天子之命以呼召四方，天下之人為所潛移默轉而不之覺，其所關於宗社之安危者非小事也。昔隋牛宏奏請購求天下遺逸之書，劉炫遂偽造書百餘卷，題為《連山易》、《魯史記》等，錄上送官；其後有人訟之，始知其偽。陳師道言王通《元經》，關子明《易傳》，及李靖《問對》，皆阮逸所偽撰，蓋逸嘗以草示蘇明允云。然則偽造古書乃昔人之常事，所賴達人君子平心考核，辨其真偽，然後聖人之真可得，豈得盡信以為實乎！然亦非但有心偽造者之能惑世也，蓋有莫知誰何之書，而妄推奉之，以為古之聖賢所作者；亦有旁采他文，以入古人之書者。莊周，戰國初年人也，而其書稱陳成子有齊國十二代；《孔叢子》，世以為孔鮒所作也，而其中載孔臧以後數世之事：然則其言之不出於莊周、孔鮒明甚。古書之如是者豈可勝道，特世人輕信而不之察耳。故吾嘗謂自漢以後諸儒：功之大者，朱子之外，無過趙岐；過之大者，無過漢張禹、隋二劉、唐孔穎達、宋王安石等。何者？岐刪《孟子》之外四篇，使《孟子》一書精一純粹，不為邪說所亂，實大有功於聖人之經。禹采《齊論》章句雜入於《魯論》中，學者爭誦張文，遂棄漢初所傳舊本。焯、炫等得江左之《偽尚書》，喜其新奇，驟為崇奉。穎達復從而表章之，著之功令，用以取士。遂致帝王聖賢之行事為異說所淆誣而不能白者千數百年，雖有聰明俊偉之士，皆俯首貼耳莫敢異詞者，皆此數人之惑之也。至王安石揣摩神宗之意，以行聚斂之法，恐人之議己也，乃尊《周官》為周公所作以附會之，卒致蔡京紹述（京亦以《周官》附會徽宗之無道者），靖康亡國之禍，而周公亦受誣於百世。象山、陽明之害未至於如是之甚也。孰輕孰重，必有能辨之者。

△「買菜求益」

昔人有言曰：「買菜乎？求益乎？」言固貴精不貴多也。《韓昌黎文集》，李漢所訂也。其序自稱「收拾遺文，無所失墜」，此外更無他文甚明。而好事者復別訂有《外集》，此何為者邪！陳振孫《書錄解題》云：「朱侍講校定異同，定歸於一，多所發明，有益後學。《外集》獨用方本，益大顛三書，但欲明世間問答之偽，而不悟此書為偽之尤也。方氏未足責，晦翁識高一世，而其所定者迺爾，殆不可解。案《外鈔》云，『潮州靈山寺所刻』；末云，『吏部侍郎，潮州刺史』。退之自刑部侍郎貶潮，晚乃由兵部為吏部，流俗但稱『韓吏部』爾，其謬如此。又潮本《韓集》不見有此書，使靈山舊有此，刻集時何不編入？可見此書妄也。」（原文太繁，今節錄之如此。）由是言之，吾輩生古人之後，但因古人之舊，無負於古人可矣，不必求勝於古人也。《論語》所記孔子言行不為少矣，昔人有以半部治天下者，況於其全！學者果欲躬行以期至於聖人，誦此亦已足矣。乃學者猶以為未足，而參以晉人偽撰之《家語》。尚恨《家語》所采之不廣也，復別采異端小說之言為《孔子集語》及《論語外篇》以益之，不問其真與贗，而但以多為貴。嗟乎，是豈非買菜而求益者哉！余在閩時，嘗閱一人文集（忘其姓名），皆其所自訂者，其序有云，「異日有人增一二篇，及稱吾《外集》者，吾死而有知，必為厲鬼以擊之！」嗚呼，為人訂《外集》，而使天下之能文者痛心切齒而為是言，夫亦可以廢然返矣！故今為《考信錄》，寧缺毋濫；即無所害，亦僅列之「備覽」：寧使古人有遺美，而不肯使古人受誣於後世。其庶幾不為厲鬼所擊也已。

△《孟子》不可信處（以下三章，論經傳記注亦有不可盡信之語。）

經傳之文亦往往有過其實者。《武成》之「血流漂杵」，《云漢》之「周餘黎民，靡有孑遺」，孟子固嘗言之。至《閟宮》之「荊、舒是懲，莫我敢承」，不情之譽，更無論矣。戰國之時，此風尤盛，若淳于髡、莊周、張儀、蘇秦之屬，虛詞飾說，尺水丈波，蓋有不可以勝言者。即孟子書中亦往往有之。若舜之「完廩，浚井」，「不告而娶」，伊尹之「五就湯，五就桀」，其言未必無因，然其初事斷不如此，特傳之者遞加稱述，欲極力形容，遂不覺其過當耳。又如文王不遑暇食，不敢盤于游田，而以為其囿方七十里，管叔監殷，乃武王使之，而屬之周公，此或孟子不暇致辨，或記者失其詞，均不可知，不得盡以為實事也。蓋《孟子》七篇，皆門人所記，但追述孟子之意，而不必皆孟子當日之言；既流俗傳為如此，遂率筆記為如此。正如蔡氏《書傳》言《史記》稱朱虎、熊、羆為伯益之佐，其實《史記》但稱為益，從未稱為伯益，蔡氏習於世俗所稱，不覺其失，遂誤以伯益入於《史記》文中耳。然則學者於古人之書，雖固經傳之文，賢哲之語，猶當平心靜氣求其意旨所在，不得泥其詞而害其意，況於雜家小說之言，安得遽信以為實哉！

△傳記不可合於經

傳雖美，不可合於經，記雖美，不可齊於經，純雜之辨然也。《曲臺雜記》，戰國、秦、漢諸儒之所著也，得聖人之意者固有之，而附會失實者正復不少。大小兩戴迭加刪削，然尚多未盡者。若《檀弓》、《文王世子》、《祭法》、《儒行》等篇，舛謬累累，固已不可為訓。至《月令》乃陰陽家之說，《明堂位》乃誣聖人之言，而後人亦取而置諸其中，謂之《禮記》，此何以說焉！《周官》一書，尤為雜駁，蓋當戰國之時，周禮籍去之後，記所傳聞而傅以己意者。乃鄭康成亦信而注之，因而學者群焉奉之，與《古禮經》號為《三禮》。魏、晉以後，遂並列於學官。迨唐，復用之以分科取士，而後儒之淺說遂與《詩》、《書》並重。尤可異者，孔氏穎達作《正義》，竟以《戴記》備《五經》之數，而先儒所傳之《禮經》反不得與焉。由是，學者遂廢《經》而崇《記》；以致周公之制，孔子之事，皆雜亂不可考。本末顛倒，於斯極矣！朱子之學最為精純，乃亦以《大學》、《中庸》躋於《論》、《孟》，號為《四書》。其後學者亦遂以此二篇加於《詩》、《書》、《春秋》諸經之上。然則君子之於著述，其亦不可不慎也夫！

△朱子之誤

朱子《易本義》、《詩集傳》，及《論語、孟子集注》，大抵多沿前人舊說。其偶有特見者，乃改用己說耳。何以言之？《孟子》「古公亶父」句，《趙注》以為太王之名；《朱注》亦云：「亶父，太王名也。」

《大雅》「古公亶父」句，《毛傳》以字與名兩釋之；《朱傳》亦云：「亶父，太王名也；或曰字也。」是其沿用舊說，顯然可見。《豳風·鴟鴞篇》，《傳》采《偽孔傳》之說，以「居東」為「東征」，遂以此詩為作於東征之後。及後與蔡九峰書，則又言其非是；以故蔡氏《書傳》改用新說。然則朱子雖采舊說，初未嘗執一成之見矣。今世之士，矜奇者多尊漢儒而攻朱子，而不知朱子之誤沿於漢人者正不少也。拘謹者則又尊朱大過，動曰「朱子安得有誤！」而不知朱子未嘗自以為必無誤也。即朱子所自為說，亦間有一二誤者。衛文公以魯僖二十五年卒，至二十六年寧莊子猶見於經，則武子固未嘗逮事文公矣。而《論語·寧武子章》注云，「武子在位，當文公、成公之時；文公有道，而武子無事可見」，誤矣。蓋人之精神心思止有此數，朱子仕為朝官，又教授諸弟子，固已罕有暇日，而所著書又不下數百餘卷，則其沿前人之誤而未及正者，勢也；一時偶未詳考而致誤者，亦勢也。所謂「智者千慮，必有一失」。惟其不執一成之見，乃朱子所以過人之處。學者不得因一二說之未當而輕議朱子，亦不必為朱子諱其誤也。

△世益晚則采擇益雜（以下二章，泛論務博而不詳考之失。）

大抵古人多貴精，後人多尚博；世益古則其取捨益慎，世益晚則其采擇益雜。故孔子序《書》，斷自唐、虞，而司馬遷作《史記》乃始於黃帝。然猶刪其不雅馴者。近世以來，所作《綱目前編》、《綱鑒捷錄》等書，乃始於庖羲氏，或天皇氏，甚至有始於開闢之初盤古氏者，且並其不雅馴者而亦載之。故曰，世益晚則其采擇益雜也。管仲之卒也，預知豎刁、易牙之亂政，而歷詆鮑叔牙、賓須無之為人，孔子不知也，而宋蘇洵知之，故孔子稱管仲曰「如其仁，民到于今受其賜」，而蘇氏責管仲之不能薦賢也。禘之禮，為祭其始祖所自出之帝，而以始祖配之，左氏、公羊、穀梁三子者不知也，而唐趙匡知之，故《三傳》皆以未三年而吉祭為譏，而趙氏獨以禘為當於文王，不當於莊公也。漢李陵有《重答蘇武書》，陵與武有相贈之詩，班婕妤有《團扇詩》，揚雄有《劇秦美新》之作，司馬遷、班固不知也，而梁蕭統知之，故《史記》、《漢書》不載其一字，而其詩文皆見於《昭明文選》中也。由是言之，後人之學遠非古人之所可及：古人所見者經而已，其次乃有傳記，且猶不敢深信，後人則自諸子百家，漢、唐小說，演義，傳奇，無不覽者。自《莊》、《列》、《管》、《韓》、《呂覽》、《說苑》諸書出，而經之漏者多矣。自三國、隋唐、東西漢、晉演義，及傳奇、小說出，而史之漏者亦多矣。無怪乎後人之著述之必欲求勝於古人也！近世小說有載孔子與采桑女聯句詩者，云，「南枝窈窕北枝長，夫子行陳必絕糧。九曲明珠穿不過，回來問我采桑娘。」謂七言詩始此，非《柏梁》也。夫《柏梁》之詩，識者已駁其偽，而今且更前於《柏梁》數百年，而託始於春秋，嗟夫，嗟夫，彼古人者誠不料後人之學之博之至於如是也！

△不考虛實而論得失

有二人皆患近視，而各矜其目力不相下。適村中富人將以明日懸扁於門，乃約於次日仝至其門，讀扁上字以驗之。然皆自恐弗見，甲先於暮夜使人刺得其字，乙并刺得其旁小字。暨至門，甲先以手指門上曰，「大字某某」。乙亦用手指門上曰，「小字某某」。甲不信乙之能見小字也，延主人出，指而問之曰：「所言字誤否？」主人曰：「誤則不誤，但扁尚未懸，門上虛無物，不知兩君所指者何也？」嗟乎，數尺之扁，有無不能知也，況於數分之字，安能知之！聞人言為云云而遂云云，乃其所以為大誤也。《史記・樂毅傳》云：「毅留狥齊五歲，下齊七十餘城，唯獨莒、即墨未服。」是毅自燕王歸國以後，日攻齊城，積漸克之，五載之中共下七十餘城，唯此兩城尚未下也。此本常事，無足異者。而夏侯太初乃謂毅下七十餘城之後，輟兵五年不攻，欲以仁義服之：以此為毅之賢。蘇子瞻則又謂毅不當以仁義服齊，輟兵五年不攻，以致前功盡棄：以此為毅之罪。至方正學則又以二子所論皆非是，毅初未嘗欲以仁義服齊，乃下七十餘城之後，恃勝而驕，是以頓兵兩城之下，五年而不拔耳。凡其所論，皆似有理，然而毅初無此事也！是何異門上並無一物，而指之曰「大字某某，小字某某」者哉！大抵文人學士多好議論古人得失，而不考其事之虛實。余獨謂虛實明而後得失或可不爽。故今為《考信錄》，專以辨其虛實為先務，而論得失者次之，亦正本清源之意也。

△讀書者與考古界（此章自述作《考信錄》之故。）

嗟夫！古今之讀書者不乏人矣。其事帖括以求富貴者無論已。聰明之士，意氣高邁，然亦率隨時俗為轉移：重詞賦則五字詩成，數莖鬚斷；貴宏博則雪兒銀筆，悅服締交。蓋時之所尚，能之則可以見重於人，是以敝精勞神而不辭也。重實學者惟有宋諸儒，然多研究性理以為道學，求其考核古今者不能十之二三。降及有明，其學益雜，甚至立言必出入於禪門，架上必雜置以佛書，乃為高雅絕俗；至於唐、虞、三代、孔門之事，雖沿訛踵謬，無有笑其孤陋者。人之讀書，為人而已，亦誰肯敝精勞神，矻矻窮年，為無用之學者！況論高人駭，語奇世怪，反以此招笑謗者有之矣，非天下之至愚，其孰肯為之！雖然，近世以來亦未嘗無究心於古者也。吾嘗觀洪景盧所跋趙明誠《金石錄》及黃長睿《東觀餘論》，未嘗不歎古人之學之博而用力之勤之百倍於我也。一盤盂之微，一杯勺之細，曰，此周也，此秦也，此漢也。蘭亭之序，羲之之書，亦何關於人事之得失，而曰孰為真本，孰為贋本。若是乎精察而明辨也！獨於古帝王聖賢之行事之關於世道人心者，乃反相與聽之而不別其真贋，此何故哉？拾前人之遺，補前人之缺，則《考信錄》一書其亦有不容盡廢者與！

《考信錄提要》卷下

總目

△考辨古書之方法

唐、虞有唐、虞之文，三代有三代之文，春秋有春秋之文，戰國、秦、漢以迄魏、晉亦各有其文焉。非但其文然也，其行事亦多有不相類者。是故，戰國之人稱述三代之事，戰國之風氣也；秦、漢之人稱述春秋之事，秦、漢之語言也。《史記》直錄《尚書》、《春秋傳》之文，而或不免雜秦、漢之語；《偽尚書》極力摹唐、虞、三代之文，而終不能脫晉之氣：無他，其平日所聞所見皆如是，習以為常而不自覺，則必有自呈露於忽不經意之時者。少留心以察之，甚易知也。宋時，有與其從兄子訟析貲者，幾二十年不決。趙善堅以屬張淏。訟者云：「紹興十三年，從兄嘗鬻祖產，得銀帛楮券若干，悉輦而商；且書約，期他日復置如初。」淏曰：「紹興三十年後方用楮幣，不應十三年汝家已預有若干，汝約偽矣！」由是其訟遂決。此豈非自呈露於忽不經意之時者乎！夫淏以考古名於時，宜其不長於吏事矣，然乃精於聽訟若此，何哉？考古之與聽訟，固一理也。是故《易傳》之述包羲，帝而稱王（唐、虞以前無稱「王天下」者，說見《補上古錄》中），《蔡傳》之引《史記》，益而加伯（《史記》以前稱益，未有加以伯者，說見《唐虞錄》中），此行文者所不自覺也。《傳》之《三墳》、《五典》、《八索》、《九邱》，《杜注》但云「皆古書名」，及《偽書序》既出，而《林注》遂歷歷數之：無他，文必因乎其時故也。所以漢人好談讖緯，則所撰之《泰誓》，「烏流」、「火覆」，祥瑞先呈；晉人喜尚排偶，則所撰之《泰誓》，「斮脛」、「剖心」，對待獨巧。誓誥不及二帝，而《偽古文書》虞世有伐苗之誓；盟詛不及三王，而《呂氏春秋》武王有四內之盟。甚至王通之《元經》，以隋人而避唐諱。是知偽託於古人者未有不自呈露者也。考古者但準是以推之，莫有能遁者矣。然而世之學者往往惑焉，何也？一則心粗氣浮，不知考其真偽；一則意在記覽，以為詩賦時文之用，不肯考其真偽；一則尊信太過，先有成見在心，即有可疑，亦必曲為之解，而斷不信其有偽也。正如紹興三十年後方行楮幣，此宜當日人人知之，即不知，亦不難考而得之，乃歷二十年而訟不決也。最可笑者，《月令》中星明明戰國時之躔度，少通歷法者皆能辨之，而《偽周書》有之，人遂以此為周公之制。嗟夫，嗟夫，此《考信錄》一書之所以不能已於作也！

△上達與下學

自明季以來，學者大抵多為時文，購買講章墨卷，晨夕揣摩，以為秘笈；此外不復寓目。其能讀書不專為時文者，千百人中或僅得一二人耳；然又多以文士自居，以記覽為宏博，以詩賦為風雅。其能不僅為記誦詞章之學者，又千百人中之一二人耳。就此一二人，已為當世不可多得之人，然又多以道學自命，謹厚者惟知恪遵程、朱，放佚者則竟出入王、陸。然考其所言，大抵皆前人之陳言，其駁者固皆拾莊子、佛氏之唾餘，即其醇者亦不過述宋儒性理之賸說。其真殫精經義，留心治術，為有用之學者，殊罕所遇。然後知學問之難言也！述自讀諸經《孟子》以來，見其言皆平實切於日用，用之修身治國，無一不效，如布帛菽粟，可飽可煖，皆人所不能須臾離者。至於世儒所談心性之學，其言皆若甚高，而求之於用殊無所當。正如五色綵紙，為衣可以美觀，如用之以禦寒蔽體，則無益也。孟子曰：「天下之本在國，國之本在家，家之本在身。」蓋本於《書・堯典》「克明俊德」七句之意。自《大學篇》始推之於正心，誠意，致知，格物，然要仍以修身為本。逮宋以後，諸儒始多求之心性，詳於談理而略於論事，雖係探本窮源之意，然亦開後世棄實徵虛之門。及陸、王之學興，并所謂知者亦歸之渺茫空虛之際，而正心誠意遂轉而為明心見性之學矣。余竊謂聖人之道大而難窺，聖賢之事則顯而易見，與其求所難窺，不若考所易見。子貢曰：「賢者識其大者，不賢者識其小者。」述賦性愚純，不敢言上達之事，惟期盡下學之功，故於古帝王聖賢之事，嘗殫精力以分別其是非真偽，而從無一言及於心性者。固自知其不賢，甘為識小之人，亦有鑒於魏、晉之談名理而尚《老》、《莊》，卒至有陸沉之禍也。

△自述考辨古書之經歷

余少年讀書，見古帝王聖賢之事往往有可疑者，初未嘗分別觀之也。壯歲以後，抄錄其事，記其所本，則向所疑者皆出於傳記，而經文皆可信，然後知《六經》之精粹也。惟《尚書》中多有可疑者，而《論語》後五篇亦間有之。私怪其故，覆加檢閱，則《尚書》中可疑者皆在二十五篇之內，而三十三篇皆無之，始知齊、梁《古文》之偽；而《論語》終莫解其由。最後考《論語》源流，始知今所傳者乃漢張禹彙合更定之本，而非漢初諸儒所傳之舊本也。至於《禮記》，原非聖人之經，乃唐孔穎達強以經目之，前人固多言之，余幼即飫聞之，更無足異者矣。由是言之，古人之書高下真偽本不難辨，但人先有成見者多耳。昔有顯官之任，遇陸羽於江滸，邀共品茶，使僕以十餘盎渡江往取潭水。歸舟遇風，盎水半傾，乃取江水代之。既至，羽揚而視之，但云「非是」。過半，乃云：「此潭水矣。」顯官詰僕，僕以實告。蘇子瞻使人買金華豬，中途而逸，以他豬代之。及宴客，莫不稱美者。既知非金華豬，始相視而笑。此無他，子瞻座上之客皆有成見在心，而羽無成見故耳。余生平不好有成見，於書則就書論之，於事則就事論之，於文則就文論之，皆無人之見存。惜乎今之讀書者皆子瞻座上客，果有識古書之真偽，如陸羽之辨水者，必不以余言為謬也。

《考古提要》二卷

《考信錄》何以有《提要》也？所以自明作《考信錄》之故也。薛敬軒先生云：「自考亭以還，斯道已大明，無煩著作，直須躬行耳。」此不過因世之學者心無實得，而但勦襲先儒道學陳言以為明道，以炫世而取名，故為是言以警之耳。朱子以後，豈無一二可言者乎！朱子以《書傳》屬蔡沈，以《喪》、《祭》二禮屬黄幹，至於《春秋經傳》，絕無論著，是朱子亦尚有未及為者。《鴟鴞》，《詩傳》沿用《偽傳》舊說，及與蔡沈書，始改以從鄭，是朱子亦尚有未及正者。況自近世以來，才俊之士喜尚新奇，多據前人注疏，強詞奪理以駁朱子，是朱子亦尚有待後人之羽翼者。苟有所見，豈容默而不言。故先之以《提要》，以見茹之而不能茹者，良有所不得已，閱者當有以諒其苦心也。

《補上古考信錄》二卷

《周官》：「外史掌三皇、五帝之書。」《偽孔安國尚書序》云：「伏羲、神農、黄帝之書，謂之《三墳》，言大道也。少昊、顓頊、高辛、唐、虞之書，謂之《五典》，言常道也。孔子覩史籍之煩文，懼覽者之不一，討論《墳》、《典》，斷自唐、虞以下。」後之儒者皆尊其說；余獨以為不然。夫古帝王之書果傳於後，孔子得之，當何如而表章之，其肯無故而刪之乎！《論語》屢稱堯、舜，無一言及於黄、炎者，孟子溯道統，亦始於堯、舜，然則堯、舜以前之無書也明矣。《周官》一書，所載制度皆與經傳不合，而文亦多排比，顯為戰國以後所作，先儒固多疑之，不足據也。《春秋傳》云：「左史倚相能讀《三墳》、《五典》、《八索》、《九邱》。」杜氏注云：「皆古書名。」悉不言為何人所作。使此序果出於安國，杜氏豈容不見。而林氏堯叟乃取《偽序》之文以釋《左傳》，甚矣宋儒之不能闕疑也！《虞書》曰：「慎徽五典，五典克從。」又曰：「天敘有典，敕我五典。」是知堯、舜之世已有五典之名；蓋即五倫之義，書之策以教民，所謂「敬敷五教」者也。不得舍《經》所有之五典，而別求五典以實之也。典籍之興，必有其漸。倉頡始制文字；至於大撓，然後作甲子以紀日；至於羲、和，然後以閏月定四時成歲以紀年：必無甫有文字即有史官之理。以情度之，亦當至唐、虞以降然後有史書也。自《易》、《春秋》傳始頗言羲、農、黃帝時事，蓋皆得之傳聞，或後人所追記。然但因事及之，未嘗盛有所鋪張也。及《國語》、《大戴記》，遂以鋪張上古為事，因緣附會，舛駁不可勝紀。加以楊、墨之徒欲絀唐、虞、三代之治，藉其荒遠無徵，乃妄造名號，偽撰事跡，以申其邪說；而陰陽神仙之徒亦因以托之。由是司馬氏作《史記》，遂託始於黃帝。然猶頗刪其不雅馴者，亦未敢上溯於羲、農也。逮譙周《古史考》，皇甫謐《帝王世紀》，所采益雜，又推而上之，及於燧人、包羲。至《河圖》、《三五歷》、《外紀》、《皇王大紀》以降，且有始於天皇氏、盤古氏者矣。於是邪說詖詞雜陳混列，世代族系紊亂龐雜，不可復問，而唐、虞、三代之事亦遂為其所淆。竊謂談上古者，惟《易》、《春秋》傳為近古，而其事理亦為近正；以此證百家之謬，或亦有不可廢者。故余雜取《易》、《春秋》傳文以補上古之事。司馬氏曰：「學者載籍極博，猶考信於《六藝》。」是余之志也夫！

右《前錄》四卷

《唐虞考信錄》四卷

《考信錄》何以始於唐、虞也？遵《尚書》之義也。《尚書》何以始於唐、虞也？天下始平於唐、虞故也。蓋上古之世，雖有包羲、神農、黃帝諸聖人相繼而作，然草昧之初，洪荒之日，創始者難為力，故天下猶未平。至堯，在位百年，又得舜以繼之，禹、皐、陶、稷、契諸大臣共襄盛治，然後大害盡除，大利盡興，制度禮樂可以垂諸萬世。由是炙其德，沐其仁者，作為《典謨》等篇以紀其實，而史於是乎始。其後禹、湯、文、武迭起，撥亂安民，制作益詳，典籍益廣，然亦莫不由是而推衍之。是以孔子祖述堯、舜，孟子敘道統亦始於堯、舜。然則堯舜者，道統之祖，治法之祖，而亦即文章之祖也。周衰，王者不作，百家之言並興，堯、舜之道漸微，孔子懼夫愈久而愈失其實也，於是訂正其書，闡發其道，以傳於世。孔子既沒，異端果盛行，楊、墨之言盈天下，叛堯、舜者有之，誣堯、舜者有之，稱述太古以求加於堯、舜者有之，於時則有孟子辭而闢之。迄乎孟子又沒，而其說益誕妄。司馬氏作《史記》，遂上溯於黃帝，雖頗刪其不雅馴者而所采已雜。逮譙周《古史考》，皇甫謐《帝王世紀》等書，又以黃帝為不足稱述，益廣搜遠討，溯之羲、農以前，以求勝於孔子，而異說遂紛紛於世。何者？唐、虞以前，載籍未興，經既無文，傳亦僅見，易於偽托，無可考驗，是以楊、墨、莊、列之徒得藉之以暢其邪說。唯唐、虞以後，載在《尚書》者乃可依據；而《偽孔氏古文經傳》復出，劉焯、孔穎達等羽翼之，猜度附會，而帝王之事遂茫然不可問矣。唐、宋以來，諸儒林立，其高明者攘斥佛、老以伸正學，其沉潛者居敬主靜以自治其身心，休矣盛哉！然於帝王之事皆若不甚經意，附和實多，糾駁絕少。而為史學者，則咸踵訛襲謬，茫無別擇，不問周、秦、漢、晉，概加采錄，以多為勝。於是荒唐悠謬之詞，相沿日久，積重難返，遂為定論，良可歎也！且夫孔子，布衣士耳，未嘗一日見諸事業，而楊、墨、佛、老之徒各持其說以鳴於世，何所見孔子之道之獨是？正以孔子之道非孔子之道，乃堯、舜之道，人非堯、舜則不能安居粒食以生，不能相維繫無爭奪以保其生，不能服習於禮樂教化以自別於禽獸之生。然則堯、舜其猶天乎！其猶人之祖乎！人不可悖堯、舜，故不可悖孔子也；人不可不宗孔子，即不可不宗堯、舜也。余故作《考信錄》自唐、虞始，《尚書》以經之，傳記以緯之，其傳而失實者則據經傳正之。至於唐、虞以前紛紜之說，但別為書辨之，而不敢以參於《正錄》，既以明道統之原，兼以附闕疑之義，庶於孔子之意無悖焉爾。

《夏考信錄》二卷

《夏考信錄》者何？繼治也。堯崩，天下歸于舜。舜崩，天下歸于禹。唐、虞之政千古未有能及之者，況「宅百揆」而「熙帝載」皆禹所同更定，而啟又賢，能承繼禹之道，然則夏於唐、虞之政，其必因之而不改者，理勢之自然也。但太康以後不能無廢墜耳。故考夏政者不必別求夏政，唐、虞之政即夏政也，禹之繼治然也。太康以後何為以中衰別之也？羿、浞迭興，權力雄於天下，諸侯從之者多，仲康微弱，後相失國，夏政不行於天下也。皐陶何以附於禹之後也？其功德大也。孟子曰：「若禹、皐陶則見而知之。」又曰：「舜以不得禹、皐陶為己憂。」皆以禹、皐陶並舉，故特表之也。

《商考信錄》二卷

《商考信錄》者何？革亂也。夏自太康失道，已非禹之舊矣，況至於桀，善政尚有復存者乎！且湯之事與禹不同：湯承先世之業，崛起一方，自相土、上甲微以來，必有良法善政，宜於民而不當變者，此固不得改之而復遵夏政也。蓋湯之心無以異於堯、舜、禹之心，然湯之事不能不異於堯、舜、禹之事，湯所處之勢然也。何以不言《殷考信錄》也？殷其所居地名，非國號也。商何為始於契也？莫為之前，則崛起者難為功，契敷教以啟商，故敘湯之政必追述之也。伊尹何以附於湯之後也？伊尹相湯以王天下，歷相數世，卒定商業，故特表之，猶皐陶之附於禹也。

《豐鎬考信錄》八卷

夏、商皆以代稱，周何為獨係以豐、鎬也？周至幽王之世而止也。周何為止於幽王也？東遷以後，載籍較多，稱引亦繁，辨之不勝其辨，且非聖王賢相得失所關，故從簡也。何為於成王獨係之以周公之相也？曰，周公者，上繼文、武，下開孔子者也，故孟子曰：「周公思兼三王，以施四事。」又曰：「悅周公、仲尼之道。」韓子曰：「文、武、周公傳之孔子。」此非特表之不可也。而周公之事即成王之政，又非可分係者，故係之以「周公相成王」也。周何為始於稷也？稷播種以開周，故敘文、武之政必追述之，猶商之始於契也。周之賢臣哲輔何以統附之於後也？曰，周之人才盛矣！太公、召公創業守成之功固已，他如泰伯之讓，伯夷之清，召穆公之闢四方，衛武公之稱睿聖，亦卓卓者，皆不可以從略，故別為一卷，統附於後也。

《洙泗考信錄》四卷

唐虞、三代諸錄之後，何為繼之以洙泗也？曰，二帝、三王、孔子之事，一也；但聖人所處之時勢不同，則聖人所以治天下亦異。是故二帝以德治天下，三王以禮治天下，孔子以學治天下。堯、舜以聖人履帝位，故得布其德於當世，命官熙績，以安百姓而奠萬邦，天下莫不遂其生而正其命。故曰二帝以德治天下也。禹、湯、文、武雖亦皆有聖德，然有天下至數百年，其後王不必皆有德；其所恃以維持天下者，有三王所制之禮在。故啟賢，能承繼禹之道，則天下之朝覲訟獄者歸之；太甲顛覆湯之典刑，則伊尹放之於桐。《傳》曰：「周禮未改，今之王，古之帝也。」故三王之家天下也，非以天下私其子孫也；其子孫能守先王之禮，則德衰而天下有所賴以不亂。故曰三王以禮治天下也。夏之禮將敝也，湯起而維之。商之禮將敝也，文王起而維之。至周之衰，禮亦敝矣，非聖人為天子不能維也。而孔子以布衣當其會，以德則無所施，以禮則無所著，不得已而訂正《六經》，教授諸弟子以傳於後。是以孔子既沒，楊、墨並起，非堯、舜，薄湯、武，天下盡迷於邪說，及至於秦，焚《詩》、《書》，坑儒士，盡滅先王之法，然而齊、魯之間獨重學，尚能述二帝、三王之事。漢興，訪求遺經，表章聖學，天下咸知誦法孔子，以故帝、王之道得以不墜，至於今二千餘年，而賢人君子不絕跡於世，人心風俗尚不至於大壞。假使無孔子以承帝、王之後，則當楊、墨肆行之後，秦火之餘，帝、王之道能有復存者乎！故曰孔子以學治天下也。是以《孟子・幾希》諸章述舜、禹、湯、文、武、周公之事而繼之以孔子，《好辯章》敘禹、周公救世之功而亦繼之以孔子。韓子曰：「堯以是傳之舜，舜以是傳之禹，禹以是傳之湯，湯以是傳之文、武、周公，文、武、周公傳之孔子。」二帝、三王之與孔子，無二道也。是以三代以上，經史不分，經即其史，史即今所謂經者也。後世學者不知聖人之道體用同原，窮達一致，由是經史始分。其敘唐、虞、三代事者，務廣為紀載，博采旁搜，而不折衷於聖人之經。其窮經者，則竭才於章句之末務，殫精於心性之空談，而不復考古帝、王之行事。其尤剌謬者，敘道統以孔子為始，若孔子自為一道者。豈知孔子固別無道，孔子之道即二帝、三王之道也。故曰：「仲尼祖述堯舜，憲章文武。」又曰：「文武之道未墜於地，夫子焉不學！」假使孔子別有一道，則亦何異於楊、墨、佛氏，而獨當尊信之乎！故今採摭經傳孔子之事，考而辨之，以繼二帝、三王之後云。

右《正錄》二十卷

《豐鎬別錄》三卷

周一代之政事經制，有相為首尾，不可以年世分係之者。有經傳本無正文，後人猜度而為之說，以致失其實者。亦有前人所未及詳，而今補釋之者。皆未便以參於《正錄》，故為《別錄》以考辨之。

《洙泗餘錄》三卷

唐、虞、三代皆以聖人為天子，故能布其德澤於四方萬國，而後王有所遵守以安其民。孔子則不然。位不過大夫，然亦僅數年耳，權不過聽一國之政，然亦僅數月耳，其德澤初未布於天下。雖聖與堯、舜齊，後世何由知之而遵守之？然乃能繼堯、舜、禹、湯、文、武之統而垂教萬世者，皆門弟子與子思相與羽翼而流傳之也。是以戰國之時，人皆騖於功利，縱橫之徒方盛，楊、墨之說肆行，而孔子之道卒以不墜。及秦焚《詩》、《書》，而齊、魯之間猶皆誦法《六經》、《論語》。至漢，訪求遺經，其道遂大布於天下。藉非有羽翼而流傳之者，則當橫議之時，焚書之後，孔子之所傳述能有復存者乎！非惟孔子也，即堯、舜、禹、湯、文、武之事業亦且泯然俱盡。然則諸弟子與子思之為功於後世也大矣！又按：《論語》前十五篇，言簡義宏，深得聖人之旨。大小兩戴所記，則多膚淺，不類聖人之言。他書所述，尤多舛謬。意此十五篇者，雖後人所彙輯，然皆及門諸賢取聖言而書之於策以傳於後者，故能久而不失其意。向無《論語》一書，後世學者但據《兩記》百家之言，何由得識聖人之真！至於《春秋》一書，尤聖人之大經大法。《左傳》雖不盡合經意，而紀事詳備，學者賴之，得以考其事之首尾而究《春秋》之義。此其功皆不可沒也。顧戰國、秦、漢之間，稱其事者往往失實，而後世說經者亦不能無揣度附會之失。故余於《洙泗考信錄》成之後，類輯顏、閔以降諸賢之事，別為《餘錄》以訂正之。但自周、秦以上，典冊罕存，今惟取見於經傳者少加編次，而於其失實者考而辨之。一以表衛道之功，一以正流傳之誤。或亦稽古者所不容缺者乎！

《孟子事實錄》二卷

孟子何以別為錄也？傳道之功大也。孔子之時，王道猶存，異說未起，故子貢曰：「文、武之道未墜於地，在人，賢者識其大者，不賢者識其小者，莫不有文、武之道焉。」戰國時則不然，處士橫議，楊、墨之言盈天下；即儒者所著述，亦多傳而失真。賴孟子縷陳而詳辨之，井田封建之制，仁義性善之旨，帝王聖賢之事，然後大明而得傳於後世。向無孟子，不但異端之說之惑世也，即《周官》、《戴記》、《國語》、《逸周書》等書所述，亦無從辨其是非真偽而識聖道之真。故唐韓子稱：「文、武、周公傳之孔子，孔子傳之孟某。」又云：「學聖人當自孟子始。」然則孟子之於孔子，猶周公之於文、武，文、武非周公則制作不詳，孔子非孟子則傳流多失。甚矣，孟子之有功於道者大也！孔子門人之事，雖旁見於他書，而首尾多難考。惟《孟子》七篇中，適梁，游齊，居滕，至魯，皆備載之，不難考其先後，故別為錄以明之也。又此七篇，皆弟子所纂述以傳於後世者，其功亦不可沒，故並附於孟子之後。

《考古續說》三卷

《考信錄》成，其義有未盡者，有事在周室東遷以後者，亦有泛論古書，不可分係於一代者，故為《續說》以補錄之。

《附錄》二卷

《考信錄》之後，何以復有《附錄》也？此錄之作，非余一人之力所能，必有為之前者而後有所受；有為之後者而後有所授。故歷歷溯其所由來以附於後也。

右《後錄》十二卷

△答過細之譏

諺云：「打破沙鍋紋到底。」蓋沙鍋體脆，敲破之，則其裂紋直達於底；「紋」與「問」同音，故假借以譏人之過細而問多也。然余所見所聞，大抵皆由含糊輕信而不深問以致僨事，未見有細為推求而僨事者。唐何文哲、趙贊鄰居，並為侍御史。趙需應舉至京，投刺於贊，誤造何第。何，武臣，以需進士稱猶子謁之，喜召入宅。不數日，值元日，骨肉皆在坐，文哲因謂需曰：「侄名宜改，『何需』似涉戲也。」需乃自言姓趙。文哲大愧，乃遣之去。當時傳以為笑（《唐國史補》作何儒亮誤謁趙需，今從《唐語林》）。然此猶小事，無足為大得失也。乾隆己酉，漳決北杜村、小王莊，會而東下，直趨大名府城，環城大水。未數日，上決於三臺，水南注於洹，杜村等口流絕，大名水始漸退。大名道問水所自來，縣丞某遂以三臺對。大名道亦不復詳察，遽移文河南（三臺乃河南臨漳縣境），以妨運道為詞，俾塞三臺之口。幸而水勢難挽，塞之無功，若三臺果塞，而杜村等兩口如故，大名之城其能不為沼乎！然終以此故，明年大名、元城兩縣田禾悉沒。若此者，豈非其問之不周，察之不審，以致是與！然而世皆以含糊為大方，以過詳為瑣碎，雖僨事而不悔，其亦異矣！余自中年以前，所見長於余者言多分明，於事亦罕鹵莽。中年以後，所見少於余者則多貴鹵莽而厭分明：其發言也，務不使之分曉，若惟恐人之解之者；其聽言也，亦不肯問之使分曉，而但以意度之。

以此為彼者常十之六七，然皆自以為已知也。至於聽訟，尤為要事，然人皆漫視之；以曲為直，以直為曲者，比比皆然。余為吏，每聽訟，未有言余誤斷者，然有謂余過細者。況於《考信》一錄，取古人之事歷歷推求其是非真偽，以過細譏余者當更不知幾許。嗟夫，嗟夫，此固難為世人道也！

△本書體例

△降一字，補

曰：傳記所載，何為多降一字書之？何為或冠之以「補」也？曰：降而書者，不敢以齊於經，且懼其有萬一之失實也。然或提綱挈領，為事所不可缺，而經無文，不得不以傳記補之，亦有其文本出於經而今旁見於傳記者，故以「補」別之也。曰：《洙泗錄》及《餘錄》何以不降一字而書也？曰：聖賢之事，記於經者少而見於傳記者多，不可概用降書。且傳記之作，率在百年以內，世近則其言多可信，非若帝、王之事久遠而傳聞者易失實也，故不復分之也。

△備覽，存疑

曰：何以有「備覽」、「存疑」也？曰：其書所載之事可疑者多，而此事尚無可疑，不敢遂謂其非實也，則列之於「備覽」。其書所載之事可信者多，而此事殊難取信，不敢概謂其皆實也，則列之於「存疑」。皆慎重之意也。曰：《國語》、《史記》諸書概列之於「備覽」，何以有時但降一字書之，不復別於傳也？曰：其文雖見於此書，而其事實本於經傳，信而有徵，不得因其書而疑之，故躋之於傳也。

△附錄，附論

曰：何以有「附錄」、「附論」也？曰：《唐虞錄・序例》中言之矣。其時不可詳考，而其事不容遺漏，則從其類而附載之，不敢淆其次也。其文雖非紀事而與事互相發明，則因其事而附見之，不敢概從略也。

△備考，存參

曰：何以有「備考」、「存參」也？曰：《唐虞錄・序例》中亦言之矣。事雖後日之事而有關於當時之得失，言或後世之言而足以證異說之紛紜，雖不能無醇疵之異，要皆當備之以俟考，存之以相參也。

△答詞費之問

曰：子之說誠善矣，然其文繁而不殺，毋乃費於詞乎！余曰：誠然，然余之所不得已也！《堯典》、《禹貢》之文簡矣，而《商、周書》則繁；《論語》之文簡矣，而《孟子》書則繁。《左傳》之紀事簡矣，而《史紀》則繁。古之人豈好為其繁哉！夫亦世變所趨，不得已而然耳。昔人云：「夏以寅為正，商以丑為正，周以子為正。」正者，正月也，一月也。子為正月，則丑寅為二三月可知。丑為正月，則寅卯為二三月可知。而宋儒之說，皆謂商周雖以子丑為正，而仍以寅為正月，卯辰為二三月。於是說者紛紛，而後儒辨之者亦紛紛，其書至於不可車載而斗量。設當日云「以子為正月，丑為正月，寅為正月」，止須加三「月」字，而後人自不能為此說，亦無庸瑣瑣而辨之，車載斗量之言皆可省矣。由是言之，商、周之書非故欲繁於虞、夏也，《孟子》、《史記》之文非故欲繁於《論語》、《左傳》也，世變所至，異說爭鳴，歧之中又有歧焉，少省其詞則因端附會者遂開後世無窮之疑，故不得已而寧為其繁耳。余之詞費，固因於才短，亦慮省之而獻疑者且百出而靡所底也。後有君子，當有以諒其苦心耳！

APPENDIX

Prolegomena to My *Inquiries into Verifiability* (*Kaoxinlu tiyao*)

Cui Shu

I. Explanatory Specimens (Shili)

1. Temporality and Judgment

The Way (dao) of sages is embodied only in the *Six Classics*. The actions of Two Emperors and Three Kings (erdi sanwang) are fully recorded in the *Book of Songs* (*Shijing*) and the *Book of Documents* (*Shangshu*) (referring to Chapter "Yaodian" and other thirty-two chapters), while the *Analects* (*Lunyu*) contains the complete words and deeds of Confucius (551-479 B.C.E.). Where there are texts (wen), there is the Way. Therefore, Confucius said, "King Wen passed away already, and did that mean that texts ceased to exist?" Outside of the *Six Classics*, there is nothing that can be called the Way.

After the Book Burning Incident in the Qin Dynasty (221-206 B.C.E.), early Han (the second century B.C.E.) scholars followed their respective masters in the interpretation of Confucian classics. They heard and spoke about a great variety of subjects. During the Warring States period (475-221 B.C.E.), untitled scholars spoke freely, and persuasive talkers indulged in wild speculations which were passed down to later generations. At that time, bamboo slips were used for writing and were hard to come by. Even if somebody were to see such slips, he probably would be unable to remember what was recorded on them. Thus it was difficult for people to examine and investigate records to determine their truth and test their authenticity.

At the end of the Later Han Dynasty (25-220), bamboo slips were replaced by paper, and the examination of books became easier. Nevertheless, literature and poetry were popular in the Wei (220-265) and Jin (265-420) periods, while few people studied Confucian classics. Soon afterward, during the turmoil of Liu Yao (?-328) and Shi Le (274-333), China proper was overrun by barbarians. Many books were lost, including such works transmitted by Han Confucian scholars as the *Book of Songs by Qi* (*Qi shi*), the *Book of Songs by Lu* (*Lu shi*), the *Analects of Qi* (*Qi lun*) and the *Analects of Lu* (*Lu lun*). Only two books survived the turmoil—the *Annotated Preface of Book of Songs by Mao Heng* (*Maoshi xuzhuan*) and the *Analects* revised by Zhang Yu (?-5 B.C.E.). The *Book of Documents* annotated by Fu Sheng, the *Classic of Changes* (*Yi jing*) annotated by Tian He, the *Spring and Autumn Annals* (*Chunqiu*) annotated by Mr. Zou and Mr. Jia, were lost as well.

Reckless people forged the *Old Text Book of Documents* (*Guwen shangshu*) and *Family Sayings of Confucius* (*Kongzi jiayu*), thereby confusing the public. As a result, the truth of the Two Emperors, Three Kings and the Confucian school were largely misrepresented. Unfortunately, the idiosyncratic scholars of later times perpetuated these misinterpretations. They were accustomed to errors and no longer questioned the authenticity of spurious works. Although several discriminating scholars identified errors, their works amounted to a trickle and rarely survived.

During the Song Dynasty (960-1279), many well-known Confucian scholars emerged and enjoyed good reputations. At this time, a thriving print-technology made it easier to disseminate books and to facilitate the critical examination of various works. Scholars started identifying the errors of previous generations. Some wrote essays on textual research. For example, Ouyang Xiu (1007-1072) wrote the "Preface to the Genealogical Chart of Emperors" (Diwang shicitu xu) and "A Discussion on the Great Declaration" (Taishi lun); Su Xun (1009-1066) wrote "A Discussion on Concubine Ku" (Lun Kufei); and Wang Anshi (1021-1086) wrote "A Discussion on Boyi" (Boyi lun). Other scholars wrote books that revised the Classic texts. For example, Zheng Qiao (1104-1160) wrote *Critiques of Book of Songs* (*Shi bianwang*) and Zhao Rutan's (?-1237) *Discussion on Book of Natang* (*Nantang shushuo*). And still others made annotations to elaborate the Classics. For example, Master Zhu wrote *Collected Annotations of Analects* (*Lunyu jizhu*) and *Collected Annotations of Mencius* (*Mengzi jizhu*) and Cai Cheng (1167-1230) wrote the *Commentary on Book of Documents* (*Shuzhuan*).

As a result, the meaning of the *Six Classics* became clearer during the Southern Song Dynasty (1127-1279). However, since the Classics had been in a distorted state for more than a thousand years, many people were too imbued with misinterpretations to correct erroneous texts. It is incumbent on later Confucian scholars to build and improve upon the corrective work of earlier scholars. They must continue establishing authentic versions of classical texts and clarifying them. Doing so will enable the deeds of the sages and ancient emperors to illuminate our age. Most recent Confucian scholars accept age-old misinterpretations. Instead of studying the events in the Tang (Yao) and Yu (Shun) periods and the Three Dynasties (Sandai), they talk excessively about "mind" (xin) and "nature" (xing) and call that the Learning of the Way (daoxue). Some even mingle Zen learning (chanxue) with the study of the Classics. They aim at disencumbering the mind in order to know nature, and in the process they neglect the Classics and their annotations. Gradually, the mistakes perpetuated over time become unquestioned.

I began studying the *Six Classics* carefully when I was thirty years old. I found that the annotations and commentaries differed from the Classics. Yet I was unsure of which was right or wrong. Then I classified the texts of the Classics and annotations in terms of their concerns, comparing and examining one against another. After a long period of hard work, I noticed that the annotations and commentaries were wrong. Since hardly any scholars had discussed these mistakes, I wanted to be tolerant, but I was driven beyond my forbearance. Thus, I had no alternative but to write the *Inquiries* in order to establish authenticity and cleanse texts of error. I would not boast that I superseded the achievements of previous Confucian scholars; rather, I trusted the adage that even a fool occasionally hits on a good idea.

2. The Words of Others Are Not Totally Believable

Is it impossible to believe what others have said? The world is large so we cannot see everything with our own eyes, and it is even less possible to know about things that happened thousands of years ago. But is it possible to believe everything that others have said? Surely if one did, he would end up like the man in the story who falsely charged Ma Yuan (14 B.C.E.- 49) with taking lily seed for pearls; yet the man had his reason. A person who had no brother was accused of having affairs with his brother's wife. A man married three times to girls who had lost their fathers was accused of beating his fathers-in-law. How can cases of this kind be explained? Everyone can wag his tongue and flourish his pen. A person may say whatever comes into his head, and there is no limit to how far he can go.

When I was a child, I was told several times that a total solar eclipse lasted for just ten *fen*s, while a total lunar eclipse could last longer than ten *fen*s. Being ignorant about astronomy, people said that lunar eclipses occurred twice in one night. Some people even claimed that they saw eclipses with their own eyes. Though I was too young to read about astronomy, I doubted what people said. Once I witnessed a lunar eclipse lasting slightly over fourteen *fen*s. Then I stayed up for the whole night and observed no further eclipse. But when the eclipse was over, the moon was not luminous for another four *fen*s. I supposed that this was the second eclipse that people referred to. However, others did not accept the conclusions I drew from my observations. A few years later, I read astronomy books from different schools and found that they all held the same idea as mine. So how could I casually accept the accounts of others?

In our prefectural town there was a Liu family who had two meteorites. The whole neighborhood knew that shooting stars had fallen long ago on the Liu's residence and changed into stones. When still a child, I heard this story, but doubted its truthfulness. When a little older, I went to play with the Liu brothers and saw the stones and inscriptions carved on them in seal and ordinary script. In response to my detailed inquiries, the Liu brothers confessed, "That story is not really true. One of our ancestors was an official in the south where he came across these stones. So amazed by such outlandish shapes that he supposed there were no others like them in the world, he jokingly carved these characters on the stones." Thus it can be seen that the story was untrue, even with the stones and characters as evidence. Clearly, the words of others cannot be accepted uncritically.

When the Zhou Dynasty declined, various heresies sprang up. The schools of Yang Zhu, Mo Di (ca. 468-376 B.C.E.), Logicians, Legalists, Strategists and Ying-yang theorists all invented sayings and stories to impose on sages and worthies. The Han Confucian scholars were acquainted with these various stories and, accepting them as quite reliable without even examining them carefully, proceeded to note them down in their books and commentaries. Many books were cluttered with hearsay and mixtures of truth and falsehood, such as *General Annotations on Book of Documents* (*Shangshu dazhuan*), *The Outer Commentary to Book of Songs by Master Han* (*Hanshi waizhuan*), *Records of the Grand Historian* (*Shiji*), *Records on Ritual Matters by Dai Junior* (*Dai ji*), *Anecdotes* (*Shuoyuan*), and *New Compilation* (*Xinxu*).

After these, cults of the prophetic and apocryphal works appeared, theories that were even more absurd, and yet Liu Xin (?-23) and Zheng Xuan (127-200) used them in expounding the Classics so that they have been handed down for ages now. Scholars study these avidly without ever examining their origins. They suppose only that, since the Han Confucian scholars were close to antiquity, their assertions must not be groundless or forged. Even among the Song Confucian scholars, with all their diligence and purity, there are many who accept uncorrected interpretations without alteration. After the appearance of such books as *Prequel [of Comprehensive Mirror to Aid in Government]* ([*Tongjian*] *Waiji*), *General Records of Emperors* and *Kings* (*Huangwang daji*) and *Materials Preceding the Outline of History* (*Tongjian_gangmu qianbian*), people became increasingly interested in collecting various accounts and fictions in order to show their erudition. As a result, the unjust treatment of the sages remains unredressed.

Mencius (ca. 390-305 B.C.E.) said, "It would be better to be without the

Book of Documents than to believe it all. In Chapter 'Wucheng', I find only two or three passages which I believe." If a sage like Mencius was as cautions as this when he was reading the Classics, let alone ordinary peoplewhen they are reading commentaries on the Classics and various philosophical works. Mencius also said, "In learning extensively and discussing minutely what is learned, the object is to be able to go back and set forth in brief what is essential." One desires a wide range of information not for the sake of extensive learning itself, but only because one wishes by repeated comparisons and revisions of the data to arrive at a single truth. If one simply consumes all learning indiscriminately, reading all the books in the world, he is not so well off as a stupid and uneducated man unhampered by serious error.

3. The Less Seen, the More the Mistakes

Generally speaking, people who have seen more make fewer mistakes than those who have seen less. Wei Tuizhi of the Tang Dynasty (618-907) died of an intake of cinnabar. Accordingly, Bai Juyi (772-846) wrote in his poem, "Tuizhi took sulphur, then fell ill and died." Song people in their miscellanies claimed that Han Tuizhi [Han Yu] (768-824) in his "Epitaph of Li Yu" (Li Yu muzhi) admonished others not to take the golden elixir, though he took sulphur himself. This misunderstanding was created simply because the Song people only knew that Tuizhi was the style name of Han Yu, but did not know that it was a common style name of the Tang Dynasty. Thus, people who have seen less make more mistakes.

The Cui clan has many branches in Wei County. People of other counties do not know this; they only know that I have brothers. One day, when a person with the family name of Cui got sick in an examination hall, it was said that my brother was ill. Once a person from the Cui clan kept entertainers in his home, and it was said that my brother did so. Misunderstandings occur even when people see with their own eyes and hear with their own ears; it is therefore not difficult to imagine how, in so vast a world, many misunderstandings have occurred and continue to occur.

A story is told about Xu Yun, who was far fonder of beauty than of virtue. An encyclopedia mistook Xu Yun for Xu Hun. Another story concerns

Han Qi (1008-1075) who enjoyed the beauty of Jindaiwei peony with his guests in Yangzhou. Among the guests there were Wang Gui (1019-1085), Chen Xu, and Wang Anshi. A later encyclopedia mistook Wang Gui for Wang Zeng. If even things that happened in the Jin and Song dynasties are transmitted falsely, fallacies about the Three Dynasties might be ten times more frequent.

It is not surprising that Yan He's story was mistaken for Yan Yuan's (521-490 B.C.E.), and Kan Wo's for Zai Wo's. Fortunately, the original books with these records still exist; thus, the truth can be obtained through examination. If *Mister Lü's Spring and Autumn* [*Annals*] (*Lüshi chunqiu*) was lost, Yan Yuan would be mistaken for the person who discussed Dongye Bi. If *Zuo's Commentary* (*Zuo zhuan*) was lost, Zai Yu [Zai Wo] would be mistaken for the person who killed Chen Heng. Although we constantly admonish people to be careful, they simply turn a deaf ear to us by saying, "the ancients said so. They would not make any records without good grounds." As a result, events which took place in the [eras of] Tang [Yao], Yu [Shun], and the Three Dynasties were distorted by people of the Warring States and the Han Dynasty. They made too many mistakes to mention.

It is known that Yao had many ministers. Whenever people see the names of Zhong and Li, they mistake Xi and He for Zhong and Li. It is also known that Zhou had many ministers, and people think that the titles of Grand Master (Fushi) and Junior Master (Shaoshi) refer to Ji Zi and Bi Gan whenever they see Grand Master and Junior Master. Though Yu had many assistants, people mistake the title of Dafei for Yi whenever they see Dafei. Even though Taijia also had more than one assistant, people mistake the name of Ah Heng for Yi Yin whenever they see Ah Heng. People make such mistakes when they do not know many people, so when they see similar names they take it for granted that they are the persons whom they know—thus Xu Yun is mistaken for Xu Hun and Wang Gui for Wang Zeng. More ridiculous still is the fact that though Nan Gong transferred treasuries, Nan Rong was blamed, which slandered this virtuous man forever. Likewise, Han Tuizhi was made the scapegoat for Wei Tuizhi, who died of sulphur intake. For this reason, my *Inquiries into Verifiability* questions all non-canonical passages discrepant with the Classics. It is hard to explain to absent-minded and impetuous people why I am doing this (In the past some people detected Kong Yifu's *Miscellany* (*Zashuo*) as a forgery; but I only call it a Song person's miscellany, which means that I don't want the ancient people to be wronged).

4. Judging Others by One's Own Yardstick

People by nature like to judge others in comparison to themselves, to judge ancients by moderns, and to judge saints by villains. They even rely on personal experience to guess whether a person is rich or poor, noble or humble, living in the south or the north, on water or land, in a big city or a remote area. Such people do not realize that they guess within a vast range of possibility. Shu Guang of the Han Dynasty once taught the prince. Later he resigned and returned home because of his advanced age. Resignation at that time was a common practice among officials. But people of later times asserted that Shu Guang resigned after he had learned about the murders of Zhao Guanghan, Gai Kuanrao, Han Yanshou and Yang Hui. Even making no mention of the fact that the murders of Gai, Han and Yuan occurred after Shu's resignation, could a magnanimous ruler prevent an aged official from resigning? Those who held that opinion only betrayed their superficial knowledge about ancient customs. Before he died, Emperor Zhaolie [Liu Bei] (162-223) entrusted his son to Zhuge Liang (181-234) and told him, "You may assist my son if he can be assisted; if he cannot, you may take his place. Never let anybody else take his place." These words were from the bottom of Liu Bei's heart, and could not be considered insincere. However, people of later times deemed that Liu Bei said so only to strengthen Zhuge Liang's loyalty. How could they compare Liu Bei to Yuan Shao (?-202), Liu Biao (142-208) and the like? People simply judge the ancients against their own standards. Such then are the ways of discussing the ancients!

Handan is 30 kilometers away from Wu'an. Since it is a mountainous area, carts cannot be used for transportation. In Fei County, a monk tried to raise money to repair the road. But only a few people donated money. Then the monk decided to contribute all his own savings to have the road repaired. People said, "The monk first attempted to reap some profit from the donation. Since the fund-raising elicited little donation, he had to contribute his own savings." Though I cannot be sure of the monk's original motive, repairing the road seems beneficial to others one way or the other. Yet the monk's altruistic act was misinterpreted as greed and exploitation. This example typifies the dangers of judging others against oneself. Such are the ways of judging others!

When I was an official in Fujian, I did not collect exorbitant taxes; in addition, I turned over all surplus taxes, if there were any. Both the local people and my superiors knew that I lived in trying circumstances. However, people in my hometown had no way of knowing it, for they lived thousands of miles from Fujian. When I finished my duty and returned home, my fellow townsmen thought that I had made a lot of money and brought it back with me. I first lived in a narrow lane, and later moved to a mountain village. Although people saw me eat rice and vegetables daily, they said, "He does so because he hides his money, and does not want to show off." If people try to judge others against their own standards, they will inevitably make such mistakes. This is true for judging one's contemporaries, let alone judging those of antiquity. People who try to judge ancient sages against themselves can never make proper judgments.

The records of Tang and Yu periods, and the Three Dynasties recorded in the Classics are unquestionably true. But depictions of the Warring States, the Qin and the Han periods are contradictory and laced with political considerations. The depictions diverge too far from the sages' words. The only explanation for this is that the authors judged the meaning of the sages' words against current fashions. Thus in my *Inquiries into Verifiability* I have tried to rely on the trustworthiness of the Classics rather than the interpretations of the Warring States, Wei and Jin periods.

5. Groundless Words Embroidered into Truth

During the Warring States period, debaters and strategists were fond of using analogies to illustrate their ideas. Thus there were such phrases as "a person of Chu having two wives," "offer a pig's foot, wish for a full house," "the concubine hid the poisoned wine," "dining in one family and sleeping in another." Similar tales were numerous and were even found in Mencius' book. But he never believed that such tales happened in real life. However, the authors in the Han and Jin periods usually mistook these tales for truth and incorporated them in their books. Many scholars never traced the origins of these tales and simply accepted them as truth. Some tales were originally true, but incorrectly related. One such example is from *Discourses of the States* (*Guoyu*). Gongfu Wenbo died. Since his mother disliked his reputation for lechery, she exhorted his concubines not to show too much misery, or to cry too much, or to beat their breasts in deep sorrow. However, in *Records on Ritual Matters by Dai Junior* this story has been distorted as follows: Gongfu Wenbo's mother cried bitterly leaning against her bed, and his wife and concubines were also choked with tears. Later, Lou Huan further deviated from the truth by saying that after the death of Gongfu Wenbo, his wife and fifteen concubines committed suicide inside the room.

In some cases, scholars printed rumors as if they were established truths. In [*Zuo's*] *Commentary on Spring and Autumn Annals* (*Chunqiu zhuan*), Zi Taishu said, "A widow was worried about the decline of the Zhou Dynasty rather than her weaving, because the fall of the Zhou was imminent." This was only Zi's presumption. But later, this presumption was embroidered into a saying: a Ms. Qi stopped weaving cloth and worried about the state of Lu. Still later, the same story was further developed: Ying, the daughter of the city gatekeeper of Lu, was anxious for the unworthiness of the prince of the state of Wei. Accordingly, there was a saying that "Ying did not eat vegetables all year round and would not recognize her brothers during her whole life [due to concern about intra-family struggle]." It sounded like a real person and a real thing. Then, Han Ying went on to incorporate the story into his *Outer Commentary to the Book of Songs*, and Liu Xiang (77-6 B.C.E.) recorded this story in his *Biographies of Famous Women* (*Lienü zhuan*). The longer a story circulates, the more people tend to believe it. Eventually, rumor is taken for truth.

Hence, we may conclude that certain words in ancient books are not necessarily true, and certain events are not necessarily recorded accurately. Debaters in the Warring States period simply forged stories as they pleased without basis. Modern people have gone so far as to believe these stories in books written by the Han people.

In my *Inquiries into Verifiability*, I have scrutinized stories originating from the Warring States period instead of believing that everything written by the Han people about the Three Dynasties actually happened.

6. How False and Hollow Statements Result from the Misinterpretation of Ancient Words

The works written in the Warring States, Qin and Han eras contain both many parables and sayings of antiquity that have been misinterpreted over the course of transmission. For example, in ancient times, a day-officer (riguan) was called a day-escort (riyu); so came the saying, "the son of Heaven has a *riguan* official, and dukes have *riyu* officials." Both Xizhong and Hezhong were Emperor Yao's officials in charge of solar movements. For this reason, they were called *riyu.* With the passing of time, the original meaning was lost, and people misinterpreted the word *yu* (escort) as *yu* (charioteer). Thus, they thought that Xihe was a solar charioteer! So the Lisao says, "I ordered Xihe to march slowly and to stand over Mt. Yanzi and not go in." This is a ridiculous distortion. There were still others who mistook *yuri* to mean "sun charioteer" for *yuri*, meaning "sun bathing." The *Classic of Mountains and Seas* (*Shanhai jing*) stated, "There was a woman named Xihe. She was sun bathing in Ganyuan." This is even more preposterous.

In ancient times, Xi and He were in charge of practicing divination of the sun, while Changyi divined the moon. Changyi was a wise and capable official of ancient times. The character *zhan* meant divination, so Changyi's divination of the moon was the same as that of Xi and He's divination of the sun. The character *yi* in ancient times was pronounced as e, so in the *Book of Songs*, *e* and *yi* were interchangeable. In two of the songs, *yi* was rhymed as *e* and *he.* However, people of later times misinterpreted this interchange, simply taking *yi* for *e*. Thus, they thought Changyi was a woman. Additionally, they misinterpreted *zhan* (divination), as *zhan* (occupation). Therefore, they said, Chang'e stole the medicine of longevity and then fled to the moon. Later poets echoed this misinterpretation. Though they did not wholly believe the story, they did distort the meaning of the ancients and confused modern people. Countless examples of this kind can be found. Fortunately, this sort of original saying can still be found occasionally in the Classics and their annotations. Thus people can reach true stories through examination and verification against the original texts. If the original texts were lost, how innumerable would be the stories which were incorrectly related in the works of the Hundred Schools.

In general, books written in the Warring States, Qin and Han periods are hard to corroborate. Their accounts of high antiquity are especially absurd. But contemporaries usually believe these records because they have been circulated for a long time. Of course these books contain a few true accounts, but most of the records are unreliable. If people believe most of the records in those books, they will surely be confused.

7. Confucian Scholars Collected Sources from Apocrypha

Interpretations passed down from early Confucian scholars are often apocryphal. During the Han Dynasty, after the reigns of Emperor Cheng (32-7 B.C.E.) and Emperor Ai (6-1 B.C.E.), apocrypha became popular, and Confucian classical scholars often used such sources to annotate the Classics. These annotations were handed down without their bases being examined. Scholars of later times took these annotations for truth. In the *Apocrypha to the Spring and Autumn Annals* (*Chunqiu wei*), there were annotations of "the dragon carrying the Diagram of Yellow River (Hetu) on his back," and "the turtle showing the Script of the Luo River (Luoshu)"; in the *Apocrypha to Book of Music* (*Yue wei*), there were annotations of the *Xianchi* written by the Yellow Emperor, the *Wujing* by Zhuanxu, the *Liuying* by Emperor Ku, and the *Dazhang* by Emperor Yao. Examples of this kind are numerous.

The saying that *di*, a way of offering sacrifices, originated from offering sacrifices to the earliest ancestors is also a conclusion based on a revised understanding of the apocrypha. According to the apocrypha, the ancestor of the Three Dynasties came from the Five Emperors (wu di) of heaven. Zheng Xuan then followed this interpretation and deemed that *di* was the ceremony offering sacrifice to heaven. He also said that the sentence "offering sacrifices to the ancestor's source" in Chapter "Sanfu xiaoji" of the *Book of Rites* meant the offering of sacrifices to the ancestral progenitor. Although Wang Su (195-256) refuted Zheng Xuan's argument about offering sacrifices to the heaven, he still followed the interpretation of offering sacrifices to the ancestral progenitor. This suggested that an ancestor existed before the first one. But wasn't that a mistake made by following the apocrypha?

When young, I heard some Confucian scholars relating Confucius' saying, "My aspiration is depicted in the *Spring and Autumn Annals*, and my action should be in accordance with the *Classic of Filial Piety* (*Xiaojing*)." But I could not find those words when I checked the Classics and the records. Later, I found this saying in He Xiu's (129-182) "Preface to the *Gongyang Commentary on the Spring and Autumn Annals*" (Gongyang zhuang xu) and then in Emperor Xuanzong's (685-762) "Preface to the *Classic of Filial Piety*" (Xiaojing xu) of the Tang Dynasty. But I was still puzzled about what sources the two prefaces were based on. Finally, when I read the *Rectified Interpretation* (*Zhengyi*), I came to know that this saying came from the *Secrets of Searching into Life* (*Goumingjue*) of the *Apocrypha to Classic of Filial Piety* (*Xiaojing wei*). Generally speaking, one third of Han Confucian scholars' interpretations are based on the *Seven Apocrypha* (*Qi wei*). Song Confucian scholars made some corrections in their interpretations, but still three-tenths of their interpretations were based on Han Confucian scholars' versions.

Contemporary scholars frequently say that Han Confucian scholars said such-and-such, or Song Confucian scholars said such-and-such. But what do you latecomers know that you can discuss this so recklessly? Aren't the interpretations of the Han scholars really just the one they made by themselves? Aren't the interpretations of the Song scholars really ones made by themselves? It seems that contemporary scholars never bother to examine these problems carefully. Scholars denounce and disdain studies of the apocrypha (chanwei), but they still follow sayings in the apocrypha and dare not raise different opinions of it. Why is this so? I cannot explain it.

8. Liu Zhiji (661-721) Used *Zuo's Commentary* to Criticize the Works of The Qin-Han Era

The superficial scholars of modern times always say that the Qin-Han were close to ancient times, therefore what was written in books of the Qin-Han era should be based on solid grounds. If somebody found mistakes and criticized these books, the superficial scholars would surely argue with him. The only reason for this is that they pay lip-service to the names, but have not read much of the works of the Qin-Han era.

Liu Zhiji said in *Generalities on History* (*Shitong*):

> *Zuo's Commentary* had not yet become popular during the Qin-Han era, therefore, as for ancient history, the *Five Classics* (these five classics refer to texts of *Gongyang ['s Commentary]*, *Guliang ['s Commentary]*, and the *Book of Rites* (*Liji*), and they are not old classics), miscellaneous history, and the works of the hundred schools all present wholly different and groundless accounts. As to recording events, the historical truth is that when Duke Jing of the state of Jin held hegemony, the noble family was in power. However, the works of the Qin-Han era said, at that time the Han family attacked the Zhao family. Then came the stories of Cheng Ying and Chu Jiu. The historical truth is that when Zihan was the Prime Minister of the state of Song, the Song had a good relationship with the state of Jin. Yet according to the books of the Qin-Han era, the Jin attempted to attack Song, then came the story that Zihan cried for an ordinary man in the Yangmen because the man was going to war (Liu's note: the account originated from the *Book of Rites*).
>
> Chronological mistakes were also found in these books. The truth is that Duke Mu of the state of Qin lived in the early Spring and Autumn period; but in books of the Qin-Han era, his daughter became the wife of the Duke of the state of Chu; both the Han and Zhao were states appearing in the Warring States period, but the books of the Qin-Han era claimed that the kings of the Han and Zhao buried horses alive with the

death of Duke Zhuang (?-591 B.C.E.) of Chu; Nifu was discussed in the *Liezi*, but in the books of the Qin-Han era, Nifu was born in the time of Duke Mu of the state of Zheng; Bianque once cured the sickness of Duke Hao, but the books of the Qin-Han era claimed that Bianque lived in the time of Zhao Jianzi; Ruan Shu was an official for Duke Dao of the state of Jin, but the books of the Qin-Han era claimed that when Duke Wen of the state of Jin went hunting, Ruan Shu was so brave that he ventured his own opinion against the Duke; Xun Xi had died in the hands of Xi Qi, but the books of the Qin-Han era claimed that when Xun Xi saw Duke Ling of Jin building a high terrace, he then warned Duke Ling of the danger by piling up chessmen.

The authors of these books either misplaced an earlier event in later times, or the other way round. Otherwise they either confounded day and night, or up and down. Unfortunately, this did not arouse any suspicion among scholars subsequent to ancient times. Not until the circulation of *Zuo's Commentary* were these mistakes exposed.

From the above examples we can say that there must be many dubious accounts in the books of the Qin-Han era. Up to now, there has been nobody willing to carefully examine and meticulously discriminate like Liu Zhiji. Yet, there are still differences between Liu and myself. Liu examined and discriminated such events of the Spring and Autumn period recorded in the books of the Qin-Han era; but as for the events of Yu, the Xia, the Shang, and the Zhou, he adopted all kinds of writings from the private histories of various schools but doubted the Classics. Why? If these mistakes, as mentioned above, would have occurred in a span of several hundred years, that is, from the Spring and Autumn period to the Former Han Dynasty, there would be more mistakes still in a time span of more than one thousand years, that is, from the time of King Wen and King Wu to the Western Han; and further, if it was so, there would have been many more mistakes in a time span of more than two thousand years, that of Tang and Yu to the Western Han to the Warring States period. As a result, mistakes would be certainly several times more than those in the Spring and Autumn period. Unfortunately, many of the ancient historical records are no longer extant. If there were no such book as *Zuo's Commentary* to aid in distinguishing right from wrong, we would have to take other accounts as truth! For this reason, when I was writing my *Inquiries into Verifiability*, I referred only to the *Book of Songs* and the *Book of Documents* for events that occurred during or prior to Yin and Zhou; but I dared not take the works of the Qin-Han era as authentic records of these events. In doing so, I also intend to build on the significant work of *Generalities on History*.

9. Hong Mai (1123-1202) Criticized the Superficial and Unreliable Books of His Contemporaries

As books of the Qin-Han era erred about events of the Spring and Autumn period, contemporary books often misrepresent events of modern times. In his *Informal Notes from the Rong Studio* (*Rongzhai Suibi*), Hong Mai said,

> Books of superficiality and wildness circulated in society, such as the *Scattered Records of Cloud-Sylphs* (*Yunxian sanlu*) and the Anecdotes of the Kaiyuan-Tianbao Period (Kaiyuan tianbao yishi); both are ridiculous. Four examples can be given: First, these books said, 'Yao Chong was appointed as the Hanlin Academician Recipient of Edicts (hanlin xueshi) in the early years of Kaiyuan Reign and was summoned by the Emperor.' (Hong Mai noted that Yao Chong had been Prime Minister during the reign of Empress Wu Zetian, and the early years of Kaiyuan reign marked the third time of his appointment as Prime Minister). Second, these books said, 'Guo Yuanzhen was handsome when he was young. Zhang Jiazhen, the Prime Minister, wanted to take him as his son-in-law. Guo selected the red matrimonial thread which committed him to marrying Zhang's third daughter.' (Hong noted that Guo Yuanzhen was Prime Minister under the Emperor Rui of the Tang Dynasty and died after he was demoted from office in the early years of the Emperor Xuan of the Tang. It was ten years after Guo's death that Zhang Jiazhen was appointed as the Prime Minister). Third, these books said, 'When Yang Guozhong (?-756) held high power, all civil and military officials of the court, except Zhang Jiuling (678-740),

> scrambled to curry favor with him. However, Zhang did not call upon him even once.' (Hong noted that Yang Guozhong did not serve as an official until ten years after Zhang Jiuling had left his position as Prime Minister). Fourth, these books said, 'Having read Su Ting's examination paper in composition, Zhang Jiuling praised him as a great master in the literary field.' (Hong noted that Zhang Jiuling was still serving in a humble position when Su Ting was already Prime Minister. All mentioned above are obvious cases, but they could mislead people and cause doubts for later generations).

Hong Mai also examined the stories about Zhang, Du, Fan Zhongyan, Zhao, Ouyang Xiu and Sima Guang recorded in the *Private History of Mr. Kong* (*Kongshi yeshi*) and the *Collectanea of Houshan* (*Houshan congshu*), ascertained their sources and dates, and corrected the mistakes in them. Even modern books that narrate events occurring only a few decades ago contain many untrustworthy accounts. As for records of Tang, Yu, the Shang and the Zhou described by people of the Warring States period and the Qin-Han era, they doubtless contain a hundred times more mistakes than modern books. It is a pity that the annals of the Three Dynasties are no longer extant, for now there is no way to prove their errors one by one. But still a few of them, recorded in the Classics and Commentaries, can be clearly verified. For instance, Ji and Qi were not appointed to official positions until some hundreds of years later when Gao died. But people thought that Ji and Qi were the sons of Gao and brothers of Yao. Another example is that King Cheng of the Zhou Dynasty was the eldest son of King Wu's first wife. King Wu of the Zhou Dynasty died in old age, so by that time King Cheng could not have been very young. But people commonly believed that King Cheng was only thirteen years of age when his father died so that Duke Zhou acted as Prince Regent. The third example is that when Gongshan Furao rose in rebellion, Confucius had just been appointed as Minister of Justice and had gotten involved in maintaining state affairs. And when Fo Xie rose in rebellion, Confucius had already been dead for many years. However, it was usually believed that Confucius went to answer both their calls. These examples show confusion of chronology. These records do not conform to chronology any better than the narrations in the *Anecdotes of the Kaiyuan-Tianbao Period* (*Kaibao yishi*). But these accounts never arouse any suspicion. If Liu Zhiji and Hong Mai were reborn today, I would use their attitude of dealing with events of the Spring and Autumn period, and the Tang-Song period to examine the events of ancient kings and the Confucian school, and discuss with them all the histories of both the ancients and the moderns!

10. Reasons for the Circulation of Confused Accounts

Prior to the Song Dynasty, many scholars indulged in close reading. These scholars, who included Liu Zhiji and Hong Mai, were valued more for their intensive critiques than for extensive reading.

By the Ming Dynasty, selection of officials depended on three examinations. As time passed, the second and third examinations concentrated mainly on three articles in the *Four Books* (*Si Shu*). As a result, most scholars did not read extensively and remained ignorant of everything except the books used for the civil service examinations. For this reason, several clever scholars hunted for novelties in fictions of all sorts and forged books for modern times. They gathered books that people in the past disdained, and esteemed them as rarities. They flaunted these books before ill-read contemporaries. Their boasts were, "I can recite the *Secret Charm against Evil* (*Yinfu*) and the *Book of Mountains and Seas*"; or "I can recite the *Annals of Lü Buwei* and the *Exoteric Commentary on Han's Book of Songs*"; or "I can recite *Six Strategies* (*Liu tao*), *Three Tactics* (*San lue*), *Anecdotes*, and the *New Compilation*"; or "I can recite the *Guanzi*, the *Yanzi*, the *Shenzi*, the *Hanfeizi*, the *Zhuangzi*, the *Liezi*, the *Huainanzi*, and the *Heguanzi*." They brazenly showed off their singular talents. People were astonished and thought that they must be erudite. The *Six Classics* were then regarded as "weeds," while these other books were "bear's paws and pheasant fat." What a shame!

11. Truth Became Sullied Through Transmission

During the Warring States period, various heresies and fables sprang up. However, Confucian scholars of the Han Dynasty believed these heresies blindly and perpetuated them. In addition, the truths of early generations were gradually distorted over the course of transmission.

The latter situation is often observable in history before and during the Three Dynasties, and in modern times. In “A Tale of the Fountain of Peach Blossom Spring” (Taohuayuan ji), Tao Yuanming (365-427) of the Jin Dynasty wrote that a fisherman of Wuling entered remote mountains, and people there claimed that their ancestors journeyed there with their families and villagers to escape the chaos of war of the Qin Dynasty. They isolated themselves from the outside world thereafter. Before the dynasties of the Han and the Jin, the borderland between Guizhou and Hubei was desolate and uninhabited; therefore, inhabitants of this area had no access to outsiders. The account itself contains no absurd plot about immortals. But Han Yu of the Tang Dynasty stated in his “Poem on a Picture of Taoyuan” (Taoyuan tushi) that, "It is unknowable whether there are immortals. The story of Taoyuan is absolutely ridiculous." Again Han Yu wrote, "The local people said that they have lived for 600 years and have been eyewitnesses to all events during that period." Liu Yuxi’s (772-842) poem “Ballad of Taoyuan” stated, "The immortals were shocked by the appearance of human beings." And he continued, "Once the immortals departed the sylph’s home, there was no trace to be found." Both Han Yu and Liu Yuxi thought that Tao Yuanming wrote about immortals [in “A Tale of the Fountain of Peach Blossom Spring”]. Both of them thought that Tao Yuanming wrote of immortals, even though they were not quite convinced of whether it was true or not. They had already made mistakes.

Hong Mai of the Song Dynasty first corrected those mistakes of Han Yu and Liu Yuxi, based on the original text of Tao Yuanming. Only then did it become known that those people were not immortals, and the injustice to Tao Yuanming was thus redressed. Suppose that Tao Yuanming’s tale would have been lost at the end of the Tang Dynasty or the period of the Five Dynasties; then, by reading only the poems of Han and Liu, people of later generations would certainly believe that Taoyuan was a place inhabited by immortals, and they would think that Tao Yuanming talked nonsense. Even if Hong Xingzu (Mai) explained the fact a hundred times, they would refuse to credit his words.

Shi Chong (249-300) of the Jin Dynasty's "Preface to Wang Zhaojun's Rhapsody" (Wang Zhaojun cixu) said, "In the old days when the princess was married to the king of the Wusun, she asked people to play the lute (pipa) on the backs of horses to console her along the way. People probably did the same thing at Wang Zhaojun's sendoff." Later, Du Fu (712-770) of the Tang Dynasty wrote a poem to praise Wang Zhaojun, in which he said, "The tune of the pipa sounded for a thousand years, and it embodied resentment and complaint." Since then, poets had handed down and borrowed from that verse, and all scholars believed that the lute was played for Wang Zhaojun's marriage. And yet, with Shi Chong's rhapsody as evidence, anyone who researches can discover the truth. If this rhapsody had been lost, later people could only know what the earlier poets said. In this way even scholars would inevitably believe that it was true, and who would know that the lute was played for the princess of Wusun!

Han Yu was so great a Confucian scholar that no scholars since the Han Dynasty could match him; likewise, Du Fu's poems were praised as poetic history, and critics said that not a single word in his poems did not have its historical origin. But since even what Han Yu and Du Fu said was not entirely true, how can people believe everything that was passed down by scholars of the Han and the Jin dynasties?

However, most contemporary scholars consider what the Han-Jin people said as the final word, except for Master Zhu of the Song Dynasty, who occasionally corrected some mistakes of the Han-Jin people. Many people say, "The Han Dynasty was not far away from ancient times, so what the Han dynasty scholars said was surely based on solid grounds." And yet, was there nothing well-grounded in Han [Yu]'s and Du [Fu]'s poems? The history of ancient states is no longer extant, so if people only take the writings in annotations as truth, then the ancients will inevitably suffer millions of false considerations. Therefore, when I was writing my *Inquiries into Verifiability*, I had to examine the origins of Han and Jin statements closely to differentiate between true and false. In doing so, I did not intend to deprecate previous scholars, but to search for truth dispassionately.

12. Making Up for Inaccurate Memories

Mistakes appearing in Commentaries are usually caused either by different versions of a story or by inaccurate memories of an event. When two persons narrate events about a person, the two versions cannot coincide. One person's original interpretation of a speech may be distorted after it has been passed on by a number of persons. Thus, there are three Commentaries to the *Spring and Autumn Annals*, but the texts in these three Commentaries differ from each other because the stories were told differently.

In ancient times, books were written on bamboo slips, and not everyone had access to books. Since books were too heavy to be carried around, people had hardly any reference books at hand when they composed. For instance, although the author of *Records of the Grand Historian* copied texts from *Zuo's Commentary*, discrepancies abound between the texts in *Records of the Grand Historian* and those in *Zuo's Commentary*. This was caused by inaccurate memories. Mistakes of this kind are not irrational, so they are not surprising, and it is uncritical to devalue books that contain them. But some later people simply wanted to curry favor with the authors; they never commented on, but tried to smooth over these author's mistakes in order to satisfy both sides. As a result, they had made irretrievable mistakes. For example, the names of the nine states (jiu zhou) had been detailed in the "Yugong". But the *Institutions of Zhou* (*Zhou guan*), recorded Youzhou and Bingzhou as among the nine states, but not Xuzhou and Liangzhou. This was obviously wrong. However, somebody tried to explain this discrepancy by saying, "People of the Zhou Dynasty changed the names of the nine states in the Xia Dynasty, which explains the discrepancies in names." The *Book of Lexicon* (*Erya*) included Youzhou and Yingzhou, but not Qingzhou and Liangzhou. This record was wrong, and again somebody tried to smooth over the discrepancy by saying, "This record referred to the system of the Shang Dynasty." Wasn't this a grave error? Another example is that, in the *Zou Rites*, Duke Cheng's mother called Xinbo's mother *si*, and Bohua's wife also called Shuxiang's wife *si*. This was because *si* was a common address among women regardless of age. Duke Zhuang of the state of Wei married a woman named Li Wei from the state of Chen and Dai Wei, her *di* (younger sister). Earl Mu of the state of Meng married a woman named Dai Ji from the state of Lu and Sheng Ji, her *di*. All women who accompanied their elder sisters in marriage were called *di*. But the *Book of Lexicon* stated, "Elder women called younger women *di*, and younger women called elder women *si*." This was an obvious mistake, which people covered for by saying, "It's the women's age, instead of their husbands', that determined the elder and younger of the women." Wasn't that a grave mistake! When Zheng Xuan (127-200) annotated three *Rites*, whenever he came across discrepancies between Commentaries and Classic or between two records, he always explained that one was the ritual of the Zhou Dynasty and the other the ritual of the Shang Dynasty; or, one was the ritual of gentlemen (shi) and the other the ritual of grandees (daifu) . This is because he did not realize that one of the two must be incorrect. He tried to satisfy both sides, but ended up committing big mistakes.

During the Taikang time of the Xia Dynasty, the king of the state of Youqiong was named Yi. In the *Huainanzi*, there was a story about Yi shooting the sun in the time of Yao. Then somebody put it, "Yi was originally the name of an official of Yao, and Yi of the state of Youqiong just adopted this official's name."

In the *Book of Rites*, Duke Wen of Jin's uncle Zifan was addressed as Jiufan, but the *Anecdotes* mistook Jiufan for a person in the time of Duke Ping. Thus it was said that there were two Jiufans in Jin: one was in the time of Duke Wen, and the other Duke Ping. All mistakes of this kind are obvious to careful examiners, yet these errors are numberless. Before the Eastern Zhou in particular there were many more mistakes due to the remoteness of the past and the insufficiency of records. Hence, when I wrote my *Inquiries into Verifiability*, I dared not take the events recorded in either the books of the Warring States period or the Qin-Han era as true, or trust the annotations made by Confucian scholars in the Later Han Dynasty, or the Wei-Jin period. I had to trace the sources of all these records, to discern similarities and differences among them, to distinguish true from false, and then decide what to accept or reject. I would neither smooth over the mistakes of ancient writers, nor add anything to these books.

13. Two Different Records with the Same Origin

Often because of hearsay, one event was sometimes misrecorded as two different versions in the texts of Commentaries and Records. *Zuo's Commentary* states that during the Battle of Yanling, "while Han Jue [Jin's general] was pursuing the Earl of the state of Zheng, the Earl said to Han, 'You should not humiliate a head of a state anymore.' Han stopped pursuing him in response to these words. Later, when Que Zhi was pursuing the Earl of the Zheng state again, the Earl said to him, 'The person who does harm to the head of a state will be punished.' Que also stopped pursuing him." At that time, the state of Jin possessed four armies and the state of Chu three. Thus, the state of Jin had to dispatch three armies to fight Chu. But one army would suffice to fight a small state like Zheng. In this case, it was impossible that Jin split its armed forces and fought Chu and Zheng with two armies each. Hence, one of these two stories was obviously false. I later noticed that *Zuo's Commentary* also stated, "Que Zhi encountered Chu's armies three times." The annals of the twenty-sixth year of Duke Xiang in *Zuo's Commentary* said, "Zhong Xing, Er Que would surely defeat Er Mu." This meant that Que Zhi first fought the right army of Chu with his new army, and then joined this new army with the central army. Therefore, he had no chance to chase the Earl of Zheng—only Han Jue's army did.

The annals of the twenty-seventh year of Duke Xiang in *Zuo's Commentary* stated, "Qing Feng of Qi was sent to Lu on a diplomatic mission. Shu Sun satirized him when he saw Qing's magnificent wagon." Afterward, Shu Sun invited Qing Feng to dinner and Qing Feng behaved impolitely. On account of this, Shu Sun recited a satirical poem entitled "Look at the Rat" (Xiang shu). But according to the annals of the twenty-eighth year of Duke Xiang in *Zuo's Commentary*, Qing Feng fled to Lu and presented his wagon to Ji Wuzi. The wagon was so shiny that it could be used as a mirror. Zhan Zhuanzi satirized Qing Feng. Afterward, Shu Sun invited Qing Feng to a dinner at which Qing Feng offered sacrifices to gods. Because of this, Shu Sun asked the musician to sing a satirical song entitled "The Owl" (Maochi). These two stories resemble each other in content, but one must be wrong because it is irrational that Shu Sun invited Qing Feng to dinner, then recited the poem to satirize him because of the latter's impoliteness, and that the same thing happened again the following year.

Another example is that, according to *Zuo's Commentary*, Zheng was going to destroy You's family temple in order to bury Duke Jian. Zi Chan (?-522 B.C.E.) persuaded the state to give up this idea. Later, Zheng again attempted to destroy You's family temple in order to clear the ground for hunting. Again Zi Chan prevented his action. One of these stories must be untrue, because if Zi Chan had persuaded the state to abandon the idea of destroying You's family temple, why would the state try to do it again?

Zuo's Commentary, one of the earliest Commentaries, contains so many errors that we can well imagine what other books look like. For example, in one place, *Records of the Grand Historian* said that Duke Zhou asked to die for King Wu; but in another place, it said that Duke Zhou asked to die for King of Cheng. The first story was based on the Chapter "Jinteng" of the *Book of Documents*, and the second one on *Intrigues of the Warring States* (*Zhanguo ce*). However, the author of *Records of the Grand Historian* did not know that these two stories referred to the same event.

Another example of this kind is that the *Liezi* recorded that when Confucius was watching the river in Lüliang, he saw a man crossing the Yellow River. But the same book also recorded that when Confucius was riding a boat in Heliang, he saw a man crossing the Yellow River. Both records were based on an allegory in the *Zhuangzi*. However, some people emended these texts, and the forger of the *Liezi* mistook the records as two different things and recorded them in the same book.

Such errors abound in *Intrigues of the Warring States* and *Family Sayings of Confucius*. I will not list them all here. Clearly, one event was often recorded differently in two places. In certain cases, neither of these two stories was true. One of the romances of the Tang Dynasty describes a person who rubbed his hands with a pancake. Some believed that this person was Emperor Suzong (711-762), but others thought he was Yuwen Shiji. Another story described a person who was mistaken as somebody's stepson. Some believed that this person was Zhao Xu, and others thought he was He Ruliang. It would be a big mistake if we believed that the above-mentioned stories each dealt with two completely different matters. These examples show that there were many erroneous stories in books after the Han Dynasty due to incorrect transmission; these books should not be regarded as authentic documents.

14. Reconciling the Differences and Misunderstandings

Later scholars' works often tried to make up for minor errors in books written by earlier people, or made strained interpretive attempts to justify these errors. This usually led to grave and unreasonable mistakes. *Records on Ritual Matters by Dai Senior* (*Da Dai liji*) stated, "When King Wen was twelve years old, Boyikao, his first son, was born. King Wu, his second son, was born when King Wen was fifteen years old." But *Records on Ritual Matters by Dai Junior* said, "King Wen died at the age of ninety-seven; and King Wu died at the age of ninety-three." If both statements are correct, King Wu would have been eighty-four years old in the first year of his reign and reigned for only ten years. But *Preface to the Book of Documents* (*Shu xu*) stated that in the eleventh year of his reign, King Wu attacked Yin; and in the thirteenth year of his reign, King Wu asked Jizi about governance, according to the *Book of Documents*. These statements are all chronologically confused. Reluctantly, the annotators tried to remedy this by saying, "King Wen died at the ninth year of his reign, and then King Wu continued to use his father's reign. For this reason, the first year of Wu's reign can also be regarded as the tenth year of his father's reign."

The *Spring and Autumn Annals* stated that Duke Huan of the state of Qi died on the date *yihai* of the twelfth month, according to the calendar of the Zhou Dynasty, and was buried on the date *xinsi* of that month, or seven days after his death. However, since *Zuo's Commentary* adopted the Xia calendar, by which the year started from the eleventh month, so the date of Duke

Huan's death fell on the date *yihai* of the tenth month, and that was sixty-seven days from his funeral. Since this period from his death to his funeral was too long, the annotators forced it to mean that Duke Huan's corpse was so decomposed that even worms were crawling at the door of his burial-chamber. Such an explanation was totally unreasonable! Earlier people made these discrepant statements out of carelessness. They could never have imagined that later people would enlarge their careless mistakes to such an extent.

The above-mentioned examples were incorrect annotations resulting from prior errors. There was another type of annotation: although there had been no problem in the Classics themselves, the annotators misunderstood the meaning of the texts. Such annotations disagreed with other records, but the annotators were reluctant to admit their mistakes. They made up for discrepancies by forcing their interpretations in the hope of making their annotations acceptable. For example, as for *si yue* in the Chapter "Yaodian" of the *Book of Documents*, the annotators mistook *si yue* for four persons and interpreted it as such. Because this annotation did not conform to the texts which stated that there were twenty-two worthies, the annotators interpreted that only Ji, Xie, and Gaoyao were appointed, and that the regulation of watercourses and development of agriculture happened in the period of Yao. Another example was that the *Preface to Book of Documents* contended, "[King Wu] came back with Jizi." The annotators mistook this for another event taking place in the same year. However, since the battle against Yin did not happen in this year, they interpreted it as a military parade, and the action of crossing Mengjin, which appeared in the *Preface to Book of Documents*, as an event with no year recorded, only date and month.

This kind of mistake has many variants, but recurs enough so that no one could possibly get to the end of them. I have only cited several examples to show the general situation. Usually, scholars only knew what the words say, but did not see why they were wrong. Thus, they had to explain that they followed exactly the original text. How sad it is!

Consequently, when I was writing my *Inquiries into Verifiability*, I checked the mistakes in those annotations against the Classics, and also tried to determine how these mistakes had occurred. In this way, scholars can learn the truth through examination, and the texts of the Classics will not become distorted.

15. Pretending to Know What One Does Not Know

Confucius said, "When you know a thing, recognize that you know it, and when you do not know a thing, recognize that you do not know it." He also said, "I can still remember the days when a scribe left a blank space." The sages would certainly be pleased if people had knowledge of everything. But in reality, this is impossible. If one pretends to know what he does not know, he will inevitably be confused about what he really knows. Therefore, the person who claims to know it all does not know everything; while the person who admits that he does not know everything knows important things.

It is a long time since the period of the Two Emperors and Three Kings. Languages and terms which we use now differ from what people used then. Besides, since paper had replaced bamboo slips, and official script (lishu) had replaced the seal characters (zhuanshu), the texts had been reprinted and copied generation after generation. In consideration of all this, is it possible that all texts still remain authentic? Taking *Textual Criticism on Han Yu's Essays* (*Hanwen kaoyi*) for example, there are differences among the editions of the Palace Cabinet, Hangzhou and Sichuan; even the stone inscription edition (shiben) contained some mistakes. Another example is the *Collection of Du Fu's Poetry* collected by Song Qi, which differs considerably from the current edition. If this happens for the near past, imagine what happens with the texts of antiquity. Considering this, is there any harm in admitting one's ignorance? Some scholars wanted to cover up these differences by setting forth their own interpretations, but this made the ancient books more unclear.

By chance I once read the *Miscellany of the Cloudy Valley* (*Yungu zaji*) and discovered two things about Su Shi. Though both are trifles, they have great significance.

The first thing is that when Su Shi was passing by Qianzhou, he caught sight of a line of a poem which read, "Seeing the imperial edict of Phoenix-tail (fengwei) on the way, and heading instead to Tiger-head county" (hutouzhou). Hutouzhou here refers to Qianzhou. Because the characters of *hu* (tiger) and *qian* share the same radicals, Dong Deyuan said, "Qianzhou is popularly known as Hutouzhou." This is correct. But according to an annotator, "Hutou refers to Gu Kaizhi (345-406). Because Gu's home town was in Changzhou, Su asked to live in Changzhou." This only indicated the annotator's limited knowledge, for he did not know that Hutouzhou referred to Qianzhou. However, nobody is expected to read all books in the world. Thus, it is not a big problem to be ignorant of something, and missing something is not a big mistake. Yet when somebody pretends to know what he does not know, as in the case of Gu Kaizhi, a small discrepancy may lead to a big error. Few people of the Han Dynasty acquired solid evidence when they interpreted the Classics. They interpreted the Classics simply based on their own understandings, thus introducing a great quantity of the sort of mistakes mentioned above. Because the ancient books had been lost, no evidence was available to prove the incorrectness of those interpretations. Yet who would believe them all?

The second case was about a Han Dingci's story recorded by Su Shi (1036-1101) in the *Chit-chat of the Northern Dreamer* (*Beimeng suoyan*). By comparing the *Chit-chat of the Northern Dreamer* to *Su Shi's Collection*, we see that the second book mistook *muke* for *murong*, *yinbi zhipi* for *yinbizhipi*, *congrong* for *congke*, *jiangbiao* for *shibiao*, and *Li Mi* for *Xiao Mi*. All editions of *Su Shi's Collection* were like this, making the collection unreadable. There should be no errors when people of the Song Dynasty recorded what was happening right in their age. However, many mistakes were found, and we can only imagine how many more there are in the books written two thousand years ago, a time when there were no other books to corroborate them.

Thus, when writing my *Inquiries into Verifiability*, I put aside books that could not be verified, for I would rather leave out suspicious documents than confuse people with groundless statements.

16. Taking the Name and Foregoing the Actuality

Cizhou was known for its ceramics products. A person named Sun imitated the shapes from the ancient porcelain kilns of Ge, Ding and Ru to build his own ceramics kiln. After the ceramics were produced, he chose the good ones and buried them. Two years later, he dug them up and sold them to rich families in Beijing and Baoding. All those who saw the ceramics had no doubt about their authenticity. Sun thus profited tenfold.

Also in Cizhou, a Mr. Yang was best known as a tobacco retailer. The price of tobacco in his shop was higher than that of others. Nevertheless, his shop was always packed with customers. Sometimes, when demand exceeded supply, Mr. Yang would get tobacco from other shops and then stamp on his own brand. People all thought that this brand of tobacco was of good quality and did not mind paying a higher price. This example indicates that what people paid attention to was the brand of a product rather than the real quality of that product.

Zheng Xuan was one of the famous Confucian scholars in the Eastern Han. His annotations to the Classics were certainly not all correct, but not wholly false either. However, to show his own superiority, Wang Su attacked Zheng by every possible means. Nevertheless, the generally acknowledged truth can never be annihilated, and it was finally proven that Wang Su was inferior. Wang's followers picked up texts from works of scholars of the Hundred schools, and concocted the *Old Text Book of Documents* and *Family Sayings of Confucius* to deceive others in an attempt to spread Wang Su's interpretation. By the time of the Sui and the Tang dynasties, Liu Zhuo (544-610), Kong Yingda (574-648) and the like ignorantly commended these two books. Since then, Zheng Xuan's learning has gradually been forgotten, and his works have been lost. Doubtlessly, later scholars believed in the books written by Wang Su and his followers.

Alas, the Classics of the sages are like the sun and the moon, and can be valued as gold and jade. How could forgers plunder them? However, when today's scholars learned that these books were supposed to be Classics, they would say nothing negative about them. Because they appeared under the pretense of "sages' words," people dared not pass negative judgment on them. Though a few scholars expressed suspicion, they offered nothing but distorted interpretations. This resembles the cases of those rich people who bought ceramics from Sun and overpriced tobacco from Yang.

Sima Qian lived in the time of Emperor Wu of the Han Dynasty, but many events in the period of the Emperor Yuan and Emperor Cheng (48-5 B.C.E.), which followed the era of Emperor Wu (140-87 B.C.E.), were narrated in *Records of the Grand Historian*. Liu Xiang lived in the Former Han Dynasty, but people of the Eastern Han appeared in today's *Biographies of Famous Women* (*Lienü zhuan*) by Liu. Was it possible that both were capable of seeing the future? Or were forged texts added into their books by later people? *Records of the Journey to the Zhou and the Qin* (*Zhou Qin xingji*) was written by Li Deyu's (787-849) retainer, but ascribed to Niu Sengru (779-847). The *Blue Cloudy Horse* (*Biyun xia*) was written by a villain who tried to slander gentlemen, but was ascribed to Mei Yaochen (1002-1060). Everywhere, we can find such misattributions. How can we believe these books just because of their signatures?

Dong Zhongshu (179-104 B.C.E.) of the Han Dynasty sent a memorial on disastrous portents, and Emperor Wu issued it to the ministers for discussion. Lü Bushu, Dong's student, did not know that the memorial discussed was written by his mentor, so he said the memorial was a stupid work. Hence, the Emperor ordered Dong brought before a tribunal for interrogation. If he had known that it was his mentor's work, Lü would have valued and believed it; but as it was, he despised and smeared it without regard for its content.

It is easy to distinguish heresies of the Warring States period, for Yang Zhu and Mozi were other names for heresies. However, it is difficult to distinguish the heresies of the Han Dynasty, and people sometimes did not recognize the heresies, because they were interspersed in the Commentaries and Records. To detect heresies during and after the Tang and the Song dynasties is particularly difficult, and people usually refuse to admit heresies as such, because they have been passed down as the sages' words. Accordingly, I hold that in reading the Classics, one should not believe anything blindly just because they are Classics, but one should strive to arrive at the meaning of the sages. If one knows well the profound and elegant traits of the sages' writing, it will be difficult for forgers to pass off spuriousness as authenticity. Alas, it is not easy to explain this clearly to people.

17. Ancient People Slandered by Forged Books

Since the Ming Dynasty, Confucian scholars had always criticized Lu Xiangshan (1139-1193) and Wang Yangming (1472-1529) for their Confucianism in appearance and Buddhism in reality. These scholars, however, seldom made any efforts to examine the authenticity of the *Book of Documents* and *Family Sayings of Confucius*. In my opinion, Lu Xiangshan and Wang Yangming were biased in their attempts to establish their own theories, but they did not do any harm to the sages' Classics. This can be compared to a situation in which governors and district magistrates did not abide by the law and policy of the court, but made decisions according to their own will. Yet such behavior was not harmful to the court itself. It is quite another story if somebody fabricated the Classics and Commentaries, for the sages' deeds would be completely distorted and might never be recuperable. This is as if a powerful minister wielded power and dominated the country in the emperor's name, so that people of this country gradually and unconsciously became accustomed to the rule of this minister. This would be an issue of great importance, because it would jeopardize the safety of the country.

Niu Hong (545-610) of the Sui Dynasty sent a memorial asking the imperial government to purchase the books lost throughout the country. Hearing this, Liu Xuan (546-613) forged more than a hundred volumes of books entitled respectively the *Book of Changes in Lianshan* (*Lianshan yi*) and *Records of Historians from Lu* (*Lu shiji*), and then sent them to the imperial government. Only later, when someone brought this case to court, did people learn that these books were forgeries. Chen Shidao (1053-1101) also asserted that Wang Tong's *Tracing the Origin of the Classics* (*Yuanjing*),

Wu Ziming's *Commentary on the Book of Changes* (*Yizhuan*), and Li Jing's *Questions and Answers* (*Wendui*) were all concocted by Ruan Yi, because Ruan once wrote Su Xun confiding about his forgeries. It was a common practice in the past for scholars to forge ancient books. Therefore, modern scholars must do careful examination and verification to distinguish spurious books from authentic ones. Only by doing so can the true meaning of the sages be obtained. How can we believe lightly that all books are authentic?

Fabricated books indeed confused people, but in some cases, people confused themselves: without knowing the authors of certain books, they praised these books and believed them the work of the sages. In other cases, people collected various texts and interpolated them into ancient books. For example, Zhuangzi (369-286 B.C.E.) lived in the early Warring States period, but in his book, there was a statement about Chen Chengzi of the late Warring States period belonging to the twelfth generation of the state of Qi. Likewise, the *Kong Congzi* was believed to be the work of Kong Fu, though it recorded events that occurred several generations after Kong Zang (Kong Fu's grandson). Obviously, these words did not come from Zhuang Zhou and Kong Fu. Such cases are countless among ancient books, but people are credulous and do not examine them carefully.

Hence, I once said that among Confucian scholars in and after the Han Dynasty, besides Zhu Xi, the most accomplished is Zhao Qi (108-201), and the least reliable include Zhang Yu of the Han Dynasty, Liu Zhuo and Liu Xuan of the Sui Dynasty, Kong Yingda of the Tang Dynasty, and Wang Anshi of the Song Dynasty. Why? Because Zhao Qi excised the four additional chapters from the *Mencius* (*Mengzi*) which did not belong there, thus purifying the book so that it would not be marred by heresy. So he indeed made a great contribution to the sage's Classics. However, Zhang Yu put the annotations of the *Analects of Qi* into the *Analects of Lu*. Since scholars vied with each other to read Zhang's annotation, the previous editions of *Analects* from the early Han Dynasty were abandoned. Liu Zhuo and Liu Xuan were overwhelmed with novel ideas after they obtained the *Spurious Book of Documents* (*Wei Shangshu*) from the Jiangsu area, so they embraced this forgery. Kong Yingda followed by Liu Zhuo's and Liu Xuan's footsteps, commented on the *Spurious Book of Documents*, and further made it imperial edict authorized as test material for the civil service examinations. As a result, the deeds of ancient emperors and sages were mischaracterized by fallacy for more than one thousand years. While there were many wise men during this span of time, none was courageous enough to express his own ideas. A handful of persons are responsible for this situation.

After figuring out the intention of the Emperor Shen of the Song Dynasty, Wang Anshi implemented a policy of extorting money from the people. However, fearing criticism, he venerated the *Zhou Rites* (*Zhou li*) by claiming it was written by Duke Zhou, and misinterpreted it to bolster his position. Later, Cai Jing (1045-1126) carried on this legacy, which finally led to the tragedy of national subjugation during the reign of Jingkang. As a consequence, Duke Zhou was slandered by posterity. The degree of damage caused by Lu Xiangshang and Wang Yangming was not as serious as that of Wang Anshi. Later scholars will judge who is more harmful.

18. "Arguing about As If in Buying Vegetables"

People in the past asked, "Are you arguing about as if in buying vegetables?" This saying means that quality is more important than quantity. The *Collected Work of Han Yu* (*Han Changli wenji*) was compiled and revised by Li Han. In the preface he claimed, "I collected all articles left by Han Yu and not even one of them was missing." This statement is as clear as can be. However, some busybodies composed another *Additional Collection of Han Yu* (*Waiji*). Why did they do that? Chen Zhensun (1190-1249) explained it in the *Colophon of Book Records* (*Shulu jieti*),

> Master Zhu corrected and revised different editions of Han Yu's works and finalized them as one version. He provided many new explanations that benefited later scholars. However, the author of the *Appended Collection of Han Yu* chose Fang Songqing's edition plus *Dadian* and two other books. The original intention of the author was to publicly identify the forgeries; but he was not aware of the fact that the book itself was a particular forged one. Fang, of course, was not worth criticizing se-

> riously. Master Zhu was the most discriminating scholar of the age; his approval of a work like this is hard to understand. For instance, the *Appended Collection* (*Waichao*) said, "It was printed in Lingshan Temple of Chaozhou." But at the end of the same book, it said, "The Deputy Minister of Personnel Ministry, and Regional Chief of Chaozhou." Han Yu was demoted from Deputy Minister of Punishment to a lower rank in Chaozhou, and transferred from the Ministry of War to the Personnel Ministry. Thus, people generally addressed him as "Mr. Han of Personnel Ministry." What a ridiculous mistake. Another example is that the *Additional Collection* cannot be found in the Collected Works of Han of Chaozhou's edition. If there were carved characters in Lingshang Temple, why is it not included in the collection before it was printed? It is thus clear that the *Additional Collection* was fabricated.

From this we can say that we later people should follow the original meaning of the ancients and not misrepresent them. We cannot add materials to what has been recorded. The words and actions of Confucius recorded in the *Analects* are numerous enough. People in the past once said that with mastery of half *Analects*, you can manage the country well, not to mention the whole book! As a result, if scholars wish to put Confucius' examples into practice in hopes of becoming sages themselves, they have only to study this one book. But some scholars were not satisfied by merely doing that, so they supplemented it with the *Sayings of the Confucian Circles* forged by people of the Jin Dynasty. Still dissatisfied because the selections in the *Family Sayings of Confucius* are not comprehensive enough, they selected passages from heterodox and purely fictional works to make up the *Collected Family Sayings of Confucius* and the *Lesser Analects* (*Lunyu waipian*) to supplement their studies. They never minded whether the sources were reliable or not, but simply thought the more the better. Alas, this violated the principle of "buying for quality."

When I was in Fujian, I once read a person's (I forget his name) collected works. He composed and edited this collection by himself. In its preface, he said,

> Later, if anybody tries to add one chapter or two to my collection and calls it an *Additional Collection*, I will definitely know it even if I have died. Then I will change into a ferocious demon to punish him.

Alas! That the thought of an *Appended Collection* could cause a scholar to make such a statement should stop forgers and guide them to the right path! When I was writing my *Inquiries into Verifiability*, I followed the principle of putting quality before quantity. Even if the texts would not degrade the Classics, I still used them as reference only. I would rather omit some of the ancients' fine deeds than have them suffer slander later. By doing so, I will not be punished by a ferocious demon.

19. Unreliable Accounts in the *Mencius*

Even in the Classics, there are often exaggerated accounts. For example, Mencius quoted from the Chapter "Wucheng" of the *Book of Documents*, "The blood spilled was enough to float staves," and from the Chapter "Yunhan" of the *Book of Songs*," of the remnant of the Zhou, among the black-haired people, there will not be half a man left." Mencius also quoted from the Chapter "Migong" of the *Book of Songs*, "We should punish those of the states of Jing and Chu, so that none of them will dare to withstand us." These accounts were too unreasonable to mention. In the Warring States period, this kind of exaggeration was popular, and people like Chunyu Kun, Zhuang Zhou, Zhang Yi, and Su Qin used florid language to exaggerate facts. Similar cases can even be found in the *Mencius*, such as the story of Shun who "was sent to repair the barn and dredge the well"; who "got married without telling his father"; and the story of Yi Yin who "went to Tang and Jie five times each." These accounts probably appeared for good reasons originally. However, the original events were surely not like these; it's just that the transmitters related these accounts by adding something. By and by, without arousing readers' suspicious, they became grossly inflated.

There are misstatements in the *Mencius*, such as the ones that assert that because King Wen had no time to eat and dared not spend time hunting, his park was only seventeen square kilometers, and that it was Duke Zhou rather than King Wu who made Guan Shu overlord of the Yin people. These mistakes were probably caused either because Mencius was too busy to select carefully or because recorders lost parts of his original account, though we do not know which. Therefore, we cannot treat these accounts as reliable. It was said that the seven chapters of the *Mencius* were records of Mencius' students. They only recounted the general meanings of Mencius, so we should not treat the *Mencius* as what Mencius said at that time. Since the *Mencius* was transmitted in this way, it is full of informal accounts.

This resembles what Cai Cheng did. In his *Commentary on the Book of Documents*, Cai Cheng said that *Records of the Grand Historian* stated that Red Tiger (zhu hu), Bear (xiong), and Brown Bear (pi) were all Po Yi's assistants. In fact, *Records of the Grand Historian* mentioned Yi, but never called him Po Yi. However, Cai followed the common custom without being aware of its erroneousness. Thus he took it for granted that Po Yi was the name used in *Records of the Grand Historian*. All in all, when scholars deal with ancient texts, even the Classics and sages' words, they should examine the original meanings carefully and objectively and not allow the letters to kill the meanings. As for the words in miscellanies and fictions, how can we take them for truths!

20. Commentaries and Records Should not be Mingled with the Classics

The Commentaries are truly elegant, but they cannot be mingled with the Classics; Records too are elegant, but cannot be equated with theClassics. There are clear distinctions of purity and impurity between Commentaries, Records and the Classics. The *Miscellany of Qu Terrace* (*Qutai zaji*) was composed by scholars of the Warring States period, the Qin and Han dynasties. There were accounts reflecting the sages' ideas, but there were also many strained and unreliable statements. Though the texts of *Records on Ritual Matters by Dai Senior* and *Records on Ritual Matters by Dai Junior* were revised several times, there was still much room for improvement. For instance, in chapters like "Tangong," "Wen Wang Shizi," "Jifa," and "Ruxing," there were so many mistakes that they certainly could not be taken as examples. The Chapter "Monthly Ordinances" was based on sayings of Yin-Yang theorists, and the Chapter "Mingtang wei" contained words that slandered the sages. Ironically, later people still adopted them into *Records on Ritual Matters by Dai Junior* and titled them the *Book of Rites*. How to explain this?

The contents of *Zhou Rites* were extremely heterogeneous. Since there were no records of Zhou rites during the Warring States period, obviously the records in this book were hearsay, strained interpretations, and farfetched analogies. Zheng Xuan, however, believed and annotated the above-mentioned books. Hence scholars adored the *Zhou Rites*, and called it, together with *Ancient Classics of Rites* (*Gu lijing*), *Three Records of Rites* (*Sanli*). During and after the Wei-Jin era, the *Zhou Rites* together with other Classics, became required texts in schools. By the time of the Tang Dynasty, the *Zhou Rites* was used as a subject test for civil service examinations. Consequently, superficial annotations of this kind were valued by later Confucian scholars as highly as the *Book of Songs* and the *Book of Documents*. More ridiculous still, Kong Yinda's (574-648) *Correct Meaning of the Five Classics* (*Wujing zhengyi*) listed *Records on Ritual Matters by Dai Junior* as one of the *Five Classics*, but did not list the *Classic of Ritual* (*Lijing*) composed by earlier Confucian scholars. Gradually, scholars gave up the *Classic of Ritual* and adored *Records on Ritual Matters by Dai Junior* instead. Subsequently, the institutions of Duke Zhou and the deeds of Confucius are jumbled and hardly verifiable. This was a typical example of putting the cart before the horse. Even Master Zhu, famous for his meticulous scholarship, put together the "Great Learning" (Daxue), the "Doctrine of the Mean" (Zhongyong), the *Analects*, and the *Mencius*, and called them jointly the *Four Books* (*Si shu*). Thereafter, scholars valued these two chapters ("Great Learning" and "Doctrine of the Mean") higher than such Classics as the *Book of Songs*, the *Book of Documents*, and the *Spring and Autumn Annals*. Thus, gentlemen should be very careful when they are engaged in their studies.

21. Mistakes Made by Master Zhu

Master Zhu's *Original Meaning of Book of Changes* (*Yi benyi*), and the *Collected Commentaries to Book of Songs* (*Shi jizhuan*), mainly followed earlier interpretations. He made changes in a few places where he had special opinions. Why do we say so? Here are some examples. With respect to the term "Gugong Danfu" in the *Mencius*, Zhao Qi defined it in his annotation as the name of Tai Wang, as did Master Zhu in his commentary—"Tanfu was the name of Tai Wang." As to the same term in the Chapter "Daya" of the *Book of Songs*, Mao Heng stated in his annotation both that Danfu was Tai Wang's name and also that Danfu was his style, and Master Zhu followed suit, "Dangfu is the name of Tai Wang, or some say his style." These examples illustrate clearly that Master Zhu followed the former annotations.

In the explanation of the poem "Chihao" in Chapter "Binfeng" of the *Book of Songs*, Master Zhu applied the forged annotation of the *Book of Documents* by Kong Anguo (ca. 156-74 B.C.E.) to explain "living in the east" (ju dong) as "the Eastern Expedition" (dong zheng). Thus he believed this poem was composed after the East Expedition. Later, in his letter to Cai Cheng, Master Zhu admitted that his interpretation of this poem was wrong. Hence, Cai Cheng adopted a new explanation in his *Commentary on Book of Documents*. This shows that although Master Zhu followed former interpretations, he did not always stick to his own views.

Among current scholars, those who pride themselves on seeking novelties usually respect Confucian scholars of the Han Dynasty and disparage Master Zhu, but they do not know that many of Master Zhu's mistakes came from the annotations of the Han scholars. By contrast, overcautious scholars usually respect Master Zhu excessively, and often say, "How could Master Zhu make any mistakes!" However, they do not know that Master Zhu never thought of himself as infallible.

Mistakes can be found even in Master Zhu's interpretations. For example, Duke Wen of Wei died in the twenty-fifth year of Duke Xi of Lu, but in the twenty-sixth year of Duke Xi, the name of Ning Zhuangzi still appeared in the [*Spring and Autumn*] *Classic*. Thus, Wuzi could not have served as an official for Duke Wen. However, when Master Zhu annotated the chapter "Ning Wuzi" of the *Analects*, he said, "It was the time of Duke Wen and Wu of Wei when Wuzi held the position. Since the Way prevailed in the reign of Duke Wen, Wuzi could offer no useful service." This account is wrong.

A person's energy is not without limit. Master Zhu served as an official in the court and at the same time taught many students. Therefore, he had little leisure time. Even so, he wrote more than a hundred volumes of books, so it was inevitable that he followed wrong interpretations of earlier people without correction. It was also inevitable that he occasionally made mistakes due to careless textual research. A saying fits this situation perfectly, "Even the wise men are not always free from error." However, Master Zhu was superior to others in that he did not insist on his own views. Thus, scholars should neither rashly criticize Master Zhu because he made a few incorrect interpretations, nor defend his mistakes.

22. The Later the Era, the More Complex the Selection

Generally speaking, earlier people valued essentials while later people esteem erudition. The earlier the time, the more circumspect scholars are about selection, the later the time, the more indiscriminate. Thus, when Confucius wrote a preface to the *Book of Documents*, he started from Tang and Yu; and Sima Qian started from the Yellow Emperor (Huangdi) when he wrote *Records of the Grand Historian*. Yet both deleted the texts that were not reasonable and reliable from their works. Since modern times, scholars started from Baoxi or Tianhuang in books like *Abstract for the Outline of History* (*Gangmu qianbian*) and the *Quick Reference to the Outline of History* (*Gangjian jielu*). Some even started from Pan Gu for the creation of the world, and included everything, even those details which were not reasonable and reliable. Thus came the expression: the later the time, the more complex the selection.

Some examples are as follows:

(1) Before Guan Zhong died, he predicted that Shu Diao and Yi Ya would interfere and disturb the government; he also criticized Bao Shuya's and Bin Xuwu's behavior. Confucius had no idea of this, but Su Xun did. So Confucius praised Guan Zhong and said, "He was so kind that people still benefit from his charity." But Su Xun blamed Guanzi for failing to recom-

mend wise men.

(2) The *di* rite was a sacrifice, in which a clan would make offerings to their god at the shrines of their earliest ancestor; the earliest ancestor was admitted to accompany the god in the temple. None of Zuo Qiuming, Gongyang Gao, and Guliang Chi knew about this ceremony, but Zhao Kuang of the Tang Dynasty did. Hence, the *Three Commentaries* (*San zhuan*) thought that offering a propitious sacrificial rite in less than three years was a kind of reproach; only Zhao Kuang believed that *di* rite offered sacrifices to King Wen of the Zhou instead of Duke Zhuang [of Lu].

(3) Li Ling (?-74 B.C.E.) of the Han Dynasty wrote a letter to Su Wu (140-60 B.C.E.) known as *The Second Reply to Su Wu* (*Chongda Su Wu shu*); in addition, Li Ling and Su Wu presented each with their own poems. Ban Jieyu (48-6 B.C.E.) wrote a poem entitled *Round Fan* (*Tuanshan*), and Yang Xiong (53 B.C.E.-A.D. 18) wrote *Denouncing the Qin Dynasty and Praising the Xin Dynasty* (*Ju Qin mei Xin*). Sima Qian (145-86 B.C.E.) and Ban Gu (32-92) did not know all of these, but Xiao Tong (501-531) of the Liang Dynasty did. Thus, not even a word about these above-mentioned works could be found in *Records of the Grand Historian* and the *History of the Former Han* (*Hanshu*), but they were included in the *Anthology of Literature* (*Zhaoming wenxuan*).

It thus can be said that later people possess far more knowledge than ancient people did. Ancient people read nothing but the Classics. Later on, although annotations appeared, they did not completely believe these annotations. However, later people read extensively, including the works of the Hundred Schools, novels, historical romances and legends of the Han and the Tang dynasties. The appearance of the *Zhuangzi*, the *Liezi*, the *Guanzi*, the *Hanfeizi*, *Mister Lü's Spring and Autumn* [*Annals*], and *Anecdotes*, revealed many omissions in the Classics. And since the appearance of the *Romance of the Three Kingdoms* (*Sanguo yanyi*), the *Romance of the Sui and Tang Dynasties* (*Sui Tang yanyi*), the *Romance of the Former and Later Han Dynasties* (*Dong Xi Han yanyi*), the *Romance of the Eastern and Western Jin Dynasties* (*Dong Xi Jin yanyi*), as well as legends and novels, history was shown to have many omissions. No wonder that when later people wrote books, they asserted their superiority to the ancients.

In a modern novel, a poem describes relations between Confucius and two mulberry-picking girls as follows, "The branches facing the south are slim and those facing the north are long. Confucius would suffer starvation when he got to the state of Chen. The bright pearl in nine curves could not be passed through. You should turn around and come to me, the mulberry-picking girl." This poem was regarded as the origin of seven-character poetry (qiyan shi) rather than the poem "Boliang." However, insightful people had already denounced the latter as a forgery. These people even placed the origin of the heptasyllabic verse several hundred years earlier than the poem "Boliang," in the Spring and Autumn period. Alas! Ancient people simply would not imagine that the learning of later people had developed to such an extent!

23. Quibbling over Spurious Issues Instead of Pursuing the Truth

Two persons boasted of their good eyesight despite the fact that both suffered from nearsightedness. A rich man in the village was going to hang a horizontal plaque above his door the next day. He invited both men to his house and read aloud the characters on the board to test whose eyesight was better. Being afraid of failing to see the characters clearly the next day, Mr. A sent a person the previous night to find out what the big characters were on the board. Mr. B also sent a person to find out what the small characters were. The next day, when they came to the front of the rich man's door, Mr. A pointed his fingers upward and read, "The big characters are so and so." Then Mr. B also pointed above the door and said, "The small characters are so and so." Mr. A did not believe that Mr. B could see the small characters. Thus he called the rich man and asked him with his fingers pointing upward, "Did I read correctly?" "You did," answered the rich man, "But the board has not been hung up yet, and there is nothing above on the door. I'm wondering what you two gentlemen are talking about." Alas, if they could not even tell whether there was a board of several feet long, how could they manage to see the characters of just a few inches on the board? This example shows that people are apt to make big mistakes by randomly repeating others' words.

Another example of this kind can be found in the "Biography of Yue Yi" of *Records of the Grand Historian*. The "Biography" said, "Yue Yi sojourned in Qi state for five years. During that period, he conquered more than seventy cities. However, only cities of Lü and Jimo did not yield to Yue Yi." This record tells that after the king of Yan state returned home, Yue Yi attacked the Qi state every day and seized one city after another, accumulating to more than to seventy cities in five years, except Lü and Jimo. It was not surprising that he had seized more than seventy cities, all except two, in a period of five years.

There are several different interpretations on this passage. First, Xiahou Taichu intended to show the virtue of Yue Yi and explained that after having seized more than seventy cities, Yue Yi stopped attacking for five years in hope that he could win them over by means of benevolence and righteousness. Second, Su Shi blamed Yue Yi for conquering Qi by benevolence and righteousness and said that Yue Yi stopped his military campaign for five years, thus spoiling his previous efforts. Later, Fang Zhengxue (1357-1402) held that neither Xiahou Xuan nor Su Shi was correct. He interpreted the record in this way: at first Yue Yi did not intend to make Qi surrender by way of benevolence and righteousness. He became so arrogant after he had seized more than seventy cities that he besieged the two cities without conquering them for five years. All of the above-mentioned arguments sound reasonable—the problem is that all argue about an event that never occurred. As in the story where two men read aloud "big, or small, characters such and such," there was nothing in reality to read.

Generally speaking, literati are fond of commenting on the rightness or wrongness of the ancients regarding a matter, but negligent in examining the truth or falsehood of this matter itself. In my opinion, only after the nature (i.e., truth or falsehood) of a matter is determined, should literati comment on it. Accordingly, when I was writing my *Inquiries into Verifiability*, I tried to determine the truth and falsehood of an event before discussing the rightness or wrongness of it. This is indeed the meaning of "getting the fundamentals right."

24. Book Readers and the Circle of Antiquity Critics

Alas! Neither in the past nor the present has there ever been any lack of people who read books. Leaving alone those who seek wealth and rank from civil service examinations, even wise and high-minded scholars have drifted with the current tide. For stressing literary talent, even a five-character verse was worked out after repeated deliberation. For valuing erudition, even knowing some literary quotations would be admirable and make known to everyone. Those who attended to extensiveness of knowledge took excursions to different places. These people would only gain respect if they kept pace with prevalent views. In order to be respected, many people exhausted their energies and spared no pains.

Only Confucian scholars of the Song Dynasty valued real learning. Most of them, however, were engaged in the study of nature and principle as the learning of the Way, and at most twenty percent of them were involved in the examination of ancient and modern times. In the Ming Dynasty, learning became increasingly heterodox. By Ming times, scholarship had grown so heterodox that if one hoped to write anything important he had to be conversant with Chan Buddhist doctrines and to interlard his library shelves with Buddhist books. This was regarded as elegance and good taste. Nobody cared about the many absurd interpretations of events of Tang, Yu, Three Dynasties and deeds of Confucius being passed down.

Since people study to become better humans, they will not exhaust themselves or spend years in impractical studies. What is more, common people may be scared by brilliant opinions and may feel intimidated by witty remarks. Scholars with brilliant opinions and witty remarks suffer sneers or slanders. Therefore, nobody, not even the silliest person in the world, would like to be engaged in the study of antiquity.

Even so, there were still a few people in modern times who engrossed themselves in the study of antiquity. I once read the postscripts by Hong Mai for Zhao Mingcheng's (1081-1129) *Records of Inscriptions on Bronze and Stone* (*Jinshi lu*) and Huang Changrui's (1079-1118) *Further Studies of the Eastern Shrine* (*Dongguan yulun*). I never fail to remark with a sigh that the breadth of learning and diligence of research of these former scholars is a hundred times greater than mine. By the detail on a plate or a vase, some minute point about a goblet or a ladle, they declare, "This is Zhou," "This is Qin," "This is Han." The preface to *Essay on the Orchid Pavilion* (*Lanting xu*) and the calligraphy of Wang Xizhi surely had no connection with the practical do's and don'ts of human affairs, and yet scholars ask, "Which is the genuine text?" "Which is the forged text?" So thorough is their research and so discriminating their judgments. Only when it comes to affairs of the rulers and sages of antiquity, which are directly concerned with morals and the human heart, will people listen to anything others say without discriminating between truth and falsehood. Why should this be? In order to repair some of the omissions of former scholars and supplement certain of their defects, I have written this book, the *Inquiries into Verifiability*, which I hope will not be found entirely useless.

II. Contents (Zongmu)

25. On the Methodology of Examining Ancient Books

Each period distinguishes itself with its unique style of literary expression (wen): the style of Tang and Yu times, the Three Dynasties, the Spring and Autumn period, the Warring States period, the Qin-Han era, and the Wei-Jin period. The ways of doing things (xingshi) differ from one period to another as well. Thus, when people of the Warring States period narrated events which took place in the Three Dynasties, they reveal in their narrations manners of expression that were popular in the Warring States period; so too do writers of the Qin and Han dynasties treat events which took place in the Spring and Autumn period. The author of *Records of the Grand Historian* recorded verbatim the texts of the *Book of Documents* and the *Spring and Autumn Annals*; however, he could not avoid mixing in vocabulary of the Qin-Han era. The author of the *Spurious Book of Documents* made an extreme effort to copy the literary forms of the Tang time, Yu time, and the Three Dynasties, but he still could not break away from the mannerism of the Jin Dynasty.

The reason is simple: people are accustomed to the language and way of expression of their own times. When they speak and write, they will be driven unconsciously by the force of habit, etc. Instances of this kind are easy to notice if one observes with a little care.

One such example is as follows:

In the Song Dynasty, a person brought a property lawsuit against his nephew. The case lasted for almost twenty years without resolution. Zhao Shanjian asked Zhang Hao to handle this case. The accuser said, "In the thirteenth year of the Shaoxing reign (1143), my cousin got many silver coins and paper money by selling our ancestor's property. He then invested all the money into [his own] business, and signed a contract with me, stating that he was to return the money in full on the due date." Zhang Hao then said, "Paper money was not circulated until the thirtieth year of the Shaoxing reign (1160), so it was impossible that in the thirteenth year of Shaoxing your cousin already had any paper money. Your contract is obviously a fake." Hence the case was concluded. Zhang Hao was well known at that time for his knowledge of examining antiquity, and he was not specialized in administrative office work. So how could he successfully handle a lawsuit? He could because the study of antiquity and the investigation of legal issue share similar principles. In *Commentary on Book of Changes* (*Yizhuan*), Bao Xi was addressed as King when he should be addressed as "Emperor"; in Cai Cheng's *Commentary on Book of Documents* (*Cai zhuan*) when Cai Cheng quoted *Records of the Grand Historian* he preceded Yi with Bo. All these cases show that the writers unconsciously write out of habit.

In his annotation, Du Yu (222-284) said that "Sanfen," "Wudian," "Ba-suo," and "Jiuqiu" mentioned in *Zuo's Commentary* were all titles of ancient books. After the appearance of the *Spurious Preface to the Book of Documents* (*Wei shuxu*), *Mr. Lin* [*Qizhi*]*'s Commentary* (*Lin zhu*) provided the origins of all these titles. There was no other reason but that literary expressions should conform to their time. People of the Han Dynasty had a special interest in Apocrypha, so they used the terms "*wuliu*" and "*huofu*" to show the early appearance of lucky signs in the "Grand Oath" (Taishi). People of the Jin Dynasty favored antithesis in writing, so in their forged "Grand Oath" they used terms "hack legs" (zhuojing) and "rip open hearts" (poxin). The Oaths and Commands did not contain accounts about the Two Emperors (Er di), but the *Spurious Book of Documents* had an oath-taking rally held prior to attacking the Miao in Yu's time; pledges should not have the accounts about Three Kings, but *Lü's Spring and Autumn Annals* included a description of the Pledge in Sinei during the time of King Wu. Furthermore, Wang Tong's *Inquiry into the Classics* was supposed to be from the Sui Dynasty but used the personal names of the Tang Dynasty. From these examples we know that those who try to attribute authorship to ancient people cannot help but give themselves away.

Critical scholars of antiquity, by practicing deductive reasoning, can catch the forged parts of a book. Why are so many scholars fooled? First, they are careless and frivolous, so they do not trouble themselves with testing the authenticity of ancient books. Secondly, they read for the sake of remembering so they can find things to use in examination essays. Therefore, they do not bother to test the authenticity of ancient books. Thirdly, they idolize and maintain preconceived ideas about ancient books. Even if they suspect these books, they would rather misinterpret them than acknowledge their falseness. The lawsuit about the paper money exemplifies this. The paper money was not issued till the thirtieth year of the Shaoxing reign. This fact was known to all people at that time. Even if somebody did not know this, it was easy to find out. However, the lawsuit lasted at least twenty years. More ridiculous, *zhongxing* recorded in the "Monthly Ordinance" (Yueling) obviously referred to a degree of the zodiac in the Warring States period, and even people with little knowledge of the calendar could tell that; however, since the record was included in *Spurious Zhou Documents* (*Wei Zhoushu*), people regarded this as the system of Duke Zhou. Alas, this is the reason that I must write the *Inquiries into Verifiability*.

26. High Wisdom and Low Learning

Scholars generally have written eight-legged essays since the late Ming Dynasty. They bought books and articles with annotations of the *Four Books* and worked diligently at decoding them. They treasured these works and believed that they were secret formulas for success. They read nothing but these books. Only one or two out of a thousand of such people read for reasons beyond writing eight-legged essays. But even these few people only pose as literati, regarding a good memory as erudition and poetry composition as a display of refinement. Only one or two out of a thousand of such scholars read not simply for remembering ornamental phases, and even these few people posed their learning as the study of the Way. The solidest of these respected stuck only to the learning of the Cheng brothers and Master Zhu, while the flightiest ones impudently preferred the learning of Wang Yangming and Lu Xiangshan. However, the investigation revealed that most of their theories were earlier people's clichés—the liberals merely picked up the leftovers of Zhuangzi and Buddhists, and the conservatives echoed Song scholars' superfluous arguments about the human nature and principle (xing li). There was seldom anyone who really understood the Classics and studied what was really practical. This illustrates how difficult it was to be engaged in learning.

Since I began to study the Classics and the *Mencius*, I found that the language in these books was simple, unadorned, and usable in daily life. These works could be applied to both cultivation of oneself and administration of the country, like cloth, food and vegetables that human beings could not do without. By comparison, the Learning of the Mind-and-Heart and Human Nature that Confucian scholars always talked about was nothing but loud and empty talk without realistic meaning, like colorful paper that could make beautiful clothes but could not be worn to keep away from the cold.

Mencius said, "The Empire has its basis in the state, the state in the family, and the family in one's own self." Mencius' remark is based on the meaning of the seven sentences beginning with "being able to make his virtues illustrious" (keming junde) of "Yaodian" in the *Book of Documents*.

The "Great Learning" extends its meaning to "regulating one's heart (zhengxin)," "sincerity (chengyi)," "extending knowledge to the utmost (zhizhi)," and "investigating things (gewu)," but cultivating oneself is still its basis. Since the Song Dynasty, Confucian scholars became interested in the Learning of the Mind-and-Heart and Human Nature (xin xing). They emphasized principle rather than practical matters. Although they initially intended to seek origins, they set a precedent for ignoring practical learning (shixue) and attended to empty learning instead. With the rise of the learning of Lu Xiangshan and Wang Yangming, when so-called wise men also committed themselves to empty learning, the learning of "regulating the heart and sincerity" developed into the learning of "making one's mind clear in order to see one's nature".

My opinion is that the sages' Way is great; but we cannot see it clearly, whereas their activities are clear and visible. It is better to examine visible things than to seek things beyond sight. Zi Gong (520-456 B.C.E.) said, "Wise men know the major principles, and unwise men only know minor principles." Being aware of my own stupidity and slowness, I dare not talk about the higher wisdom (shangda), but I will manage to do the lower learning (xiaxue). I have tried my best to distinguish the genuine from the spurious deeds of ancient kings and sages, but I never touched upon the Learning of the Mind-and-Heart and Human Nature. This is because, on the one hand, I know my limited capabilities, and so I am willing to work at lower learning; on the other hand, I draw lessons from national disasters stemming from the Wei-Jin people who talked idly about teachings of the sages and who upheld the *Laozi* and the *Zhuangzi*.

27. An Account of My Experiences in Inquiring into the Authenticity of Ancient Books

When I read books at a young age, I always spotted suspicious points in records about ancient kings, emperors, sages and wise men. At first, I did not try to scrutinize them one by one. When I was mature, I started to copy down these records and trace their origins. After that I noticed that what I suspected was all from the commentaries, while the Classics were all reliable. Since then I realized the purity and essence of the *Six Classics*, except for the *Book of Documents*, which contained many dubious statements. I also suspected some statements in the last five chapters of the *Analects*. Driven by curiosity, I further examined these two books and found that in the *Book of Documents*, suspicious statements were clustered in the twenty-five chapters [of the *Old Text* (*guwen*) version] and were so in the thirty-three chapters [of the *New Text* (*jinwen*) version]. Hence, I concluded that the *Old-Text Book of Documents* of Qi and Liang were forged. But for a long time I could not find a clue to the suspected parts of the *Analects*. Not until I investigated the transmission of the *Analects* did I realize that the edition transmitted to date was the new one edited by Zhang Yu of the Han Dynasty who had combined and modified all different editions, rather than stick to the old edition handed down by Confucian scholars of the early Han Dynasty. As for the *Book of Rites*, it was not the original classics of the sages but was merely named so by Kong Yingda of the Tang Dynasty. I was not surprised to learn this, since earlier people had already commented amply on this issue and I had learned a lot about it when I was still young. It thus can be seen that people always hold preconceived ideas [prejudice] about ancient books; otherwise, it is not difficult to tell superiority from inferiority, and authenticity from forgery of books written by the ancients.

There is a story which goes like this: In the past, a high-ranking official met Lu Yu (733-804) by the riverside and invited him for a cup of tea. This official sent his servant to fetch water from a pond across the river. On his way back, the servant was caught in a strong wind, and half the jar of water spilled in the river. Then he refilled the jar with water from the river. When the tea was ready, Lu Yu cast a glance at the tea and said that the water was not from that pond. Drinking further on, Lu Yu said, "Now, it is the pond water." The official then asked his servant where the water was from, and the servant told him the truth.

Another story concerns Su Shi who sent a person to buy a pig from the Jinhua area. The pig escaped on the return home. This person then replaced the pig with another one raised somewhere else. Later, all the guests in the banquet praised the deliciousness of the pork. When they learned that it was not from Jinhua, they looked at each other embarrassedly and laughed.

These two stories illustrate that Su Shi's guests had preconceived ideas but Lu Yu's did not. Since by nature I do not like to hold preconceptions, when I comment on a book, an event, or an essay, I do it simply as the book, the event, or the essay stands without any personal prejudice. It is a pity that current scholars are all like Su Shi's guests. If people judge the ancient books as Lu Yu judged the water, they will take my words seriously.

Inquiries into Antiquity (*Kaogu tiyao*) (Two volumes)

Why is there the need to have a *Prolegomena* for my *Inquiries into Verifiability*? The reason is that I want to clarify my intention in writing the *Inquiry*. Mr. Xue Jingxuan (1392-1464) once said, "The Way was clarified by Master Zhu, so no additional books to it are necessary. The only thing left is to practice it accordingly." Xue made the following statement to arouse people's attention: lacking in original opinions, contemporary scholars borrowed clichés from earlier Confucian scholars and tried to convince people that they were illuminating the Way while in reality they were fishing for fame and gain. Xue meant his statement to warn those people.

In fact, quite a few people since Master Zhu were worth mentioning. Master Zhu asked Cai Sheng to write the *Commentary on the Book of Documents*, and asked Huang Gan to annotate two rituals of "Obsequies" (sang) and "Sacrificial Offerings" (ji). As for the *Commentaries to Spring and Autumn Annals* (*Chunqiu jingzhuan*), Master Zhu could not find a suitable person to comment on it. In his *Commentary on the Book of Songs* (*Shizhuan*), Master Zhu adopted the old interpretation in the *Spurious Commentary* to annotate the chapter "Chixiao." Not until he wrote to Cai Sheng did Master Zhu change his interpretation, by complying with Zheng Xuan's interpretation. This shows that even Master Zhu had things too late to correct.

Since modern times many talented scholars have sought novelty and tried to refute Master Zhu with the help of earlier scholars' interpretations. Under such circumstance, later scholars are required to uphold and defend Master Zhu. How can I remain silent when I do have my own opinions?

Hence, I wrote my *Inquiries* to explain what I do understand, but I cannot help with what I do not understand. I hope my readers understand me.

Addendum to Inquiries into Verifiability into High Antiquity (*Bu shanggu kaoxinlu*) (Two volumes)

The *Zhou Rites* said, "The historians working outside the court took charge of the books about Three Sovereigns (San huang) and Five Emperors (Wu di)." The *Preface to Spurious Book of Documents by Kong Anguo* (*Wei Kong Anguo shangshu xu*) said, "Books of Fu Xi, Shen Nong and the Yellow Emperor were called "Three Grand Works" (Sanfen) which discussed the Great Way. Books of Shao Hao, Zhuan Xu, Gao Xin, Tang and Yu were called "Five Codes" (Wudian) which discussed the Normal Way. Noticing the multifarious materials profusely contained in historical books, Confucius worried that readers might comprehend diversely. Hence, in treating the *Works* and the *Codes*, he discussed nothing beyond Tang and Yu." Confucian scholars of later times all believed Kong Anguo's argument.

However, I find this statement incorrect. If books about ancient sovereigns and emperors were really passed down to late times, and if Confucius really got hold of them, he would certainly appraise these books, rather than delete parts of them without reason. In the *Analects*, Confucius mentioned Yao and Shun several times, but did not write even a word about the Yellow Emperor and Flame Emperor (Yandi). Mencius also started his record from Yao and Shun when he tried to trace the origin of the Way. Thus, there clearly are no written records before Yao and Shun. The institutions described in the *Zhou Rites* are not the same as the descriptions in the Classics and Commentaries. In addition to that, many parallelisms are employed in the *Zhou Rites*. It is evidently a book written not earlier than the Warring States periods. Most early Confucian scholars suspected the authenticity of this work, but lacked solid evidence.

Zuo's Commentary said, "Yi Xiang, a Historian of the Left, could read 'Three Grand Works,' 'Five Codes,' 'Eight Rules' (Ba suo) and 'Nine Hills'

(Jiu qiu)." Du Yu's annotation said, "Those were all titles of ancient books." Yet, he did not say who wrote those books. If the *Preface to Book of Documents* was written by Kong Anguo, then Du Yu would surely have a chance to see it. However, if Lin Yaosou interpreted *Zuo's Commentary* based on the text of the *Spurious Preface* (*Wei xu*), it would certainly arouse the suspicion of the Song Confucian scholars. The *Book of Yu* (*Yu shu*) said, "Shun discreetly praised the Five Codes, and all people could comply with them." It also said, "Heaven arranged the general codes for the people, and exhorted people to obey them." Thus we learn that the term of "Five Codes" meaning "Five Ethics" existed as early as the period of Yao and Shun. Then it was elaborated as a method of educating people, or as it is called, "Sincerely outline the five civilized intercourse." One should not give up the "Five Codes," which was originally included in the Classics, and look for something else. The popularity of ancient books and records was a gradually developing process.

Cang Ji invented writing; by the time of Da Rao, the cycle of sixty (jiazi) was created to designate days; by the time of Xi and He, people started using the leap month to refine more precisely the divisions of the four seasons. So it is simply impossible that the historical official came into existence along with the emergence of writing. According to common sense, it is also likely that historical books originated not earlier than Tang and Yu. The records about Fu Xi, Shen Nong, and the Yellow Emperor first appeared in the *Classic of Changes* and *Commentary on Spring and Autumn Annals*, and probably originated from hearsay or were written down later. Anyhow, the accounts of ancient times in these books were stated correctly rather than exaggerated. The authors of the *Discourse of States* and *Elder Dai's Rtual* exaggerated the accounts of ancient times and strained their interpretations. Countless mistakes arose as a consequence. Furthermore, Yang Zhu, Mo Di and their followers deprecated the political order of Tang, Yu and the Three Dynasties, so they took advantage of the lack of dependable material in those remote eras and fabricated titles, terms and events to spread their own theories. The people of the Yin-yang School and those who believed in immortals followed suit. When Sima Qian wrote *Records of the Grand Historian*, he started the history from the Yellow Emperor. Even so, he deleted unreliable records and dared not begin with Fu Xi and Shen Nong.

When Qiao Zhou (199-270) wrote *Textual Criticism of Ancient History* (*Gushi kao*) and Huangfu Mi (215-282) wrote the *Lineages and Deeds of Emperors and Kings* (*Diwang shiji*), they collected various kinds of materials and started their accounts as far back as Sui Ren and Bao Xi. Moreover, some people even started from Tianwang and Pangu with the appearances of the *Illustration of the Yellow River* (*Hetu*), the *Anecdotes since Three Monarchs and Five Sovereigns* (*Sanwu li*), the *Additional Records* (*Waiji*), and the *Grand Genealogy of Emperors and Kings* (*Huangwang daji*). Since then, heresy and biased opinions created quite a stir; the genealogies (shidai) and family trees (zuxi) became so complicated and confused that they could hardly be straightened out; and the records of Tang, Yu and the Three Dynasties were obscured as a result.

In my opinion, we should refer to the *Classic of Changes* and *Commentary on Spring and Autumn Annals* when we deal with history of high antiquity, because these books are closer to antiquity, so the records are more reliable and can be used to prove mistakes made by the Hundred Schools. Therefore, I use the texts of the *Classics of Changes* and the *Commentary on Spring and Autumn Annals* to complement the records of ancient times. Sima Qian said, "Albeit scholars possess great learning, they still have to base their inquiry into authenticity on the *Six Classics*." This is exactly what I am trying to accomplish.

Inquiries into Verifiability into Tang and Yu Period (Tang Yu kaoxinlu) (Four volumes)

Why does my *Inquiries into Verifiability* begins with Tang and Yu? Because it follows the themes of the *Book of Documents*. Why does the *Book of Documents* start its account from Tang and Yu? Because the world became peaceful in that period. Although there were sages like Bao Xi,

Shen Nong, and the Yellow Emperor during the high ancient times, they could hardly keep the world in order due to the turbulent and primitive age. Yao came to the throne and stayed in power for 100 years. During his reign, with the assistance of such ministers as Shun (who later succeeded Yao), Gaoyao, Ji and Xie, Yao abolished the harmful and promoted the beneficial. The institutions, rites and music established at that time were handed down generation after generation. Those who benefited from virtue and experienced benevolence wrote such books as "cardinal principles and plans" (dian mo) to depict the situation of that time. This is truly the beginning of written history.

Later, Yu, Tang, King Wen, and King Wu rose to power one after another. They brought order out of chaos and reassured the public. The more detailed regulations were made, the greater the variety of ancient books and documents came to be compiled. All of these started from Tang and Yu. So Confucius started from the period of Yao and Shun to recount history, so did Mencius in the explanation of the Way. Yao and Shun were the founders of the Way, the law, and literary records. When the Zhou Dynasty and the Way of Yao and Shun declined, theories of various schools sprung up. Confucius feared that the more time passed, the less authentic the historical records would be. Thus he verified the ancient books and elaborated the Way in them with the hope of bequeathing these books to later generations.

After the death of Confucius, heterodoxy prevailed. The theories of Yang Zhu and Mozi gained popularity. Some people betrayed Yao and Shun, some slandered them, and some tried to add to Yao and Shun by praising events from high antiquity. At that time, Mencius wrote books to combat these people.

But after Mencius died, various heresies became even more absurd. When Sima Qian wrote *Records of the Grand Historian*, he started from Yellow Emperor. Sima Qian discarded unrefined records, but he still collected materials of all sorts. When Qiao Zhou wrote *Textual Studies of Ancient History* (*Gushi kao*) and Huangfu Mi wrote *Lineages and Deeds of Emperors and Kings*, they thought that Yellow Emperor was not worth writing about, so they started from even before Fu Xi and Shen Nong so as to show that they were superior to Confucius. Once again, all kinds of heresy arose.

What was the reason for that? Before the periods of Tang and Yu, due to a scarcity of written records, the Classics were not in the form of written texts and few commentaries were available. This gave forgers favorable opportunities. For this reason, followers of Yang Zhu, Mozi, Zhuangzi, and Liezi were able to propagate their heretical ideas.

The *Book of Documents* could still be relied on after the periods of Tang and Yu. But after the appearance of the forged *Old Text of the Book of Documents by Mister Kong* (*Wei Kongshi guwenjing*), Liu Zhuo, Kong Yingda and others further conjectured and strained interpretations of the *Book of Documents*. Thereafter, the deeds of the early august rulers became obscure.

Since the time of the Tang and the Song dynasties, various schools of Confucian learning have sprung up. Among them, the highly learned ones rejected Buddhism and Daoism in order to advocate the right learning; and the quiet and profound ones strove for sincerity and repose to cultivate their minds. How fine, how flourishing! However, they were not especially concerned about what happened to ancient emperors and kings. Most of them simply echoed the interpretations of early commentators, and few of them troubled themselves with verification or refutation.

Then all historians adopted uncritically whatever was handed down, and collected every piece of written material and records irrespective of whether it was from the Zhou, the Qin, the Han, or the Jin. Over a long period of accumulation, absurd texts were commonly accepted as authentic writings. Wasn't it a pity!

Confucius was but a poor gentleman who never achieved any success in his career. The followers of Yang Zhu, Mozi, Buddhism, and Laozi, however, clamored to have their respective theories known. Yet, the Way of Confucius was the only one that enjoyed popularity and was passed down. The reason was because that the Way of Confucius was not only his own Way, but also the Way of Yao and Shun. Without the Way of Yao and Shun, people could not live harmoniously; they could not maintain good relations among each other; and they could not distinguish themselves from animals through practicing civilized ceremonies. Yao and Shun were like the Heavens, like the ancestors of human beings. People could not betray or be irreverent toward Yao and Shun just as they could not betray or be irreverent toward Confucius.

Thus, I take the periods of Tang and Yu as the starting point for my *Inquiries into Verifiability*. In this book, I used the *Book of Documents* as a warp, and commentaries and records as a woof; and I revised all untruthful statements in commentaries and records in accordance with the Classics. As for various sayings before the Tang and Yu period, I will discuss them separately in other books rather than including them in *Inquiries into Verifiability*. My purpose in so doing is to clarify the origins of the Way and leave the unsolved questions open. In this way, I hope that I remain faithful to Confucius' intentions.

Inquiries into Verifiability of the Xia Dynasty (Xia kaoxinlu) (Two volumes)

What does my *Inquiries into Verifiability into the Xia* deal with? It deals with the inheritance and management of government. After Yao died, Shun took over Yao's place and ruled the country. After Shun died, Yu took over Shun's place and ruled the country. The perfection of the political system in the Tang and Yu periods has not been matched now for over two thousand years. Yu framed rules for "appointing various government officials" and laid the foundation for "bringing the emperor's prosperity." Qi was sagacious and capable of inheriting Yu's "Way." The Xia Dynasty naturally inherited the Tang and Yu's political order without any change. This was a natural development.

The Xia Dynasty did not decline until after the reign of Taikang. But, in seeking the reason of its decline, one need not to examine the politics of the Xia, because these were a continuation of the politics of the Tang-Yu period, which was an inheritance of Yu. Then, you may ask, why should we take the decline of the reign of Taikang as a dividing line? With the rise of Yi and Zhuo, political power was scattered among the regional governments. Dukes and Princes followed either Yi or Zhuo. Zhongkang was incapable of governing and his successor Houxiang lost the country. Because of this, the political order of the Xia ceased to exist.

Gao Yao's deeds are appended to Yu because he made great contributions to the Xia. Mencius said, "Men like Yu and Gao Yao knew Yao and Shun personally." He also said, "Shun took it as his own worry that we should fail to find someone like Yu and Gao Yao." Here we see that Mencius praised Gao Yao specifically by mentioning him alongside Yu.

Inquiries into Verifiability into the Shang Dynasty (Shang kaoxinlu) (Two volumes)

What is my *Inquiries into Verifiability into the Shang* about? It is about eliminating the chaos of the time. The Xia Dynasty began to deteriorate since the reign of Taikang, and it was no longer anything like the times of Yu. And thus by the time of the reign of Jie, was there really any good governance to speak of?

However, Tang's experience differed from Yu's. Tang inherited his ancestor's legacy and rose as a political force. During the reigns of Xiangtu and Shangjiawei, there were effective laws and advanced political systems which suited the people, making it unnecessary to change anything. This made it impossible for them to make changes and follow the politics of the Xia Dynasty. Tang had similarities in ideology with Yao, Shun, and Yu, but his experience differed because he lived in a different era.

I don't call it the *Inquiries into Verifiability into the Yin*. Why? Because Yin was only the name of its location, not the title of a state (guohao). Why did my *Inquiries into Verifiability* start Shang history with Xie? That was because the founding fathers worked arduously in establishing the empire, and Xie enlightened people through education. Accordingly, one could not talk about the history of Shang without mentioning Xie. Why were Yi Yin's deeds appended to those of Tang in my *Inquiries into Verifiability*? Because Yi Yin assisted Tang in ruling the country in the capacity as prime minister, a position he held for several reigns. With his help, the Shang Dynasty was finally stabilized. As a special commendation, I appended Yi Yin to Tang just as I appended Gao Yao to Yu.

Inquiries into Verifiability of the Early Zhou Dynasty (Feng Hao kaoxinlu) (Eight volumes)

Both the *Inquiries into Verifiability into the Xia* and the *Inquiries into Verifiability into the Shang* were titled with the names of dynasties, so why was the *Inquiries into Verifiability into the Zhou* (*Zhou kaoxinlu*) titled by the names of Feng and Hao? Because the Zhou [really] ended with the reign of King You. Why so? This was because after the capital moved to the east, many records appeared and there were simply too many issues to be tackled. But they had little to do with the honor or disgrace of the sages, kings, and wise ministers. Hence, I conformed to the principle of simplicity.

Why was the record of Duke Zhou singled out and associated with that of King Cheng? Because Duke Zhou carried forward the policy of King Wen and King Wu, and then passed it on to Confucius. As Mencius said, "Duke Zhou sought to combine the achievements of the Three Dynasties and the administrations of the Four Kings." He added, "People are happy with the Way of Duke Zhou and Confucius." Han Yu said, "The Way had been passed down from King Wen, King Wu and Duke Zhou to Confucius." [Also,] Han [Yu] has said, "[The Way] of Wen, Wu and Zhou Gong was transmitted to Confucius." This is why the deeds of Duke Zhou deserved special recognition here. Moreover, the deeds of Duke Zhou were equivalent to the politics of King Cheng. The two could not be segregated. For this reason, I entitled it, "Duke Zhou assisted King Cheng."

Why did the record of the Zhou Dynasty start with Ji? Because Ji helped to establish the Zhou by introducing agriculture. Therefore, having the account of Ji precede the story of King Wen and King Wu was like beginning the history of the Shang with Xie.

All prime ministers' deeds of the Zhou Dynasty are appended to my *Inquiries into Verifiability*. Why? Because they were all talented people. No doubt Duke Tai and Duke Shao made great contributions in establishing the empire and maintaining the achievement, but there were many other brilliant persons who also deserved mention, such as Tai Bo who gave up his seat to others, Bo Yi who was honest and upright, King Zhao and King Mu who explored the border area, and Duke Wu of Wen who was wise and capable. For this reason, I wrote an additional volume and appended it at the end.

Inquiries into Verifiability of Confucius' Life Stories (Zhu Si kaoxinlu) (Four volumes)

Why was my *Inquiries into Verifiability* of the Tang, Yu and the Three dynasties immediately followed by my *Inquiries into Verifiability into Confucius*? Although the deeds of the Two Emperors, Three Kings, and Confucius showed identical features, the different times in which the sages lived determined the different ways by which they ruled the country. The Two Emperors ruled with virtue, the Three Kings with rites, and Confucius with learning. Yao and Shun mounted the thrones as sages. This enabled them to popularize their virtues among the people. They appointed officials, glorified achievements, and so reassured the public, and stabilized the country. During the reign of Yao and Shun, people led peaceful, happy, and blameless lives. Thus, it was said that the Two Emperors ruled with virtue.

Yu, Tang, King Wen and King Wu all possessed the virtue of sages, but their successors several hundred years later did not necessarily possess virtue. What they needed to maintain their regimes were the rites formulated by Three Kings. For example, Qi was sagacious because he carried forward the Way of Yu, so all people sought audiences with him when they became embroiled in any legal dispute. In contrast, Yi Yin exiled Taijia to Tong for his violation of the law and the code of Tang. It was recorded in *Zuo's Commentary*, "The rites of the Zhou Dynasty have not been changed, so the current king is just like the ancient emperor." Instead of seeing the country as personal property of their descendants, so long as their descendants could preserve the rites of their previous kings, the country would remain secure and stable even though virtue waned. It was thus said that Three Kings ruled by the rites. When the rites of the Xia Dynasty were threatened with destruction, Tang protected them. When the rites of the Shang Dynasty were threatened, King Wen came out to protect the rites. When the Zhou Dynasty was declining, its rites, too, were being violated. Thus, it was impossible for the rites to be maintained if the son of heaven was not a sage.

It happened that Confucius lived during this time. Being an ordinary person, Confucius could neither practice the Way by virtue nor promote it by rites, so he had to keep the Way by editing the *Six Classics*. He bequeathed the *Six Classics* to later generations by teaching his students.

After Confucius died, Yang Zhu, and Mo Di slandered Yao and Shun and belittled Tang and King Wu. Thereafter, people were confused by heretical sayings. This situation worsened in the Qin Dynasty: the *Book of Songs* and the *Book of Documents* were burned, many Confucian scholars were killed, and the laws and codes of previous kings were destroyed. However, people in the Qi and Lu areas still valued [true] learning, and they were still able to recount the deeds of Two Emperors and Three Kings. In the Han Dynasty, the imperial court sought the missing Classics and commended sage learning. All people realized that they should learn from and follow Confucius. Thus, the Way of the Two Emperors and Three Kings survived. During the past two thousand years, there have always been worthy men and gentlemen who promoted the Way, thus general morality can be protected. If Confucius had not carried forward the Way of Two Emperors and Three Kings, then the Way would not have survived the rampage of Yang Zhu and Mo Di and the book burning incident which occurred in the Qin Dynasty. So it was said that Confucius ruled the country with learning.

Right after depicting the deeds of Yao, Shun, Yu, Tang, King Wen,

King Wu, and Duke Zhou, the "Jixi" chapter of the *Mencius* revealed the deeds of Confucius. The "Haobian" chapter of the *Mencius* also devoted space to Confucius after discussing Yu and Duke Zhou's contribution to saving the country. Han Yu remarked, "Yao handed down the Way to Shun; Shun to Yu; Yu to Tang; Tang to King Wen, King Wu and Duke Zhou; and then these three handed it down to Confucius." The Way of Confucius was identical to that of the Two Emperors and Three Kings. That explained the reason why before and during the Three Dynasties there was no distinction between the Classics and history: the Classics were history, and history was what today we call the Classics.

The later scholars did not know that the substance and function of the sages' Ways stemmed from the same origin, and that both strove to reach the same goal. Thus they separated the Classics and history. Those who recounted the deeds of Tang, Yu and the Three Dynasties did their best to obtain an extensive collection of materials, but they did not correlate these materials with the sages' Classics. Those who studied the Classics either exhausted their talents in annotations, or indulged themselves in empty dispute about the mind-and-heart and human nature. Therefore, they never inquired into the deeds of ancient kings and emperors. Some people were so absurd that they recounted the transmission of the Way from Confucius and asserted that Confucius had created his own Way. They did not know that Confucius' Way was exactly the Way of the Two Emperors and Three Kings. As the *Doctrine of the Mean* said, "Confucius handed down the doctrine of Yao and Shun, as if they had been his ancestors, and elegantly displayed the regulations of King Wen and King Wu, taking them as his model." [Zi Gong] also said, "The Way of King Wen and King Wu has not yet fallen to the ground but is still to be found in men. There is no man who does not have something of the way of Wen and Wu in him." If Confucius did have another Way, this Way would not differ from the sayings of Yang Zhu, Mo Di and the Buddhists. How then, could his Way be respected and believed exclusively?

For the above-illustrated reason, I collected and examined the records of Confucius' deeds from the Classics and *Zuo's Commentary* for the purpose of paralleling them to the deeds of Two Emperors and Three Kings.

Additional Records of Feng and Hao (Feng Hao bielu) (Three volumes)

The entire political system of the Zhou Dynasty should not be partitioned by year or generation. There are statements based on guesswork because of the lack of the original texts of the Classics and the Commentaries. Thus the statements contradicted the facts. There were also accounts which early people did not interpret in detail but which were ably interpreted by later people. Since all these were not authentic enough to be included in my *Main Records* (*zhenglu*), I put them into the *Supplemental Records* (bielu) and examine them separately.

Remaining Records of Confucious (Zhu Si yulu) (Three volumes)

In the times of Yao, Shun and the Three Dynasties, the sons of heaven (i.e. emperors) were always sages, thus they were able to spread their virtue all over the country benefitting all. The later kings thus could care for the people by following the sages' practice. Confucius, however, was different from these sages. He was merely a minister (daifu) for several years, and he participated in the politics of one state for only several months. Therefore, he did not have enough time to spread his virtue everywhere; so people of later generations could not possibly know him and follow his doctrine although he was as great as Yao and Shun. Thanks to his students' and Zi Si's (483-402 B.C.E.) efforts, Confucius achieved the Way of Yao, Shun, Yu, Tang, King Wen, and King Wu, and transmitted his teachings to later generations.

In the Warring States period, people generally were infatuated with material gain; strategists enjoyed popularity for a while, and the heresy of Yang

Zhu and Mo Di was fashionable. Even so, the Way of Confucius was not abandoned. Though the Qin rule burned the *Book of Songs* and the *Book of Documents*, scholars in Qi and Lu areas studied the *Six Classics* and *Analects*. By the Han Dynasty, the imperial court had begun seeking the missing Classics, and hence the Way of Confucius was spread far and wide. If nobody had protected and transmitted Confucius' works, they would not have survived the heresy and the Book Burning Incident. Even worse, the causes of Yao, Shun, Yu, Tang, King Wen, and King Wu might have been exterminated. In this sense, Confucius' students and Zi Si contributed greatly to later generations.

I have noted that the first fifteen chapters of the *Analects* were concise and comprehensive, expressing the sage's meanings thoroughly. But *Records on Ritual Matters* by both Dai Senior and Junior were superficial and not in the tenor of the sages. There were even more mistakes in other books. My opinion is that although these fifteen chapters were compiled by later people, they were Confucius' words written down on bamboo slips by his students and worthy men, so that these chapters could retain the original meanings throughout a long course of transmission. If the *Analects* had been lost, later scholars would have had no alternative but to rely on the two Dai's *Records on Ritual Matters*, which were full of statements from various schools! How then could the true face of the sage be revealed?

The *Spring and Autumn Annals* represented the great principle and the Way. *Zuo's Commentary* did not match the meaning of the Classic [of the *Spring and Autumn Annals*] completely, but it recorded events in detail. Hence, scholars could use it to verify the statements of the *Spring and Autumn Annals*. The merits of *Zuo's Commentary* could not be overlooked.

During the Warring States period, the Qin-Han era, more often than not, people could hardly describe a certain issue truthfully. And later people could not avoid making mistakes when they conjectured on the meaning of the Classics. For these reasons, after I had finished my *Inquiries into Verifiability into Confucius*, I further collected the deeds of Yan Yuan, Min Zijian, and several other sages after them, and put them in the *Remaining*

Records (*Yulu*) to emend the facts.

Unfortunately, few historical documents and books about periods before the Zhou and Qin dynasties were available. Therefore I could only edit those records which were included in the Classics, and examine those which have lost authenticity. My purpose of doing so was, first of all, to commend their achievements in protecting the Way; secondly, to correct the mistakes which occurred through transmission. This is something that should not be neglected by those who study antiquity.

Records of Mencius' Deeds (Mengzi shishilu) (Two volumes)

I wrote the separate records for Mencius because he made great contributions to the transmission of the Way. During the time of Confucius, the Way of the sage kings (wangdao) still existed and the heretical theories had not yet emerged. Thus Zi Gong said:

> The Way of King Wen and King Wu has never utterly fallen to the ground. People with great understanding have recorded the major principles of the Way and those with little understanding have recorded its minor principles. Thus everybody has an access to the Way of King Wen and King Wu.

However, this situation changed since the Warring States period. At that time, wandering scholars spoke freely, and the doctrines of Yang Zhu and Mo Di flourished. Actually, much of the Confucian scholars' works had been distorted. Thanks to Mencius' effort, the well-field and feudal systems, the meanings of benevolence, righteousness and the principle of human beings born naturally good, as well as the deeds of sages and wise men, were explicated and transmitted to later generations. Without Mencius, the heretical doctrines would have prevailed and confused the public. Moreover, people would be at a loss as to how to know the truth of the sages' Way, and how to distinguish right from wrong and detect forgery in works like the *In-*

stitution of Zhou, *Records on Ritual Matters by Dai Junior*, and *Extant Zhou Documents* (*Yi Zhoushu*). Accordingly, Master Han [Yu] of the Tang Dynasty said, "King Wen, King Wu, and Duke Zhou passed the Way on to Confucius, and Confucius on to Mencius." He also said, "If we intend to learn from the sages, we should start with Mencius." The relationship between Mencius and Confucius was like that between Duke Zhou, King Wen and King Wu. Without Duke Zhou, the rites of King Wen and King Wu would not be clearly known, and without Mencius, most of Confucius' doctrines would be lost. Mencius' contribution to the Way was tremendous! It was difficult to investigate the chronological order of deeds of Confucius' students through scraps of records included in different books. But in seven chapters of the *Mencius*, there were complete records about things such as visiting the Liang State, travelling in the Qi State, sojourning in the Teng State, and going to the Lu State. They were all in chronological order. So I wrote the separate records for Mencius in order to explain these clearly. In addition, these seven chapters were recorded by Mencius' students, so that the *Mencius* could be passed on to later generations. These students' contribution should not be overlooked, thus I attached them after Mencius.

Sequel to Inquiry into Antiquity (Kaogu xushuo) (Three volumes)

Upon completion of my *Inquiries into Verifiability*, I felt that I had not given full expression to certain events. Some of them occurred after the capital of the Zhou Dynasty moved to the East; also some events, because they were related to the general discussion of ancient books, did not necessarily belong to a single dynasty. Thus, I wrote this *Sequel* to make up for these inadequacies.

Appendix (*Fulu*) (Two volumes)

Why did I write an *Appendix* after the completion of my *Inquiries into Verifiability*? Because the writing of the records was not my own effort. As for this study, the earlier scholars had accomplished it to some extent, and then the later scholars had followed it up, assimilating their accomplishments. Still later scholars will transmit it further. Here, I tried to trace one by one the sources of all those events concerned, and appended them to my *Inquiries into Verifiability*.

1. Response to People's Criticism of My Meticulousness

As a saying goes, "Break the earthenware pot until the crack goes through to the bottom (meaning to insist on getting to the bottom of the matter)." Due to its fragile nature, when the earthenware pot is broken, the crack will go through to the bottom. "Crack" (wen) is pronounced similarly with "inquiry" (wen) in Chinese, so people use this proverb to satirize those who are meticulous and inquiring. However, to my knowledge, mistakes are usually caused by people's vagueness, gullibility, and superficiality, but not the other way round.

He Wenzhe and Zhao Zan of the Tang Dynasty were neighbors. They were both attendant censors (shiyushi) in the government. Zhao Xu came to the capital city for an exam and planned to visit Zhao Zan. However, he entered He Wenzhe's house by mistake. He Wenzhe, a military officer, was very pleased when told that Zhao Xu, a presented scholar (jinshi) who claimed to be his nominal son, had arrived to visit. He Wenzhe immediately let Zhao Xu in. A few days later it was New Year's Day. With all of He Wenzhe's family members and relatives present, He Wenzhe said to Zhao Xu, "My nephew, you should really change your name. 'He Xu' sounds a little bit amusing." Zhao Xu answered, "My family name is Zhao." He Wenzhe was embarrassed and let Zhao leave. This story was spread widely as a joke at that time. Fortunately, it was a minor mistake which did not cause too much trouble.

In the fifty-fourth year of Qianlong reign (1789), the embankment of Zhang River was breached in Beidu Village and Xiaowang Village. The river went downstream to the east where Daming Prefecture was located. The entire county was surrounded by water. A few days later, the dike of the upper reaches in Santai was also breached, and the water flowed south into the Heng River. Gradually, the flood around Damingfu County subsided. The Circuit Intendant of Damingfu asked about the source of the water. The District Magistrate told him that it was from Santai. The Circuit Intendant did not investigate further before he issued a document to Henan Province, asking it to dam the breach at Santai to prevent flooding. Fortunately, this time the flow of water was not too strong to be stopped. If the breach at Santai was to be stopped while the other two at Beidu and Xiaowang villages remained open, Daming City would become a stretch of swamp. However, in the following year, because of the same mistake, the crops in Daming and Yuancheng counties were inundated. Such examples show clearly what disasters may occur when people do not fully investigate a situation, or do not observe things carefully. Contemporary people advocate ambiguousness and disdain detailed inquiry. They do not even regret the mistakes that they made from being ambiguous. Isn't it ridiculous?

Before I reached middle age, people who were older than me tended to express themselves clearly and handle things seriously. Oddly enough, since I reached middle age, those younger than me have usually honored rash actions and disliked clear expressions. They would never give the listener a clear idea when they were talking about something, as if they were afraid to make their meanings clear. Likewise, when they listened to others, they were reluctant to question things that did not make sense to them. They simply guessed from their own comprehension, and they believed that their conjectures plus what they had already heard were complete pictures of the matters at hand.

Handling law suits was something very important. But people generally treated it indiscreetly and carelessly. As a result, cases confused right and wrong. When I worked in government, I attended to many cases. The only comment that people made on me was that I was over careful, but never that I had made a misjudgment. As for my *Inquiries into Verifiability*, since I have to sort the rightness from the wrongness of ancient issues, many more people will join those who satirize my meticulousness. Alas! How can I make myself understood.

2. Form and Organization of This Book

(1) One Space Lower in Line in the Column of Text, and Addenda

People asked, "Why did you write commentaries and records one space lower in line in the column of text? And also why were the commentaries and records sometimes called 'addenda'?" I answered, "They were printed one space lower in line in the column of text because not only do I not dare put them in the same rank as the texts of Classics, but also I am afraid that there might be inaccuracies in the commentaries and records. Some records bring up the main points that cannot be ignored in explaining historical events. However, since they are not part of the Classics, I can only add them in the form of commentaries and records. Some of the accounts are originally from the Classics but now appear in commentaries and records. For this reason, I call them 'addenda' in order to distinguish them from other commentaries and records."

People then asked, "Why didn't you write your *Inquiries into Verifiability into Confucius* and the *Appended Records* one space lower in line of the column of text?" I answered, "The reason is because few deeds of sages and wise men were recorded in the Classics, and most were in commentaries and records. I cannot treat them equally and write all commentaries and records one space lower in line. Moreover, the commentaries and records were generally completed within a hundred years from the dates of the deeds. Since the dates were so close to the events most of the accounts were reliable; this was not like remote accounts of ancient emperors and kings which flagrantly contradicted the facts. For this reason, I did not put them one space lower in the text."

(2) References and Not Wholly Reliable Records

People asked, "Why are some records termed 'references' (beilan) and some 'not wholly reliable' (cunyi)?" I answered, "If most of the accounts in a book are suspicious except one, I cannot say that the whole book is not true. Therefore, I categorize this kind of book as 'reference.'" Similarly, if most of the accounts in a book are true but one particular account is not true, I dare not say that the whole book is reliable, thus I categorize these kinds of books as "not wholly reliable." I do so out of caution.

People asked, "The *Discourses of States* and *Records of the Grand Historian* and some other books are listed as "reference," but why are they also printed one space lower in line, like some of the commentaries?" I answered, "The accounts of some of the events that appeared in the *Discourses of States* and *Records of the Grand Historian* are originally from either the Classics or commentaries, and are reliable on good grounds. So I treated them equally as commentaries, for the accounts should not be suspected just because of the books they appear in."

(3) "Appendix" and "Appended Remarks"

People asked, "Why are some texts termed 'appendix' (fulu) and 'appended remarks' (fulun)?" I answered, "As I have explained in my *Preface* to the *Inquiries into Verifiability into Tang and Yu*, although some events cannot be dated accurately, they are so important that they should not be neglected. Thus, I first classified them and then put them in "appendices" accordingly. I cannot mix them with other records. Although some texts were not written as annals, they were corroborated by events recorded in other sources, so I attach them all as "appended remarks," and dare not simplify or omit anything."

(4) "Keeping for Further Investigation" and "Retention for Reference"

People asked, "Why are some texts termed 'keeping for further investigation' (beikao) and some 'retention for reference' (cuncan)?" I answered, "As I have explained in my *Preface* to the *Inquiries into Verifiability into Tang and Yu*, some events took place in later times, have bearings on earlier situations, and some accounts reported by later people can be used to testify to some heresies. Even though these events and accounts are not solid evidence, I still keep them for later investigation and reference."

(5) About My Wordy Style of Writing

People asked, "No doubt your statements are brilliant, but they are so wordy. Why did you use such a writing style?" I answer, "You are right. But I had to do it that way. The language of the 'Cannon of Yao' (Yaodian) and 'Tribute of Yu' (Yugong) are pithy, while that of the *Shang of Documents* and the *Zhou Documents* (*Zhoushu*) are wordy; the *Analects* is pithy, while the *Mencius* is wordy; the accounts in *Zuo's Commentary* are pithy, while those in *Records of the Grand Historian* are wordy. Thus it can be concluded that it is not that the ancient people preferred lengthiness, but they had to do it against their will because of the changes of the world."

The early people said, "*Yin* month was taken as *zheng* month in Xia [calendar], *chou* month in Shang [calendar], and *zi* month in Zhou [calendar]." *Zheng* means *zhengyue*, the first month of the year. If one takes *zi* month as the first month, then, *chou* month and *yin* month should be the second and third months. If *chou* month is the first month, then *yin* month and *mao* month would be the second and third months. However, although all Song Confucian scholars held that people in the Shang took *chou* month and Zhou took *zi* month as the first month of the year, they themselves still used *yin* as the first month, and then *mao* month and *chen* month as the second and the third months. This aroused much discussion at that time. Later, many Confucian scholars were also engaged in the discussion of this subject and wrote volumes of books on it. If the character *yue* (month) was added to the original version of this saying, like "Yin was taken as *zhengyue*, Chou was taken as *zhengyue*, and zi was taken as *zhengyue*," it would have left no opportunity for later people to make their own interpretations or to vainly discuss this subject. Thus many words could have been saved.

It thus can be concluded that writers of the Shang and Zhou dynasties did not intentionally employ a wordier writing style than those of the periods of Yu and Xia, and the authors of the *Mencius* and *Records of the Grand Historian* did not purposely make their texts wordier than the *Analects* and *Zuo's Commentary*. This was because times had changed and various new theories had sprung up. If writing pithily was for the sake of saving words only, it would offer a chance for people to make their own strained interpretations on certain issues, which in turn would cause endless suspicions among later people. As a result, writers of the Shang and Zhou dynasties and authors of these above-mentioned books could not help but use many words and make themselves clearly understood, rather than the other way round.

The reason why I wrote wordily is because, on the one hand, I had little talent at expressing myself clearly and concisely; on the other, I feared that if I did not write enough, people would raise endless questions. I hope gentlemen of later generations will appreciate my painstaking efforts.

英譯附識：

《考信錄提要》英譯文係依據顧頡剛先生的標點整理本，載於顧氏編訂《崔東壁遺書》（上海古籍出版社1983年版），頁2-23。需要說明的是，為了合乎現代英文的行文習慣，譯者根據原文內容作了分段，並將顧先生分章小題號△改為以阿拉伯數字序列。

初版後記

本書收集的是我在近幾年裡研究清代學者崔述（東壁）及有關學術史問題的七篇文章。其中有一篇討論「今本」《竹書紀年》真偽問題的商榷文字，本書之所以收入此篇，是因為我最初研究「今本」《竹書紀年》是受到崔述的《〈竹書紀年〉辨偽》啟發的。這些文字都曾先後在海內外各種專刊、雜誌上發表過，在這次結集成書的過程中，我又作了一些必要的修改和補充。由於都是以單篇論文發表的，難免偶或有重複之處。然為使各篇論文能自成一體，未便刪節，這是祈請讀者諒解和注意的。現在刊載於此的這些文章，可以說是我對崔述及《今本竹書紀年》研究的一個初步總結，其間之學術是非得失，還希望各位讀者多加批評指教。

這部論文集能夠與讀者見面，我首先要感謝戴文葆先生。沒有這位我所尊敬的出版界前輩的熱心和努力，這本書是不可能面世的。同時，我也要向曾發表本書各篇文字的編者表示衷心的謝意。我還要感謝陳力先生的好意，允許我在這部文集中轉載他研究「今本」《竹書紀年》的大作，以促進學術上的爭鳴。

本書中的各篇文字在寫作期間，蒙業師劉家和先生多所賜正，受益匪淺，銘感難忘。本書付梓前夕，又承劉先生親自作序和題簽，使拙作生色增輝。應該說，如果沒有劉先生的精心指導，這些文章的完成是難以想像的。王元化、漆俠、冒懷辛、成中英、羅宗強、陳寧、丁一川、陳致諸位先生以及不具名的審稿人都曾對本集的一些篇章提出了具體的指教，彌足珍貴。陳韻沅同學曾協助本書的校對工作。在此謹向他們致以深切的謝意。人民出版社副社長兼總編輯張樹相先生和編輯室副主任張秀平女士對本書的出版給予了大力的支持與幫助，陳寒節先生為本書的編輯花費了大量的精力，值此出版之際，我對他們表示衷心的感謝。最後需要申明的是，本書中出現的一切錯誤均當由我個人負責。

一九九七年十月邵東方識於星洲康園

再版後記

一九九八年由人民出版社出版的拙著《崔述與中國學術史研究》已於幾年前售罄，而原出版單位由於資金問題，無法再版此書。二〇〇九年，廣西師範大學出版社何林夏社長不計經濟效益，決定再版此書。對於這種支持學術發展的精神，我感激不已。

這次的再版本，保留了原書內所有討論崔述學術的文章，並校訂了部分文句、改正了個別錯字。王元化先生生前非常關心我的學術研究，曾專門致函與我討論崔述及相關學術問題。再版本收入了他給我的三封論學書信及其附識一篇，作為《崔述的疑古考信和史學研究——與王元化先生論學書》一文的附錄，以誌對王先生的紀念。此外，再版本還增加了我嘗試英譯的《考信錄提要》（為對照閱讀方便，附崔述撰原文於英譯文之前），供對中國古籍英譯有興趣的同仁參考。英譯文不確之處，尚祈方家有以教益之。初版書中《〈今本竹書紀年〉諸問題考論》一文及附錄是討論「今本」《竹書紀年》真偽的商榷文字，因與崔述研究涉及不多，不再收入再版本中。

初版書名題為《崔述與中國學術史研究》，這是人民出版社編輯張秀平女士確定的。此次借再版的機會，為此書更改了一個比較貼切的書名《崔述學術考論》。敬承劉師家和先生撥冗重為本書題簽書名，謹此深致謝忱。

在此，除了向初版書後記中提及的各位師友再次表示謝意外，我特別要向倪德衛(David S. Nivison)教授、麥大偉(David R. McCraw)教授、狄培理(William Theodore de Bary)教授、費樂仁(Lauren F. Pfister)教授、張培瑜研究員致意，感謝他們在不同時期費心對我的《考信錄提要》英文翻譯提出寶貴的修改意見。邱頎博士協助校訂書稿，有田美千代女士、楊永紅女士代為查詢資料，在此表示感謝。

我還要特別對廣西師範大學出版社責任編輯韓路民先生為本書再版所付出的辛勞謹誌忻謝。

最近，臺北華藝數位公司旗下之學術出版社Airiti Press為了促進海峽兩岸之間學術與出版事業的交流，又鄭重推出本書的正體字版。在正體字版編校過程中，作者和編輯再次覈對引文與譯文，改正了若干譌誤。為此，我對常效宇、楊長春、張芸、古曉凌、邱振中諸位專業人士的協助與支持申致謝忱。

當然，本書中的任何不當或錯誤之處，則應由我本人負責。

二〇〇九年四月二十二日邵東方識於美國史丹佛大學

二〇一〇年五月八日補識

國家圖書館出版品預行編目資料

崔述學術考論 / 邵東方著. -- 初版. -- 臺北
縣永和市：Airiti Press, 2010. 08
面；公分

ISBN 978-986-6286-19-3 (平裝)

1.(清)崔述 2. 學術思想 3. 史學

127.5 99008729

崔述學術考論

作　　者／邵東方
總 編 輯／張　芸
責任編輯／古曉凌
封面編輯／吳雅瑜
內文校對／顏若瑾

出版者／Airiti Press Inc.
臺北縣永和市成功路一段80號18樓
電話：(02)2926-6006
傳真：(02)2231-7711
服務信箱：press@airiti.com
帳戶：華藝數位股份有限公司
銀行：國泰世華銀行　中和分行
帳號：045039022102
法律顧問／立暘法律事務所　歐宇倫律師
I S B N／978-986-6286-19-3
出版日期／2010年10月第二版
定　　價／NT$550元